ORIENTAL STUDIES AT ZJSU

VOL.2

东方研究集刊

（第二辑）

江　静　主　编

董　科　副主编

京都「祇園」名称及其相关问题考略

日本书法流布我国事例之钩沉

近代中国学校运动会的开展过程

罗振玉书画藏品东传日本研究序说

副岛种臣与中国江南的文人雅士

浙江工商大学出版社 | 杭州
ZHEJIANG GONGSHANG UNIVERSITY PRESS

图书在版编目(CIP)数据

东方研究集刊. 第二辑 / 江静主编. —杭州:浙江工商大学出版社,2019.12

ISBN 978-7-5178-3594-3

Ⅰ. ①东… Ⅱ. ①江… Ⅲ. ①东方学—文集 Ⅳ. ①K107.8-53

中国版本图书馆 CIP 数据核字(2019)第254518号

东方研究集刊(第二辑)

DONGFANG YANJIU JIKAN (DIERJI)

江 静 主编 董 科 副主编

责任编辑	董文娟 姚 媛
封面设计	林朦朦
责任印制	包建辉
出版发行	浙江工商大学出版社
	(杭州市教工路198号 邮政编码310012)
	(E-mail:zjgsupress@163.com)
	(网址:http://www.zjgsupress.com)
	电话:0571-88904980,89991806(传真)
排　　版	杭州朝曦图文设计有限公司
印　　刷	虎彩印艺股份有限公司
开　　本	710mm×1000mm 1/16
印　　张	21.5
字　　数	382千
版 印 次	2019年12月第1版 2019年12月第1次印刷
书　　号	ISBN 978-7-5178-3594-3
定　　价	69.00元

本书为以下建设项目的阶段性成果：

浙江省"十三五"A类一流学科建设项目
（浙江工商大学外国语言文学学科）

浙江省"十三五"特色专业建设项目
（浙江工商大学日语专业）

教育部"国别和区域研究中心"培育基地项目
（浙江工商大学日本研究中心）

浙江省哲学社会科学重点研究基地
（浙江工商大学东亚研究院）

编委会

目 录

专题研究

学生园地

专题研究

MONOGRAPHIC STUDY

京都「祇園」名称及其相关问题考略

肖 平[①]

（浙江工商大学东方语言文化学院　杭州：310018）

　　摘　要：在京都的众多地名中，「祇園」有着特殊性，因为其中饱含着各类历史文化信息。经考察发现，此名称是随着佛教文化的东迁由中国传入，而汉语中的"祇园"一词，则是随着佛教经典的汉译由印度传来，其在印度的旧有梵语名称为"Jetavana anāthapiṃdasyārāma"，具体指称2500多年前古印度拘萨罗国舍卫城附近的一处佛教修行道场。该文基于文化传播与变异的立场，以佛教语文学为主要方法论，针对京都「祇園」名称之由来及其背后所蕴含的文化要素做了线性的梳理，旨在为现代人解读「祇園」的历史文化渊源提供一条便捷之路。

　　关键词：祇园；祇园精舍；Jetavana anāthapiṃdasyārāma；祇园祭；八坂神社

一、引言

　　提起「祇園」，我们不难联想到位于京都东山区八坂神社前的一条以娱乐为特色的著名历史文化街区。查阅『広辞苑』[②]中与「祇園」相关的词条我们也会发现：在日语中，与「祇園」相关的词语极为丰富，如「祇園会」「祇園狂」「祇園祭礼」「祇園の社」「祇園精舍」「祇園作」「祇園豆腐」「祇園女神御九重錦」「祇園日焼け」「祇園の神」「祇園祭」「祇園守り」「祇園八講」「祇園囃子」「祇園御霊会」「祇園坊」「祇園南海」等[③]，而其中的「祇園祭」更是为大家所熟知。然而，所谓「祇園」，其原本是一个与印度文化相关的词，即是古代印度佛陀时代由拘萨罗国祇陀太子和给孤独长者在舍卫城附近共同创建的佛教道场"祇树给孤独园"的略称。那么，究竟是出于怎样的缘由，又经过怎样的途径，令古代印度的"祇树给孤独园"经过时空流转而落户于日本京都，并从一个佛教道场的名称衍生出一系列颇为复杂的民俗文化，这显然是个颇有意趣的话题。

　　经查阅以往研究发现，迄今为止围绕京都"祇园"所展开的研究主要集中在

---

① 肖平，中国逻辑学会常务理事，浙江工商大学东方语言文化学院教授，外国语言学及应用语言学方向博士生导师。
② 新村出：『広辞苑』，岩波書店1966年版，第513頁。
③ 梅棹忠夫、金田一春彦、阪倉篤義等：『日本語大辞典』，講談社1989年版，第445頁。

对"祇园祭"的介绍和评述上,如黄宇雁《祇园祭与其中国文化渊源》①、原田三寿《祇园祭山形彩车伴奏之起源探索》②、蔡敦达《京都祇园祭及其中国元素》③、常春霞《日本祇园祭的文化传承功能考察》④等论文,其中仅黄宇雁的论文中有一带而过地提及京都"'祇园'二字来自佛教给孤独长者须达多在舍卫城建造的'祇园精舍'"⑤,而至于"祇园精舍"在印度的诞生情况及通过怎样的方式被译介到中国,进而再从中国传入日本,即其间详细的传承脉络,则语焉不详。有鉴于此,为进一步揭示京都"祇园"背后的历史文化渊源,本文拟在以上以往研究的基础上,以梵汉日三种语言的相关表现为主要线索,就京都「祇園」的来龙去脉加以考察,旨在廓清从古代印度"祇园精舍"到当今京都"祇园"之间的信息传递关系。

二、"祇园精舍"的诞生及建造因缘

古代印度的"祇园精舍",位于佛陀时代拘萨罗国首都舍卫城的附近,由舍卫城中富商须达多和拘萨罗国太子祇陀共同建造而成。所谓"精舍"(vihāra),在当时主要指由居士信众为佛教僧团建造或维护的修行道场,在各类经典中常被提起的有鹿野苑、竹林精舍、大林精舍、鹿母讲堂、重阁讲堂等,而"祇园精舍"在其中属于规模较大、建造时间较早的一个。当然,"祇园精舍"之所以广为人知,不只是因为其规模大和建造时间久远,更是因为其建造过程中有着一段令人难忘的因缘故事。

根据《增支部义疏》《法句》《自说》《本生》⑥等巴利语经典中的相关记述,其建造过程大致如下。在佛教僧团形成后不久,拘萨罗国首都舍卫城里住着一位叫须达多的富商,因常赈济贫穷者而被人赞誉为"给孤独长者"。须达多在一次外出去王舍城办事的时候,因听闻佛陀说法而心生欢喜,于是发愿在舍卫城附近为佛教僧团建造一座能够容纳1250名比丘安住的精舍,经过多方考察,发现只有祇陀太子的80顷园林最适合,于是试图买下。可是,无论须达多怎样请求,祇陀太子都无意出让,最后还随口说出一句戏言——除非你能用黄金铺满整个园

---

① 黄宇雁:《祇园祭与其中国文化渊源》,《浙江教育学院学报》2002年第2期,第15—20页。

② 原田三寿著,朱晓兰译:《祇园祭山形彩车伴奏之起源探索》,《文化艺术研究》2009年第5期,第246—252页。

③ 蔡敦达:《京都祇园祭及其中国元素》,《日语教育与日本学研究》2011年第0期,第477—481页。

④ 常春霞:《日本祇园祭的文化传承功能考察》,中国海洋大学硕士学位论文,2013年。

⑤ 黄宇雁:《祇园祭与其中国文化渊源》,《浙江教育学院学报》2002年第2期,第15页。

⑥ 云井昭善:『パーリ語仏教辞典』,山喜房1997年版,第361頁。

林。没想到须达多将此言当真,随后令人用大象运来整车的黄金,开始以黄金铺地。当铺到一半时,太子为其真诚所打动,于是答应把地面上的所有树木捐献给僧团,而把地上的黄金充为建造费,这样便有了后来祇陀太子和须达多共同建造的精舍,该精舍也由此建造因缘而被命名为"祇树给孤独园"①。

类似的故事情节不仅散见于各类巴利语经典中,作为汉译经典的《中阿含经》《增一阿含经》②等佛教基本典籍,以及《佛所行赞》③等佛陀传记中也都有所记载。

> 闻如是。一时佛在舍卫国。太子名祇。有园田八十顷。去城不远。其地平正。多众果树。处处皆有流泉浴池。其池清净。无有蚊蜂蚊虻蝇蚤。居士须达。身奉事佛。受持五戒。不杀、不盗、不婬、不欺、不饮酒。见谛沟港。常好布施。赈救贫穷。人呼为给孤独氏。须达欲为佛起精舍。周遍行地。唯祇园好。因从请买。太子祇言。能以黄金布地。令间无空者。便持相与。须达曰诺。听随买数。祇曰我戏言耳。讼之纷纷。国老谏曰。已许价决。不宜复悔。遂听与之。须达默念何藏金足。祇谓其悔嫌贵自止。曰不贵也。自念当出何藏金耳。即时使人象负金出。随集布地。须臾满四十顷。祇感念佛必有大道故使斯人轻宝乃尔。教齐是止。勿复出金。园地属卿。我自欲以树木献佛。因相可这便立精舍已。各上佛。佛与千二百五十沙门。俱止其中。是故名祇树给孤独园也。④

以上一段见于吴支谦译《佛说字经抄》,较为生动地描述了"祇树给孤独园"的建造过程,而其他经典或佛传中的传承尽管在形式上各有所侧重,但就叙述情节而言,则没有大的殊异。总之,从各类经典和佛传的描述中我们可以获知,"祇园精舍"的建造过程充满着传奇色彩,由此也形成了一段千古佳话。除了各类文字记载以外,类似的因缘故事也通过绘画、雕刻等艺术形式得到了更加广泛的扩展,对于佛法教义的传播而言,起到了推波助澜的作用。

---

① 水野弘元著,萧平、杨金萍译:《释尊的生涯》,佛光文化事业有限公司2007年版,第222—223页。
② 水野弘元著,萧平、杨金萍译:《释尊的生涯》,佛光文化事业有限公司2007年版,第227页。
③ 马明菩萨造,昙无谶译:《佛所行赞》,T04.192,CBETA2016年版。
④ 吴支谦译:《佛说字经抄》,T017.0789,CBETA2016年版,第0729a16页。

三、"祇园精舍"在梵巴语文献中的表现

从现存于各种语文中的佛教藏经的总数上我们不难推知,在佛教创始人释迦牟尼佛说法的45年[1]中,其做了4000多场有关佛法的传授,而据此所形成的大小经典有4000余部。尽管佛法的典籍在传播过程中被依照不同原则进行分类,或被翻译成不同的语言,但作为开篇的文体或叙事方式则较为一致,即一般以"如是我闻"为篇首,接着叙述作为时间的"一时"或"尔时",之后再叙述说法的地点,如精舍、讲堂或一些村庄的树下等具体地点,而"祇园精舍"便是众多说法地点中的一个。据说佛陀在此地的弘法时间有25年之久,其中有19次雨安居是在这里度过的,再加上上文所述的建造因缘,所以在各类佛经中被提及的次数也是最多的。我们先看以下一段梵语佛经的实例:

(1) Evaṃ mayā śrutaṃ | ekasmin samaye bhagavāñ śrāvatyāṃ viharati sma Jetavane anāthapiṃḍasyārāme mahātā bhikṣusaṃghena sārdham ardhatrayodaśabhir bhikṣuśataiḥ saṃbahulaiś ca bodhisattvair mahāsattvaiḥ | atha khalu bhagavān pūrvāhṇakālasamaye nivāsya pātracīvam ādāya śrāvastiṃ mahānagariṃ piṃḍāya prāvikṣat……[2] (参考译文:如是我闻。一时佛在舍卫国祇树给孤独园。与大比丘众千二百五十人俱。尔时,世尊食时著衣持钵。入舍卫大城乞食。……[3])

以上是《能断金刚般若经》中的开经言部分,作为说法地点提及的"Jetavane anāthapiṃḍasyārāme"就是一般所说的"祇园精舍"。接着我们再来看一段巴利语佛经的实例:

(2) Evam me suttaṃ. Ekaṃ samayaṃ Bhagavā Sāvatthiyaṃ viharati Jetavane anāthapiṇḍikassaārame-Kareri-kuṭikāyaṃ. Atha kho sambahulānaṃ bhikkhūnaṃ pacchā-bhattaṃ piṇḍapāta-paṭikkhatānaṃ Kareri-maṇḍala-māle sannisinnānaṃ sannipatitānaṃ pubbe-nivāsa-paṭisaṃyuttā dhammī kathā udapādi: " Iti pubbe-nivāso iti pubbe nivāso ti."[4] (参考译文:如是我闻。一次,佛陀住在舍卫城附近祇陀林给

---

① 也有49年说,本文采取45年说。

② Vajracchedikā Prajñāpāramitā (《能断金刚般若经》)开头语,援引自渡辺章悟:『金剛般若経の梵語資料集成』,山喜坊佛書林2009年第3卷,第30頁。

③ 姚秦天竺三藏鸠摩罗什译:《金刚般若波罗蜜经》,参照渡辺章悟:『金剛般若経の研究』,山喜坊佛書林2009年第2卷,第438頁,与梵语之间存在一定差异。

④ T. W. Rhys Davids and J. Estlin Carpenter (eds.), *Dīgha Nikāya Mahāpadāna-Suttanta* (Pali Text Society Oxford, 1903), p.1.

孤独长者园里的<u>卡蕾利小屋</u>。当时，比丘众在吃过饭，结束托钵食以后，在卡蕾利圆形道场里共坐。于是，在他们中间生起以下与宿住相关的法谈："据说这是宿住，据说这是宿住。"①）

以上是巴利语佛典《长部·大特质经》中开经言的部分，其中作为说法地点提及的"Jetavane anāthapiṇḍikassaārame-Kareri-kuṭikāyaṃ"，指的也是"祇园精舍"。与以上梵语略显不同的是，此处除了说出精舍的名称，还专门提到了精舍中的具体修行处"Kareri-kuṭikāyaṃ"（卡蕾利小屋），即其描述更为具体、详细，有着较为强烈的现场感。

以上梵语与巴利语之间虽说在表现形态上略有一些差别，但在语义内涵和结构上高度一致。具体而言，"Jeta"表示王子的名字，可意译为"胜"或"战胜"，"祇"是其音译。"vana"有"森林""树林"的意思，若在前面加上"Jeta"，则表示森林或树林的所有者为"Jeta"。"anāthapiṃḍasya"一词整体上是表示"施舍给无依无靠者饭食的人"。"ārāma"有"园林""公园""游园"等意思，在佛教文本中则常指道场或寺院。总括而言，"Jetavane anāthapiṃḍasyārāme"是由"Jeta""vana""anāthapiṃḍasya"和"ārāma"四个要素构成的合成词。从格位的角度看，"Jetavane"和"ārāme"二词同属于位格（locative），即整体上表示地点，而由于二者为同格，故而可理解为"作为祇陀林的僧园"。"anāthapiṃḍasya"是从属格，用以修饰"ārāme"，即整个词可以理解为"作为给孤独者的僧园"，即僧园的所有者。这就是"祇园精舍"在梵巴语文献中的具体表现，在各类梵巴语佛教经典中普遍存在。

四、"Jetavane anāthapiṃḍasyārāme"的汉译

以上笔者考察了"祇园精舍"在印度的诞生因缘，以及"Jetavane anātha-piṃḍasyārāme"一词在梵巴语佛教文献中的具体表现。我们知道，佛教在印度诞生后不久，便通过南北两个主要路径向世界各地传播，而其到达我国的时间大致在东汉初的明帝时代（57—75）。从后来汉译佛经的历程来看，从东汉初起至唐末乃至北宋初止，其间持续了将近千年的时间，尽管所译经典的总数目前尚无精确的统计，但至少在文字总量上应与巴利及藏语系经典大体相当。不过，由于时代和翻经人员的不同，针对同一部经典存在不同的译文版本，或针对同一术语名

① 慧音、慧观译：《巴利佛典译丛②·长部经典（二）·摩诃篇》，宗教文化出版社2016年版，第2页。

称存在不同译名等,这些情况都时有发生,而在"祇园精舍"一词的汉语译名上,则有着更加明显的表现。

(1)闻如是。佛在舍卫国祇树给孤独园。是时,贤者舍利曰:……①

(2)闻如是。佛在舍卫国祇树给孤独园。是时。佛告诸比丘。……②

(3)还彼舍卫,周行求地,唯祇园好。……③

(4)如佛在祇桓外林中树下坐,有一婆罗门来到佛所问佛:此树林有几叶。……④

(5)思惟已,将二儿到祇园中求出家,诸比丘不知其意,便与出家。⑤

(6)闻如是。一时,佛在罗阅,祇园精舍。……⑥

(7)我今当速行,广度诸群生;至于祇陀林,当得大神通。……⑦

(8)如是我闻。一时薄伽梵在室罗筏,住誓多林给孤独园,与无量无数声闻菩萨天人等俱。……⑧

(9)如是我闻。一时薄伽梵,在室罗伐城逝多林给孤独园。……⑨

(10)如是我闻。一时薄伽梵,在名称大城战胜林施孤独园。与大苾刍众千二百五十人俱。……⑩

以上所举是散见于各类汉译佛经中与"Jetavane anāthapiṃḍasyārāme"相对应的一部分汉语译名。只要对照上节"祇园精舍"的梵巴语表现便不难看出,上例中的"祇""祇陀""祇桓""誓多""逝多"等都是针对"Jeta"的音译,而"战胜"是其意译。"树""林"是针对"vana"的意译,而"祇树"便是对"Jetavana"整体的翻译。

---

① 安世高译:《长阿含·十报法经》,T01.013,CBETA2016年版,第233b26页。
② 安世高译:《长阿含·佛说四谛经》,T01.032,CBETA2016年版,第814b11页。
③ 昙果、康孟祥译:《中本起经》,T04.0196,CBETA2016年版,第0156b5页。
④ 龙树菩萨造,鸠摩罗什译:《大智度论》,T025.1509,CBETA2016年版,第0114b01页。
⑤ 弗若多罗译:《十诵律》,T023.1435,CBETA2016年版,第0151b04页。
⑥ 昙无兰译:《佛说正见经》,T017.0796,CBETA2016年版,第0740b06页。
⑦ 求那跋陀罗译:《央掘魔罗经》,T02.0120,CBETA2016年版,第0523c28页。
⑧ 玄奘译:《缘起经》,T05.0124,CBETA2016年版,第547b12页。
⑨ 义净译:《佛说譬喻经》,T04.0217,CBETA2016年版,第801b06页。
⑩ 义净译:《佛说能断金刚般若波罗蜜多经》,T08.0239,CBETA2016年版,第771c24页。

"给孤独""施孤独"是针对梵语"anāthapiṃḍasya"或巴利语"anāthapiṇḍikassa"的意译,而"园"或"精舍"显然是针对"ārāme"的意译,其中"园"属于一般翻译,而"精舍"则是附带佛教特指含义的翻译。若从信息传递的角度而论,"祇树给孤独园""誓多林给孤独园""逝多林给孤独园""战胜林施孤独园"等译名较为完整地传递了梵巴语的信息,"祇园外林""祇陀林"等译名中则缺少了"给孤独"和"僧园"两个要素,而"祇园"更是一种高度浓缩的意译。至于"祇园精舍",则可以看作是在"祇园"之上的定性增译。所谓定性增译,是一种在翻译领域较为常见的翻译技巧,一般在译名需要归入某个特定属性时被采用。具体而言,"祇园"原本是"祇树给孤独园"的一个略称译名,如上例中"思惟已,将二儿到祇园中求出家,诸比丘不知其意,便与出家"一句中的"祇园",指代的显然就是"祇园精舍"。可是,采用类似的译名一般需要有比较充足的场景作为补充条件,否则会很容易产生歧义。因此,通过在后面附加属性信息,便可以起到补充场景信息的作用,以便从源头上避免误解的发生。总之,围绕梵语"Jetavane anāthapiṃḍasyārāme",在汉译佛教经典中曾有十余个汉语名称被先后译出,而"祇园"为其中之一。

五、"祇园"名称东传及京都"祇园"文化的诞生

如上所述,围绕梵巴语"Jetavane anāthapiṃḍasyārāme"先后有十余个对应的汉译名称产生,而随着佛教和一般世间文化的东渡,其中一部分也被传播到了日本。相关史料记载:"日本齐名天皇二年(656),高句丽的使者伊利之使主来到日本,得到朝廷的准许在山城国(今京都)八坂乡建造了一座神祠;天智天皇六年(667),这座神祠被命名为'祇园感应院',交由来自朝鲜半岛的'渡来人'伊利之的后代狛氏来管理。"[1]这或许是有关"祇园"观念传到日本的最早记述,而这里所说的"祇园感应院"也正是后来我们所熟知的祇园神社,即如今京都八坂神社的前身。从这一情况我们可以大体推知,"祇园"最早是作为与神灵相关的观念进入日本的,而并不是佛教。关于这一点,我们可以通过检索上代文献中与"祇"相关的表述获得进一步的佐证。

(1)神主_爾、神祇某官位姓名定_旦、進_流神財_波、御弓・御大刀・御

---

① 黄宇雁:《祇园祭与其中国文化渊源》,《浙江教育学院学报》2002年第2期,第15页。

鏡・鈴・衣笠・御馬_乎引㠀_弖,御衣_波、明_{多閇}。(古事記)①

(2)所以稱幣丘者、太天皇到於此處、奉幣地祇、故號幣丘。(播磨国風土記)②

(3)郡東國社,此號縣祇。社中寒泉,謂之大井。緣郡男女,會集汲飲。(常陸国風土記)③

(4)此池,要在活民。何神誰祇,不從風化。(常陸国風土記)④

(5)壹佰捌拾肆所在神祇官。貳佰壹拾伍所不在神祇官。(出雲国風土記)⑤

(6)一書曰:伊奘諾尊與伊奘冉尊,共生大八洲國。然後,伊奘諾尊曰:我所生之國,唯有朝霧,而薰滿之哉。乃吹撥之氣,化爲神。號曰級長戶邊命。亦曰級長津彦命,是風神也。又飢時生兒,號倉稻魂命。又生海神等,號少童命。山神等號山祇。(日本書紀)⑥

(7)天地神祇辞因而、敷細乃、衣手易而、自妻跡憑有今夜。秋夜之、百夜乃長、有与宿鴨。(万葉集)⑦

(8)須臾經殫、三祇遥劫、究圓非難。然後、捨十重荷、證尊位於眞如。(三教指帰)⑧

以上所举为见于日本上代文献中与"祇"字相关的一些表述实例。从这些实例中我们不难看出,"祇"字主要用于表示地上的神灵,所谓"天神地祇"似乎是较为普遍的说法。换言之,即便"祇园感应院"中的"祇园"就是来自佛教意义中的"祇园",而对于当时的日本人来说,将其作为带有地神意义的"地祇之园"来理解,也是极其自然的事。

平安时代(794—1192)以后,随着佛教经典的大量传入及佛教在日本社会认知度的提高,经佛教路径传入的"祇园",开始陆续在日本各类文献中出现。

---

① 倉野憲司、武田祐吉校注:『日本古典文学大系1・古事記・祝詞』,岩波書店1958年版,第404頁。
② 秋本吉郎校注:『日本古典文学大系2・風土記』,岩波書店1958年版,第272頁。
③ 秋本吉郎校注:『日本古典文学大系2・風土記』,岩波書店1958年版,第52頁。
④ 秋本吉郎校注:『日本古典文学大系2・風土記』,岩波書店1958年版,第56頁。
⑤ 秋本吉郎校注:『日本古典文学大系2・風土記』,岩波書店1958年版,第94頁。
⑥ 坂本太郎、家永三郎、井上光貞等校注:『日本古典文学大系67・日本書紀(上)』,岩波書店1967年版,第91頁。
⑦ 高木市之助、五味智英、大野晋校注:『日本古典文学大系4・万葉集1』,岩波書店1957年版,第262頁。
⑧ 渡辺照宏、宮坂宥勝校注:『日本古典文学大系71・三教指帰・性霊集』,岩波書店1965年版,第143頁。

　　(1)上方來往路難尋,塔廟青山祇樹林;片石觀空何劫盡,孤雲對境幾年深。紗燈點點千峰夕,月磬寥寥五夜心;到此能令身世忘,塵機不得更相侵。(経国集巻十)①

　　(2)大安寺は、兜率天の一院を天竺の祇園精舎に移造、天竺の祇園精舎を唐の西明寺にうつしつくり、唐の西明寺の一院を、此國のみかどは、大安寺にうつさしめ給へるなり。(大鏡)②

　　(3)其古を思ふに、天竺の阿闍世王は、常々佛を請じ奉、數の寶をさゝげたまふ。ある時、佛の御かへり、夜に入ければ、王宮より、祇園精舎まで、十方國土の油をあつめて、萬燈をともし給ひけり。(曽我物語)③

　　以上实例(1)为收录于《经国集》卷十中惟良春道的一首题名为「賦得深山寺」的七言诗,诗中所提到的"祇樹林"与塔庙、青山相并列,显然蕴含着"祇园"等特别的所指。(2)是《大镜》中就奈良大安寺诞生因缘的一段解释。明显可以看出,作者把大安寺的源头上溯至唐西明寺的一院,进而又将西明寺的源头上溯至天竺祇园精舍的一院,最后则将祇园精舍的源头上溯至兜率天的一院,以如此的方式确立大安寺传承的合法地位。(3)讲述的是印度佛教中的一段因缘故事。从这些实例中我们大致可以看出,平安时代以后随着佛教传入日本的"祇园精舍",尽管在形式上与汉译的"祇园精舍"并没有所谓不同,但因时空的转移,即对于古代日本人而言,天竺依然是个梦幻般的存在,他们心目中的所谓"祇园精舍"已经并非专指曾经真实存在于古代印度拘萨罗国舍卫城附近的那个"祇树给孤独园",而只是一个充满灵性的佛教圣地。

　　至于镰仓(1185—1333)、室町(1336—1573),乃至江户时代(1603—1867),随着传统与外来文化的进一步交融,围绕"祇园"的相关表现呈现出更加多样化的倾向。

　　(1)我三十三身に身を變じて衆生の願ひを滿てずは、祇園精舎の雲に交り、永く正覺を取らじと誓ひ、我地に入らむ者には福徳を授け

---

① 古典文学電子テキスト検索β,経国集076。可详见http://miko.org/˜uraki/kuon/furu/text/waka/keikoku/keukoku.htm。
② 松本博司校注:『日本古典文学大系21・大鏡』,岩波書店1960年版,第237頁。
③ 市古貞次、大島建彦校注:『日本古典文学大系88・曽我物語』,岩波書店1966年版,第403頁。

んと誓ひ給ふ御佛なり。(義経記)①

　　(2)祇園精舎の鐘の聲、諸行無常の響あり。娑羅雙樹の花の色、
盛者必衰のことはりをあらはす。(平家物語)②

　　(3)八條におはしけるは、そしにておはしけれども、腹あしく恐し
き人にて、賀茂、春日、稲荷、祇園の御祭ごとに平家を狙う。(義経記)③

　　(4)いづれの年なりしにか、新院、六條殿にわたらせ給しころ、祇
園の神輿たがひの行幸ありし時、御對面のやうを、故院へたづね申さ
れたりしにも、「我とひとしかるべき御ことなれば、朝観になぞらへ
らるべし」と申されける。(神皇正統記増鏡)④

　　(5)一とせ祇園まつりに、三條通にて秀次公大津よ御上洛とふれ
ければ、三社の神輿を道より南へかきおろし、ならべをき奉りしに、
秀次關白殿、禮拜もし給はず、馬にめしながら、「京にはゆゝしき祭す
るよな」とばかり、のたまひて、すぎさせ給ふ。(戴恩記)⑤

　　(6)洛東祇園林の坤、所謂観勝寺のほとりを、往昔は安井と唱た
り。(椿説弓張月)⑥

以上实例(1)中的「祇園精舎の雲」显然是被神灵化的一种比喻表现；(2)中
的「祇園精舎の鐘の聲」作为佛教无常观的一个象征，在日本可谓深入民心；
(3)中的「祇園」指称的应该是作为日本几大著名神社之一的「祇園」；(4)(5)都
是与「祇園祭」相关的表述；(6)中的「祇園林」表示的则是一个具体的地名。

六、结语

综上所述，日本京都「祇園」名称之由来，其最初的源流可上溯至古代印度释

---

① 岡見正雄校注：『日本古典文学大系37·義経記』，岩波書店1959年版，第123頁。
② 髙木市之助、小沢正夫、渥美かをる等校注：『日本古典文学大系32·平家物語(上)』，岩波書店1959
　 年，第83頁。
③ 岡見正雄校注：『日本古典文学大系37·義経記』，岩波書店1959年版，第39頁。
④ 岩佐正、時枝誠記、木藤才蔵校注：『日本古典文学大系87·神皇正統記増鏡』，岩波書店1965年版，第
　 342頁。
⑤ 小高敏郎、松村明校注：『日本古典文学大系95·戴恩記·折たく柴の記·蘭東事始』，岩波書店1964年
　 版，第41頁。
⑥ 後藤丹治校注：『日本古典文学大系61·椿説弓張月(下)』，岩波書店1962年版，第256頁。

迦时代拘萨罗国舍卫城附近的"Jetavana anāthapiṃḍasyārāma"。随着佛教在中国各地的广泛传播,其先后被翻译为"祇树给孤独园""祇园精舍"等十余种汉语名称。在与"祇园"相关的各种汉译中,最早落户日本的是天智天皇年间修建于京都八坂的一座神祠"祇园感应院"。进而,随着佛教的东传,"祇陀林""祇园精舍""祇园"等名称也开始在日本各类文献中出现。由于此前作为附带地神含义的"祇"字已经先行一步传入日本,且在日本各类古文书中较为普遍地被使用,所以在作为整体名称的"祇园"步入日本之际,人们也顺理成章地将其作为一个与神灵相关的观念加以接纳并使用,即长期以来,在围绕"祇园"一词的使用上,始终处于一种神佛并行混用的状态。近世以后,又有一些民间信仰和地方风俗被纳入其中,由此"祇园"便逐步演化成为一个神佛及各类民间风俗等相交织的综合名称,这或许也是现代人对京都"祇园"所持有的一般印象。最后,让我们以江户时期一位著名诗人祇园南海的一首汉诗"咏怀"作为本文的结束语:

> 客舍黄昏不耐愁,风吹霜叶入山楼。
> 鸦低暮色潇潇雨,雁傍砧声处处秋。
> 节物尤能惊远客,功名空自托浪遊。
> 后来心计竟何事,身世谁怜不系舟。①

此处的"祇园"尽管与论文的主题似乎无有大的关涉,但作为"祇园"观念的一个延伸,或许也能在一定程度上展现出"祇园"在日本文化中的张力吧。

参考文献

[1]平川彰.仏教漢梵大辞典[M].東京:霊友会,1998.

[2]新村出.広辞苑[M].東京:岩波書店,1966.

[3]梅棹忠夫,金田一春彦,阪倉篤義,等.日本語大辞典[M].カラー版.東京:講談社,1989.

[4]黄宇雁.祇园祭与其中国文化渊源[J].浙江教育学院学报,2002(2):19-24.

[5]原田三寿,朱晓兰.祇园祭山形彩车伴奏之起源探索[J].文化艺术研究,2009,2(5):246-252.

[6]蔡敦达.京都祇园祭及其中国元素[J].日语教育与日本学研究,2011(0):477-481.

---

① 山岸徳平校注:『日本古典文学大系89・五山文学集・江戸漢詩集』,岩波書店1966年版,第208頁。

[7]常春霞.日本祇园祭的文化传承功能考察[D].青岛:中国海洋大学,2013.

[8]云井昭善.パーリ語仏教辞典[M].東京:山喜房,1997.

[9]水野弘元.释尊的生涯[M].萧平,杨金萍,译.高雄:佛光文化事业有限公司,2007.

[10]渡辺章悟.金剛般若経の梵語資料集成[M].東京:山喜坊佛書林,2009.

[11]倉野憲司,武田祐吉.日本古典文学大系1·古事記·祝詞[M].東京:岩波書店,1958.

[12]秋本吉郎.日本古典文学大系2·風土記[M].東京:岩波書店,1958.

[13]坂本太郎,家永三郎,井上光貞,等.日本古典文学大系67·日本書紀(上)[M].東京:岩波書店,1967.

[14]高木市之助,五味智英,大野晋.日本古典文学大系4·万葉集1[M].東京:岩波書店,1957.

[15]渡辺照宏,宮坂宥勝.日本古典文学大系71·三教指帰·性霊集[M].東京:岩波書店,1965.

[16]松本博司.日本古典文学大系21·大鏡[M].東京:岩波書店,1960.

[17]市古貞次,大島建彦.日本古典文学大系88·曽我物語[M].東京:岩波書店,1966.

[18]岡見正夫.日本古典文学大系37·義経記[M].東京:岩波書店,1959.

[19]高木市之助,小沢正夫,渥美かをる,等.日本古典文学大系32·平家物語(上)[M].東京:岩波書店,1959.

[20]岩佐正,時枝誠記、木藤才蔵.日本古典文学大系87·神皇正統記増鏡[M].東京:岩波書店,1965.

[21]小高敏郎,松村明.日本古典文学大系95·戴恩記·折たく柴の記·蘭東事始[M].東京:岩波書店,1964.

[22]後藤丹治.日本古典文学大系61·椿説弓張月(下)[M].東京:岩波書店,1962.

[23]山岸徳平.日本古典文学大系89·五山文学集·江戸漢詩集[M].東京:岩波書店,1966.

An Investigation of the Place Name "Jetavana" in Kyoto and Other Relevant Issues

XIAO Ping

（School of Oriental Languages and Culture in Zhejiang Gongshang University，Hangzhou：310018）

Abstract："Jetavana" is rather special among the many place names in Kyoto in that it has rich historical and cultural connotation. It is found that this place name was introduced into Japan from China as the Buddhist culture was spread to East Asia. Jetavana, "Jetavana anāthapiṃḍasyārāma" in Sanskrit，was translated into Chinese with the distribution of Buddhist texts from ancient India in China. It was a Buddhist monastery located just outside the old city of Savatthi in Kosala，an ancient Indian kingdom over 2500 years ago. This paper，based on the theories of cultural transmission and variation，teases out the origin of the place name "Jetavana" in Kyoto and its historical and cultural connotation from the viewpoint of Buddhist Philology. It aims to provide convenience for the interpretation of the historical and cultural connotation of "Jetavana" in the modern time.

Key words：Jetavana；Jetavana Monastery；Jetavana anāthapiṃḍasyārāma；Gion Matsuri；Yasaka Jinja

《今昔物语集》与《搜神记》中蚕起源故事考察^①

马可英^②

(湖州师范学院外国语学院　湖州:313000)

摘　要:成书于12世纪中叶的《今昔物语集》是日本文学史上最大的说话集,它与魏晋南北朝志怪小说的代表作《搜神记》有深厚的渊源。该文分别对出自《今昔物语集》本朝部和《搜神记》的两则有关"蚕起源"的故事进行考察,具体分析两者的不同之处,并在此基础上探明形成这些差异的原因。这对于研究中日文学交流史具有一定意义。

关键词:今昔物语集;搜神记;蚕起源;狗头丝;马皮蚕女

《今昔物语集》(以下简称《今昔》)是日本文学史上最大的说话集,大体成书于12世纪中叶,撰者不详。《搜神记》是魏晋南北朝志怪小说的代表作,系东晋史学家干宝所撰。两者具有深厚的渊源。到目前为止,无论是国内还是日本,对于《今昔》的研究势头都不低,而且成果较多。但是,总体来看,国内偏重对震旦部的出典研究,日本则注重解析各卷次尤其是本朝部文本内容及前后的配置关系。相比较而言,国内对《搜神记》的研究较为薄弱,尤其是对此著作的学术价值尚未很好地发掘,对两者的对比研究则更为不足。而关于"蚕起源"这一问题,中日学者在民俗学视域下研究"蚕神信仰"时虽都略有提及,但都未展开和进行对比研究。

基于此,本文拟围绕《今昔》与《搜神记》中关于"蚕起源"的两则故事进行详细考察,具体分析两者的不同之处,并在此基础上探明形成这些差异的原因,以期能为相关问题的进一步研究起抛砖引玉的作用。

① 基金项目:浙江哲学社会科学重点研究基地(浙江工商大学东亚研究院)课题(项目编号:15ZD-DYZS10YB)。

② 马可英,湖州师范学院外国语学院讲师,主要研究方向为日语语言学。

一、故事介绍

《今昔》全书共31卷(其中第8、18、21卷缺失),按照佛教传播的时空分为天竺部、震旦部、本朝部三部分,各部分又分为佛教故事和世俗故事。书中收录故事1200余则,大多讲述宣扬佛法的佛教故事,也描绘了上达天皇贵胄英豪,下至庶民乞丐强盗的种种人物,记录了民间广泛流传的神佛、动物、鬼怪故事。它对我们了解平安时代的社会文化生活具有重要的参考与研究价值。同时,《今昔》参考了中国宋元以前的大量资料,尤其是震旦部大多出自中国的文学典籍,故可以看出中国文学对这部说话集的成书起着重要作用。从这一角度来讲,这部作品也是中国文学在日本传播的结果。

《搜神记》是魏晋南北朝志怪小说的代表作。该书系东晋史学家干宝博采异闻,将搜集到的神祇灵异故事编撰而成。全书共30卷,有464则故事。《搜神记》不仅对后代文学艺术的发展产生了较大影响,也在流传到日本之后成为日本文学吸收与借鉴的对象,为日本文学的发展做出了很大的贡献。[1]《今昔》中就有不少故事参考了《搜神记》。

接下来,我们先来看一下分别出自《今昔》和《搜神记》的两则"蚕起源"故事。

从前,参河国(又称三河国,现爱知县境内)某郡的郡司娶了两房妻室,让她们在家养蚕。有一年不知何故,原配夫人养的蚕全部死去,郡司因此极感不快,从此对她冷淡起来。仆从们见状也都对她不予理睬。因此,原配夫人家境日趋冷落,心中也是十分凄凉。

有一天,她发现桑叶上附着一条蚕在吃桑叶,便将它取下来饲养。这条蚕长势喜人,夫人心中甚是欢喜。这天,当夫人观看大蚕吃桑叶时,家中养的白狗竟然跑过来一口吞下了大蚕。夫人伤心又无奈地想,我竟然这么命薄,连一条蚕都养不活,想着想着便对着白狗流下了眼泪。这时,白狗打了个喷嚏,然后从它的鼻孔里吐出了两根长约一寸的白丝。夫人不胜惊讶,便揪住丝头往外拉,越拉越长,最后拉出足有四五千两后才露出丝头,这时白狗便倒地身亡了。夫人心想这狗必是神佛化身来帮助自己,就把狗埋葬在房后园里的一棵桑树底下。

当夫人正发愁这么多生丝无法纺织时,郡司丈夫恰巧因事路过家门。当他看到这罕见的白丝时就询问夫人原因。夫人便将事情的经过原原本本告诉了他。郡司闻听深悔自己不该怠慢神佛保佑的人,于是,立即留在了夫人这里。

后来那棵埋葬白狗的桑树上,结满了蚕茧,他们便取下缫丝,仍然是绮丽无比。郡司把此事上报国守,国守转奏了朝廷,从此便由参河国向朝廷进贡"狗头丝"。这"狗头丝"还用来纺织天皇的御衣。也有人说郡司原配夫人的蚕是由二夫人蓄意害死的,至于真相如何,则不得而知。

由此看来,他们夫妇由于"狗头丝"的出现才破镜重圆,这都是前世的因果。故事就是这样的。[2]

——《今昔》本朝(附宿报)卷二十六第11话:参河国始犬头丝语

（参河国"狗头丝"的由来）

旧说太古之时,有大人远征,家无余人,唯有一女。牡马一匹,女亲养之。穷居幽处,思念其父,乃戏马曰:"尔能为我迎得父还,吾将嫁汝。"马既承此言,乃绝缰而去,径至父所。父见马,惊喜,因取而乘之。马望所自来,悲鸣不已。父曰:"此马无事如此,我家得无有故乎!"巫乘以归。为畜生有非常之情,故厚加刍养。马不肯食,每见女出入,辄喜怒奋击。如此非一。父怪之,密以问女,女具以告父,必为是故。父曰:"勿言,恐辱家门。且莫出入。"于是伏弩射杀之,暴皮于庭。父行,女以邻女于皮所戏,以足蹙之曰:"汝是畜生,而欲取人为妇耶?招此屠剥,如何自苦?"言未及竟,马皮蹶然而起,卷女以行。邻女忙怕,不敢救之,走告其父。父还求索,已出失之。后经数日,得于大树枝间。女及马皮,尽化为蚕,而绩于树上。其茧纶理厚大,异于常蚕。邻妇取而养之,其收数倍。因名其树曰桑。桑者,丧也。由斯百姓竞种之,今世所养是也。言桑蚕者,是古蚕之余类也。案《天官》,辰为马星。《蚕书》曰:"月当大火,则浴其种。"是蚕与马同气也。《周礼》马质职掌"禁原蚕者"注云:"物莫能两大。禁原蚕者,为其伤马也。"汉礼,皇后亲采桑,祀蚕神,曰"菀窳妇人、寓氏公主"。公主者,女之尊称也。菀窳妇人,先蚕者也。故今世或谓蚕为女儿者,是古之遗言也。[3]

——《搜神记》卷十四350条:马皮蚕女

以上两则故事是《今昔》本朝部与《搜神记》中被认定为具有相似性的八组故事之一。[4]通过比较,不难发现,虽然两则故事均涉及"蚕起源"的说明,前者为埋狗的树上长出蚕,后者是少女和马皮结合生成蚕,但是内容和情节上还是存在较大的差异。接下来笔者将探讨两者的差异点及其形成原因。

二、故事差异点及其成因

(一)结构不同的故事题目

两则故事题目分别为《参河国始犬头丝语》(以下简称《狗头丝》)与《马皮蚕女》。前者包括了地点、人物和事件,让人读过题目便对故事有了大致的了解;后者只出现人物,语言简洁,但到底故事内容如何不可知晓,给人无限的遐想空间。而这样的差异不只出现在这两则故事中。比如:《今昔》卷二十六第12话《能登国凤至孙得带语》(能登国的凤至孙获得宝带)、第13话《兵卫佐上倭王于西八条见得银语》(长缨兵卫佐于西八条发现白银)、第14话《付陆奥守人见付金得富语》(陆奥国守的家臣发现黄金致富)、第15话《能登国堀铁者行佐渡国堀金语》(能登国采铁人往佐渡国挖金)等,都是主谓结构,并都以"语"结句。《搜神记》卷十四"羌豪袁釰""窦氏蛇""兰岩双鹤""毛衣女"等都是名词,十分凝练。可以说这种标题名称的差异也是两本书格式上的一大不同。

这一现象的成因,与编撰者的身份背景及编书意图密不可分。《今昔》编撰者不详,但编书意图极为明确。此书成书于日本院政时期(平安晚期),正是日本社会向中世过渡的阶段。当时封建律令制逐步瓦解,农民阶层势力增强,武士阶层开始抬头,社会处于激烈的动荡转型期。与此同时,私渡僧、民间寺院兴起,寺院庄园领主化,使得佛教逐渐普及并趋于世俗化。人们突破旧的等级认同和价值观,更多地关注社会现象。[5]《今昔》就是在这样的背景下产生的。为达到宣传佛教、弘扬佛法的目的,本书还特意编排了与佛法部相对的世俗部。因为毕竟对一般民众宣扬佛法不能只是讲佛经、佛理等抽象的东西,更有效的办法是讲民众身边发生的事或一些奇异之事,来吸引民众的眼球,并借此来弘扬佛法。所以,命题也紧扣宗旨,尽量详细易懂,让民众乐于接受并有兴趣阅读。而《搜神记》的作者干宝,是东晋文学家、史学家。《晋书》中这样记载:"昔世干宝著书,乃盛誉丘明而深抑子长,其义云,能以三十卷之约,括囊二百四十年之事,靡有遗也,寻其此说,可谓劲挺之词乎。"[6]可见干宝推崇左丘明并高度评价《春秋左氏传》,因此他命题的简洁很可能是模仿左丘明。

(二)不同文化的独特用语

《今昔》是一部佛教说话集,因此,在世俗部中也不乏佛教用语,渗透了佛教意识。《狗头丝》的故事中,原配夫人在看到白狗吃了大蚕时,伤心地想,自己竟然这么命薄,连一条蚕都养不活;当看到白狗鼻子吐丝时又想"这狗必是神佛化身来帮助自己";郡司听了夫人讲述白丝的来历后,"深悔自己不该怠慢神佛保佑的人";话末评语:"由此看来,他们夫妇由于'狗头丝'的出现才破镜重圆,这都是前世的因果。"上述三处心理描写与话末评语明显使用了佛教用语,包含了佛教思想。

对于故事中无法用常理理解的现象,编撰者煞费苦心地用"神佛保护""因果"等佛教用语来进行解释。然而,从故事脉络来看,这样的解释很是牵强。尤其是结尾处说夫妻能破镜重圆都是前世的因果,但是故事中明显缺少前世的相关情节,既没有解释原配夫人为什么能得到神佛保护,也没有讲夫妻二人前世的因缘。因此,特意用"因果"来解释不可思议之事,正反映了编者极力渗透佛教理念,对民众进行说教的明确意图。

《搜神记》中当女儿将自己与马的约定告诉父亲时,父亲不让女儿将此事说出去,理由是"恐辱家门"。这里有明显的封建礼教的印痕,也正是六朝门阀观念在故事中的体现。而流传到日本的各种"马头娘"传说中均未出现"恐辱家门"的字样。反倒是将少女对马的炽热的爱情直率地表达出来,甚至有的故事还有"少女在马厩失身"的大尺度叙述,这与极力隐藏少女和马的爱情的中国传说形成了鲜明的对比。[7]那么,反过来可以推测,身为史学家的干宝很有可能对原本的民间故事做了改动,使故事更符合当时的伦理道德观。

(三)截然不同的叙事手法

《今昔》出场人物较多,事件脉络繁杂交错,故事情节一波三折。出场人物除了主人公原配妻子外,还有郡司、二夫人、白狗、国守等。事件则在"狗头丝"由来的主线之外,穿插了平安时代租庸调制下百姓向朝廷进贡的事实,描绘了当时参河国一带农村养蚕的情景。在叙事中,通过对郡司原配妻子境遇在恶化与改善间不断反复的栩栩如生的刻画,使故事情节跌宕起伏,引人入胜。简单概括如下:

蚕死,不能养蚕(恶化)→发现一只蚕,养(改善)→白狗吃了蚕(恶化)→白狗鼻子吐丝(改善)→ 白狗死(恶化)→ 白狗埋身之处的树上生出蚕,作茧吐丝,丈夫回到身边(改善)

另外,前面提及的三处人物心理活动的描写也为故事增添了文学性和趣味性,最终加强了编撰者的宗旨——说教性。

《搜神记》线索明了,情节简单,语言简洁,基本上是将故事平铺直叙,少有人物心理描写与性格刻画。

少女与马约定→少女之父杀死马→马皮裹少女飞,化作蚕,落于树

不过,《搜神记》的这种风格正是魏晋南北朝志怪小说的特点,即粗具小说规模,但算不上成熟的小说作品。正如鲁迅在《中国小说史略》中所指出的:"小说亦如诗,至唐代而变,虽尚不离于搜奇记逸,然叙述宛转,文辞华艳,与六朝之粗陈梗概者较,演进之迹甚明,而尤显者乃是时则始有意为小说。"

(四)追求叙述的真实与相信怪异的存在

《今昔》中清楚地交代了故事发生的地点,出现了平安时代的官职名称,行文中还有"也有人说是二夫人杀了原配妻子的蚕"等证明有"旁观者"存在的字眼,这些都给人一种真实感。故事越真实,就越具有可信性。毋庸讳言,以一种讲述真实发生的事情的口吻来叙述其实并非完全可信的事实,这正反映了《今昔》编撰者竭尽全力地想达到突出故事真实性的强烈意图。

《搜神记》中人名、地名均未出现,更没有对不可思议之事的解释。反而说:"故今世或谓蚕为女儿者,是古之遗言也。"这是以现世之事的存在来证明传说的可靠性,说明干宝是相信怪异的存在的。正如他在《自序》中所写的"及其著述,亦足以明神道之不诬也。"通过搜集确认著述及民间传说,证实鬼神确实存在。[8]

三、故事相似度甚低之原因

前面提到过,《今昔》本朝部与《搜神记》中被认定为具有相似性的故事有八组,根据吴雪婷(2013)对其中五组故事的考证可知,《今昔》中的这些故事的编撰受到了《搜神记》的影响。但是,笔者发现除了《狗头丝》与《马皮蚕女》这组故事相似性甚少之外,其他故事相似性都比较大,并且同组故事有明显的改编与被改编的痕迹。那么,为什么《今昔》的编撰者没有将《马皮蚕女》故事直接进行改编呢? 现试对此问题进行探讨。

首先,《马皮蚕女》这一故事在日本作为"马头娘"传说早已广为流传。据顾希佳(2002)考证,"马头娘"神话可能由古代陆续漂流进入日本的大陆移民在带去蚕丝生产技术的同时就已经带去,而且主要是通过民间的口耳相传。[9]通过今野圆辅在《马娘婚姻谭》中对"马与少女的婚恋"所作的大量的辑录,我们可以看到形式多样的"马皮蚕女"的异形,以及日本东北地区的白神信仰。据此可以推

测,在《今昔》成书的12世纪中叶,"马头娘"传说尤其是蚕神信仰已经十分普及。对这样一种涉及信仰的传说进行改编,可行性应该不大。

其次,如前所述,《今昔》的编纂目的十分明确,整部说话是站在弘扬佛法的立场上编写的。而《马皮蚕女》人物关系单一,故事情节简单,又有较浓的封建礼教思想,与"因果"主题相去甚远。同时,卷二十六第11话到第18话的"说话群"的主题是"意外致富",而"马皮蚕女"显然缺少相关要素。综合来看,"马皮蚕女"不符合《今昔》"选题"。

最后,"狗头丝"作为平安时代进贡朝廷并为天皇做衣服的生丝,是真实存在的一种白丝。《延喜式》卷二十四"主计上"中记载:"凡贡夏调丝者。伊贺、三百绚。伊势八百八十绚。白丝。参河二千绚。犬头丝。"[10] 这说明"狗头丝"是参河国的特产。因此,当地人民为强调其珍贵性,完全有理由编造美丽的传说故事。从《今昔》的性质看,原创故事的可能性不大,也就是说"狗头丝"的雏形应该是有的。因此,编者根据自己的需要对故事做了改动,并让这个故事得到了广泛传播。在日本,以《今昔》为出处的"狗头丝"故事不少,还有的被作为神社起源说,甚至对后世也产生了一定的影响,《看闻御记》(1416—1448)中有些相同的故事便是佐证。

四、结论

综上所述,作为相似故事的"狗头丝"与"马皮蚕女"虽均涉及"蚕起源",但无论是情节内容还是主题思想,都存在着不小的差异,具体表现在:结构不同的故事题目、不同文化的独特用语、截然不同的叙事手法、追求叙述的真实与相信怪异的存在等几个方面。而形成这些差异的原因,简而言之,一是中日两国不同的文化背景,再就是作者全然不同的身份、思想与编撰意图。出现的上述差异说明《今昔》作者在继承《搜神记》的过程中,结合日本本土文化,通过改变故事内容,使用佛教用语,突出故事的宗教色彩。同时,采用一波三折的叙事手法,注重人物心理刻画,来渲染作品本身的文学价值。这些都充分反映《今昔》在借鉴《搜神记》时有意识地进行了创新与发展,而这也从一个侧面折射出中日文化交流的过程。

参考文献

[1]马兴国.《搜神记》在日本的流传及影响[J].日本研究,1988(2):79-80.

[2]作者不详.今昔物语集[M].北京编译社,译.张龙妹,校注.北京:人民文学出版社,2008:925-928.

[3]干宝.搜神记[M].马银琴,译注.北京:中华书局,2012:317-320.

[4]吴雪婷.《今昔》本朝世俗部和《搜神记》的同类故事的比较研究[D].长春:吉林大学,2013.

[5]山中裕,鈴木一雄.平安時代の信仰と生活[M].東京:至文堂,1994:11-16.

[6]刘知几.史通评注[M].刘占召,评注.北京:中央编译出版社,2010:203.

[7]今野円輔.馬娘婚姻譚:いわゆる「オシラさま」信仰について[M].東京:岩崎書店,1996.

[8]刘沙沙.《今昔物语集》本朝世俗部中对中国同类型作品的继承和发展[J].齐齐哈尔大学学报(哲学社会科学版),2017(4):117-119.

[9]顾希佳.吴越蚕丝文化向日本的流播及其比较[J].农业考古,2002(3):92-133.

[10]国史大系編修会.新訂増補国史大系　延喜式中篇[M].東京:吉川弘文館,1972:600.

An Investigation of the Origin of Silkworm in KONJAKU MONOGATARI SYU and Stories of Immortals

MA Keying

（Huzhou University, Huzhou: 313000）

Abstract: As the most comprehensive story collection in Japanese literature history, *KONJAKU MONOGATARI SYU* was written in the middle of twelfth Century and the author was unknown. *Stories of Immortals* was representative works of Ghost Novels in Wei, Jin and Northern and Southern Dynasties and written by historian Gan Bao of Eastern Jin Dynasty. The two have deep source relations. By investigating the two stories about the origin of silkworm in *KONJAKU MONOGATARI SYU* and *Stories of Immortals*, analyze the differences between them. On the basis of this, we can find out the reasons for these differences, which has certain significance to the development of the history of cultural exchange.

Key words: *KONJAKU MONOGATARI SYU*; *Stories of Immortals*; the Origin of Silkworm; Canine Head Silk; Horsehide and Goddess of Silkworm

以人参交易为例浅析仙台药行商会①

徐 寤②

(浙江工商大学东方语言文化学院　杭州:310018)

摘　要: 关于日本近世"仲间"("株仲间")的研究,过去主要围绕江户、大阪等中央市场展开,而针对地方市场行会的考察十分薄弱。在这些探讨中,不少学者侧重于强调其接受幕府或藩的特权保护,从而进行市场垄断的一面,可这种利用特权的行为不过是它们辅助成员更好地参与市场活动的一种手段。基于这样的问题意识,该文将"仲间"("株仲间")重新定义为"市场组织",以人参交易为例,深入考察仙台药行商会在应对市场变化过程中的活动内容和职能,推进近世地方市场行会组织的研究。

关键词: 仙台药行商会;仲间;株仲间;市场组织;人参交易

一、前言

日本近世的"仲间",即商业行会③,是同业商人结合组成的民间性组织。而"株仲间",作为"仲间"的垄断阶段,在幕府或藩的统治下拥有一定的特权,但也承担着更多的连带义务。众所周知,天保十二年至十三年(1841—1842),幕府为解决物价暴涨问题,下令解散全国的"株仲间"。与此相反,不少藩主并没有执行幕府的解散令④,比如松前藩[1]、广岛藩[2]和仙台藩⑤。可见,由于商业统制政策的不同,与幕府统治下的江户、大阪、京都(三都)等中央市场的行会相比,藩控制下的地方同业组织具有了独特的存在方式。⑥此前学界关于"仲间"("株仲间")

---

① 本文系徐寤:「人参取引にみられる仙台薬種仲間の仲間機能の一考察」,『市場史研究』2015年第34号,第19—38页的翻译修订稿。

② 徐寤,浙江工商大学东方语言文化学院教师。

③ 从严格意义上来说,"仲间"可分为手工业行会和商业行会,文中特指后者。

④ 在近世幕藩制的政体下,幕府虽然对全国的「大名」进行了强有力的控制,但「大名」在其领地内仍然具有较大的独立性和自治权。关于这种二元政治格局,可参见服藤弘司的『幕藩体制国家の法と権力』(創文社1980年)等日本法制史的研究著作。

⑤ 通过对仙台药行商会的史料《小谷文书》的解读,可以发现,仙台药行商会没有解散的事实。

⑥ 除此之外,中央与地方市场的行会,因所处的市场圈是相互联系但又相对独立的关系,使得它们在存在方式、活动内容等方面也各不相同。关于以上这两点的具体阐述,详见徐寤的博士学位论文『近世日本の地方株仲間の研究』序章第2节,第2—8页。

的探讨,虽然已经积累了丰富的研究成果①,但主要是围绕中央市场展开的,针对地方市场行会的考察仍十分薄弱,而史料的缺乏也是其中一个重要的原因。基于这样的研究状况,本文以仙台药行商会(「仙台薬種仲間」)为例,浅析活跃于地方市场的行会的组织特点。

过去,不少学者将"株仲间"看作幕府和藩实施商业统制的机构,侧重于强调其接受特权保护,从而进行市场垄断的一面。②但是站在行会的立场上,也可以认为,这种利用特权的行为不过是他们辅助成员更好地参与市场活动的一种手段。追根溯源,"仲间"最初是由参与市场活动的商人自发结合并组成的,其目的在于帮助成员们解决交易过程中面临的各种问题。随着市场环境的不断变化,"仲间"商人为了更好地运用组织的力量帮助其参与市场交易,他们开始联合幕府、藩,最终促成了"株仲间"的形成。另一方面,通过辅助成员参与市场活动,"仲间"及"株仲间",对近世日本市场经济的形成也发挥了积极的作用③。基于这些认识,我们可以将"仲间"及"株仲间"这种介于商人(市场参与者)和市场之间的中间组织重新定义为"市场组织",从这个分析视角全面、深入地剖析其组织行为和目的,进一步推进近世商业行会的研究。在仙台药行商会的事例分析中,笔者从药材市场的结构变化出发,深入探析该行会作为"市场组织"的各种活动和职能。

近世日本的药材市场,经历了从完全依赖海外(中国、朝鲜)输入,到部分药材实现国产、和药(国产药材)市场逐步形成的历史过程。根据今井修平的考证[3]15,"大阪中买仲间"商人是全国药材流通的中心,安永九年(1780)其运往各

---

① "株仲间"的代表性研究包括宫本又次:『株仲間の研究』,有斐閣1938年版;林玲子:『江戸問屋仲間の研究』,御茶の水書房1967年版;中井信彦:「江戸町人の結合論理について」,豊田武教授還暦記念会編:『日本近世史の地方的展開』,吉川弘文館1973年版,第202—226頁;等等。

② 将"株仲间"看作幕府商业统制机构的三都"株仲间"的研究,可参见津田秀夫:『封建経済政策の展開と市場構造』,御茶の水書房1961年版;中井信彦:『転換期幕藩制の研究』,塙書房1971年版;等等。将"株仲间"看作藩商业统制机构的地方"株仲间"的研究,可参见朴慶洙:「仙台城下における株仲間の成立—享保期の薬種仲間を中心に—」,『歴史』1991年第77輯,第37—55頁;同:「仙台城下商人仲間の成立」,『近世日本の都市と交通』,河出書房新社1992年版,第53—72頁;同:「仙台藩の流通政策と地域経済圏」,『近世日本の生活文化と地域社会』,河出書房新社1995年版,第255—284頁;等等。

③ 近年来,"仲间"及"株仲间"在近世市场经济发展中的历史作用受到了日本学术界的肯定。岡崎哲二提出并检验了株仲间作为一种制度而成为江户时代市场交易基础的这一假说。可参见岡崎哲二:『江戸の市場経済』,講談社1999年版;同:「近世日本の経済発展と株仲間」,岡崎哲二編『取引制度の経済史』,東京大学出版会2001年版,第15—41頁。而宫本又郎则认为,同业行会组织的共同行动为江户时代市场经济的发展提供了良好的市场秩序。可参见宫本又郎:「日本近世の市場を支えた秩序」,社会経済史学会編『社会経済史学の課題と展望』,有斐閣2002年版,第234—247頁;同:「日本型企業経営の起源」,宫本又郎、阿部武司、宇田川勝等編『日本経営史 新版』,有斐閣2007年版,第1—83頁。

地的药材中,有和药308833余斤①、唐药等进口药材105999余斤。显然,仅从交易量来看,和药已占据绝对优势,其中人参的国产化尤为成功。据人参史的相关研究②表明,近世初期,日本国内消费的人参几乎完全依赖进口,虽也有野生的"和人参"③,但药效不佳。近世中期,特别是在享保改革的国产奖励政策的推动下,从朝鲜半岛引种的人参,其国产化初见成效,使得日本此后逐年减少了对中国和朝鲜的人参进口。虽然还无法准确掌握日本从中国进口人参的数量变化,但从朝鲜进口的人参数量来看④,元禄十四年(1701),曾一度达1800斤,至天明年间(1781—1789),已不足30余斤,而文政天保期(1818—1844)也只维持了少量的输入[5]458-460,至嘉永二年(1849)则已经完全停止了进口[6]年表3。因此,笔者认为,从考察人参入手,可以准确地掌握日本近世国产和药逐渐代替"唐药"等输入品的市场进程。

如上所述,日本近世国内消费的人参,除享保改革前日本原产的野生人参("和人参")外,大致可分为进口人参和人工栽培的国产人参。其中,进口人参又分为中国(产)人参和朝鲜(产)人参。自享保改革后,幕府引进朝鲜的种苗人工栽培的国产人参,首先被称为"朝鲜种人参",后随着各地藩主接受幕府赏赐的"御种"并栽培成功,幕府和藩的领地内种植的所有国产人参都开始被尊称为"御种人参"。而在近世后期,随着各藩人参产地的形成,又可以根据产地对这些人参进行命名,其中最为出名的是"会津(御种)人参"和"出云(御种)人参"。为方便论述,本文仅将幕府领地内人工栽培的"朝鲜种人参"称为"御种人参",其他藩的国产人参则按产地命名,比如仙台藩内栽培的人参称为"仙台产人参"。

在仙台药行商会的事例分析中,根据生产、流通状况可将人参市场的变化分为三个阶段,即:完全依赖海外人参进口的阶段、幕府栽培的"御种人参"逐步投入国内市场流通的阶段、全国各藩(包括仙台藩)鼓励人参栽培进而出口海外的阶段。基于这百余年间的市场变化,本稿一方面考察仙台药行商会争取、巩固、

---

① 在以前的日本,根据药材种类的不同,"斤"代表的重量也会有所不同,故而文中出现的和药及唐药的斤数无法被准确地换算成现在的公制单位。根据《国史大辞典》的记载[4],日本仿效中国的唐制,引入了重量单位"斤",即1斤=16两(160文目),约600g。当时,这种沿袭唐制计量单位的"斤"被称为"唐目"。而后,随着"斤"衍生成各种商品的交易单位,1斤代表的重量开始发生变化。在药材交易中,1斤可表示的重量有60文目(225g)、120文目(450g)、180文目(675g)、200文目(750g)、230文目(862.5g)等,其中1文目约为3.75g。
② 关于人参栽培、流通的历史,可参见今村鞆:『人参史』第1—7卷,朝鲜总督府专卖局1934—1940年版;田中武夫:『日本人参史』,日本人参贩卖农业协同组合连合会1968年版;川岛祐次:『朝鲜人参秘史』,八坂书房1993年版;等等。
③ 这里特指从朝鲜半岛引进人参种苗前,日本原产的野生人参。
④ 这里提到的进口人参的数量,指的是通过对马藩的合法渠道从朝鲜半岛进口的部分。

活用各种人参交易特权的活动,另一方面从该种活动方式的局限性入手,对行会利用其他手段辅助成员们应对市场环境的变化、拓宽交易内容的组织行为加以分析。《小谷文书》①是记载仙台药行商会活动的史料,其中关于人参生产、流通的记录虽不完整,但通过整理和解读残存的部分,也可以较为翔实地还原宽保二年(1742)至庆应三年(1867)仙台药行商会在人参市场中活动的内容。

二、进口人参②的流通和仙台药行商会的组织活动

(一)概述仙台药行商会

与中央市场"株仲间"的研究方向相似,过去关于仙台药行商会(「薬種仲間」)的研究③以探讨仙台藩商业统制政策为目的,考察了该组织接受特权保护、进行市场垄断的相关活动,但忽视了其作为"市场组织"帮助商人应对市场变化的一面。为此,笔者以《小谷文书》的相关记载为依据,重新梳理了既有研究中关于仙台药行商会获取经营特权的论述,明确了该组织主动争取交易特权,应对市场变化的事实。因篇幅所限,以下仅对仙台药行商会从"仲间"发展到"株仲间"的历史进行简要叙述。

万治二年(1659),以仙台城下町药材批发商为中心的商人自发建立了"仲间"组织。彼时,日本国内的药材主要依赖长崎唐药的进口,仙台城下町的药材行会商人从大阪、江户等中央市场采购这些药材以满足藩内市场的需求。

天和年间(1681—1684),以仙台药行商会为主导,藩内开始引入和推广国产和药的栽培,至享保年间(1716—1736),药材生产取得飞跃性的发展,其中川芎、泽泻作为仙台名产大量销往中央市场。此时,除行会成员外,城下町周边及外来的诸多商家也都瞄准了这个新的商机,开始积极参与仙台产药材的买卖,市场竞争日益激烈。自享保四年(1719)起,药行商会的成员为了限制这些商人的参与,

① 《小谷文书》是关于仙台药行商会这一组织的资料,里面几乎没有商家个人经营的记录。原由成员小谷家保存,现收藏于日本东北大学附属图书馆。资料共计250件,其中大册204本,缀订本11册,书信等17封,其他记录16捆、2片。部分记录已复刻、收录于『仙台市史』第九卷(1953年版)及『仙台市史资料篇3』(1997年版),其他绝大部分史料仍是尚未被解读的原始状态。本稿中引用的部分均由笔者一手解读完成。
② 由上可知,本节论述的进口人参包括从中国和朝鲜输入的部分。如无特别标注,在本节的叙述中出现的"人参"即进口人参。
③ 参见朴慶洙:「仙台城下における株仲間の成立—享保期の薬種仲間を中心に—」,『歷史』1991年第77輯,第37—55頁。

巩固自己的市场地位，开始向藩要求交易特权。在他们的再三请求下，享保十一年（1726），仙台藩终于认可了该组织在和药（仙台产）市场上的垄断地位。即：在仙台产药材的流通上，供藩内消费的部分由行会商人负责采购供应；而销往藩外的部分，非组织成员虽然也有机会参与买卖，但必须经过行会的许可。宝历十年（1760），通过仙台药行商会成员的不懈努力，他们进一步获得了来自藩外市场的药材、砂糖等商品（包括进口和其他藩的国产品）的垄断经营权。

由上可知，仙台药行商会的经营特权并不是仙台藩主动授予的。以下，笔者通过人参交易的事例，进一步论述成员们是如何主动争取和巩固经营特权的。需要注意的是，享保十一年（1726），行会虽然获得了仙台产药材的经营特权，但当时藩内消费的人参基本是进口品，需要从中央市场采购，故而上述特权并不能适用于成员们的进口人参交易。本节通过分析宽保二年（1742）、宝历十年（1760）的事例，首先考察仙台药行商会争取进口人参的交易特权，垄断藩内销售市场的过程。

（二）宽保二年（1742）进口人参垄断权的获得

宽保二年（1742），仙台药行商会获得了进口人参的经营特权。值得注意的是，获得其他进口药材的交易特权则是在宝历十年（1760）。当年八月，八名行会商人向町奉行所①提交了申请书。具体内容如下所示：

> 乍恐口上書を以奉願候御事
> 近年人参商売之儀、諸方ニ而素人共或ハ呉服屋木綿屋小間物商売仕
> 候者又ハ人参取次所迄仕商売仕候数多御座候、性好人参直段下直商
> 売仕候事御座候得共、御病家之御為ニも被成申候所、右商売仕候内ニ
> ハ、性合無然人参も相見得申候（略）
> 薬種屋之外人参商売仕候事、乍憚御吟味を以、御留被成下度奉存候、
> 若左様難被/仰付御儀ニも御座候ハ、右素人共方江相下シ商売仕候人
> 参薬種屋中間八人手前江相出シ、人参性合見届吟味仕候上、商売仕候
> 様被成下度奉願候、左様御座候ハ、相下シ申候人参目形帳面留置売上
> 候先之様留控仕候様、拙者共方ニ而〆り仕候様被成下度奉願候、扨又
> 拙者共勝手を以斗奉願候御事ニ者モト無御座候、畢竟御病家之御為、
> 勿論薬種之儀ハ古来ヨリ/御公儀様ニ而至而御大切被遊御吟味候御事
> 御座候間、猥リニ無御座候様仕度奉存不顧憚如此奉願候

---

① 仙台藩城下町的行政、司法机构。

一、先規ヨリ薬種屋方ニ而商売仕来申候砂糖蘇木混木明礬らし者丹
物線香伊勢布海苔等之類連年木綿屋荒物店八百屋等ニ而相下是迄猥
リ商売仕、拙者共渡世之指支ニ被成無拠仕合奉存候、乍憚余商売人右
之類薬種屋外商売ふ仕候様被成下度奉願候、拙者共方ニ而薬種之附
申候物之外ハ何ニ而も猥リ商売仕候儀無御座候、前書之通乍恐願之
通被/仰付被下置度奉願候以上
寛保弐年八月　（薬屋中間八軒略）　　　　　御町奉行所①

中文大意：
近年来，不少和服衣料商、棉商、杂货商等外行人参与人参买卖，导致许多品
质不佳、真假难辨的人参流入市场。……
自古以来，幕府和藩都极为重视药材的品质问题。为病人的健康和生命安
全着想，除专业的药材商人（即药行商会成员）外，恳请停止那些非专业人士的人
参交易活动；如若无法完全停止，那么请准许由药行商会（「薬種屋中間八人」）对
他们的人参买卖进行监督。
按照惯例，药材商人（即药行商会成员）的交易内容同时还包括了砂糖、苏
木、明矾、线香、海苔等商品的采买。不过，近年来，许多棉商、杂货商等未经我们
的同意偷偷参与这些商品的买卖，恳请停止他们的这些交易活动。

由上述的记载可知，在申请书中，行会商人首先提到了控制人参交易的问
题。当时除行会内部专业的药材商外，其他普通商人在藩外市场采买商品时，同
样可以购入人参带回藩内市场销售。与其他商品不同，人参是性命攸关的珍贵
药材，那些不具备鉴别真假优劣能力的商人如若参与交易，必然会扰乱正常的市
场秩序，危害病人的身体健康。文中，仙台药材行会商人强调了其在维护市场交
易秩序中的重要作用，要求完全停止或者限制这些商人的交易行为。同年10
月，町奉行所颁发公告准许了该请求。公告内容如下：

御触之写
近年薬種屋之外人参商売仕候者数多有之、剰人参ニシメリを付、又ハ
性合無然を商売仕候者共有之段相聞得候、人参之儀ハ別而死生ニ懸
リ候者ニ候處、至而不届成事ニ候由、相定薬種屋之外且願之上人参商

① 《小谷文书》第一-69或第八-394。

売仕候者之外一切商売仕間敷事

一、願之上人参商売仕候者共、向後大和屋久四郎始八軒之薬種屋仲
間江相出、性合為見届候上商売可仕候事

右之通急度相守候様御町方并門前町共ニ不残可被相触候以上

寛保弐年　十月朔日

要人　孫兵衛　文七郎　監物　(奉行職)　秋保三郎太夫殿　(町奉行)①

中文大意:

听闻,近年来有很多外行人参与人参交易,其中有不少人参的品质不佳、真假难辨。鉴于人参是生死攸关的重要药材,故除加入行会的药材商人及经过官方许可的商家外,其他商人一律不得参与买卖。

除药行商会成员外,即使是经过认可准许参与人参买卖的商家,也必须将藩外采购的人参首先交与行会商人进行质量鉴定,之后方可在市场上流通。

随着该公告的颁发,仙台药行商会正式获得了垄断藩内人参销售市场的特权。此外,在宽保二年(1742)八月行会商人向町奉行所提交的申请书中,同时记载了行会要求获取砂糖、苏木、明矾、线香等商品的经营垄断权的内容。在当年十月颁发的同一个公告中,根据「砂糖蘇混木等之類脇売相留候儀ハ類富キ相成吟味難成事ニ候間、其心得可被申渡候」②的记录可知,当时这个要求遭到了藩的拒绝。

通过比较可以推断,与砂糖、苏木等普通商品不同,人参是性命攸关的珍贵药材,而仙台藩之所以将人参交易特权授予行会商人,也是期待他们能发挥组织的力量进行品质管理以稳定市场秩序。

(三)宝历十年(1760)进口人参垄断权的巩固

宽保二年(1742),仙台药行商会经过官方认可实现了对藩内人参销售市场的垄断,但到了宝历十年(1760)六月,仙台药行商会再次提交申请,不仅要求巩固享保十一年(1726)被授予的仙台产药材的经营特权(其中从藩内销往藩外的部分),更提到了要控制所有从藩外流入藩内市场的药材(包括进口和其他地区的国产品)、砂糖等商品的交易活动,其中自然也包括了人参。在宝历十年(1760)六月的申请书中,有如下记载:

① 《小谷文书》第一-69或第八-394。
② 同上。

一、人参類紛敷物御座候ニ付、寬保年中品々奉願候處、右之趣御触を
以薬種屋之外願之上人参商売仕候者ハ、拙者共仲間江相出シ、性合為
見届候上商売仕候様被為仰渡置候處、近年猥リニ罷来、在々ニも素人
共商売仕候处、人参之儀近年疑敷物御座候由ニ而、江戸上方よりも随分
吟味商売可仕由、江戸本町三丁目薬種屋共より書付を以申成候ニ付、
拙者共仲間張札相出吟味仕商売仕候、人参之義至而重キ商売物之義、
猥リ被成候而ハ、先年被仰出候御趣意も相弛申候条、猶又此度御吟味
被成下、御城下在々共願之上人参商売仕候者ハ、拙者共仲間江相出性
合相改候上、仕入商売仕候様被仰渡候様被成下度候御事(略)①

中文大意:

根据宽保年间的公告,除药行商会成员外,其他经过官方许可进行人参买卖
的商家,都必须将采购的人参首先交与我等"仲间"处进行质量鉴定。近年来,人
参市场秩序混乱,很多缺乏药材鉴别能力的商家,甚至将他们的交易活动直接渗
透到了远离城下町的农村地区("在在"),人参的品质令人担忧。为此,对从江
户、大阪等地流入藩内的所有人参,行会都进行了严格的质量把控。如若继续听
之任之,不仅人参这种珍贵药材的品质无法得到保障,过去下达的法令也不能得
到落实。恳请再次下达公告,令城下町及农村地区所有获得许可从事人参买卖
的商家,将其在藩外采购的人参一律先交由我等"仲间"进行质量鉴定,之后再投
入藩内市场流通。……

从记载的内容可知,随着药材需求量的增加,市场竞争日益激烈,除获得行
会许可的商家外,还有许多组织外的,特别是外来商人,他们跳过仙台城下町的
行会商人,直接将人参等药材的销售网撒向了农村地区。因此,与宽保二年
(1742)的申请内容相比,宝历十年(1760)六月,仙台药行商会再次提交申请巩固
进口人参的交易特权时,明确要求将行会的垄断销售网从城下町覆盖到农村地
区。同年十一月,仙台奉行所颁布指令,同意了他们的请求,其内容为:

宝暦十年十一月御下知
(略)且人参商売之儀先年相触候趣を以商売仕候様被成下度品々薬種

---

① 《小谷文书》第一-81。

屋共願申出被申聞令承知候願之趣無異議候間、(略)人参之儀者、觸相
出候間、右其心得可被申渡候、(略)在々商人共直仕入之儀都而被相留
置候間、是又不及吟味候間、其心得此段も可被申渡候以上
宝暦十年十一月六日
高橋丈太夫殿　荒井嘉右衛門殿(町奉行)志摩　蔵人　下野(奉行職)①

中文大意:

　　准许药行商会按照过去的规定(宽保二年的公告)进行人参买卖。停止"在
在"商人跳过城下町的行会,直接从藩外采购商品的交易行为。

　　通过分析宽保二年(1742)、宝历十年(1760)的事例可知,针对进口人参的流
通问题,仙台药行商会致力于通过官方认可获得藩内人参销售市场的垄断权,这
是该阶段组织活动的特征。究其原因,主要是因为在幕藩制唐药流通构造下,幕
府将进口人参等药材的经营垄断权授予江户、大阪等地的药行商会,以期控制进
口药材的流通。其中,江户的本町和大传马町的药行商会控制着关东、东海等地
区的销售市场[3][7];而仙台药行商会从成立之初起便与江户的这些行会商人建立
起了密切的贸易往来关系,不仅独占了流入藩内市场的进口人参的一手货源,而
且品质有所保障。故而,对仙台的行会商人来说,只要确保能控制住藩内的销售
市场,便可以实现进口人参的垄断经营。

三、幕府"御种人参"的流通和仙台药行商会的组织活动

(一)幕府"御种人参"的生产和流通

　　日本国内人参的栽培,始于八代将军吉宗推行的享保改革,是其殖产兴业政
策的一部分。近世初期,人参基本依靠从中国和朝鲜进口,随着进口规模的不断
扩大,黄金白银大量流出。同时,因进口数量有限,不仅市场价格不断攀升,日益
增长的消费需求也远远无法得到满足。因此,幕府开始了人参的国产化事业,在
其推动下引入朝鲜的种苗人工栽培的国产人参是"朝鲜种人参",随后该人参又

---

① 《小谷文书》第一-79或第一-81。

被尊称为"御种人参"①。关于它的生产和流通状况,依据《人参史》的研究[5]第十二章,[8]第八章简要概括如下:

享保十四年(1729),人参栽培首先在日光(幕府领地)获得成功,延享三年(1746)"御种人参"投入市场流通。宝历十三年(1763),幕府设立"御种人参"的专卖组织"人参座"及"人参制法所"。其中,"人参座"在幕府的统治下,同时进行批发和零售业务,形成了"人参制法所→人参座→药材批发商(及零售商)"的销售模式。明和元年(1764),为了扩大人参的销售市场,幕府开始推行「下売人政策」。[5]519-523,534即:同年十二月,江户药材批发商32人、大阪药材批发商2人被指定为「下売人」,同时制定了统一的人参售价;明和四年(1767)八月,幕府对江户「下売人」做出调整,同时增加了2户京都、1户飞弹的「下売人」;同年九月,又添加了17名江户的「下売人」。至此,"御种人参"从江户"人参座"经由指定的「下売人」销往全国各地。为了进一步扩大人参的销路,明和七年(1770)八月,幕府重新设立「売弘人」派往全国各地;同年十二月,废除「下売人政策」;次年,由「売弘人」组成的销售网已覆盖全国大部分地区。

综上所述,关于"御种人参"的销售体制的建立,1764年通过「下売人」的设立销售渠道得以扩大,1770年由医师组成的「売弘人」取代由商人组成的「下売人」则使其得到进一步完善。

(二)明和二年藩内"御种人参"的销售垄断

宽保二年(1742),仙台药行商会虽然取得了进口人参的销售垄断权,但"御种人参"作为新产品开始少量投放市场则始于延享三年(1746)。据此可以推断,短时间内仙台市场上以药行商会为核心的"御种人参"的流通秩序并未形成。

明和元年(1764)十二月,幕府为拓宽市场开始推行"御种人参"的「下売人政策」,以江户市场为例,除过去独占进口人参销售渠道的药材行会商人外,数十个行会外部的药材商同样被指定为「下売人」,允许其从"人参座"采购人参。受此影响,仙台藩内的"御种人参"统一改由江户的「奥州下売方」②供应。可以看到,与过去仙台药行商会成员通过江户药行商会独占进口人参的一手货源不同,在"御种人参"的采购问题上,组织外的其他商人同样可以通过「下売人」购入人参。针对这样的市场变化,行会成员迫切需要利用行会组织的力量重新在藩内确立对"御种人参"的市场垄断。关于这一市场环境的变化和药行商会的应对措施,

---

① 如上所述,在幕府和藩的领地内人工栽培的国产人参皆可称为"御种人参",但本节论述的"御种人参"特指在幕府的领地内栽培的国产人参。

② 在幕府颁布的「下売人政策」中,江户的"奥州下売方"为仙台地区的商人供应"御种人参"。

在次年2月他们向奉行所提交的申请书中有如下描述:

乍恐口上書を以奉願候御事
(略)朝鮮種人参御座売之儀、去年中御触奉承知候、猶又此度江戸本町
三丁目薬種問屋共不残、外薬種屋共数拾軒、大坂表両人右種人参下売
願之上、御免被仰付趣、去月中御触奉承知候、然ル所拙者共江戸表下
売共方より仕入商売仕候所、江戸表御座売也対印儘商売仕難候品者、
小売之儀御座候得ハ、掛分商売仕候故、拙者共仲間申合吟味念入商売
仕候、然所拙者共仲間之外素人猥り仕入商売仕候儀ニ而ハ、申合吟味
可仕様も無之儀、尤種人参之儀ハ、追々諸国作出シ之儀御座候得ハ、
自然紛鋪人参相成候義も有之候而ハ、不宜人参之儀ハ、至而重キ商売
物之儀、勿論先年朝鮮唐人参紛敷品商売仕候者数多在之段被為及、御
聞相定薬種屋之外商売不仕様、寛保二年御触被仰出、其後又以宝暦十
年右之趣を以、御触被相通候、薬種人参之儀者、重キ御定等奉承知、商
売之内ニ而も不軽義随分性合等相改商売仕候儀御座候依、右朝鮮種
人参江戸仕入売方拙者共ニ限被/仰付被下置度奉存候、拙者共仲間薬
種屋之外素人共勝手次第仕入商売仕候儀ニ而ハ、前書申上候通申合
吟味可仕様無之、尤薬種人参性合改〆り被/仰付置候、全も相立不申
無拠奉存候依而、御城下在々御分領中右種人参商売仕候者ハ、拙者共
方より仕入商売仕候様、御触被成下度、恐多遠慮至極奉存候得共、不
顧憚奉願上候以上
明和二年二月 (薬種仲間15軒略)   守田惣兵衛殿①

中文大意:
　　去年,幕府下达指令,开始实施"朝鲜种人参"的「座売」政策(「下売人政
策」)。根据上个月的指令,除江户本町三丁目的所有药材行会商人外,幕府又准
许其他数十个江户药材商、两个大阪商人成为「下売人」,使其可以从"人参座"采
购"朝鲜种人参"销往全国各地。如此,除行会商人外,大量的外行人开始从各种
渠道采购"朝鲜种人参"进行买卖,可他们又缺乏辨别药材真伪优劣的能力,很有
可能导致流入市场的人参良莠不齐。我等深知人参乃性命攸关的珍贵药材,过
去在朝鲜(产)人参、唐人参(中国产人参)的流通问题上,藩内也曾两次下达指令

_____

① 《小谷文书》第一-69。

（宽保二年、宝历十年），准许由我们负责进口人参的采购和监管，以保障人参的品质。此次，同样恳请藩主准许由我们从江户市场采购藩内所需的所有"朝鲜种人参"，以保障藩内市场流通的人参的品质。而城下町和农村地区的其他商人则必须从我等行会成员处采购。

史料中出现的"朝鲜种人参"即"御种人参"。在申请书中，仙台药行商会首先提出了垄断藩内"御种人参"销售市场的要求。即，如果行会的请求获得认可，那么即使组织外的其他商人仍可以通过「下壳人」购入人参，但这些人参无法通过合法途径在藩内市场销售。接着，他们在文中指出了明和元年（1764）幕府推行的「下壳人政策」的潜在危害，即大量的外行人参与买卖，很有可能导致流入市场的人参良莠不齐，破坏现有的交易秩序。此外，行会商人还提到了自己在宽保二年（1742）、宝历十年（1760）获得的进口人参的垄断权，以期进一步证明其在市场中的作用和地位。

同年三月，仙台藩奉行所担心行会商人的垄断销售行为会导致市场价格上涨、无法满足藩内的人参需求，继而拒绝了他们的请求。四月，药行商会再一次提交申请，其中强调道：

> 於江戸表人参仕仕入候ニ別而始末と申義無御座、右奥州下壳方より
> 仕入方仕義御座候右人参於御当地此末拙者共壳弘申候得ハ紛敷義無
> 御座、乍憚御諸士様方其外共通用宜方御座候①

中文大意：

从江户「奥州下壳方」售出的"（御种）人参"缺乏严格的质量把控，如若允许我等行会商人负责采购藩内市场所需的部分，我们便可以通过专业的质量鉴定以保障这些人参的品质。

此外，为了证明自己不会任意哄抬市场价格，仙台药行商会向奉行所提交了"御种人参"的市场售价。如表1②所示，行会商人制定的批售价和零售价分别为采购价的1.1倍和1.2倍，保证了以合理的定价满足藩内市场的需求。

---

① 《小谷文书》第一-69。
② 根据《小谷文书》第一-69的相关记载绘制而成。

表1 明和二年(1765)仙台药行商会提交的"御种人参"价格表

种类①	每半两重的价格								
	来自江户市场的采购价格		仙台领内的销售价格						
			批发价			零售价			
	金	钱	金	银	钱	金	银	钱	
	两	切	文	两	切	文目	文	两	切	文目	文
种上人参	1			1		6		1		12	
并人参	2			2		3		2		6	
肉折人参			1000				1100				1200
细须人参			600				660				720

注：①江户时代,金币1两=4分,仙台藩内金币1切即1分。
　②两、分(切)是金的货币单位,文目是银币的重量单位,文是铜钱的货币单位,根据时代和每日行情的变化,各货币的换算比例有所不同。元禄年间(1700年前后)金1两为银币60文目,钱币4000文。明和二年(1765)大致仍可以按照该比例进行换算。

最终,奉行所被药行商会的一系列举动所说服,认可了由其垄断藩内"御种人参"的销售。该结果被转载至明和二年(1765)四月十八日的行会内部记录中,其内容为:

右之者②共限り朝鮮種人参江戸仕入御分領中商売仕候者ハ、右之者共方より買求売買仕候様被成下度、尤御定直段江対印之儘下売仕候節ハ一割之利相懸小売仕候節ハ二割之利相掛商売仕度処々共追々願申出候ニ付、御奉行衆江被仰達候処、無御異議旨被仰渡候条如願被成下候事③

中文大意:
我们多次提交申请,要求负责采购藩内所需的所有"朝鲜种人参",其中人参的批售价和零售价分别为采购价的1.1倍、1.2倍。此次,奉行所终于颁发指令,准许了我们的请求。

① 因中文中无准确对应的人参种类,为便于理解,表1中出现的人参种类名采用的是日语中的说法。
② 此处指的是明和二年(1765)仙台药行商会的15名成员。
③《小谷文书》第一-69。

(三)天明年间藩内"御种人参"的采购和销售垄断

自明和二年(1765)起,除进口人参外,仙台药行商会同时实现了对"御种人参"的销售垄断。彼时,商会成员们通过江户「奥州下壳方」采购"御种人参"。明和七年(1770)十二月,随着「下壳人政策」的废除,全国"御种人参"的市场推广任务转交到了「壳弘人」之手,其中江户音羽町的谷治兵卫和今泉总右卫门被任命为东北地区的人参「壳弘人」。其间,「壳弘人」派遣手下到仙台藩内进行人参销售。为了拓宽销路,除向城下町的药行商会成员进行批售活动外,他们也会跳过行会商人直接深入农村地区拓展市场。

可见,由于新的"御种人参"流通政策的推行,致使明和二年(1765)仙台药行商会刚刚确立不久的销售垄断地位受到了冲击。到天明元年(1781),成员们又面临了人参采购难的问题。关于这一问题的来龙去脉及行会商人的应对措施,在天明二年(1782)十一月药行商会提交的申请书中,有这样的记载:

（略）右三人之内利兵衛之儀者、出羽奥州西国引請相弘候由ヲ以、同人代藤兵衛ト申者罷下、其節右藤兵衛罷下リ候由江戸ヨリ申成候由、御町奉行様ヨリ被仰渡候趣奉承知、同人方ヨリ相対直段ヲ以、段々是迄相調商売仕被在申候所依、右藤兵衛持参仕候御人参者、品数モ無之、殊ニ切間等モ有之、不自由御座候間、其段利兵衛方江及相談候所、同人申聞候ニ者、江戸御製法所ヨリ拙者共仲間江御直下ニ仕、御分領中売弘之儀引請候様申儀御座候處、右利兵衛弘方被仰付至候御国之儀、且者拙者共各前ヲ以、御製法所ヨリ御直下仕候儀者難成旨申談候得共、左候ハ、為名前金一ヶ年三拾両宛相出候ハ、利兵衛名前ヲ以、春秋中御下方仕相渡可申由申之候間、御他領之者御領内江入込、為売弘候ヨリ者、拙者共仲間江引受売弘候ハ、御国中一体之通用被成可然儀ト仲間共一統吟味仕、右引請候相談仕候、於/御上様御指支モ有御座間敷候ハ、乍恐早速御下知被成下度奉存候、右利兵衛最初御人参売弘候節、御分領中御触流被成下、其後相廻リ候節ハ、御郡司様より御郡在々御首尾合被成下候由御座候、此度前文之通熊耳利兵衛より拙者共仲間江弘方引請、右利右衛門同様御人参売弘申候間、御分領中薬店ハ勿論、人参之商売節之者共、兼而御触之通拙者共方より相求商売仕候様、御城下并御分領中御触流被成下度奉存候、御触不被成下候而者、心得違之者等モ有之相紛候儀モ返斗、且又御郡端々迄弘方行届候様

仕度奉存候間、御憐愍ヲ以如願之御触流被成下候様御吟味被成下度、
右之段共奉申上候已上
天明二年寅ノ十一月
薬種屋仲間当番　二日町近江屋勘兵衛、同　柳町伊勢屋久右衛門
柳町検断　戸祭忠右衛門殿　二日町肝入　千坂吉助右衛門①

中文大意:

(1774年)(熊耳)利兵卫出任出羽、奥州地区②"御种人参"的「売弘人」,其手下(白岩)藤兵卫被派到藩内进行人参销售。根据町奉行所颁布的公告,我等必须从藤兵卫的手中采购"御种人参",但他所持的商品种类不全,且常常断货。为此,(1781年)我们与(熊耳)利兵卫进行了商谈。最终,行会决定每年向他交付"名义金"30两,成员们则可以于春、秋两次直接从江户的"人参制法所"进行采购。由我等行会成员取代(熊耳)利兵卫成为藩内实际的人参「売弘人」,这样既满足了藩内市场的人参需求,也没有损害幕府的利益。恳请藩主下达公告,承认我们作为「売弘人」的地位,令城下町和农村地区的其他商人从我等行会成员处求购藩内交易所需的"御种人参"。

据上文记载可知,天明元年(1781),仙台药行商会为了解决人参采购难的问题,与当时仙台地区"御种人参"的「売弘人」熊耳利兵卫进行了商谈,并取代其成为藩内实际的人参「売弘人」。这样不但解决了成员们面临的货源短缺的问题,还阻止了过去「売弘人」(1770年以来历任「売弘人」的手下)在农村地区进行的直销活动,为行会重新垄断藩内销售市场创造了机会。在天明二年(1782)十一月药行商会提交的申请书中,他们将其与熊耳商谈的结果报告给了奉行所,要求垄断藩内的人参销售,并承诺会提供充足的货源以满足市场需求。同年,奉行所同意了他们的请求。

值得一提的是,天明年间,药行商会在争取藩内"御种人参"的经营垄断权时,首先凭借行会组织的力量与幕府派遣的「売弘人」达成共识,从江户人参制造所直接获得了一手货源;其次才着手与藩进行交涉,再次巩固了领内市场的销售垄断权。这是该阶段仙台药行商会的行为特征。

---

① 《小谷文书》第一-69。
② 两者均是日本旧国名。出羽即现在日本山形、秋田县地区,奥州即现在福岛、宫城、岩手、青森县及秋田县的一部分地区。

四、仙台产人参的开发和药行商会的融资活动

(一)幕末仙台产人参开发的背景

日本国产人参的海外贸易始于幕末,根据《人参史》[8]的记载,文化年间(1804—1818),会津、出云藩出产的人参已开始销往中国。随着贸易量的逐年增加,两藩分别与幕府进行交涉,以佣金、利润分成("益银")等支出为代价,换取了从长崎会所出口国产人参的机会。幕末开港后,日本打开了自由贸易的窗口,进一步推动了国产人参的输出。以此为背景,全国各地以出口为导向的人参栽培活动盛行一时。

虽然仙台藩内很早便开始尝试栽培国产人参,但到了幕末都没有获得实质性的发展。根据田中的考证[6]51-52,幕府在日光成功培育出"御种人参"后,随即将种子赐予仙台等各藩,鼓励他们进行国产人参的栽培。元文年间(1736—1741),藩主越前守宗村收到藩民呈献的人参,大喜道:"这远胜于其他藩的国产人参。"田中认为,之后仙台藩大概并没有继续推行人参的国产化活动。但是,根据《小谷文书》的记载可以确定,天明至宽政年间(1781—1801),仙台藩也曾试图将人参栽培纳入藩营国产化事业之中,只是最后收效甚微①;之后,领内仅有个别村庄继续进行人参的栽培②。这一时期,虽然没有明确的指令,但仙台药行商会的成员凭借其在享保十一年(1726)获得的仙台产药材的交易特权,顺理成章地独占了产量为数不多的仙台产人参的货源。

与其他农作物相比,人参的栽培、加工技术难度更高,需要的资金也更多。根据川岛的研究[9]可知,首先在栽培方法上,其种子发芽的条件十分苛刻,不经过反复的大规模的试验根本无法存活,故而投资周期长,需要耗费四五年方可采收。其次,人参属连作障碍植物,五六十年内无法在同一块地里连续种植,因此需要不断投入资金进行新的土地开垦。最后,人参的加工技术直接关系到产品的价值,也需要严格保密。

可见,产地的百姓如果计划开发土地、进行人参的栽培和加工,首先需要筹措充足的资金。仙台药行商会的成员正是从这点入手,以行会组织为媒介,共同

① 根据《小谷文书》第一-69的记载,天明七年(1787),仙台药行商会参与仙台产人参的贩卖活动;宽政六年至十一年(1794—1799),行会商人直接作为运营方参与藩营的人参国产化活动。
② 根据《小谷文书》第一-30的记录,天保五年(1834)十一月,仙台药行商会收购了仙台藩宫城郡泽乙村百姓权十郎等人栽培的人参。

集资为产地的农民提供了人参的生产金。通过这样的融资活动,行会商人从这些产地获得了稳定的人参供应。关于仙台药行商会的这一组织活动内容,可通过如下的两个事例加以说明。

(二)仙台爱子村的人参开发

幕末,仙台药行商会开始积极参与爱子村等领地内的土地开垦和人参种植事业,以确保和扩大人参的货源,进而帮助成员们拓宽其在藩外及海外市场的交易。关于这一行为的目的,在如下文久二年(1862)行会向町检断①提交的书信记录中得到了证实:

> 外国交易以来人参相場引立ニ付、拙者共手段ヲ以製造益別段罷有、猶近年国分愛子村等始処々荒畑開発仕植仕付、罷有相応之品出来ニ付、追々御他領出し御運上掟ヲ以廣く交易可仕、専手段別段罷有②

中文大意:

随着海外人参贸易的开展,(国产)人参的市场价格不断攀升。我等试图通过多种途径参与人参的生产活动,以获取市场利益。近年来,国分爱子村等地开始大力开垦荒地,进行国产人参的种植。待这些人参采挖、生产完毕,我等便可以将其销往藩外甚至是海外市场。

此外,在文久元年(1861)七月的史料中③,对上述的组织活动有更为翔实的记载。其中,根据「愛子村植立之人参作料金当正月仲間ヨリ貸渡處一昨年植立分掘方仕トテ人参七斤並髭二百目製法出来之上持参仕候ニ付仲間相配分覚」的叙述可知,1861年正月,仙台药行商会为爱子村提供了人参的种植金,作为回报,这一年七月他们收到了该村加工的人参7斤、参须200目④。而后,行会成员在集会上依据各自的贷款金额,按比例认购人参。根据「右金改正廿両也、右両家ヨリ借用之上人参作リ人愛子村幸助並製法人床宮御家中金上藤屋殿之貸在之申シ」的记录可以确定,这一年,7名行会成员⑤又为该村人参生产者筹集了20

---

① 原是日本近世各藩在郡、村设置的相当于"大庄屋"的一个职位。而仙台藩则有所不同,町检断主要负责町内的行政、驿马和运输。[10]

② 《小谷文书》第一-58。

③ 《小谷文书》第一-90。

④ 目即文目,日本的重量单位,1目约为3.75g。

⑤ 7名成员为:小谷新右卫门、樱井伊助、小西利右卫门、佐藤屋荣治、池田屋勘兵卫、金野屋庆次郎、西村屋右卫门。

两作为成品加工环节所需的费用。

根据文久三年(1863)的史料记载①,同年九月,仙台药行商会围绕「愛子村種
人参八十斤製方出来手本八九斤持参＝付貸金等之間吟味之事」一事进行了商
讨。即,当年爱子村生产人参80斤,村民将其中八九斤的样品展示给行会商人,
以期从这里筹措到下阶段的生产资金。据元治元年(1864)「愛子村人参開発種
代金等一先去秋勘定相定相済候処、猶又三拾両貸呉様段々被申入＝付、旧冬御
吟味之上拾五両貸出事＝挨拶仕事＝挨拶仕」的记录②可知,针对上述爱子村30
两的借款要求,行会最后只提供了15两的贷款。15名成员各自的贷款金额如
表2③所示。从「其節者高屋敷人参方御出金中」④的记载可知,当时仙台药行商
会还为藩内石卷高屋敷的生产者提供了人参的开发金,故而只能为爱子村提供
一半的融资。从『仲間当座貸覚』⑤一册的记录可以确定,行会商人对爱子村人参
开发的融资至少持续到了庆应三年(1867)。

表2　爱子村人参开发的贷款金

仙台药行商会成员	贷款金额		
	两	步	朱
小谷新右卫门	3	1	
樱井伊助	3	1	
小西利右卫门	1	2	
佐藤屋荣治	1		2
高桥屋次兵卫		3	2
池田屋勘兵卫		3	
金野屋庆次郎		2	
小西屋善兵卫		3	
伊藤传三郎		2	
大和屋久兵卫		2	

① 《小谷文书》第一-91。
② 《小谷文书》第三-106。
③ 根据《小谷文书》第三-106的相关记载绘制而成。
④ 《小谷文书》第三-106。
⑤ 《小谷文书》第三-108『仲間当座貸覚』。其中有成员樱井伊助尚未向行会缴纳庆应三年(1867)十二月
爱子村贷款的垫付金的记载。

续表

仙台药行商会成员	贷款金额		
	两	步	朱
櫻井伊之助		2	
小西利三郎		2	
渡边屋弥兵卫		2	
西村屋右卫门		1	
日野屋仁兵卫		1	
共计	15		

注：①金1两=4分（步）=16朱。

（三）仙台宫床村的人参开发

万延元年（1860），仙台药行商会开始参与宫床村的人参栽培。文久二年（1862）行会向町检断提交的申请文书中记载道：

一昨年来式郡様御在所黑川宫床村等江式郡様廻候立ニ而、山野荒地江
御開発御広大之御取行ニ付、右御開発之場所ニて江拙者共出張仕（略）
明年明後年ニ者御廣大之人参御出産可罷成義ニ奉存（略）
宫床村等御開発御大行之義ニ御座候ハ、不分遠内不少之馱数出来罷
成雲州並会津等之出来高ニモ相劣リ申間敷也ニ奉存、右出産高にて者
御国用者勿論、御他領交易ニテモ先以不足ニ者有御座候間敷也ニ奉存①

中文大意：

前年，我们到黑川宫床村的山野荒地进行人参开发用地的调查。期待明年、后年能出产大量的人参。如果宫川村人参开发成效显著，那么其产量将和会津、出云藩出产的不相上下。这样，不仅能够满足藩内的需求，还可以大量出口海外。……

根据上文的记载，行会商人对宫床村未来两年（1863和1864）的人参产量寄

① 《小谷文书》第一-58。

予厚望,以期扩大在藩内外市场的交易。值得注意的是,文中特别提到了效仿会津、出云藩进行人参的出口贸易,这反映了当时国内的市场动向。

关于行会商人参与宫床村土地开发、人参栽培事业的详情,还可参考如下记载:

> 人参御取開方ニ付宮床様ヨリ仲間の内エ御頼被仰付夏中ヨリ段々仲
> 間吟味之上金百両分限割ヲ以御貸上方ト吟味相決シ、猶新製之畑取
> 見分仕様にと被仰付ニ付十月十八日出立ニ付宮床様エ罷出候事右御
> 相談係者御同所御用人鈴木琢磨様ヨリ①

中文大意:

今年夏天,宫床村向我们申请人参开发所需的贷款。(1861年10月)经过成员们反复的商议,最终决定为他们筹措黄金100两作为贷款。十月十八日,我们(7名行会成员或代表②)接受宫床村的邀请,动身去村内实地考察新的人参种植用地。

文久三年(1863),宫床村人参生产业者计划对当年采挖的人参进行加工处理,又一次向仙台药行商会提出了贷款要求。同年四月,8名商会成员共筹集黄金90两,各自出的金额如表3③所示。关于还款,生产者镰田铁之丞、村升荣之进在借款单上承诺,「御借受実正ニ有之候、御返済之儀者当夏人参製場品出来之分為相任候間、其節無間違元利勘定可」④。即,以当年夏天预计加工完成的人参制品来偿还本息。同年六月,8名行会成员按照各自的贷款比例,对收购的120余斤人参进行了分配。这些人参的种类、收购金额、重量如表4⑤所示。此外,仙台药行商会对宫床人参开发的融资活动至少持续到了明治二年(1869),如表5⑥所示。

幕府末期,随着日本国产人参出口贸易的兴起,全国各地开始大规模推广和发展人参种植业,针对产地人参货源的市场竞争日益激烈。为了应对这样的市场变化,仙台药行商会的成员们运用组织的力量积极参与藩内爱子村、宫床村、石卷高屋敷等地的人参开发,以此来保障和扩大人参的采购渠道,以期进一步拓

---

① 《小谷文书》第一-90。
② 近江勘兵卫、小谷新右卫门、樱井伊助、金野屋庆次郎、近江屋喜兵卫、成员日野屋仁兵卫的代理人、成员小西源八的代理人。
③ 根据《小谷文书》第一-91的相关记载绘制而成。
④ 《小谷文书》第一-91。
⑤ 根据《小谷文书》第一-91的相关记载绘制而成。
⑥ 根据《小谷文书》第三-103的相关记载绘制而成。

宽从藩内到藩外甚至是海外的销售市场。这一阶段,行会积极为产地的人参开发提供融资,体现了其介入商品生产环节的组织活动特征。

表3 文久三年(1863)宫床村人参开发的贷款金

仙台药行商会成员	贷款金额	
	两	步
小谷新右卫门	33	
樱井伊助	33	
佐藤屋荣治	7	
高桥屋次兵卫	6	
池田屋勘兵卫	5	
金野屋庆次郎	4	1
日野屋仁兵卫	1	
西村屋右卫门		3
共计	90	

注:①金1两=4步(分)。

表4 文久三年(1863)宫床人参的收购

种类	收购金额(文目)	重量			
		斤	文目	分	厘
亻印	125.00	1			
口印	190.00	2			
八印	166.00	2			
仁印	180.00	3			
木印	645.00	15		6	1
无数	1440.00	18			
须	418.59	27		9	6
底物	80.00	1			
无名物	35.00	1		7	5

续表

种类	收购金额（文目）	重量			
		斤	文目	分	厘
肉折	18.16		197		
细末物	10.00	1			
大稀	372.00	4			
小稀	900.00	15			
共计	4850.05	120	197	22	12

注：①文目（匁）是江户时代日本的重量、货币单位。作为重量单位时，1文目约3.75g=10分=100厘。

②根据仙台藩内货币单位计算，宫床人参收购总价为4580.05文目。按当时的比率可换算为金币76两1步1朱及银币1文目3分。

表5 明治二年（1869）宫床人参垫付款的征收

仙台药行商会成员	征收额			
	金币			钱币
	两	步	朱	分
高桥屋次兵卫	2	1	2	267
小谷新右卫门	21	1	1	27
樱井伊助	6	3	2	107
池田屋勘兵卫	7	3		
小西屋善兵卫	4	2		214
渡边屋弥兵卫		2	2	267
共计	43		3	882

注：①金1两=4分（步）=16朱。

五、结语

本稿通过翔实的史料考据，深入考察了仙台药行商会为应对人参市场变化所采取的组织活动，还原了其作为"市场组织"的一面。在过去的研究中，"株仲间"常常被看作幕府和藩实施商业统制的机构,通过仙台药行商会的事例分析可以发现,这样的认识并不全面。为了帮助成员们应对人参市场环境的变化、扩大交易内容和范围,行会组织不仅主动向藩争取了各种人参的交易特权,同时采用其他不同的手段来解决特权所不能处理的市场问题。作为"市场组织"的仙台药行商会,其行为特征和作用可以归纳为以下两点。

第一,由于各阶段人参生产、流通问题的变化,行会的行为特征各有不同。在进口人参的流通问题上,仙台药行商会致力于通过官方认可获得藩内人参销售市场的垄断权。这是因为,在幕藩制唐药流通的构造下,仙台药行商会以组织的形式与江户行会商人建立了密切的贸易往来,独占了流入藩内市场的进口人参的一手货源。故而,只要确保能控制住藩内的销售市场,便可以实现进口人参的垄断经营。但是,在"御种人参"的流通问题上,受幕府推行的「下壳人」「壳弘人」等流通政策的影响,仙台药行商会既不能独占新产品的一手货源,也不能仅凭藩授予的交易特权长久地垄断藩内的销售市场。为此,天明元年(1781),行会成员首先凭借组织的力量与幕府指定的「壳弘人」私下达成共识,独占了从江户人参制造所流入藩内市场的人参货源;然后着手与藩进行交涉,再次巩固了其在藩内市场的销售垄断地位。在幕末仙台产人参的生产和流通问题上,行会则是通过积极介入产地的生产环节,确保和扩大了人参的采购渠道,从而使成员们可以更好地参与人参的出口贸易。

第二,近年来垄断组织"株仲间"在江户时代市场经济发展中的历史作用受到了日本学术界的肯定,不过宫本又郎指出,仅凭数量分析的方法①无法充分论证这个问题,还需要以大量的历史资料的分析来支持。[11]这也是本研究所具有的意义之一。在人参交易的事例中可以看到,仙台药行商会由具备鉴别能力的药材商组成,虽然他们对藩内的市场进行了垄断经营,但这在一定程度上可以保障人参这种特殊商品的品质,维护市场交易秩序。这也是该组织可以从仙台藩获得交易特权的根本原因。此外,幕末行会商人为藩内的人参开发提供了资金援助,推动了药材产地的形成。

以上,笔者通过人参交易的事例,对仙台药行商会进行了初步探讨。其中,在仙台产人参的生产和流通问题上,作为活跃于地方市场的行会组织,仙台药行商会体现了其特有的行为特征和职能。事实上,在仙台名产川芎、泽泻等药材的

---

① 参见冈崎哲二:『江戸の市場経済』,講談社1999年版;同:「近世日本の経済発展と株仲間」,冈崎哲二编『取引制度の経済史』,東京大学出版会2001年版,第15—41页。

国产化过程中,行会同样发挥了重要的历史作用。通过对这部分的探讨①,可以进一步解析扎根于地方市场的商业行会的历史特点和地位。

参考文献

[1]中西聡.近世·近代日本の市場構造「松前鰊」肥料取引の研究[M].東京:東京大学出版会,1998:70-71.

[2]作者不明.広島県史 近世2[M].広島:広島県,1984.

[3]今井修平.江戸中期における唐薬種の流通構造—幕藩制的流通構造の一典型として—[J].日本史研究,1976(169):1-29.

[4]国史大辞典編集委員会.国史大辞典[M/OL].東京:吉川弘文館,1979[2018-02-16].http://japanknowledge.com/lib/display/? lid=30010zz143290.

[5]今村鞆.人参史:第二巻[M].京城:朝鮮総督府専売局,1935.

[6]田中武夫.日本人参史[M].東京:日本人参販売農業協同組合連合会,1968.

[7]今井修平.大坂市場における株仲間発展の一形態—道修町薬種中買仲間を例として—[J].ヒストリア,1976(72):31-46.

[8]今村鞆.人参史:第三巻[M].京城:朝鮮総督府専売局,1935.

[9]川島祐次.朝鮮人参秘史[M].東京:八坂書房,1993.

[10]仙台郷土研究会.仙台藩歴史用語辞典(復刊特集)[J].仙台郷土研究,1991,16(1):29.

[11]宮本又郎.日本近世の市場を支えた秩序[C]//社会経済史学会.社会経済史学の課題と展望.東京:有斐閣,2002:234-247.

---

① 参見徐瑥:「近世日本における地方株仲間の一考察—仙台薬種仲間を例として—」,*TERG Discussion Papers*,2017(337),pp.1—41。

The Ginseng Trade and the Role of Sendai Pharmaceutical Guild in the 18th and 19th Centuries

XU Wu

(School of Oriental Languages and Culture in Zhejiang Gongshang University, Hangzhou: 310018)

Abstract: Many studies of "Nakama" ("Kabunakama") during the Edo Period in Japan mostly focused on central markets such as Edo and Osaka, while local guilds were ignored. Furthermore, in those case studies, the guilds were argued to be a kind of monopoly association that accepted protection from Bakuhu or Han, but it is thought that this kind of behavior was functioned as a way to make guild members' market performances better at most. Therefore, this paper considers "Nakama" ("Kabunakama") as a kind of "market organization", taking the case of the ginseng trade, then analyzing various activities and functions of the Sendai Pharmaceutical Guild in dealing with market changes, and finally aims to facilitate further study of local guilds during the Edo Period in Japan.

Key words: Sendai Pharmaceutical Guild; Nakama; Market Organization; Ginseng Trade

日本书法流布我国事例之钩沉

陈小法①

（湖南师范大学外国语学院　长沙：410081）

摘　要：书法是中国文化成功走向日本的典型代表之一。日本书法缘起于中国，与中国书法一脉相承。但独特的风土孕育了有别于母体的日本书法艺术。隋唐时期的日本书法已经引起中国同行的注目，而8世纪初诞生了如《多胡郡碑》这样杰出的作品，9世纪假名书法的诞生给中国人不小的冲击。到了10世纪，日本草书及多名善书的入宋僧来华，都给中国同行留下了深刻印象。日本书法的发展史是中国书法史的有机组成部分，同时也是中国书法反观自身的绝好手段。

关键词：遣唐使；入宋僧；丰臣秀吉；多胡郡碑；日本书法

一、前言

人类学家摩尔根将人类历史的演进分为蒙昧、野蛮、文明三个阶段，并把文字之发明作为划分野蛮与文明的界限。中国文字传入日本后，不仅开启了文明之窗，本国历史也因书写而得以流传百世。然汉字东传的意义远远不限于此，东方艺术的佼佼者——书法的同行，把日本人首次带进了黑白空间艺术的巅峰领域，给了日本人无限的精神享受和想象空间。

书法这种独一无二的艺术形式东传后，在日本取得了令人瞩目的发展。日本书法虽师法中土，但又不拘泥于源头，独特的日本风土也曾孕育了众多著名书法家，留下了不少名篇佳作，成为中国书法不可或缺的一支域外军团。这支海外力量，也曾引起了我国相关人士的注目。清代书法家沈曾植在《海日楼札丛》卷八"日本书法"中曾引用"杂家言"说：

> 日本书法，始盛于天平之代，写经笔法有绝妙者。如三岛县主冈麻吕、百济丰虫冈目左、大津科野虫麻吕等，宫人吉备由利之迹，至今现存。又有当时拓晋右将军王羲之草书及扇书。扇书者，在行草之间，取

① 陈小法，湖南师范大学外国语学院教授，主要从事明代中日关系研究。

疾速意。[1]338

沈曾植认为日本书法的盛行时期为奈良时代,并指出这一时期最妙的作品乃佛教写经。这一时期的日本书法按内容可分为四大类:金石铭文、佛教写经、诗文书卷与木简。与之前的飞鸟时代相比,金石铭文不再扮演主角,佛教写经达到鼎盛,诗文书卷崭露头角。值得注意的是,各级官吏和大批经师勤于习字,皇室和僧侣中出现了几位名垂青史的书法家,假名书法开始萌动。

总之,随着识字阶层的迅速扩大,日本人开始讲究文字的优美,于是汉字不再局限于记录语言,使用功能之外的美学价值受到社会的青睐。在此意义上说,日本真正的书法艺术高潮,正如沈曾植所言,是从奈良时代开始的。

二、留名中国史籍的日本书法家

中日交往自然伴随文字的流动。《三国志·魏书·倭人传》全文记载了明帝那份255字的诏书,遗憾的是对卑弥呼的"上表"却只字未录。我们现在所能见到的"弥生文字",均是构不成文意的单个汉字,而且除"山"字贝符外,大多笔画残缺或模糊不清,更不是严格意义上的书法作品。宋元嘉二年(425)倭王赞"遣司马曹达奉表献方物"(《宋书·倭国传》),可惜的是仍不见表文内容。不难推测,倭国每次遣使中国,必然伴随往来文书,而执掌这些外交文书的"文首""史部"等,应该是大陆移民中的知识阶层。这种情况到了古坟时代大为改观,日本使用汉字的数量和质量均明显提高。倭王武于升明二年(478)呈献给宋顺帝的国书(表文),是现存日本古坟时代汉文的最高杰作。这一表文有人认为是出自"吴孙权男高(孙登)"后裔、史部身狭村主青之手。美中不足的是只有录文,未见其书迹。

诚如上述,此阶段的表文主要出自大陆移民之手。那么,日本本土的书法家究竟在何时受到中国的关注? 就管见所及,可能在隋唐时期。

(一)兴能

隋唐时代,中日两国交流隆盛,人员往来频繁。唐代的书法对日本产生了各种影响。[2]同时,日本书法也开始受到唐人关注。《新唐书·日本传》就有如下记载:

> 建中元年,使者真人兴能献方物。真人,盖因官而氏者也。兴能善书,其纸似茧而泽,人莫识。[3]6209

建中元年(780)来中国的日本遣唐使中没有叫"兴能"的使者,这很有可能是送唐客大使布势清直的唐名。兴能擅长书法,但用纸特殊,以致唐人不识。其用纸与当时中国习用的好像完全不同。

《册府元龟》卷九百九十七的"外臣部·技术"中也有类似记载:

> 倭国以德宗建中初,遣大使真人兴能,自明州路奉表献方物。风调甚高,善书翰。其本国纸似蚕茧而洁滑,人莫能名。[4]11699

《册府元龟》的作者称兴能"善书翰",可见应该见过他的书法。关于兴能与唐人的书法交流,在北宋初陶谷(903—970)撰写的《清异录》(见图1)"文用门"的"卵品"一节中,有更详细的记载:

> 建中元年,日本使真人兴能来朝,善书札,有译者乞得章草两幅,皆《文选》中诗。沙苑杨履,显德中为翰林编排官,言译者乃远祖,出两幅示余,笔法有晋人标韵。纸两幅:一云"女儿",青微绀;一云"卵品",晃白,滑如镜面,笔至上多褪,非善书者不敢用,意惟鸡林纸似可比肩。[5]34

众所周知,章草是早期的草书,始于秦汉年间,由草写的隶书(今楷书,唐以前称隶)演变而成的标准草书。遣唐使兴能以章草来书写《文选》中的诗句,并送给了译者(翻译)。这可能是文献记载中日本书法作品最早流播我国的一例了。这两幅章草作品从建中元年传到了显德年中(954—960),一位自称是译者后裔的杨履,向陶谷进行了展示。陶谷看后,认为兴能的书法具有晋人标韵。另外,杨履还出示了两种和纸,一云"女儿",另云"卵品"。陶谷认为它们类似于我国的生宣。

关于和纸传入我国的历史,先学已经有很多研究,目前文献中可见的最早记载是在唐代。根据日本人牧墨仙在《一宵话》(1810)卷一"唐纸"条载:"唐玄宗得日本纸,分赐诸亲王,乃今檀纸之类也。"入唐留学僧圆载送给唐朝诗人陆龟蒙的"海纸"、遣唐使最澄在台州向刺史献上的"斐纸"、宋代时期传入我国的"五色笺"、明代时期的"日本松皮纸"等记载,都是中日两国书法及文化交流史上不可或缺的一页。[6]

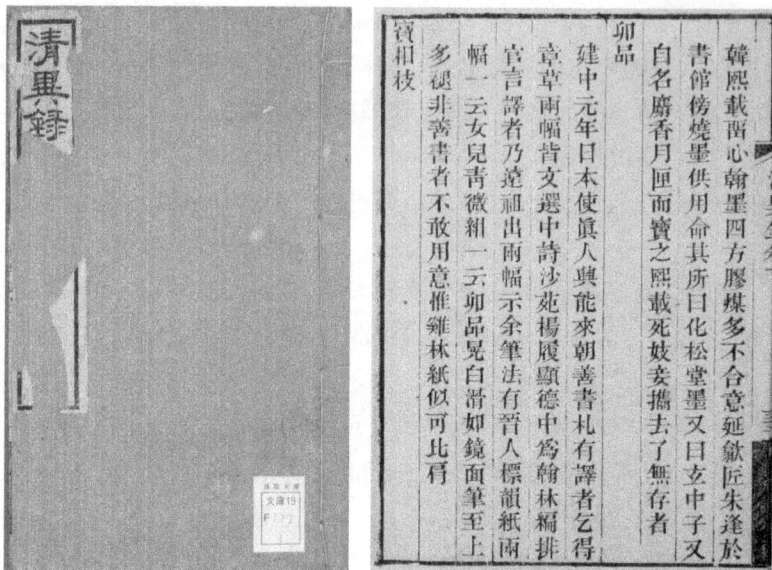

图1　陶谷《清异录》(日本早稻田大学风陵文库藏本)

(二)入宋僧

中国文人历来重视书法,甚至有"书如其人"之说。笔谈不同于口述,除学识外,双方的书法水平也可一览无余。尤其是外国人,如有一手好字,自然会给中国人留下深刻印象。多名善书的日本入宋僧因此而名留我国史册。

宋太平兴国八年(983),日本东大寺僧人奝然与徒弟几人来到中国,得到了宋太宗的召见。《宋史·日本传》说他"善隶书,而不通华言,问其风土,但以书对"。而在奝然携带的礼品中有"纳参议正四位藤原佐理手书二卷即进奉物数一卷、表状一卷",此外还有很多与书法艺术有关的物品。据说奝然当时携带的文书都是请当时的大书法家藤原佐理等缮写的。[7]宋朝皇帝和大臣们见了藤原佐理的书法后,个个瞠目结舌,感叹其书艺之高。

另一名善书的入宋僧就是寂照。关于他,杨亿在《杨文公谈苑》中有如下记载:

> 景德三年,予知银台通进司,有日本僧入贡,遂召问之。僧不通华言,善书札,命以牍对,云:"住天台山延历寺,寺僧三千人,身名寂照,号圆通大师。(后略)"[8]10-11

即景德三年(1006),杨文公就职银台通进司时,以寂照为首的日僧来朝,杨与寂照进行了会谈,由于日僧不懂华语但善于书札,会谈实际上以笔谈的形式进行。

时隔三百多年后,明代的陶宗仪在《书史会要》卷八"外域"的"日本国"条中,在介绍日本书法的时候,也提到了寂照。

> 于宋景德三年,尝有僧入贡,不通华言,善笔札。命以牍对,名寂照,号圆通大师。国中多习王右军书,照颇得笔法。后南海商人船自其国还,得国王弟与照书,称野人若愚。又左大臣滕原道长书,又治部乡源从英书,凡三书,皆二王之迹。而若愚章草特妙,中土能书者亦鲜能及,纸墨光精。左大臣乃国之上相,治部九卿之列也。[9]610-612

陶宗仪指出寂照书风颇得王右军笔法。据称,寂照在汴京期间,与当朝名臣杨亿、丁谓等人交流,并有书信、诗文相赠。《杨文公谈苑》中记载,寂照"不晓华言,而识文字",寂照还当场献技,其字非常优美。令人感兴趣的是,经中国商人之手,寂照收到了三封故乡来信。杨亿也看到了这几封信,均为模仿王羲之、王献之父子书法写成,特别是宽弘四年(1007)九月落款为"野人若愚"的草书精湛异常,杨亿对其极为欣赏,认为即使是中国的书法家,能居其上者也很少,且纸墨均为极品。[10]因心爱苏州山水奇秀,寂照留滞苏州吴门寺。其徒不愿住者,即遣归日本。据说寂照任过苏州僧录司,在宋住三十年,后圆寂于杭州清凉山麓。[11]

(三)丰臣秀吉

明朝万历年间,日本关白丰臣秀吉发动侵略朝鲜之战争。战争前后达十多年,给参战各方均带来了深重灾难。有"侵朝大魔头"之称的丰臣秀吉也一夜臭名远扬,留下了永远抹不去的罪恶一页。战争结束一段时间后,国人的同仇敌忾之心稍微得以平静,对丰臣秀吉的认识也渐趋客观,偶尔还可见对其的正面评价。清初文人王士禛的《香祖笔记》中竟有如下记载:

> 华州郭宛委宗昌,尝从辽左得倭帅丰臣书一纸,书间行草,古雅苍劲,有晋唐风。是朝鲜破后,求其典籍之书也。鳞介之族,乃能好古如此。[12]48

华州(现在陕西省华县一带)的郭宗昌(字允伯,以篆刻、书画金石鉴赏驰名)从辽左(辽东)得到丰臣秀吉的行草书法一幅,内容是关于日军攻陷朝鲜后,向朝鲜索求典籍之事。最后的"鳞介之族,乃能好古如此"虽然是对丰臣秀吉向朝鲜求书一事的惊叹,然评价其书法作品"古雅苍劲,有晋唐风",实属很高的赞誉。

丰臣秀吉的书法水平到底如何,在日本也褒贬不一。有些作品虽署名丰臣秀吉,但很有可能是出自五山禅僧之手的。尽管如此,从现存数量较多的秀吉真迹来看,早期和晚年的风格虽然有变,但不能否认其在书法艺术上的水准。这从《书的日本史》(平凡社1975年)第五卷中收录的丰臣秀吉早期的作品中也可见一斑(见图2)。

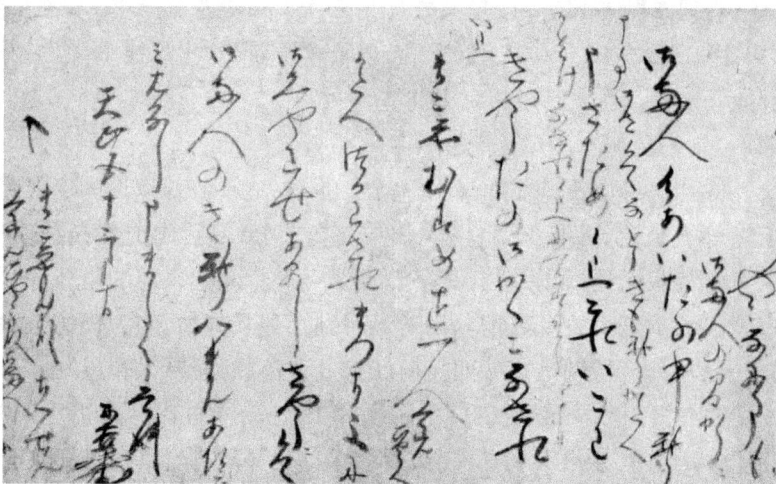

图2　丰臣秀吉书《别所重宗·小寺官兵卫宛书状》

三、日本使者的特殊使命

日本延长五年(927)正月,兴福寺僧人宽建等一行十一人从博多启程入宋,受到了宋代朝廷的极大重视。与之前众多的日僧来华不同,宽建本次除了求法巡礼等任务外,还带着一项特殊的使命,这在日本文献《扶桑略记》"第廿四"中有记载:

> (延长四年五月)廿一日,召兴福寺宽建法师。于修明门外奏请,就唐商人船入唐求法,及巡礼五台山。许之,又给黄金小百两,以宛旅资。法师又请此间文士文笔,菅大臣、纪中纳言、橘赠中纳言、都良香等诗九卷,菅氏、纪氏各三卷,橘氏二卷,都氏一卷。但件四家集,仰追可给。道风行草书各一卷,付宽建,令流布唐家。[13]681-682

宽建法师一行来中国的特殊使命就是按照日本政府之意,将小野道风的书法作品带到中国进行宣传。小野道风,日本著名书法家,一生致力汉字书法的日本化,以假名意识为前导,开创了日本平安时代书坛的一种新体式。因此,他是平安中期书法界的第一人,其墨迹被称为"野迹",与藤原佐理、藤原行成的墨迹并称"三迹"。传世作品主要有《玉泉帖》《三体白乐天诗卷》《继色纸》等。日本之所以选中小野道风的书法作品,绝不会是偶然,从中流露出的是对渐趋成熟的国风文化的自信和试图扬名中国的决心。

四、入选中国法书的日本书法

随着中日两国人员往来的频繁与中国碑帖的东传,日本书法艺术渐趋成熟,并逐渐显露出本国特色。甚至有的作品深得我国书法家的赏识,以至被收入法书字典予以介绍。

(一)《楷法溯源》与《多胡郡碑》

日本的皇宫从藤原京迁往平城京(710)的次年,一块绝世名碑在上野国(现群马县)多胡郡拔地而起,这便是享誉日本的第一名碑《多胡郡碑》(见图3)。

此碑高118厘米,宽58厘米,在今群马县吉井町。据《续日本纪》记载,和铜四年(711)三月从上野国分置多胡郡,碑上所刻即为当时颁布的《太政官符》。碑文计80字,属于官样文章,没有什么惊人的内容。它受到世人关注,是因为字体奇古,书风独特。

日本书法家极其推崇此碑,春名好重(1910—2004)对此赞不绝口:"《多胡郡碑》的书风显示出古代东方人健康魁伟的特征,他与唐三彩中陶俑美人像的丰满及日本正仓院所藏的《树下美人图》中所描绘的丰满同一机杼。"[14]128

此碑虽然成于奈良初期,但书风依然承六朝传统,还看不出唐朝书法的投影。不过书者已经参透六朝书法的奥秘,运其气韵驾轻就熟,象征着飞鸟时代以来修炼六朝书法已近功德圆满,预示着破旧立新的时机已然成熟。

图3 《多胡郡碑》(平凡社《书的日本史》第一卷,第207页)

此碑文的拓片曾于日本宝历年间(1751—1763)传入中国,受到书法名家的青睐。叶志诜的《平安馆金石文字》、杨守敬的《楷法溯源》(见图4)均辑录此碑文,翁方纲甚至将其与中国的《瘗鹤铭》相提并论。

下面就杨守敬《楷法溯源》中收录的情况做一简单介绍。《楷法溯源》中收录的外国碑文除日本的《多胡郡碑》外,还有四枚朝鲜半岛的碑文,分别是《新罗真兴王定界碑》《平百济碑》《上柱国黎阳县开国公刘仁愿残碑》及《朗空大师碑》。

图4 杨守敬《楷法溯源》(光绪四年)扉页

收录的《多胡郡碑》全称为《日本国片罡绿野甘良三郡题名残碑》，后有以下注释文：

> 和铜四年三月九日甲寅，考为景云二年辛亥。旧题多胡郡碑，传为
> 日本人平鳞得之土中，后藏朝鲜成氏。湖北汉阳叶氏拓本。[15]22

可见，《多胡郡碑》的拓本很有可能经由朝鲜传至我国。杨守敬看到的是湖北汉阳叶氏所藏的本子。在正文中，杨守敬将上述碑文略称为"日本题名"《楷法溯源》中共收入该碑铭文字35个计38种字体，35个文字按序为：上、王、中、藤、右、正、臣、政、百、羊、左、甘、内、良、郡、月、多、片、位、真、比、亲、石、太、治、原、给、绿、野、四、五、九、成、寅、尊，其中正、臣、位、尊各两种字体。

杨守敬将异国的《多胡郡碑》作为楷法模范收入我国书法的词典，可见此碑艺术成就之一。再次，如图5所示，凡页面出现《多胡郡碑》中的字，其字形就特大，尤其醒目，可见杨守敬对该碑的青睐程度。

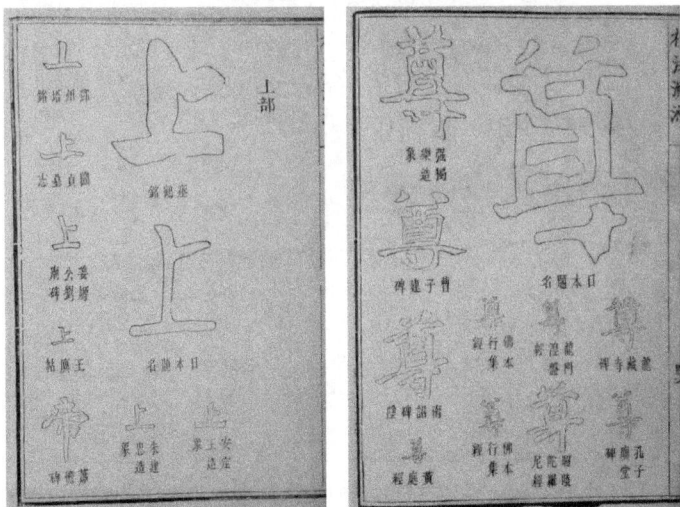

图5《楷法溯源》卷一、卷十四中收录的"上"及"尊"

(二)《玉烟堂法帖》中的日本草书

不仅是日本楷书受到国人关注，日本草书也引起了中国书法家的极大兴趣。宋代大书法家米芾曾在《米元章书史》中两次提到日本书法，其中就有对日本草书的评价：

陈贤草书帖六七纸,字亦奇逸难辨,如日本书。[16]16

余次得智永板本千文,其后得余家十七帖日本书及日本告吴融。[16]21

从第二条史料可见,米芾确实见过日本书法。所以,第一条史料中米芾认为陈贤的草书"奇逸难辨,如日本书"就有事实根据了。

那么,我们可以试想一下,连有"米颠"之称的米芾也难以辨识的草书,该有多狂放?! 但笔者推测米芾得到的十七帖日本书法作品中,可能有假名作品。对于米芾,他当然不认识假名了。

那么,米芾见过的日本草书究竟有多"出格"呢? 明代万历四十年(1612)成书的《玉烟堂法帖》中收录了日本古代书法家的作品,我们可以做一参考(见图6)。

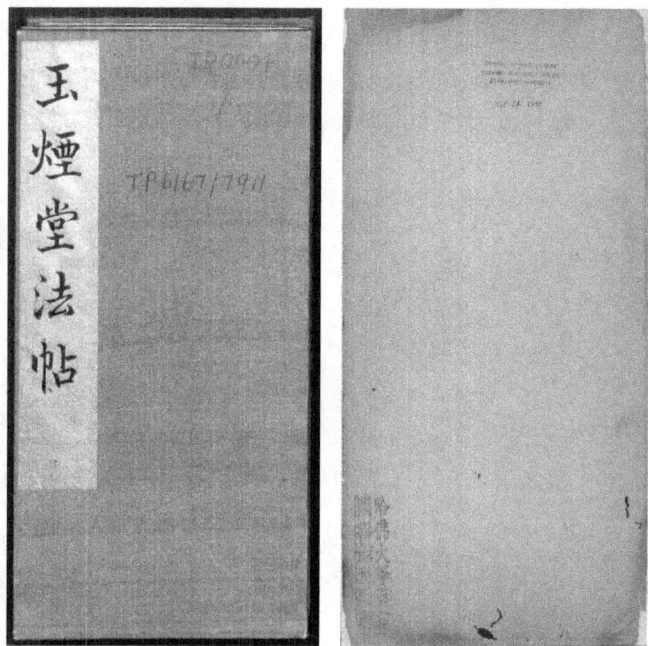

图6 《玉烟堂法帖》的封面和扉页(美国哈佛大学和汉图书馆珍藏)

该书由浙江海宁的陈瓛(元瑞)汇集,上海吴之骥镌刻无帖名卷数。全书共24卷,卷首有董其昌书的长序。末页刻"万历四十年岁在壬子玉烟堂模勒上石"篆书2行。此帖汇集汉魏至宋、元各家名迹及石刻佳本,卷一为汉魏法书,卷二至卷十二为唐法书,卷十三至卷十九为宋、元法书。

《玉烟堂法帖·唐法书·日本》收录了10世纪后期的日本书法作品,使我们对"奇逸难辨"的和风书法有一个直观的认识(见图7)。

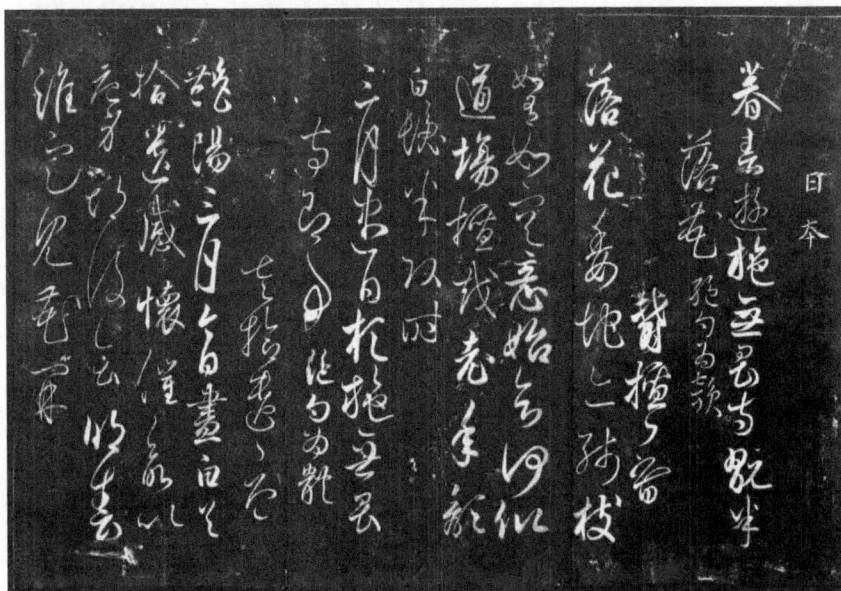

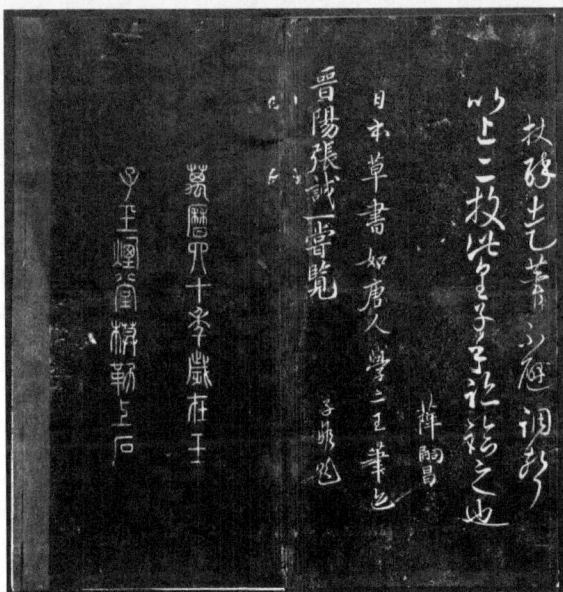

图7 《玉烟堂法帖》中的日本书法作品

正文释文：

日本

暮春游施无畏寺，玩半落花，绝句为韵，郁檀一首。

落花委地亦残枝，如有如空意始知。

何似道场檀越老,年颡①白发半头时。

三月尽日于施无畏寺即事,绝句为体,左拾遗一首。
艳阳三月今日尽,白首拾遗感怀催。
欲以危身期后会,明春谁定见花开。
扶醉走笔不避调声。

以上两首诗中提到的"施无畏寺"位于京都北山,初名观音寺。《玉烟堂法帖》的作者之所以将它们归入"唐法书",主要是因为上述两幅作品有宗法二王的笔风吧。

作品后有如下题识:

以上二枚皆王子手迹,临之也。
薛嗣昌

可见,这里所谓的日本书法并非真迹,而是一位名叫薛嗣昌的人临摹而成的。薛嗣昌,薛向之子,《宋史》卷三百二十八、列传第八十七中有其父子之传。传中记载说:

嗣昌亦以吏材奋。崇宁中,历熙河转运判官,梓州、陕西转运副使,直龙图阁、集贤殿修撰,入为左司郎中,擢徽猷阁待制、陕西都转运使,知渭州,改庆州。……嗣昌前后因事六七贬,多以欺罔获罪。至是,言者并论之,降为待制,卒。

那么,薛嗣昌提到的"王子"究竟是谁? 日本的历史研究书《异称日本传》认为是醍醐天皇第十六皇子兼明亲王(914—987)。亲王长于音乐,擅长书法,其后的大书法家藤原行成曾临摹过亲王的书法。施无畏寺乃亲王母亲淑姬的所葬之地,所以亲王为该寺的檀越。诗中所谓的"郁檀"乃亲王自称,而"左拾遗"是一官名,与亲王一样,同为风骚之士。上述书作乃以石刻拓本传世。[17]

在薛嗣昌之后,还有一位书法大家的款识提及日本草书,那就是元代大书法家赵孟頫(字子昂)。他说:

---

① 任平的《中日书法艺术之交流》及松下见林的《异称日本传》都作"颜",笔者认为当为"颡"。

日本草书如唐人学二王笔迹,晋阳张诚一尝览。子昂题

据赵孟頫的款识来看,山西晋阳的张诚一曾经亲眼见过日本书法。遗憾的是,我们无从得知这位张诚一为何人,或许是赵孟頫的书友。在赵孟頫的印象里,日本草书和唐人并无多大区别,都是临摹宗法王羲之父子。

五、结语

书法起源于中国,又逐渐流传到汉字文化圈的各个国家。日本就是其中最主要的国家之一。回顾日本的书法史不难看到,中国各个朝代书法的变革,不断给日本书法全面而深刻的影响。到了平安时代后期,日本特有的假名书法兴起,形成了与中国书法不同的风格,也就是日本书法史上所谓的"和样"系统。其实,片假名也好,平假名也罢,最初都脱胎于汉字,不过是汉字的一部分或者变形而已,其渊源还是中国文化。因此,不管是日本书法中的"和样",还是"唐样",与中国书法在原理上还是共通的。

那么,日本究竟是何时对书法这门艺术开始产生"自觉"的呢?陈振濂先生曾指出:"有了汉字就有了书法。最早在日本流行的各种汉字作品,无论是刻在铜器上还是写在纸帛上的,也不管它们具有什么样的应用目的,只要有存在就构成了日本书法史的第一幕。"[18]1这里所谓的"有了汉字",并不能直观地理解为日本列岛上出现了汉字,而应该是指该岛上的人开始使用汉字,至于其目的是饰纹还是实用并非重点。但是,如果仅凭此就将日本书法史的起点(萌芽)上溯至弥生时代中后期左右,笔者认为有待商榷。因为汉字的"书写"与"书法"还是有区别的,书法是在书写的基础上成熟起来的一门不是常人都能的艺术。综观当今书法界,备受质疑的一点也就是将书写与书法混为一谈,很多人其实只是在写字,但一些好事者将其吹捧为书法作品,混淆了人们的视听,贬低了书法的艺术性和严肃性。

在这一点上,笔者更倾向于日本书坛泰斗中田勇次郎的观点,他认为中国的书法已有三千年的历史,而日本的书法大约是从大和时代即公元5世纪初百济的阿直岐和王仁来日,传来该国的文物、制度时才开始的。[19]因此,中田勇次郎认为日本书法从大和时代(4—6世纪)才真正开始,并且在这一时期,日本主要通过百济来摄取中国南朝文化,因此亦称之为"大和时代的百济书法"。

也就是说,日本书法始于5世纪左右,隋唐之际,日本的书法已经引起中国人的重视,除了文中提到的兴能之外,空海的书法在唐朝的评价也很高。到了8世纪日本书法达到鼎盛,诞生了如《多胡郡碑》这样的杰作。9世纪开始产生独特的假名书法,致使中国书法家不甚识得而误认为是日本式狂草。到了五代十国之际,日本对本国的书法已经具有相当自信,其作品开始主动流布中国。到了宋代,日本僧人中善书者不少,给中国人留下极深印象。至此,日本书风最主要是受到了王羲之和王献之的熏陶和影响。宋元之后,日本禅宗大兴,禅僧书法逐渐占据主流,形成了日本书法上独有的"墨迹"时代。

参考文献

[1]沈曾植,钱仲联.海日楼札丛[M].北京:中华书局,1962.

[2]朱关田.中国书法史 隋唐五代卷[M].南京:江苏教育出版社,2009.

[3]欧阳修,宋祁.新唐书[M].北京:中华书局,1975.

[4]王钦若,等.册府元龟[M].北京:中华书局,1960.

[5]陶谷.清异录[M].李锡龄,校.京都:早稻田大学风陵文库藏本,1572.

[6]潘吉星.中国科学技术史 造纸与印刷卷[M].北京:科学出版社,1998.

[7]郝祥满.奝然与宋初的中日佛法交流[M].北京:商务印书馆,2012.

[8]杨亿.杨文公谈苑[M].上海:上海古籍出版社,1993.

[9]徐永明,杨光辉.陶宗仪集[M].杭州:浙江人民出版社,2005.

[10]王勇,中西进.中日文化交流史大系·人物卷[M].杭州:浙江人民出版社,1996.

[11]杨渭生.两宋时期中日佛教文化交流[J].浙江万里学院学报,2002(3):32-35,55.

[12]王士祯.香祖笔记[M].湛之,点校.上海:上海古籍出版社,1982.

[13]経済雑誌社.国史大系第六卷 扶桑略記[M].東京:経済雑誌社,1897.

[14]陈振濂.日本书法史[M].沈阳:辽宁教育出版社,1996.

[15]杨守敬.楷法溯源"所采古碑目录"[M].光绪四年刻本.京都:日本早稻田大学藏,1878.

[16]左圭.左氏百川学海:第二十五册辛集中 米元章书史[M].北京:中国书店,1989.

[17]松下見林.異称日本伝[M].東京:広文庫刊行会,1927.

[18]陈振濂.日本书法通鉴[M].郑州:河南美术出版社,1989.

[19]中田勇次郎.中国书法在日本[M]//蔡毅,编译.中国传统文化在日本.北京:中华书局,2002:120-141.

Exploration in Esoteric Principles or Lost Materials of Japanese Calligraphy Disseminated in China

CHEN Xiaofa

(School of Oriental Languages and Culture in Zhejiang Gongshang
University, Hangzhou:310018)

Abstract: Calligraphy is the most successful representative of Chinese culture spread to Japan. Japanese calligraphy originated in China and came down in one continuous line with Chinese calligraphy. But the unique natural conditions and social customs bred the Japanese calligraphy art which was different from the matrix. Japanese calligraphy during the Sui and Tang Dynasties had attracted the attention of Chinese counterparts. However, in the early 8th century, such outstanding works as *County Tablet of Duohu* were born. In the 9th century, the birth of kana calligraphy had big impact on the Chinese. In the 10th century, Japanese cursive script and several number of monks to the Song Dynasty who were good at calligraphy came to China that deeply impressed the Chinese people. The phylogeny of Japanese calligraphy is an integral part of the history of Chinese calligraphy, as well as the good way of self-review for the Chinese calligraphy.

Key words: Emissaries Dispatched to the Tang Dynasty; Monks to the Song Dynasty; Toyotomi Hideyoshi; *County Tablet of Duohu*; Japanese Calligraphy

《朝鲜漂流日记》撷趣①

张新朋② 汤 佩③

(浙江工商大学东方语言文化学院 杭州:310018)

摘 要:文政二年(1819),日高义柄、川上亲訣、安田义方一行二十五人在回萨摩藩途中遭遇风暴,漂流到朝鲜忠清道,次年(1820)正月离开,赴日本对马岛。日方人员安田义方所撰《朝鲜漂流日记》中详细记录了他们滞留朝鲜这近半年的经历。其中既有严肃、认真的双方交涉之事,也有略显滑稽、颇带喜感的趣事。该文选取《朝鲜漂流日记》中较为有趣的记述若干,并据其内容拟定标题,以飨同好。

关键词:《朝鲜漂流日记》;趣事;解读

序 言

文政二年(1819)六月十四日,在萨摩藩下属的永良部岛结束任期的日高义柄、川上亲訣、安田义方等一行二十五人乘龟寿丸号回萨摩藩。然天有不测风云,龟寿丸在归途中遭遇风暴,迷失航路,随风漂流。七月三日漂到朝鲜忠清道庇仁县马梁镇安波浦,由此开启了日高、川上、安田等人滞留朝鲜的旅程,直至次年(1820)正月初七离开釜山倭馆,发往日本对马岛而止。在此过程中,日方的日高、川上、安田等人与朝鲜的行政官员、问情官、京译官及他们的属吏等各色人等因公、因私频繁往来。日方人员安田义方对于这一过程有较为详细的记录,是为《朝鲜漂流日记》。其中有双方就漂流之过程的问答,日方人员向朝方请求食物、饮水及协助返回日本等多方面的交涉,日、朝双方人员的诗歌酬唱等诸多严肃、认真之事;也有略显滑稽、颇带喜感,让人读后不觉莞尔之事。本文选取《朝鲜漂流日记》中较为有趣的记述若干,并据其内容拟定标题,以飨同好。

---

① 本文为2014年度国家社科基金重大招标项目"东亚笔谈文献整理与研究"(14重大B070)之相关成果。
② 张新朋,浙江工商大学东方语言文化学院(东亚研究院,日本研究中心)教授。
③ 汤佩,浙江工商大学东方语言文化学院亚非语言文学专业2017级研究生。

一、巧书"毒"字,止韩人①哄抢

> 待风便潮顺之间,船内船上来观者若干人,喧嚣甚于市,半是奴隶
> 舟子。彼等见余砚匣中有朱锭,形语请得之,即截而与三四人矣。后请
> 者,不得焉。砚匣中有印色池,彼等窃取而争尝焉。余书"毒"字以示,
> 人人惊而急返之,朱肉既尽其半。(卷一,A1-21A)

此事发生在七月三日。是日,日高、川上、安田等人乘坐的龟寿丸号刚刚漂
到朝鲜忠清道庇仁县马梁镇安波浦浦口,在等待合适的风向及潮水水势,以便移
船入浦内。此时众多韩人纷纷登船看"西洋镜",其中以奴隶、舟子等下层役人为
多(见图1、图2)。众人见日方船上有朱色墨锭,以为是稀见美味,故虽言语不
通,但仍努力通过"形语"即肢体语言乞得,且迫不及待地截为三四段分别尝之。
后请之者,朱锭不可得,便窃取用来研磨朱锭的印色池而争先恐后地品尝起来。
安田见此情形,反应甚机敏,写了个"毒"字以示众人;哄抢中的韩人见此"毒"字,
第一反应当是惊讶非常,接下来便是又一次"争先恐后"的行动,不过这次是争先
恐后地将手中的东西返还罢了。想到一众人等埋头于品尝墨锭及印色池,吃得
唇齿俱红,看到"毒"字顿时惊得嘴巴大张,继而则是惶恐地吐出已入口的墨锭或
丢掉手中尚未入口的墨锭的情形,不禁让人哑然失笑。

图1 卑夫图(出自《朝鲜漂流日
记》卷二,第32页)

图2 朝鲜船上的舟子(出自《朝鲜漂流日
记》卷五,第30—31页)

---

① 安田等人的漂流发生于日本文政二年至文政三年(1819—1820),当时朝鲜半岛的国家为朝鲜国。但
《朝鲜漂流日记》很少使用"朝鲜人"这一说法,绝大多数情况使用"韩人""韩士"等称呼,本文亦用"韩
人"之说,与1948年成立的大韩民国之韩国人无涉。

二、此中岂有盗乎

日高又书曰："以志为赠物，贵国非禁制耶否？"彼书曰："此中岂有盗乎。"（卷一，35B—36A）

此事发生于日高与朝方太守尹永圭的笔谈之中。此次漂流的二十五人中，日高、川上、安田是三位地位略高的官员，其中安田义方的文字水平最高。故日高在向太守发问之前，先拿给安田看，安田说可以再呈给太守。日高此番笔问是想向太守赠物，但不知朝鲜是否有相关的禁令。但因所书"赠"字不正，以致韩人认为是"贼"字，故在韩人眼中这句话就成了"以志为贼物，贵国非禁制耶否"，太守遂有"此中岂有盗乎"之问。太守之属官认为日高失礼数，遂书以责怪日高。"赠"与"贼"一字之差，而文意大相径庭。安田识日高之文字、知日高之本意，即作书为日高解围，云"麁书约语，弗然矣"，误会也因此得以消除。

三、"泡盛酎"泡不盛

余以国产菊水酒、琉球泡盛酒、砂糖劝太守及医，而书曰："日高、川上疾病，故不饮。二子聊为表寸情，小子试以奉劝。"太守曰："本不学饮，饮小辄醉，不得如芳情。"代劝医人。太守问琉球酒名，答曰："琉球国所产，而此曰'泡盛酎'。"太守尝一滴，而书曰："倍觉烈香。何谓'泡盛'？"答曰："以小口之物滴之杯，则泡盛于杯中也，故称。"乃滴之杯，而不泡。余辄书曰："泡盛酒其品劣也；或荡于船中，以伤损之，故泡不盛也。赤面寒颜。"太守曰："面既赤，则颜岂寒乎？"太守微笑。余大笑，而涂"寒"字，以易"汗"字。（卷二，19A—19B）

此番太守对日高、川上二人之病状表示慰问并提供治疥疮之药方，日方以菊水酒、琉球泡盛酒、砂糖来向太守及医生表达谢意。太守询问"泡盛酎"得名之由。酒虽琉球所产，但安田并不知何以称之为"泡盛"，遂因字面意思，以"以小口之物滴之杯，则泡盛于杯中"答之。然随后将酒注入杯中，未见泡沫出现，场面甚为尴尬。安田以酒品低劣或在舟中摇荡受损而解释之，同时也感到难为情，故欲书"赤面汗颜"以缓和之,然"汗"字误书为"寒"。太守见之,意已领会,故微笑着以"面既赤,则颜岂寒乎"回应。安田见到错字,则更为尴尬,大笑着改"寒"为"汗"。

四、匍匐救之

  韩官各冠凸笠。昨日我舩虽稍高檐,而架构犹低,彼皆倾笠而坐。太守书曰:"贵舟覆檐悬矮浅,俄者我辈上徕①之时,匍匐而行,此是'匍匐救之'义耶? 奉呵奉呵。"余曰:"匍匐亦大胜于前日之缩头也。但尊公等之匍匐则更我情外也,却复呵呵②"。太守曰:"尊等之缩头,天使之也。我辈之匍匐,人使之也。"余曰:"真然矣然矣。"(卷四,4A-4B)

  此事发生于七月十七日。安田等人所驾乘之船(见图3),因遭遇风暴的摧残,桅樯皆折。安田等人在船楼上临时覆盖草苫以遮蔽风雨。船上物资缺乏,安田等人只能因陋就简,故所建遮挡风雨之所甚为低矮,仅能容人坐下。这一日朝方官员前来探望,他们头上所戴是高高凸起的帽子(见图4),导致朝方官员无法着冠正坐,无奈"皆倾笠而坐"——把高高的凸笠倾斜了一些。面对此情此景,太守想起《诗经·邶风·谷风》"匍匐救之"之语,遂有"俄者我辈上徕之时,匍匐而行,此是'匍匐救之'义耶"之语。"匍匐救之"之用,一来表现己方救助安田等人甚为用心、用力;二来兼以比况安田等舟屋檐之低矮,颇有几分谐谑之意。

图3　安田等人所乘船(出自《朝鲜漂流日记》卷一,第9页)
图4　韩人戴冠图(出自《朝鲜漂流日记》卷一,第26页)

---

① 原文"上"字左下、"徕"字上端有残缺,此据残形拟补。
② 原文第一个"呵"字左侧有残损,此据上下文补。第二个"呵"字原作重文符号,今予以录出。

五、"子油"为何油

　　有一韩士出而笔语，是前日自舒川驾我船来云，余乃劝酒。彼书曰："贵君不幸漂到鄙国，对接不美，勿责焉。且饮贵国酒，胜于千日酒，我心清欲仙。昨夜灯烛何物？终夜不煎，何也？"余书答曰："非烛，是种子油，故不煎也。"彼书曰："不知'子'字之意。"余书曰："子，继也、次也。"彼书曰："子油，我国无之。或有贵人行装中还国后余存者，一柄烛惠授，则进我之北堂前以驾万世寿，伏望伏望。北堂即我之父母堂。"余书曰："君欲以子油灯而挑贵父母堂前也。实其情可感可感。我子油有余计，明日当命下隶出之而赠之也。"彼书曰："贵人感其他人父母之情，子油明日当有下赠之意，百番谢恩谢恩。贵人顺风归国，忠君孝父，传之万岁，我当祝天。"余乃圈点于"忠臣"已下数字，且书曰："忠君孝父，臣子之分也。虽异国别，天地至理之经，但冀有道万岁，祝贺祝贺。"余问其姓名，彼书曰："姓宋名钦载。"（卷六，9A）

　　此段所记为安田与韩人宋钦载之笔谈，文中出现"子油"一词。此源于韩人问昨夜燃烛所用为何物，为何燃烧整夜也不见减少？安田答以"非烛，是种子油，故不煎也"。据安田事后誊写时所加小字注释可知，当时事出仓促，安田回答时用的是自己的母语日语，韩人误断句于"种"字，遂有"不知'子'字之意"之问。安田当时也未能理解对方的意图，以"子"字常见的"继也、次也"之义回答之。这样一来二去，安田所云"种子油"即"菜油"，便成了"子油"。于是下文宋钦载与安田就宋氏乞求种子油以燃于父母堂前之事中频繁出现"子油"如何如何之让人读后不觉莞尔的记述。由此亦可见，当时双方用的都是不甚擅长的第三国语言——汉语的书面语——汉字进行交流的，故中间的各种差误定然不少。

六、悲喜顷刻间

　　二日，天气清朗，西风徐来。数韩人早来，而书以请我墨、笔、扇、小刀、砚滴；乃自其囊出铁燧及细具，欲以易之。特请以彼小刀换我小刀，余遂不肯矣。彼频请而不息。余与之以磁砚滴一，彼大喜，怀之而

归。……少顷，彼受砚滴者还持来反之，砚滴既破为二片。彼即垂袖跃为下船之形，盖下船时误坠焉。余唯微笑。(卷六,21B)

此事发生于八月二日。是时，日高、川上、安田等人归国行程已定，数韩人欲以铁燧及其他东西换取安田等人的墨、笔、扇、小刀、砚滴等物(见图5、图6)。其中一人，在数次请求之后，终得一磁砚滴，甚是高兴，怀之归去。然而不慎误将砚滴撞破为二片，顿时转喜为悲。或许是心有不甘吧，又回到安田的船上，嘴里咿呀咿呀地说着对方听不懂的朝鲜话，身体则作"垂袖跃为下船之形"，向安田描述下船时砚滴撞破的情形。这一场景，想来颇为滑稽。

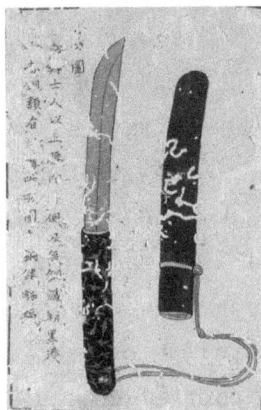

图5　朝鲜小刀图(出自《朝鲜漂流日记》卷四,第11页)

图6　挟刀笔的朝鲜下吏等(出自《朝鲜漂流日记》卷六,第7页)

七、砂糖的诱惑

比至于洋上，风微且不顺，炎威酷矣，乃使仆权左张凉伞。有一韩人来代仆执伞，余赏以尝砂糖少许。是以众韩人更代持伞者终日相续，遂得避暑。权左便得闲暇安眠。(卷六,26B)

此事发生于安田等人在韩人的护送下由蝟岛出发之后。船只离岛到达洋上，洋上风比较小，而天气酷热，安田遂使自己的仆人权左为张伞纳凉。一韩人来代替权左执伞，安田给他砂糖少许。盖安田等人所带之砂糖在当时的朝鲜比较少见，安田等人曾以之进献庇仁县太守尹永圭、古群山镇水军金节制使赵太

(文中或作"大")永等朝方官员,并多次用以赏赐朝方童仆。此番被韩人看到,给安田执伞有砂糖吃,禁不住砂糖的诱惑便纷纷前来为安田执伞,可以想象为吃到砂糖,众韩人争相来持伞的情形,颇具喜感。

Interesting Episodes in Chosŏn Drifting Diary

ZHANG Xinpeng; TANG Pei

(School of Oriental Languages and Culture in Zhejiang Gongshang University, Hangzhou: 310018)

Abstract: In 1819 (Bunsei 2), the terms of Hidaka Yoshiki, Kawakami Chikayo and Yasuda Gihō at Ei ryō-bu Island were near the end. Together with twenty five officials, they took Kotobuki Maru for their homeward trip to Satsuma, during which they were caught in a storm and subsequently drifted to Hisashi jin, Chungcheong-do, Chosŏn. They stayed there until their departure for Tsushima Island in January 1820. In Chungcheong-do, Chosŏn, they made contacts with local Chosŏn government officials. In *Chosŏn Drifting Diary* written by Yasuda Gihō, the chain of comical, interesting and serious episodes during this period were recorded in full detail. With reference to these episodes recorded in *Chosŏn Drifting Diary*, this article is an analysis of it. The additional paragraph headings can help readers in the same academic field enjoy it.

Key words: *Chosŏn Drifting Diary*; Interesting Episodes; Interpret

吴汝纶与日本学者的笔谈记录

吕顺长^①

（浙江工商大学东方语言文化学院　杭州：310018）

摘　要：该文首先对清末中国人日本考察记中有关笔谈的记载进行考察，分析清末赴日考察者与日本人进行笔谈的背景。其次，在对吴汝纶赴日教育考察的背景做简单介绍的基础上，着重对吴汝纶与日本学者井上哲次郎、林正躬、长尾槙太郎及研经会成员的笔谈记录进行分析，以期阐明吴汝纶与日本学者通过笔谈做了怎样的有益交流。考察发现，到明治时期后期，由于中国留日学生、中国赴日考察官绅、受聘前来中国的日本教习等的加入，两国间人员往来的规模虽在不断扩大，但这一时期中日往来人员间的笔谈记录并没有与往来人员的规模等比增加，往来人员通过翻译或直接使用对方国家语言进行交流已逐渐成为主流，因此所存笔谈记录更显珍贵。吴汝纶通过与日本学者的笔谈交流，更加坚定了汉学与西学并举的信念，在此前提下，吴汝纶在日本考察期间充分吸收日本在教育方针的制定、学生教育、学校管理等各方面的经验，并从中得到了许多有益的启示。

关键词：日本考察；笔谈；东游丛录；吴汝纶；井上哲次郎

一、引言

在汉字文化圈国家，作为使用不同语言者间交流的重要手段，汉文笔谈自古以来多为人们所采用。如近世以前的笔谈史料，人们所熟知的就有入唐求法僧圆仁《入唐求法巡礼行记》中的笔谈记录，江户时代漂流到日本、中国、琉球、朝鲜、安南等国的漂流民的笔谈记录，朝鲜通信使的笔谈记录，朝鲜燕行使史料《燕行录》中的笔谈记录，等等。

在日本明治时期前期，由于日本政府与清朝政府于1871年签署了《中日修好条规》，两国间人员往来日益频繁。在这一时期，虽然两国国民中具有对方国家语言听说能力者并不多，但日本因自江户时代以来非常重视汉文教育，故日本人尤其是知识阶层的汉文素养普遍较高。在此背景下，笔谈成了两国人会面时交流的重要手段而广被采用，并为后人留下了诸多足以见证当时交流盛况的笔

---

① 吕顺长，浙江工商大学东方语言文化学院日本研究中心教授。

谈记录。原高崎藩主大河内辉声与中国驻日使馆人员的笔谈记录《大河内文书》、汉学家石川鸿斋与驻日使馆人员的笔谈记录《芝山一笑》、旅日文人王治本在金泽的笔谈记录等，均广为人知。

到明治后期，由于中国留日学生、中国赴日考察官绅、受聘前来中国的日本教习等的加入，两国间人员往来的规模不断扩大。但是，这一时期中日往来人员间的笔谈记录并没有与往来人员的规模等比增加。究其原因，大致有以下几个方面：一是这一时期两国国民中掌握甚至精通对方国家语言者已明显增多，相互间口语交流的障碍已大为减小；二是往来于两国间的考察旅游者即使不懂对方国家的语言，大多也有翻译同行；三是日本人对中国文人的崇拜程度已大不如前，人们争先恐后地与中国文人进行笔谈的景观已渐成往事；四是这一时期的笔谈以短时间一次性的内容为主，长时间持续多次的笔谈较为少见，其记录往往未被完整保存，因此现所存留的笔谈记录更显珍贵。

众所周知，明治时期后期中国赴日考察者留下了大量的考察记录。此次笔者以《晚清中国人日本考察记集成·教育考察记》[①]《晚清东游日记汇编·日本政法考察记》[②]中所收录的资料为中心，对明治后期约三十种中国人对日考察记录进行了调查，发现留下一问一答式详细笔谈记录的只有吴汝纶的《东游丛录》（1902）和舒鸿仪的《东瀛警察笔记》（1906）两种。此外，段献增《三岛雪鸿》（1905）、胡景桂《东瀛纪行》（1903）、严修《东游日记》（1902、1904）等三种游记中，虽都有与日本人进行笔谈的记载，但没有留下详细的笔谈记录。

本文首先通过上述舒鸿仪、段献增、胡景桂、严修等人的笔谈记载，分析清末赴日考察者与日本人进行笔谈的背景，即他们在进行笔谈时所处的状况。其次，在对吴汝纶赴日教育考察的背景做简单介绍的基础上，着重对吴汝纶与井上哲次郎、林正躬、长尾槙太郎及研经会成员的笔谈记录进行分析，以期阐明为引入近代教育制度和借鉴外国先进教育经验而迈出国门的中国教育家在对日本的考察过程中，与日本各界人士做了怎样的有益交流。

二、赴日考察者与日本人进行笔谈的背景

清末赴日考察者大多配备有翻译，这些翻译人员有的来自国内，有些是在日

---

① 王宝平：《晚清中国人日本考察记集成·教育考察记（上、下）》，杭州大学出版社1999年版。
② 王宝平主编，刘雨珍、孙雪梅编：《晚清东游日记汇编·日本政法考察记》，上海古籍出版社2002年版。

本的留学生等,有时还有日本外务省配备的翻译。

尽管如此,赴日考察人员仍时或以笔谈的形式与日本人进行交流的,究其原因无外乎以下几种。首先,正如黄遵宪所言,"舌难传语笔能通,笔舌澜翻意未穷"①,有时笔谈比口头翻译表达更加准确,交流更加顺畅,因而置翻译于一边而进行笔谈。如舒鸿仪《东瀛警察笔记》所载:"到东后,时与黑柳重昌、岛田文之助、新藤银藏及植木武彦、室田景辰、田川诚作等相见于警视厅或警察署,每有所问,辄倾怀相告。通译不及,佐以笔谈。语言难馨,示以书籍图表。"②舒鸿仪在1906年赴日后,常前往警视厅或警察署进行考察,虽然有翻译随从,但遇到口头翻译难以表达时,也常利用笔谈。又如严修在他的《东游日记》中称:"五月十三日(1904年6月26日,公历为笔者换算,下同),青柳君偕早稻田大学汉文讲师牧野谦次郎来访,旷生传译。牧野君又索纸笔论中国编历史教科书之法,其汉文颇条畅。"③严修在1904年赴日考察时,虽有高旷生等人专门为他翻译,但在早稻田大学相关人员来访时,也出现了置翻译于一边而与牧野谦次郎笔谈的情景。

其次是预定的翻译人员因故不在场,而不得不进行笔谈。如段献增在其考察记《三岛雪鸿》中称:"参观东京府立第一中学校,是日通译张振未来,同人持外务省信往。校长胜浦鞆雄见,为笔述来意,兼请笔谈,该长首肯。旋唤文学士雏田作乐至,欲以英语问对。又约井上翠来,能操中国语,略叙谈。"④段献增在访问东京府立第一高等中学时,因翻译缺席,不得不请求与校长胜浦鞆雄进行笔谈。也许是胜浦鞆雄笔谈能力有限,后来还是请来了会英语和汉语的教员,试图请他们进行翻译。又如严修,"六月二十日(1904年8月1日),六时起,伊藤伊吉君所介绍之文学士小川银次郎来访。初至时旷生未起,两人以笔谈,旷生起乃为传译,计谈三小时之久"。⑤因对方来访时间较早,翻译高旷生尚未起床,只得先与之笔谈。

再次,虽有翻译者在场,而先笔谈问候后再通过翻译进行具体交流,这种事例也时有所见。如严修《东游日记》中,就有"六月十五日(1904年7月27日),晚饭后,伊泽君所介绍之伊藤允美来谈,先索纸笔书「挨拶語」⑥,汉文颇条畅,旋嘱

① 刘雨珍编校:《清代首届驻日公使馆员笔谈资料汇编(下)》,天津人民出版社2010年版,第453页。
② 王宝平主编,刘雨珍、孙雪梅编:《晚清东游日记汇编·日本政法考察记》,上海古籍出版社2002年版,第93页。
③ 武安隆、刘玉敏点注,严修:《东游日记》,天津人民出版社1995年版,第181页。
④ 王宝平主编,刘雨珍、孙雪梅编:《晚清东游日记汇编·日本政法考察记》,上海古籍出版社2002年版,第90页。
⑤ 武安隆、刘玉敏点注,严修:《东游日记》,天津人民出版社1995年版,第227—228页。
⑥ 挨拶語:问候语,日语词。

智怡传译"①的记载。此时充当翻译的智怡为严修次子,其当时正在日本留学。

此外,视察者要求笔谈但被拒绝的例子也偶有所见。如段献增《三岛雪鸿》记载:"参观高等工业学校,投外务省信,延至校长手岛精一室。人极和平,自谓言语不通,又艰于笔谈,托本校留学生严智怡号慈约者招待。"②校长手岛精一人虽极平和,但自称言语不通,又不能笔谈,只能请当时正在该校留学的严智怡代为招待。

但是,虽留下笔谈记载,但无从得知笔谈时状况的例子也不少。如胡景桂在《东瀛纪行》中称:"五月二十四日(1903年6月19日),与竹添进一郎谈许久。此人名光鸿,字渐卿,嘉纳妇翁也。年七十余,汉学渊博,著作甚富,有《春秋补注》《蜀游记》③行世。"④胡景桂只记录了与竹添进一郎进行笔谈,但未说明是否有翻译在场等状况。再如严修《东游日记》中称:"七月二十二日(1902年8月25日),同西岛君再访藤泽君,笔谈片刻,并晤其嗣君元造。"⑤从这一记载中,我们也只能知道严修在日本大阪访问时,拜访了汉学家藤泽南岳及其长子藤泽元造并与之笔谈,而当时是否有翻译在场等情况则无从得知。

总之,到了明治时期后期,中日两国人员在语言不通的情况下,通过翻译进行交流已逐渐成为主流,但尽管这样还时常可见笔谈形式的交流。对于日本汉学家或汉文素养较高的人员来说,笔谈比口译有时更能准确地表达自己的思想。此外,尽管在明治中后期日本人对中国文人的崇拜程度已有所减弱,但对一些汉学素养较高的日本人来说,与访日中国文人、学者进行笔谈,尚具一定的魅力。但是,在赴日考察者的记录中,也有翻译人员不在场就无法进行交流的场面,这从一个侧面说明了中日文人的笔谈在经历明治时期前期的高潮后已渐渐走向衰退。所幸的是,在明治时期后期,由于中国留日学生等往返于两国间人员的大量增加,掌握对方国家语言并能从事翻译者已非鲜见,即使不通过笔谈形式,两国人的交流也已无太大的障碍。

---

① 武安隆、刘玉敏点注,严修:《东游日记》,天津人民出版社1995年版,第220页。
② 王宝平主编,刘雨珍、孙雪梅编:《晚清东游日记汇编·日本政法考察记》,上海古籍出版社2002年版,第93页。
③ 《蜀游记》:或指《栈云峡雨日记》(明治十二年,1879)。
④ 王宝平:《晚清中国人日本考察记集成·教育考察记(下)》,杭州大学出版社1999年版,第614页。
④ 武安隆、刘玉敏点注,严修:《东游日记》,天津人民出版社1995年版,第38页。

三、吴汝纶赴日考察的背景

甲午战败,对中国人尤其是中国知识阶层所带来的震撼可谓巨大。这不仅是因为中国因此而割地赔款,被迫签订了丧权辱国的条约,更重要的是,耗巨资历数十年致力于洋务的"天朝上国"败给的不是"船坚炮利"的洋人,居然是"蕞尔小国"日本,国势之衰弱、政府之无能,暴露无遗。"日本小国耳,何兴之暴也"(张之洞《劝学篇》),关心中国前途命运的人们在反思自国之不足的同时,开始分析日本迅速崛起的原因。如康有为所言:"近者日本胜我,亦非其将相兵士能胜我也。其国遍设各学,才艺足用,实能胜我也。"①人们大多认为日本之所以进步神速,关键在于不遗余力地普及近代教育并吸收西方近代科技文化。在此背景下,中国人不再过多考虑中日两国间自古以来形成的文化传承关系,以惊人的勇气,通过"以弟子为师""以劲敌为师",向日本学习西方近代科技、教育和文化,由此掀起了学习、研究日本的高潮。留学日本、赴日考察、招聘日本教习、翻译日本书籍等,两国间的文化交流向与隋唐时代截然相反的方向展开,并成为中日文化交流史上继隋唐后的第二次高潮。

在众多的赴日考察官绅中,1902年以京师大学堂总教习身份赴日考察教育的吴汝纶尤其引人注目。吴汝纶的赴日考察,与京师大学堂的历史密不可分,在此不妨对大学堂设立前后的经过做简单回顾。

甲午战争结束后的第二年,刑部左侍郎李端棻上奏《时事多艰需材孔亟请推广学校以励人材而资御侮恭折》,提议设立"京师大学",并在各省州府县通设学堂,建立藏书楼、仪器院、译书院,并广立报馆,向外国选派留学生。李端棻最先提出了设立京师大学堂倡议,但遗憾的是最终未被采纳。1898年6月11日,随着维新变法舆论的不断高涨,光绪帝下"明定国是诏"宣布变法,直接下令设立京师大学堂。7月3日,由梁启超起草的《奏拟京师大学堂章程》获谕准,标志着中国第一座近代"国立"大学正式诞生。此后,因戊戌变法,大多的维新改革措施均被否定,而京师大学堂作为戊戌变法期间的成果被保留了下来。遗憾的是,1900年义和团事件发生后,京师大学堂被迫停办。翌年,慈禧太后以光绪帝的名义发布变法上谕开始实施新政,并发布兴学诏书,决定重开京师大学堂,大学堂建设开始逐渐走向正轨。

---

① 陈学恂等:《请开学校折》,《清代后期教育论著选(下)》,人民教育出版社1997年版,第312页。

决定重开大学堂后,1902年1月,工部尚书张百熙作为兼任被任命为京师大学堂管学大臣。管学大臣这一职务相当于京师大学堂总长,但它同时具有统辖全国教育行政的职能,即具有后来所设的学部大臣的职责。总教习一职由谁来担任?张百熙考虑再三,决定推荐具有高深国学造诣同时对西学也有深刻理解的吴汝纶出任。吴最先虽再三推辞,但最终被张百熙的热情所打动,以就任前先赴日本进行教育考察为条件答允就任。

1902年6月9日,六十二岁高龄的吴汝纶率大学堂提调绍英和荣勋、随行人员杜之堂和李光炯、翻译中岛裁之①等人从塘沽出发赴日。途经长崎、神户、大阪、京都,于6月28日抵达东京。吴汝纶一行虽然在途经地也进行了学校考察等活动,但在10月15日离开东京回国前的近三个月内,考察活动主要集中在东京。

有关吴汝纶的日本教育考察,尤其是对其考察经过和所取得的成果等,前人已做了大量的研究②,本文不多做涉及。据吴汝纶长子、当时曾随父考察的吴闿生回忆,吴在日本考察期间,"日夕应客以百十数,皆一一亲与笔谈,日尽数百纸,无一语不及教育事者,所接亦多教育名家。反复诘难,曲尽其蕴,客退辄撮记精要,手录成册"③。由此可知,吴汝纶在日本考察期间与日本人进行了大量的笔谈。但在吴汝纶《东游丛录》中仅留下了九人次的笔谈记录,说明有一部分记录可能未被收录。本文着重对吴汝纶与井上哲次郎、林正躬、长尾槇太郎及研经会成员的笔谈资料进行分析,以窥视吴汝纶与日本学者就近代教育制度等方面所作交流之一斑。

---

① 中岛裁之:1869—1939,日本熊本县人。1897年来中国,后作为吴汝纶弟子入吴汝纶主持的莲池书院学习中国文化,有时也教其他学生日语等。1901年在吴汝纶等人的支持下,在北京创办日语学校"东文学社"。

② 有关吴汝纶日本考察的研究主要有:①容应萸"呉汝綸と『東遊叢録』—ある「洋務派」の教育改革案—"(平野健一郎編:『近代日本とアジア:文化の交流と摩擦』,東京大学出版社1984年版);②汪婉"京師大学堂総教習呉汝綸の日本視察"(『中国研究月報』第47巻第3号,1993年3月);③赵建民"吴汝纶赴日考察与中国学制近代化"(《档案与史学》第5期,1999年10月);④王鸣"吴汝纶的日本教育视察"(《河北师范大学学报》第2卷第2期,2000年4月);⑤許海華「1902年の呉汝綸日本考察について」(『千里山文学論集』第82号,2009年9月);⑥鈴木正弘「清末における日本の歴史教育に対する関心の高まり—呉汝綸の日本訪問による成果—」(『アジア教育史研究』第20号,2011年3月);⑦董秋艶「日清戦争後中国における日本の女子教育情報:呉汝綸による日本視察(1902)を通して」(『教育史学会紀要』第55号,2012年10月);⑧程大立"吴汝纶对日本图书馆的考察和认识"(《淮北师范大学学报》第1期,2013年2月)。另外,上述铃木正弘的论文中,作为吴汝纶日本访问的成果,对吴汝纶的一部分笔谈内容做了介绍。

③ 施培毅、徐寿凯点校:《吴汝纶全集》第四册,黄山书社2002年版,第1155页。

四、与井上哲次郎的笔谈记录①

井上哲次郎《巽轩日记》中有"九月九日,吴汝纶、小村俊三郎、新保德寿、古川义夫来访"②之记录,可知吴汝纶是在9月9日由外务省翻译小村俊三郎陪同访问时任东京帝国大学"文科大学学长"即文学部部长井上哲次郎的。那么,吴汝纶向井上提了哪些问题,井上又表达了怎样的见解?

吴汝纶通过笔谈在与井上做简短的寒暄后,首先向井上提出了他最关心的"日本的教育精神"问题。井上认为:"敝邦教育,以融合调和东西洋之思想为目的。自然科学,莫如西洋。然唯取自然科学,而无精神以率之,则将不堪其弊。故以我精神运用之,此我教育所由而立也。贵国亦要先讲西洋自然科学,然无所谓哲学者,则教育之精神难立也。教育精神,毕竟在伦理。今日之伦理,非打东西之粹而为一冶不可。我邦学者所努力在此。"强调了东西洋思想并举且使其融合调和的重要性。

其次,吴汝纶请井上谈对中国古代伦理思想的看法。井上认为,中国古代的伦理思想虽很优秀,但仍有诸多不足,如"崇人格之观念""重个人之权利""自由平等之精神""知实现理想之要"等方面都有待加强。至于理想的重要性,井上强调认为,个人之理想,乃伦理之本源;国家之理想,乃国家隆盛之原因。理想者,非取范于过去,而是期待于将来;非怀旧尚古,而是逐新而进。但逐新而进并非慢古,更非弃古,而是驾古而上。人类和国家,皆有不完全之处,唯具有理想才能使之进步。作为一个国家,须"多知东西诸国之国家,而有拔其粹以大成之,是国家之理想也。故实现理想,则必有进步,又有活气。古代文明故不足畏也"。古代之文明不可弃,"然使今日之国家及文物如古代,则断所不敢取也"。井上以自己对"理想"的理解,阐述了如何对待古与今、新与旧两者关系的问题。

此外,井上还就使国人实现理想的具体教育方法发表了自己的见解。他认为:"敝邦之学问,以医学兵学为起点。然及精神上之学问大起,社会之情态,俄然变动,至成一泻千里之势。"强调自小学至大学,开设伦理修身课,以进化论、博爱、自由、平等等西洋思想为中心教育学生,改造将来之国民,则数十年必见

---

① 王宝平:《晚清中国人日本考察记集成·教育考察记(上)》,上海古籍出版社2002年版,第363—365页。
② 井上哲次郎:《巽轩日记——自明治三三年至三九年》(翻刻版,原资料藏于东京大学),东京大学史料室编集发行2012年版,第40页。

成效。

在吴汝纶日记中,有"八月八日(9月9日),下午与小村同访井上哲次郎。其言教育精神,在知实现理想之重要。理想在脑,能驱人使赴向上之域,有活发之气。若自国家言之,宜取东西文明之粹,打为一块,以立理想"①的记录,由此也可看出,井上所强调的融合东西文明以立国家之理想这一观点,给吴汝纶留下了深刻的印象。作为一位对东西洋学问具有深刻理解的学者,同时作为最高教育机构的总教习,如何使继承东方传统文化和吸收西方近代文明有机统一,是困扰吴汝纶的重要问题之一,也是其希望通过此次赴日考察解决的重要课题。

井上哲次郎作为精通东西洋思想文化的学者,同时又是东京帝国大学"文科大学学长",其身份与吴汝纶类似,他在笔谈中所表明的见解对吴汝纶具有重要参考价值。井上认为:"自然科学,莫如西洋。然唯取自然科学,而无精神以率之,则将不堪其弊。"强调融合东西洋思想文化以确立教育精神。即在崇尚以中国传统思想文化为中心的东洋伦理思想的同时,致力于吸收以尊重人格、强调自由平等、重视个人权利、倡导实现个人理想为核心价值的西洋思想文化,以确立教育精神。吴汝纶在赴日考察之前对东西方文化关系的认识,基本上未能摆脱"中体西用"思想的束缚,这从他在赴日前给斋藤木②的书简中所述的"今世富强之具,不可不取之欧美耳。得欧美富强之具,以吾圣哲之精神驱使之,此为最上之治法"③这一观点中也不难看出。这与井上的强调致力于吸收包括自由、平等思想等"体"的部分在内的西洋文化,并使之与东洋文化相融合这一思想,是有一定距离的。井上的观点虽然不可能完全被吴汝纶所接受,但给吴的思维增添了新的材料。两人的笔谈以吴汝纶的"大教多有深趣,获益匪浅,谈纸欲尽携去"结束。

五、与长尾槇太郎的笔谈记录④

长尾槇太郎,汉学家,曾任日本第五高等学校汉文教授,笔谈当时任东京高等师范学校教授,后来曾与加藤驹二(金港堂社员)、小谷重(原文部省图书审查

---

① 王宝平:《晚清中国人日本考察记集成·教育考察记(上)》,上海古籍出版社2002年版,第278页。
② 斋藤木:曾任东京专门学校讲师,著有讲义录《中国文学史》(写本,1892—1893)。1902年与吴汝纶有书信往来。
③ 施培毅、徐寿凯点校:《吴汝纶全集》第三册,黄山书社2002年版,第416页。
④ 王宝平:《晚清中国人日本考察记集成·教育考察记(上)》,上海古籍出版社2002年版,第367-368页。

官兼视学官)等作为顾问受聘于商务印书馆。[①]8月25日,吴汝纶与长尾槙太郎进行了笔谈。对此,吴汝纶《东游丛录·摘抄日记》中,有"廿二日(8月25日),长尾槙太郎,字雨山,见过。谈教育事甚详明。谓日本初兴学,取诸州县贡进生,入大学预备科,使学西学。其后中小学校既备,而后贡进生之制度始废。今吾所欲推行者,即此贡进生之制也"[②]的记载。笔谈记录篇幅不长,不妨全文引用如下:

　　问　此来欲取法贵国,设立西学。其课程过多,若益以汉文,则幼童无此脑力,若暂去汉文,则吾国国学,岂可废弃? 兼习不能,偏弃不可,束手无策,公何以救之?

　　答　小子前年承乏文部,今教授于高等师范学校。教育制度课程,非偶无鄙见。然今时当路,皆知西学之为急,而汉学则殆不省。盖学徒脑力有限,姑择其急者耳。然其弊则至忘己审彼,为国家百年计,不能无疑。今贵国设西学,欲汉洋两学兼修,患课程之繁。中小学高等学校(大学预备校)课程,半汉文,半西学,而晋入大学,则专修其专门学,则庶乎免偏弃之忧。小子虽不敏,若或有所便于寻求,犬马奔命,所不辞也。

　　问　课程中半西半,仆以为甚难合并。西学不能求记诵,止是讲授而已。汉学则非倍诵温习,不能牢记。不牢记,则读如未读。今若使学徒倍诵温习,则一师不过能教五六学生,势不能如西学之一堂六七十人,同班共受一学,此其难合并者,一也。西学门类已多,再加汉学,无此脑力,二也。至大学,则汉文仅止专门,专门则习之者少,其不亡如线。此求两全,必将两失,奈何奈何? 至执事允为寻求一切,感荷感荷!

　　答　学校之难设,非大中小皆具备,则难得完备。然新建制度,不可遽望完备,以渐就绪,为得其宜。敝邦初建大学,命州县徵贡进生。贡进生者,谓各州所贡进也。贡进生大抵成年以上,已在其乡修得国学(敝邦旧时国学多为汉学),及游京入大学豫备门修西学,而后入大学就专门。以俟中小学校生徒之卒业而出,既得中小学校卒业生,而此制废。凡新设法,过急则败,要在使人东西更面而不自知也。贵国大学堂,先选举人以上之人材而就学,待中小之备,而徐制学则学课,于其

① 郑贞文:《我所知道的商务印书馆编译所》,《1897—1987　商务印书馆九十年——我和商务印书馆》,商务印书馆1987年版,第203页。
② 王宝平:《晚清中国人日本考察记集成·教育考察记(上)》,上海古籍出版社2002年版,第276页。

统系联络,盖得一贯乎。

问　贵国贡进生入大学豫备门,其所学课程如何？公能言其大略乎？敝国今日愿仿此制。

答　重当拜候。

问　急盼见视教育沿革。

吴汝纶在与长尾笔谈的开头就明言此次的视察目的是"取法贵国,设立西学",只是难以确定西学和汉学的比重,希望听取长尾的意见。长尾建议,中小学和高中,汉学和西学可分别各占一半,进入大学后继续学习特定的专业,这样两者即可兼顾。吴汝纶并未完全同意对方的观点,认为要让学生同时等量学习西学和汉学,在时间安排等方面很难做到。长尾因此介绍了日本在明治初年实行的所谓"贡进生"制度,即由各藩推荐具有一定学问基础的十六岁至二十岁的青年入大学南校(东京大学前身)的制度,并建议中国的京师大学堂也可选拔具有举人以上资格的学子入学,等中小学渐渐完善后,再通过正规的选拔方式选拔学生。吴汝纶对此"贡进生"制度极感兴趣,当场表示"敝国今日愿仿此制"。在日本视察期间,吴汝纶还写信给京师大学堂译书局副总办林纾,称:"此邦教育程度,吾国已觉难追。其明治初年,由各藩选取生徒,送入大学,谓之贡进生。其后大学卒业,视后来由中小学堂升入大学者,其卒业程度反高。以其根氏汉学者深,其研究西学更易。今吾国尚无中、小学堂,而先立大学,似宜仿照日本贡进生成法。取十余廿余年之生徒本国学问已成者,使之入学讲求西学,似为便捷。又不至于有尽弃所学而学之弊,执事以为如何？"[1]吴汝纶在向林纾介绍了"贡进生"制度的同时,表示京师大学堂亦宜模仿日本贡进生之制度,选拔具有本国学问基础的学子入大学堂学习西学,这样汉学和西学均可兼顾。

六、与林正躬的笔谈记录[2]

林正躬,号南轩,明治时期汉学家。著有《清国史略》(明治九年,1876)、《大东烈女传》(明治十七年,1884)、《国会组织法》(明治二十年,1887)等书籍。据《清国史略》版权页记载,其身份为"名东县下平民,京都府十二等出仕",住址为

---

① 施培毅、徐寿凯点校:《吴汝纶全集》第三册,黄山书社2002年版,第422—423页。

② 王宝平:《晚清中国人日本考察记集成·教育考察记(上)》,上海古籍出版社2002年版,第365—367页。

"上京第廿四区丸太町乌丸西入常真横町百八十七番地"。^①据吴汝纶《桐城吴先生日记》记载,"二十三日辛巳,林正躬,自署西京儒员近卫公师友,通书愿一见论教育,因与笔谈"^②,可知是林正躬主动写信要求与吴汝纶谈论教育,而于8月26日相见进行笔谈的。此外,林自称"近卫公师友",是近卫笃麿少年时代曾随他学习汉学之故。两人的笔谈主要内容如下:

首先吴汝纶就明治初期学校的设立状况提问,林正躬作为"于西京一部维新之学政,知其概略"者,对京都府之学区设置、学校经费、学费、教师工资、学生人数、学生宿舍、课程设置等一一做了详细的介绍。

接着,吴汝纶以"今我国无中小学,京师已拟建大学堂,涉于躐等。下走拟将敝国学徒,年在二十内外者,考其汉学粗成者,招令入学西学,如此可否?"向对方征询意见,林正躬以"尊意所在即可也。少年不知本邦之事体者,直从事于西学,往往误其方向"作答,对吴汝纶考虑选拔具有一定汉学素养的学生入京师大学堂的设想表示赞成,并指出了直接让未知本国学问的少年学习西学的危险性。同时,吴汝纶还就年龄在二十左右粗成汉学的学生学习西学时的课程内容等求教,林正躬介绍了中学课程教科书的选定方法,认为"中学课程,先以读本择其善良者授之。如物理化学,则以译书授之。如方言,则聘西人为师"。

最后,吴汝纶还问到了日本中小学所定之课程与欧美的异同之处,林正躬认为"无大差,但就适于本邦者变更之,采长舍短",强调了对课程内容适当进行取舍以适合本国国情的重要性。

吴汝纶与林正躬的笔谈是在与长尾槙太郎笔谈后的第二天。在上述与林正躬的笔谈中,吴汝纶表示打算选拔"年在二十内外者,考其汉学粗成者"入京师大学堂,由此也可看出,长尾槙太郎所建议的仿照日本"贡进生"制度选拔具有国学素养的学子入学这一方案,给吴汝纶留下了深刻的印象。吴汝纶作为京师大学堂的总教习,同时作为直接参与全国教育行政者,林正躬所提供的有关京都府学区设置等方面的详细信息,对吴汝纶参与地方教育制度的制定等具有借鉴作用。此外,虽然国学与西学并举这一京师大学堂的教育方针,在吴汝纶访日前已经确定,但在课程设置、西学所占的比重、教科书的选定方法、教师的配置、教学内容的取舍等方面均有待确定,林正躬在这些方面所提的建议无疑具有一定的参考价值。

---

① 林正躬:《清国史略》卷三,日本国会图书馆藏,明治九年(1876)七月。
② 吴汝纶著,宋开玉整理:《桐城吴先生日记》,河北教育出版社1999年版,第580页。

七、与研经会成员的笔谈记录①

　　研经会是1897年设立的以研究经学及其相关学问为目的的汉学研究团体，其主要活动是每月举行一次演讲会，这一活动一直持续到与斯文会合并的1918年。吴汝纶与研经会成员的笔谈时间和地点，虽然在《东游丛录》中没有记载，但《东游日报译编》中称："研经会汉学家诸氏，六日招待吴先生，于星冈茶寮开雅筵。是日午后，先生率随员二名，译官一名。交换名刺。安井②氏述本会之宗旨，及将来彼此亲交之谊，图学问之利益。先生亦草一文为答辞。……由是相与笔谈，彼此尽欢，不知夜之深也。"③可知此次笔谈是在9月6日的招待宴会上进行的。而且，从"由是相与笔谈"这一记载中也可看出，在宴会上吴不止与一人进行过笔谈，但仅从所留下的笔谈记录看，笔谈的对象和人数均难以判断。另外，从吴汝纶《研经会招待席上答辞》④和《研经会招饮于星冈次韵答池田精一绝句》⑤看，在此次欢迎会上，不仅有安井氏的演说和吴汝纶的答辞，还有与池田精一等人的诗歌唱和。吴汝纶在答词中，指出不吸收西学国家将难以自立，以此强调西学之重要，同时也认为中国的传统文化虽有不足之处，但今后仍须重视。笔谈文字不多，不妨全文引用如下：

　　　　问　高等学校组织如何？

　　　　答　大要分三部。一部为法科文科，二部为工科，三部为医科。三年课毕入大学，以国语汉文为基，兼修英独佛三国语。如工科医科，别有实习。

　　　　问　人有言，学西国语言甚费脑力，必数年乃成，成矣尚非真学，必别学一专门之学，乃为本领，故此事甚难。若不学外国语言，得已翻之译书，或用西师讲授，使人通译，以告学者，较易从事。公以为何如？

　　　　答　吾国维新前，幕府开蕃书调查所者，使专门之士，译之以弘布。

①　王宝平：《晚清中国人日本考察记集成·教育考察记（上）》，上海古籍出版社2002年版，第368页。
②　安井小太郎（1858—1938），汉学家，历任学习院、第一高等学校、大东文化学院等学校教员。著有《论语讲义》《日本儒学史》等。
③　华北译书局编：《东游日报译编》，华北译书局1903年版，第49页。
④　施培毅、徐寿凯点校：《吴汝纶全集》第三册，黄山书社2002年版，第450—451页。
⑤　施培毅、徐寿凯点校：《吴汝纶全集》第一册，黄山书社2002年版，第461页。

维新后十年间,亦如是。至十年以后,西学大盛,遂至如今日。今则以西人为教官,使学生学之。然语原元殊,领会甚苦,其费脑力非少。如下走以高见为当,然时势无奈之何。

问　贵国前辈,似皆以汉学为根柢,后进之士,则吐弃汉学,一奉西文。究竟人材,后进与前辈风采孰胜?

答　吾国前辈之奉西学者,以汉文为根柢,加之以西学,是以多有为之士。较人物古胜今劣。仆不知西学,然在工技之学,不可不资于西学。正德利用与厚生,学问之要,三言备之。东洋道德,西洋工技,合之始成。贤者当合并东西,陶镕一冶。

问　正德利用厚生,实括东西学之大成。贵国维新以后,德育智育体育,三事并重,近来智育体育皆著成效。德育今与古孰若?

答　吾国古有武士道者,加以贵邦圣贤经传,大有可观。今西学传来,混入西学分子。德育一贯,甚为难事,贵邦亦恐不能免。

问　如何而后使德育之说,不至徒诧空言?

答　大问不敢当。然以鲰生见之,道德莫尚大圣孔子,天定之日,必风靡东西矣。此后进之所当勉也。敝邦明治七八年之交,西说盛行,至妇女子亦唱民主说。幸得回狂澜于未倒。盖欲取人之长,则其短亦不可不防,是必至之势也。唯有力而后取舍无失,切望慎之。

在向学生教授西学时,其方法大致有:一是先让学生学会外语,然后由外国教习直接用外语教授;二是由外国教习用外语讲授并配备翻译人员进行翻译;三是使用已翻译的教材由中国教员用汉语讲授。吴汝纶认为,若采用第一种方式,学习外语需要大量时间,所以第二或第三种方式较为可行。研经会成员向吴介绍了日本江户时代末期的洋学教育研究、洋书翻译之机构"蕃书调所",认为在初期可采用第二或第三种方式,但等条件成熟后,最好还是能让学生先学好外语,直接以外语授课。吴汝纶再问,在日本具有汉学根底者和着重学习西学者,两者"风采孰胜"?研经会人员认为"较人物古胜今劣",并引用《尚书》中"正德、利用、厚生"之词,在强调道德之重要的同时,认为在有效地利用民力和财力丰富民众的物质生活等方面也不可忽视,即认为将"东洋之道德"与"西洋之工技"有机地融合,才是最佳之方法。

八、结语

吴汝纶一生的教育实践活动,大致包括在任直隶深州、冀州知州期间推行地方教育,在主持莲池书院期间改革传统教育和以京师大学堂总教习身份赴日考察借鉴日本近代教育经验等三大部分。在他的一系列教育实践活动中,始终贯穿着一条主线,那就是在大力弘扬中国传统思想文化的同时,致力于借鉴西方近代先进文明成果。吴汝纶的国学造诣自不待言,通过协助洋务派人物曾国藩、李鸿章办理洋务等实践活动,极大地加深了他对西学理解,其学问可谓贯通古今,洞悉中外。就连西学造诣高深的严复,也认为"某沈潜西籍数十年,于彼中玄奥不能悉了也。先生往往一二语已洞其要。中外学术一贯,固如是乎?"①高度称赞吴汝纶对西学理解之深刻。正因为吴汝纶具有精深的国学造诣和对西学的深刻理解,才使他对两者的重要性均有正确的认识,即使在片面强调西学而对国学往往持批判态度的时代,他始终认为国学和西方近代学问同等重要,两者均不可偏废。

如井上哲次郎认为"教育以融合调和东西洋思想为目的"一样,本文所介绍的数位吴汝纶笔谈对象,几乎都认为在重视吸收西学的同时,不可轻视东方的传统文化。吴汝纶通过与他们的笔谈交流,更加坚定了汉学与西学并举的信念。在汉学与西学并举这一大前提下,吴汝纶向日本学者了解日本在教育方针的制定、学生教育、学校管理等各方面的经验,并从中得到了许多有益的启示。

然而,遗憾的是,也许是考察期间过度劳累所致,吴汝纶在考察回国数月后去世,使他没有机会亲自将考察所获得的成果付诸实践。然而,他给后人留下的考察记和笔谈记录等资料,在经过百余年后的今天,人们重新读之,依然觉得有许多部分仍有重要参考价值。

---

① 施培毅、徐寿凯点校:《先府君事略》,《吴汝纶全集》第四册,黄山书社2002年版,第116页。

Conversation by Writing and Exchanges between Wu Rulun and Japanese Scholars

LV Shunchang

（School of Oriental Languages and Culture in Zhejiang Gongshang University, Hangzhou: 310018）

Abstract: Firstly, investigation of the records of conversation by writing concerning the visits to Japan of Chinese in the late Qing Dynasty, and analysis of the background thereof will be carried out. Secondly, on the basis of a brief introduction to the background of Wu Rulun's educational visits to Japan, analysis of records of conversation by writing between him and Japanese scholars, such as Tetsujirō Inoue, Masami Hayashi, Makitarō Nagao, and members of Kenkyoukai, will be focus on to clarify what kind of beneficial exchanges had been made between them. It is pointed out in the paper that in the late Meiji era, the scale of personnel exchanges between the two countries had been being on the rise due to the participation of Chinese students studying in Japan, Chinese officials and bureaucrats visiting Japan, hired Japanese teachers in China, etc. However, increase in records of personnel exchanges between China and Japan wasn't in proportion to that in scale of personnel exchanges. The investigators primarily carried out conversation either by translation or using the language of the country being visited, thus highlighting the significance of the records of conversation by writing. Wu Rulun became more determined to be dedicated to both the Han school of classical philology and Western Learning by conversation by writing with Japanese scholars. Then, he was inspired significantly by Japan's experience in the formulation of educational policies, student education, school management and other aspects during his visits to Japan after being fully exposed to them.

Key words: Visits to Japanese; Conversation by Writing; *Records of Visits to Japan (Dong You Cong Lu)*; Wu Rulun; Tetsujirō Inoue

论神林章夫的"异文化"认识

尹　虎①

（浙江工商大学东方语言文化学院　杭州:310018）

摘　要:神林章夫先生②(以下为神林先生)是学者出身的日本当代知名企业家,曾任茨城县第二大企业集团卡斯美公司总裁。在神林先生的指导下卡斯美集团在中国、韩国、澳大利亚等国家设立了分公司并成功实现了跨国经营,赢得了荣誉与利润。该文将围绕着神林先生的跨国经营理念中最为重要的"异文化"认识进行探讨。让更多的国内学者、研究者了解日本企业文化,了解国际友人神林先生③。

关键词:神林章夫;国际交流;异文化认识

一、引言

进入WTO后,我国企业经济领域已全方位对外开放。这意味着在一个共同的经济贸易游戏规则之下,我国要与更多的竞争对手展开更为激烈的角逐。中国企业在全球经济一体化到来之际,真正想取得生存权和发展机遇,走出国门扩展经营范围,就有必要铸造一支在世界范围内活动的企业家队伍,培养企业家精神。值得注意的是企业家精神中的"异文化理解"又是事关中国能否在短时间内创出众多跨国企业,培养出精通跨国经营的企业人才的关键性因素。

那么,如何才能有效地掌握"异文化理解"的技巧? 对处于发展阶段的中国企业家队伍而言,世界各国企业经营典范中,与我国同属汉字文化圈,文化风俗

---

① 尹虎,浙江工商大学东亚研究院副研究员。

② 神林章夫,日本当代知名的学者、企业家、民间外交家。1938年出生于日本茨城县土浦市。1965年毕业于东京大学经济学系,并留校担任了东京大学社会科学研究所助理研究员。后执教于长野县的信州大学。1981年他被评为该校人文学院的教授。1985年荣任经济学院的院长。1989年,神林先生辞去了教授、院长等职,挑战商界,出任茨城县第二大企业的卡斯美集团的副总裁。1991年升任该集团的总裁,2012年5月离任。百忙之中,其曾任茨城县中日友好协会会长,积极推动中日友好关系,是深受中国人民爱戴的国际友人。神林先生还曾荣获中国政府颁发的相当于欧美国家"国家勋章"的"中国政府友谊奖"。

③ 邓颖超同志在《致信中国国际友人研究会》(1991年3月1日)一文中指出:"对国际友人的感情不要仅仅停留在感激之情,而要研究它,发扬它,使之成为人民群众的精神财富。"执笔本稿是为了遵照邓颖超同志等革命先辈的遗训,发扬和推广国际友人的理念,也是为了表达对神林章夫先生的感激之情。

有着许多相近之处的日本,无疑是最值得研究的对象。本稿将针对日本企业家精神中的一道亮丽的风景:神林先生的理念("异文化理解")进行分析,希望更多的国内学者、研究者来了解日本企业文化,了解国际友人神林先生。

神林先生是学者出身的日本当代知名企业家,曾任茨城县第二大企业卡斯美集团①总裁。在神林先生的指导下,卡斯美集团在中国、韩国、澳大利亚等国家设立了分公司并成功实现了跨国经营,赢得了荣誉与利润。在日本,神林先生是传奇人物,他的一举一动常常会引来媒体的关注。神林先生对经济、历史、文化、社会也不乏与常人不同的独特见解。就是他那独特的文化理念与哲理思维促成了先进的经营理念,并使他的"异文化"认识在跨国经营中起到了不可忽视的重要作用。

二、神林先生的"异文化"认识与中国

1978年,神林先生作为日本友好代表团的一员来到中国,进行了为期10天的访问,那是他第一次来到中国。5年后,受中华总工会之邀,时任长野县信州大学人文学院教授的神林先生以中国人民大学访问学者的身份再次访问中国。令人感到意味深长的是,他是中国人民大学在对外开放后邀请的首位外国学者,也是日本政府对中公派的首位研究者。神林先生在中国度过了难忘的一年。那段在中国讲学、研究的日子使他深深爱上了中国文化,加深了对中国人民的友好感情。回国后的神林先生依然关心着中国,对中国的前途更是充满信心②。作为中国人民的国际友人,身处学术界时,他以自己对市场经济的真知灼见为中国政府出谋划策,离开校园担任知名企业(卡斯美集团)的总裁后,则改用"直接援助"的方式支援中国的现代化建设。

20世纪90年代,在国家政策的直接推动下,北京市率先致力于流通业、零售业的现代化。随着商业设施的迅速扩充,北京市政府发现,缺乏有效管理先进设施的人才正严重阻碍着商业的现代化。在不得已的情况下北京市政府决定公派人员到国外研修学习。神林先生得知这一消息后,主动伸出了援助之手,为中国培养起商业管理人才。卡斯美集团先后从北京、天津、广州等地接纳了500名以上的研修生。而且,研修生在日本的一切花销都由卡斯美集团承担。神林先生

---

① 卡斯美集团是以超市、便利店经营为主,涉足快餐业、旅游业的大型企业集团。
② 梁伯枢:"神林章夫",《国际人才交流》2009年9月,第23页。

还出钱在中国举办了上百场的经验报告会,经办培训班来培养中国当地的流通业骨干。粗略计算,卡斯美集团为了培养中国商业管理人才投入了8亿日元之多。

神林先生的经营思想的核心可以用"敬天爱人"来形容。"天"是事业,是民众,是消费者,是社会。而"人"是员工,是同僚,是经营者,是普天下之人。当周围的朋友很疑惑地问为什么还花那么多的钱来帮助中国时,神林先生总会微笑地解释说卡斯美集团的经营理念是"为对方利益着想,为大家的幸福而努力"。不言而喻,在这"对方""大家"这一范畴里包含着寻求国家现代化的邻国中国和她的人民。

当时的卡斯美集团经营着上千家超市及便利店,集团总部对业务进行统筹管理的只有6名员工,但担当研修生教育工作的人员竟达8人。他们负责接待中国研修生,对中国流通业状况进行分析,编纂中文的《流通·商业用语词典》等工作。从这一点就能看出,神林先生对培养中国商业管理人才的无限热情。神林先生曾说过:"如果拥有一颗美好的心灵,一心为他人着想,不忘谦虚和感谢,怀着一颗朴实的心,再加上脚踏实地的努力的话,每一个企业家就一定能获得好的结果,我坚信这一点。"[1]在这一企业家精神的指导下,卡斯美集团一跃成为拥有万余名员工的茨城县第二大企业集团。神林先生的企业家精神与理念同样受到了中国人民好评,党和国家没有忘记神林先生几十年如一日的对中国的深情厚谊。在中华人民共和国成立50周年之际,中央政府代表中国人民授予他"中国政府友谊奖"。神林先生还曾荣获北京市政府颁发的"长城友谊奖"、广东省政府授予的"南粤友谊奖"、广州市政府颁发的"羊城友谊奖"等殊荣[2]。

三、"异文化"认识与普遍价值

神林先生认为,进行国际文化交流、实现相互理解是超越国家范畴的人类最为单纯、普遍的愿望。可以说,国际社会的存在和发展正是由这种普遍理念支撑着的。像"民主主义""和平""共生"这样的概念都是贯穿于世界各国的理念,体现着国际社会中"普遍性"。对于个人而言,相关"普遍性"的理解难免会有所差异,但是,人类历史告诉我们,只有创造出更多世界范围的"普遍性",达成对这种

---

① 陈祖芬:《为你着想》,书舍(ブッキング)2001年版,第82页。
② 于青:《商场棋局,流水行云》,《经济时报》2010年3月10日。

"普遍性"共识,才能实现长期的和平与共存。神林先生主张,企业家在经营活动中应积极去推动国际交流,促使"异文化"认识的实现,努力创造出更多的"普遍性",为实现国家间友好发展做出贡献。在神林先生的"普遍性"理念的指导下,卡斯美集团积极推进国际交流,交流对象也超出了经济界,拓展到了大学、研究机关。印度国立泰戈尔大学是卡斯美集团实现"异文化"认识时所"结识"的一所知名的国外大学。

泰戈尔大学的创立者泰戈尔[①]是亚洲首位诺贝尔文学奖获得者。他对日本文化有着浓厚的兴趣,而且,与日本美术院的冈仓天心[②]有着深厚的友谊。泰戈尔曾5次访问日本,在1929年最后一次访日时,还造访过茨城县天心记念五浦美术馆。1994年,泰戈尔大学成立日本学院并启动了对日本的研究,以此为契机,开始了与日本的交流。当时,泰戈尔大学非常希望派出代表团对留有泰戈尔脚印的茨城县进行访问,对此,总部位于茨城县的卡斯美集团做出了积极的响应,给予了亲切的帮助,从此泰戈尔大学和卡斯美集团建立起了友好合作关系[③]。

3年后,为了贸易谈判访印的神林先生专程来到了泰戈尔大学,与那里的师生进行交流。每当谈起访印之旅时,神林先生总会说,令他最难忘的是日本学院本巴特院长的演讲——介绍泰戈尔大学为吸收东西方文化而做出的努力。本巴特院长在演讲中指出,泰戈尔为印度文化传统感到自豪的同时,积极接受"异文化",并期待着东西方文化的交流与融合。当然,这里所说的"融合",并不是"合并归一",而是"不同的文化在保持各自独立性的同时,协调发展"。本巴特院长还强调,"文化犹如音乐,从音色共鸣中诞生出交响乐"的泰戈尔思想是泰戈尔大学开展国际交流的原动力[④]。

印度之行和本巴特院长的讲话,让神林先生重新审视了泰戈尔和冈仓天心的思想真谛。神林先生认识到,与泰戈尔交情深厚的冈仓天心同样也不赞成"反对西洋画的价值"的狭隘传统主义,而是主张通过对世界的开放来表现日本的美。也就是说,泰戈尔与冈仓天心对"异文化",对"国际理解"的看法是相同的。不论泰戈尔还是冈仓天心,虽然常常苦恼于东西方文化间的不同,但从未对"相互理解的最终实现"失去过信心。他们比任何人都明白,如果陷入知性的自我封

---

① 泰戈尔(1861—1941),印度著名诗人、文学家、作家、艺术家、社会活动家、哲学家和印度民族主义者。1913年他凭借《吉檀迦利》(英文版,Gitanjaei)获得诺贝尔文学奖。

② 冈仓天心(1863年2月14日—1913年9月2日),日本明治时期著名的美术家、美术评论家、美术教育家、思想家。冈仓天心是日本近代文明启蒙期最重要的人物之一。

③ [日]《常阳日报》,2007年5月17日。

④ [日]卡斯美集团:《卡斯美集团宣传报》2004年1月号,第20页。

闭,就会变成"井底之蛙"。不接受"异文化",归根结底会导致对本国文化的不确信,同样也不会被世界所理解。深知此道理重要性的神林先生常常会在跨国经营中要求集团内的干部不要过分拘泥于"日式经营",应有效结合"美式经营",以及当地"传统商道",创出符合当地发展的有效的经营方式,同时思考"普遍的经营之道"可能性。

早在20世纪80年代末,时任信州大学经济学院院长的神林先生已经开始积极地接受外国留学生,把"国际化"作为日常性的大学活动。这么做的理由不仅是为了满足亚洲各国年轻人的要求,也是为了"世界经济一体化"做准备,早一步让日本学生接触到"异文化"。神林先生觉得,暂且不论学习的技术和水准高低,在社会问题意识、生活态度、外语等诸多方面,日本学生可以从留学生身上学到有用的知识。神林先生期待着国际交流可以从年轻人开始,深信"国际交流"可以超越国家与民族之间的差异,创出真正的"国际文化"及"普遍价值"。

四、通过艺术所进行的"异文化理解"

卡斯美集团的总部大楼专门设有大型展览厅,那里常常会有外国艺术品的展览。利用展览会让公司员工和更多的市民接触到异国艺术,促进"异文化理解"是神林先生独有的国际交流方式之一。企业活动与艺术的结合体现了日本企业根深蒂固的人文精神及国际交流蓬勃发展的现状。

《日本高等学校学习指导要领》中写道:"通过美术的国际理解是文字、语言所不能比拟的有效的表现手段。展示自己国家的文化的优点的同时,又能达到理解他国的文化的这个目的。"[1]神林先生同样认为,理解国家间的美术文化的异同,在培养尊重各自的价值的同时,积极地去了解对方是"通过美术进行的国际理解"的最主要的表现形式。在神林先生的指导下,卡斯美集团举行了数十场国外美术展,其中"澳大利亚土著人绘画展"和"高迪展"是当地媒体报道最多,规模和影响也比较大的两场外国艺术品展览。

(一)澳大利亚土著人的绘画展[2]

在卡斯美总部大楼这座现代化建筑物里举办以狩猎生活的沙漠土著人的画展,这个想法本身显得很独特。神林先生希望"澳大利亚土著人绘画展"可以让

---

① [日]日本文部省:《高等学校学习指导要领解说(美术编)》,东洋馆出版社2010年版。

② [日]卡斯美集团:《卡斯美集团宣传报》2010年11月号,第6—10页。

更多的人认识到与"异文化"实现共存的重要性。

起初，西方人对"难以理解"的土著人大开杀戒，并试图"肢解"他们的传统社会。但现在的澳大利亚政府开始制定保护土著人的政策。这种状况的出现，不可否认，是土著人进行的长期斗争起到了一定的作用。但最根本原因还是在于随着澳大利亚国内人权意识的提高，大部分现代人开始接受和理解土著人独有的文化和意识形态。澳大利亚主流的白人社会摒弃了偏见的束缚，选择了坦诚面对土著人社会。在这一过程中，澳大利亚人用自己的觉悟来改善与"异文化"——土著人文化——的关系，努力去接受和理解对方。同时土著人也积极去适应现代社会，成了澳大利亚大家庭中行使公民权利的一分子。"澳大利亚土著人绘画展"不仅展现给观众艺术的品位，还讲述了人类社会那段痛心的历史。

神林先生在展览会开幕式上指出，各种文化都是个别的、特殊的、有价值的。认识文化的特殊性，才能创造出更多富有个性的国际社会，承认文化的多样性，才会丰富人们的精神世界。而且，"感其所感、视其为人、不妄自轻视，虚心接受'异文化'"才能顺利地推进国际文化的交流。神林先生还特别强调了"有必要与有着思想差异和认识差异的企业、消费者进行交流"。神林先生认为，这种交流是有魅力、有意义的。而且，这一过程需要坦诚相对，不被偏见所束缚，这样才能保持思想的柔软性，赢得共同发展的目的。

(二) 高迪展[①]

安东尼·高迪 (1852年6月25日—1926年6月10日)，是西班牙"加泰罗尼亚现代主义"的代表建筑家，同时，被视为新艺术运动的代表人物之一。可以说，在"卡斯美筑波中心"举办的各种活动中，高迪展是规模最大、影响最广的一次，展览期间来访人数超过了5000人。

在高迪的作品中，最令神林先生难忘的是圣家堂教堂。他感叹道："离近看，你会被它的革新的装饰和美丽的造型所震撼。或许，高迪的精髓存在于卡特鲁尼亚地中海的自然中，并不是单纯的作为风景的自然，是神创造的自然。"让神林先生心动的圣家堂教堂目前仍在建设中。为了完成高迪这位虔诚的基督教徒心目中的完美作品，人们花几百年的时间去建造一座教堂。高迪是在他31岁时受邀建设圣家堂教堂的，本来打算在有生之年把教堂建好。但高迪是位在工作中产生卓越灵感的建筑家，很是不喜欢因时间的限制而牺牲艺术的创造性。最终，他生前没能建好心目中的教堂。神林先生觉得，在日本，高迪之所以有着很高的声望，某种意义上说明20世纪机能主义正在回归，人们对战后日本所信奉的"方

---

① [日]卡斯美集团：《卡斯美集团宣传报》2008年4月号，第12—20页。

便的就是好"的原理开始产生怀疑。日本人对高迪这种超越了时间限定,追求独
创性的理念深感钦佩。同时,神林先生特别关注,培养出高迪那样富有个性的艺
术家的西班牙社会文化。西班牙位于地中海文化圈与大西洋文化圈之间,同时
拥有着这两个文化圈的特点。西班牙的文化可以说是混杂着欧洲文化、伊斯兰
文化、拉美文化的多元体。可以说,不同的民族间不断交流,相互理解,产生了像
混合酒一样的今日的西班牙文化,西班牙人对文化是十分开放的。神林先生认
为,追求"更快、更方便,凡事都划一"的社会中多样性、个性是很难培养出来的。
他对机能性上有很大优势,但价值观比较划一的现代日本社会表示出了忧虑。
卡斯美集团举办"高迪展"正是为了让更多的日本人了解西班牙的文化的多样
性,重新认识日本自我文化。从这个角度来说,"高迪展"是具有特殊意义的。

卡斯美集团不仅走出国门在国外接触"异文化",在"异文化"中实现跨国经
营,同时把"异文化"带到了国内。神林先生认为企业的跨国企业可以成为"文化
传媒",把本国优秀的部分宣传到海外,又让国人了解到国外有意义的历史经验
和优秀文化。"通过美术实现的国际理解"是神林先生最青睐的让卡斯美集团成
为"文化传媒"一种有效的方法,深受当地市民的好评。

五、结语

全球化日益发展的今天,文化、政治、经济等领域的国际交流已远远超出了
地域的局限,相互依存关系在不断加强。在这种时代变化下,如果一个企业缺乏
对"异文化理解"的认识,缺乏人文关怀意识,那么企业永远会与跨国经营失之交
臂,会在日趋激烈的国内外竞争中失去生存和发展的外部环境。因此,企业应该
准确地把握、提高企业经济效益和尊重"异文化"的辩证关系,倡导"宽容、尊重、
理解"的"异文化"认识是企业拓展生存空间的有效的管理方略①。企业经营中
神林先生与许多国家的友人建立起了友谊关系,并积极推进经济、文化交流,努
力实践"敬天爱人"的理念,并在跨国经营中取得了举世瞩目的成就。

通过改革开放四十年的努力,中国出现了名列世界企业之林的硕大企业,但
我们还很难找到活跃在世界范围的经营、舆论、思想阵营中的,成功实现跨国经
营的中国企业家。笔者相信有那么一天,中国也会出现像神林先生一样,了解

---

① ［日］井上星儿:《在亚洲后发展国家所推进的西洋先进科学的导入和再创造》,《东洋大学亚非文化研
究所研究年报(31)》2006年,第29页。

"异文化",知道如何从"异文化"中赢得利益与尊敬的企业家,而且只有到了那个时候,中国的企业才能做到真正的强大。那时我们的企业家也能出来谈谈思想,让中国企业家的思想也成为世界思想中的一个重要组成部分。

The Global Aspect of Kambayasi Akio and His Perspective on Culture Exchange

YIN Hu

（School of Oriental Languages and Culture in Zhejiang Gongshang University, Hangzhou: 310018）

Abstract: Kambayasi Akio was an eminent scholar, entrepreneur, nongovernmental diplomat in modern Japan. This thesis mainly tired to clarify the realities of his global aspect, and the opinion on "cultural exchanges", "economic exchanges". Intend to introduce his attitude witch "respect for cultural diversity", and his attempts that create universal values which beyond the frontier, the historical reconciliation, and the era to Chinese people.

Key words: Kambayasi Akio; Global Aspect; International Cultural Exchanges; Perspective on Different Culture

日本的"琉球处分"与清政府的反应

徐　磊①

（浙江工商大学东方语言文化学院　杭州：310018）

摘　要：该文主要探讨在日本吞并琉球的"琉球处分"过程中,清政府的情报收集和反应的情况。近代史上,日本吞并琉球的过程持续了七年。在这七年里,日本政府单方面实施了一系列切断琉球与清政府宗藩关系的措施,不断积累既成事实。虽然很早就有情报显示日本欲吞并琉球,然而清政府反应迟缓,并没有及时对日本方面的动向进行调查核实,错过了发现并解决问题的时机。

关键词：日本;清政府;琉球

一、引言

按照《国史大辞典》的解释,日本历史上的"琉球处分"是指"明治政府切断琉球与清国的朝贡关系的综合措施"[1]。它的主要过程为:1872年通过"册封"琉球国王将琉球列为内藩;1874年借口琉球漂流民被杀出兵中国台湾从而获得琉球漂流民为"日本国属民"的口实;1875年至1876年禁止琉球向中国朝贡,禁止接受中国册封并接收琉球的司法权和警察权;1879年强行废除"琉球藩"设置冲绳县正式吞并琉球;等等。日本的这一系列措施都是单方面强制实施的,并没有通知清政府。直到1877年福建官员上奏琉球派使者密陈日本阻贡之后,清政府才逐步了解日本所采取的措施,并与日方展开交涉。目前学界关于日本的"琉球处分"及中日交涉的研究较为丰富,如王芸生[2]、米庆余[3]、安冈昭男[4]、西里喜行[5]、戴东阳[6]等学者在论著的相关章节中都进行了详细探讨。但以上研究主要探讨日方"琉球处分"的措施及1877年至1881年中日两国的琉球问题之争,即琉球使者的密报送达清廷之后的中日交涉。实际上,在琉球使者到达以前,1876年福建巡抚丁日昌已经正式将日本阻止琉球进贡的情报报告给清政府。而在此之前,清政府方面还收到一些有关琉球"两属"、日本阻贡、日本将出兵占据琉球的情报。本文依据最新发现的史料,以清政府方面的情报收集为视角,探讨1877年琉球使者到达前,清政府对日本的"琉球处分"的反应。

---

① 徐磊,浙江工商大学东方语言文化学院副教授。

二、琉球"两属"的产生与日本的"琉球处分"

(一)近代以前琉球与中日两国的关系

琉球群岛是位于中国台湾和日本九州之间的一个狭长岛链，共有36岛，北部为9岛，中部为11岛，南部为16岛。琉球王国与中国官方交往的历史非常悠久。早在明代洪武五年(1372)的正月，明太祖朱元璋就派遣行人杨载将即位建元之事告知琉球王国。同年的十二月，琉球国的中山王察度派遣其弟泰期等跟随杨载入朝，进贡方物。朱元璋赐给琉球明朝之历法《大统历》，并赏赐文绮、纱罗。[7]自此以后，琉球奉明政府之正朔，隔年遣使向明政府朝贡。在明政府灭亡后，琉球又派遣使臣向清政府朝贡。顺治十一年(1656)，清政府颁布了《敕琉球诏》，派遣张学礼、王垓为正副使，携带诏印，前往琉球国，册封琉球国王。同时还规定琉球为两年一贡，进贡人数不超过150名，允许正副使2名、从人15名入京。[8]这个诏书既是对琉球作为清政府藩属国的肯定，也规定了向清政府朝贡的级别和时间。总之，琉球王国奉中国之正朔，接受中国皇帝之册封，派遣朝贡使向中国皇帝纳贡称臣，从而与中国的中央政府构成了宗藩关系。据统计，在明清两代共册封琉球国王23次，派遣了正副使43名。[9]在两国交往的500年间，中国政府对琉球采取了厚往薄来的政策，两国之间的关系非常密切、友好。

在历史上，琉球与日本亦有经贸往来关系。15世纪初期，琉球曾向日本派遣官船从事贸易，后因"应仁·文明之乱"，日本对琉贸易的控制权，逐渐落到了萨摩岛津氏的手里。但是，西海豪族大内义兴、九州探题(地方官称)涩谷义俊等，也向琉球派遣船只。琉球从日本进口刀、扇、屏风、漆、沙金和铜等，并将之向中国和东南亚各国输送。[3]57

日本庆长十四年(1609)萨摩藩藩主岛津家久派大将桦山久高、副将平田增宗率兵3000人、船100余只，由九州山川港出发入侵琉球。萨摩军队先后攻占奄美大岛、德之岛、冲永良部岛等处，并在冲绳本岛北部登陆。由于琉球军队无法抵挡训练有素且武器先进的萨摩军队的进攻，琉球国尚宁王开城投降。萨摩军队占领首里城。获胜的萨摩军队将尚宁王及琉球官员100多人作为俘虏带回萨摩。直到庆长十六年(1611)，在尚宁王等被迫出具"誓文"的情况下，才被释放回，前后被拘留达两年零五个月。

萨摩藩入侵琉球后，强行割占琉球王国的北方五岛，并向琉球王国索取贡物，且在那霸(对外港口)设置"在番奉行"，监视琉球王国的对外贸易。萨摩藩虽在一定程度上控制了琉球的内政和经济,然也想假借琉球与中国交通便利获利,获得日本所需的"唐物",所以对琉球进贡中国之事未加阻止,甚至配合琉球,隐蔽琉球被萨摩控制的事实。琉球是如何隐藏和日本的关系的? 末代琉球王尚泰的内侍喜舍场朝贤在其著作《琉球见闻录》中做了以下的描述:

> 与日本建立关系之情泄露,势必有碍于进贡,因此须守密于清国。当册封钦差来琉之际,在琉之萨摩藩官吏及萨摩商人皆移居至浦添间切城间村,泊港之萨摩船移泊至今归仁间切运天港,以避钦差之目。收起平常国内流通之日本宽永钱,代以官库之琉球鸠目钱,钦差在琉期间,使之流通于市。凡官衙、寺院之挂轴、钟铭及碑文等上留有日本年号、人名及与日本有关者,一概加以藏匿。国内所用之物品、器具有日本产者皆以度佳刺岛产称之。[10]116-117

在古代的东亚地区,情报流通是十分滞后的。由于琉球方面的精心安排,清政府派遣的册封使团始终没有发现琉球与萨摩藩之间的关系。在琉球被萨摩藩攻破之后的200余年间,琉球一方面向中国的中央政府朝贡,接受中国中央政府的册封,成为中国的藩属国;另一方面又被萨摩藩所控制。这样便形成了所谓的琉球"两属"的局面。

(二)明治初年日本对琉球的政策

1868年明治新政府成立。为了摆脱半殖民地化的危机,明治政府采取了一系列有利于发展资本主义的政策和措施,促进了日本资本主义的迅速发展。这次自上而下的改革运动被称为"明治维新"。但日本的改革运动进行得非常不彻底,保留了大量的封建因素,并狂热推行对外扩张政策。明治维新开始后不久,在日本政府内部便出现了切断琉球和中国的朝贡册封关系,吞并琉球的论调。

明治五年五月三十日(1872年7月5日),时任大藏大辅的井上馨向政府提出吞并琉球的建议。他首先回顾了琉球与日本、中国的关系,认为琉球"奉中国正朔,接受中国册封",而日本方面一直未能"匡正其携贰之罪",以致沿袭数百年。在明治维新的形势下,应当"清除从前归属不明之积弊,采取措施,扩张皇国规模"。进而建议"招彼之酋长至宫阙之下,责其不臣之罪",而后"速收其版籍,明确归我所辖",使琉球与日本内地"一轨"。[11]8

井上馨的建议引起日本政府方面的高度关注。由太政官正院向左院征求意见。而左院的答复则认为:"琉球国之两属,名义不正。今若纠正,使之属我一方,则将与清国开启争端。纵令不致如此,也手续纷纭,归诸无益。因名义乃是虚文,而实际为要务,接受清之册封、奉中国正朔,乃虚文之名义,而岛津氏派遣士官,镇抚其国,乃要务之实。我得其要务之实,而予清以虚文名义,故而可以不必纠正之。"[11]8-9同时也不建议将琉球国王列为华族或封为琉球藩王。然而左院的意见并未被采纳。日本政府仍然决定逐步采取措施,最终吞并琉球。明治五年九月十四日(1872年10月16日),在琉球正使伊江王子尚健等人觐见天皇之际,由明治天皇下诏,"册封"琉球国王尚泰为"藩王",并列入华族。随后日本政府又发布命令,将琉球与各国缔结条约及对外交涉事务都收归外务省管辖。[12]392-393这些举措也被认为是日本迈出的吞并琉球的第一步。[2]150

日本对琉球国王的"册封"只是日本单方面的行为,并未向清政府通报。在"册封"琉球国王之前,明治五年(1872)八月,时任陆军大辅的山县有朋也曾向日本政府提交过一份建议书。山县有朋的建议与井上馨的建议两者的主旨是一致的,都是希望日本政府采取措施,改变琉球中日"两属"的现状,实现日本对琉球的吞并。但在具体措施方面,两者却截然不同。井上馨建议直接责备琉球"不臣之罪",然后将琉球纳入日本版图。而山县有朋则主张通过与清政府的谈判,"告之以我国曾经管理其内政,诘其务虚名之无益;据公明之办法,示正大之意"[4]62,取得清政府的同意,实现将琉球纳入日本版图。

井上馨的建议引起日本政府的高度关注,引出了一系列咨询、答复,并使琉球使节觐见天皇、琉球国王接受"册封"这一系列措施得以实现,甚至被认为是"琉球处分"的起点。[4]29山县有朋的建议却没有得到日本政府的回应。这也与当时日本的琉球策略有关。从左院的答复及山县有朋的建议可知,这一时期,在日本政府内部,还是存在对琉球几百年来向中国朝贡、接受中国册封,一直是中国的藩属国这一事实的顾虑,担心其实现对琉球吞并的所谓"琉球处分"会引发与清政府之间的纠纷。因此,为了避免清政府阻碍其实现对琉球的吞并,日本政府选择了不通知清政府,单方面对琉球采取强制措施、不断积累事实的策略。

然而,日本对琉球国王的"册封"也并非是在保密的状态下进行的。日本的"册封"也引起一些西方国家的关注。在"册封"后的第五天,10月20日,美国驻日公使致函日本外务卿副岛种臣,质问美国与琉球所签的《琉美修好条约》的有效性。[12]385-386而当时的一个偶发事件,也使清政府有可能在第一时间获得日本"册封"琉球国王的情报。

(三)中国官员赴日与日本"册封"琉球国王

明治五年六月四日(1872年7月9日),载有被拐卖的230名中国佣工的秘鲁国商船"玛也西号"①驶入日本横滨港。其中一名中国佣工跳入海中,后被英国军舰救起。这名中国佣工向英国方面诉说了被拐卖及在船上受虐待的情形。在英方的劝告下,日本决定依据属地管辖原则,对这一事件进行调查处理。最终日本方面判定"玛也西号"船长有罪,被拐卖的中国佣工应由清政府接回,并命日本驻清公使书记官郑永宁告知清政府方面。为接回被日方解救的中国佣工,清政府派遣上海租界会审委员陈福勋赴日。与陈福勋同行的还有郑永宁和美国驻上海领事馆翻译官麦嘉缔。陈福勋等人于八月十九日(9月21日)由上海起程,二十二日(9月24日)抵长崎,二十七日(9月29日)抵达横滨,二十九日(10月1日)抵达东京会见日本外务卿副岛种臣等人。此时"玛也西号"事件的审判已经完毕,在和日本方面办理完交接手续后,九月十三日(10月15日),陈福勋同日本外务省所派上海领事品川忠道督带227名中国佣工乘坐美国轮船返回上海。②

陈福勋的此次日本之行正逢琉球使节来日本。明治五年(1872),在日本方面的要求下,琉球派遣以伊江王子尚健为首的维新庆贺使团赴东京庆贺日本"王政一新"。使团一行于九月三日(10月5日)抵达东京。九月十四日(10月16日)觐见天皇之际,明治天皇下诏"册封"琉球国王尚泰为藩王。据与陈福勋同行的郑永宁记载:

> 九月,琉球使臣入京贡方物,请求朝觐。皇上因此册封尚泰为琉球藩王,叙列华族。命曰:咨尔尚泰,当重藩屏之任,永辅皇室。尤厚费赐以遣之。尚泰上表谢恩,以奉册命。事皆为陈福勋所见闻。[13]64

依据这一段记载可知,日本"册封"琉球藩王之事陈福勋是知情的。日本学者安冈昭男也由此推断:"陈福勋回国之后,肯定会向两江总督汇报情况,对于日本政府采取的这种措施,清国要人是不会不知道的。"[4]66那么,陈福勋是否"见闻"到日本"册封"琉球藩王之事,回国之后又是否将这条重要情报报告给了清政府?

从时间上来看,陈福勋督带解救出来的中国佣工于九月十三日(10月15日)回国,而琉球使节觐见日本天皇则是在九月十四日(10月16日)。因此陈福勋是不可能看到天皇"册封"琉球藩王的。而在此之前陈福勋出入日本外务省,参加

---

① 也有译为"马里亚老士号",中国文献记载为"玛也西号"。
② "玛也西号"原本载有230名中国佣工,只带回227名。其中2名在"玛也西号"事件处理过程中罹难,1名葬于横滨中华义冢,另1名的遗体随船带回。此外还有1名佣工的情况有点特殊,该人为一女子,"系为该船主所深爱,且此女甚为欢悦,并无苦状,是以听其留在船中。现在该船主携此女逃逸"。

其他活动,则有可能见到琉球使节,或了解到一些情况。近年来,又有学者在《大隈重信关系文书》中发现这样一条记载:

> 明治五年京滨间铁路开通。琉球王亦被邀请参加,王不能行,遂遣其亲属至。其时中国及欧美各国公使亦同席参加。此前我国下达册封琉球王为冲绳藩王之命令,中国使者争其为己国之所有。此时琉球问题已现。[14]

以上文中所说的京滨间铁路是于明治五年九月十二日(1872年10月14日)举行的开通仪式,当时明治政府举行了盛大的仪式,并邀请各国公使参加。但当时清政府尚未派遣驻日公使。那么,大隈重信所说的"中国使者"又是何人呢?是否就是陈福勋呢?从时间上来看是有可能的。京滨间铁路开通正好是在陈福勋回国的前一天。如此盛大的活动,他当然也有可能被邀请参加。此外,在陈福勋回国后的报告中也提到了京滨间铁路。

作为近代史上第一位官方派遣赴日的中国官员①,陈福勋虽然没有肩负情报收集的任务,但他在日期间的见闻本身就是一种情报收集。陈福勋回国之后确实有向南北洋大臣汇报在日的见闻。在给南洋大臣何璟的报告中,他只汇报了日本方面处理"玛也西号"事件的情况、"玛也西号"上中国佣工的情况,以及日方对他的接待情况等;而在另一份给北洋大臣李鸿章的报告中,除了有关"玛也西号"事件的内容以外,他还提到有关日本国内现状及日、俄两国对朝鲜的动向。有关日本国内的状况,陈福勋介绍道:

> 日本兵政现已全改西法,因人力本尚粗健,所短者,火器。今取彼之长,补己之短,收彼税银,尽其所用,无非为自固之计耳。横滨至东京铁路七十里,于九月十二日筑成。兵库至西京铁路亦早开工。且自东至西均欲开筑,其工本较横滨大于十倍。此举实投西人之所最好。此外尚有购买之小火轮船,内东洋纵横三千里,往来行人几无坐本处帆船者。惟用款甚钜,大藏省之总司出入者颇不易支。又制造银洋钱厂一事,亦已成功,惜乎金银两物日形缺乏,复又停工。[15]3004-3006

---

① 南洋大臣何璟在给总理衙门的信中称陈福勋赴日为"中国官员到日本之第一次"。详见孙学雷、刘家平:《国家图书馆藏清代孤本外交档案》第8册,全国图书馆文献缩微复制中心2003年版,第2969—2970,2933页。

　　陈福勋的这份报告是近代史上中国官员对日本国所作的情最早报告。能够看出他在称赞日本引进西方文明的同时,也看到日本西化过程中所存在的资金短缺等一些问题。此外,陈福勋也关注到日、俄两国对朝鲜的动向,"日本与朝鲜龃龉一事,于九月下旬,日本已派使员前往理论,皆兵部所发,并前至津之花房义质亦在其列,惟归期迟速尚难预必也"[15]3004,还探闻到"俄国遣员由东洋赴朝鲜黑龙江连界处驻扎"[15]3009,提醒清政府方面注意,并表示"卑职此行才识疏庸不能采访彼国之切要上陈台座,然既有所闻,亦只得竭诚附禀钧听"[15]3007。但在陈福勋的整篇报告中只字未提琉球之事。

　　总之,依据日方文献,陈福勋在日本可能对日本"册封"琉球藩王的一些情况有所"见闻",但在中国文献中尚未发现他向清政府方面报告的记载。

三、日本侵略中国台湾与清政府的反应

(一)琉球漂流民被杀与日本漂流民被劫

　　1874年,日本出兵进攻中国台湾。这是日本明治政府成立后所发动的第一次对外战争,也是近代史上日本最早的对华侵略活动。这次侵略活动也使日本获得进一步切断琉球与中国宗藩关系的借口,是"琉球处分"的重要一环。引发日本出兵的借口是1871年琉球漂流民在中国台湾被杀与1873年日本漂流民在中国台湾被劫的事件。

　　同治十年十月十八日(1871年11月30日),两艘宫古岛船与两艘八重山岛船在完成对琉球王国年贡的义务之后,返航途中遭遇暴风雨侵袭,其中宫古岛船只随着海流漂到中国台湾东南部。十一月初六(12月17日),船上成员在中国台湾东南海岸八瑶湾一带登岸,在登岸的过程中有3人溺毙,顺利登上岸的有66人。

　　这66名漂流民上岸后于初七(12月18日)误入中国台湾少数民族部落——高士佛社。闯入高士佛社后,中国台湾少数民族一方面以礼相待提供琉球漂流民吃住,另一方面却将他们身上剩余的物品抢夺一空,让琉球漂流民心生恐惧。初八(12月19日),中国台湾少数民族要去打猎,临行前告知琉球漂流民在他们打猎回来之前不可擅自离开,并派人留在部落加以看守。

　　琉球漂流民在高士佛社中国台湾少数民族离去后,相约以两三人同行的方式逃离部落。一行人逃到双溪口一带,被中国台湾少数民族追上。琉球漂流民

虽四处逃窜,但仍然有54人被中国台湾少数民族杀害。其余逃过中国台湾少数民族追杀的琉球漂流民在保力庄杨友旺父子等人的保护下被送往凤山县衙,随后又转送中国台湾府安顿,后又乘蒸汽船被送往福州,最后乘返程的琉球船回到那霸。

在同治十一年二月二十五日(1872年4月2日)的奏折中,福州将军文煜向清廷汇报了这一事件,并称:"臣等查琉球国世守外藩,甚为恭顺,该夷人等在洋遭风,并有同伴被生番杀害多人,情殊可悯,……生番见人嗜杀,殊形化外,现饬台湾镇、道、府认真查办,以儆强暴而示怀柔。"随后清廷谕令文煜等人"饬该镇道等认真查办,以示怀柔"。[16]可见,福建方面及时对此案进行了处理并上报,而清廷也很快对此事做出了批复。但因当时中国台湾东部少数民族居住地区并未得到有效开发管理,琉球漂流民被杀一案的查办也比较缓慢。琉球漂流民被杀事件发生后,同治十二年(1873)又发生了日本漂流民佐藤利八等被劫事件。

同治十二年(1873),日本小田县(今冈山县小田郡)航运业者佐藤利八等4人在海上遇暴风雨,后漂至中国台湾。因船只破损沉没,4人凫水登岸逃入加那突地方,在那里被中国台湾少数民族夺取衣物。在4人性命危急之际,被中国台湾少数民族首领陈安生救出,带回家中给予饭食。在商人李成忠的协助下,陈安生将佐藤利八等4人送往凤山县。后中国台湾府派遣候补县丞周有基将佐藤利八等人送至福建通商总局,又由福建通商总局派遣委员陆之钧搭乘海东云号轮船将佐藤利八等人护送至上海,后将4人送至日本驻上海总领事馆。虽然佐藤利八等人被中国台湾少数民族抢夺走衣服、器具,但获救后一直由清政府方面提供食宿,并且由福建通商总局"制给衣履服物以示矜恤"[17]1803,并派专人护送至上海。可以说清政府对这件事的处理还是比较妥善的。为此,日本驻上海总领事品川忠道致函苏松太道沈秉成称"奉外务大臣札令,查明救护各官,备礼酬谢"[17]1806,并托沈秉成转送给救护日本漂流民的陆之钧、周有基、陈安生、李成忠等人礼物。然而这件事后来竟也一并成为日本侵略中国台湾和攻打中国台湾少数民族的借口之一,这完全是日本方面蓄谋侵略的结果。

(二)日本谋划侵台

1872年5月,来中国修改条约的日本外务大丞柳原前光首先从京城邸报上得知琉球人在中国台湾被"生番"杀害后,将福州将军文煜汇报琉球漂流民遇难及处理情况的奏折抄录并寄给外务卿副岛种臣。[12]258-260此后,这件事为鹿儿岛县署所闻,参事大山纲良对此反应强烈,除把事情详细向上报告外,并在报告书上附言,请求"兴问罪之师",以战舰"直指彼巢窟,歼其渠魁,上伸皇威于海外,下慰岛民之冤魂"。[18]37-38

大山纲良虽然提出请求,但当时明治政府并没有允准,因为还需确定"生番"是否属于清国版图。到了1873年佐藤利八等人漂流到中国台湾被劫的消息传来,在日本政府内部讨伐论又再次抬头。但因"征韩"问题,日本朝野正激昂达到极点,征台之议暂时被搁置。[18]38

1873年2月,日本政府决定派遣外务卿副岛种臣以来华互换《中日修好条规》批准书及庆贺同治皇帝亲政为名义,刺探清政府对琉球漂流民被杀一案及中国台湾"生番"地区所属的立场。3月9日明治天皇向副岛种臣发布上谕:"朕闻台湾岛之生番数次屠杀我人民,若置之不问,后患何极。今委而种臣以全权。而种臣前往为之伸理,以副朕之保民之意。"[19]38随后太政大臣三条实美又向副岛种臣传达了刺探及谈判要旨:

第一,清国政府若视台湾之全岛为其属地,接受谈判,则由其处置,为遇害者申冤。但以上之处置,需责罚罪人,对遇害者之遗族给予若干抚恤金,且保证今后不再发生此类暴行。

第二,若清国政府以其政令所不及为辞,不视其为己之属地,不受以上谈判,则应由朕来处置。

第三,清国政府若以台湾全岛为其属地,然左右推脱,不受谈判时,则明辨清国政府已失政权,责"生番人"以无道暴虐之罪,如若不服,则任由朕来处置。

第四,除上述之三条以外,如另有他事,则须遵守公法,不失公权,而临机处理。[19]38-39

从以上反映副岛来华真实目的的上谕和要旨可知,日本强行把被杀的琉球漂流民划为"我人民",并为清政府设下陷阱,如果清政府方面言论中有"政令所不及"等推脱之词,就会被日方抓住把柄,任由日方来处置。

(三)清政府的情报收集与中日交涉

实际上在副岛种臣来华之前,清政府方面对他来华的主要目的已经有了一定了解。三月二十七日(1873年4月23日)北洋大臣李鸿章致函总理衙门,称苏松太道沈秉成来函密禀,近来上海的新闻纸屡屡报道中国台湾土民生啖琉球难民,日本欲向中国理论。因此事涉及中日交涉,所以将沈秉成的信函及其附带的翻译成汉文的新闻纸先行寄过来。

沈秉成所寄的新闻纸是由西文翻译成汉文的。三月初四(3月31日)的西文新闻纸转载日本《横滨新报》的报道:

现日本与中国为台湾土民生啖琉球难民一案殊有关涉。日本之通商大臣名梭依支麻,业于前礼拜三早乘立乳干兵船,并带干拔两只,特赴中国,意欲专请中国朝廷惩办台湾土民。因琉球遭难水手上岸,被土民擒杀,生啖其肉。按琉球海屿向属日本萨司马诸侯。今萨司马派之人势甚强悍。闻知此事,痛恨切齿,立欲报复并起兵。萨司马诸侯力请曰:中国若不自行惩办,则请与师前往攻伐。[20]

十三日(4月9日)的西文新闻纸则介绍了自古以来琉球与中日两国的关系:

琉球国王赛多者于前明洪武初即进贡中国。至洋一千四百年即永乐年间,中国始定例派使臣至琉球国封王。……此后二百年间,琉球大臣名查纳者欲要中国恩典,因力劝其国王不要与日本往来,甚至萨司马派人至琉球询问,使者且被斥辱。于是萨司马诸侯请国王下令与师问罪,……破其要城,掳其国王,解回日本之格哥西麻。自此,琉球降服萨司马,非特历代新王即位,遣使至江户京城禀报,且蒙受封事。虽如此,而中国之贡款,琉球仍不敢缺。……以本馆论之,中国要退却日本之请,其理甚足。然究其实,琉球明系二百五十年前为日本攻服,已受日本节制,若论琉球与中国关涉,不过徒有虚名,彼盖念中国上国天子,前蒙教化,尊之敬之而已。[20]

以上报道皆是西文译成汉文,其中人名、地名等都采取直接音译的方法。文中部分内容并不符合史实,如萨摩征讨琉球的原因等,此外,文中提到"台湾土民生啖琉球难民",实际情况也并非如此,琉球漂流民虽被杀害,但并没有被"生啖"。以上报道无疑给当时消息闭塞的清政府提供了许多关于琉球和日本关系的重要信息。十三日的新闻纸明确地交代了琉球一直处于受日本控制,又向中国朝贡的"两属"状态。这也是现存清政府的档案中所见最早提及琉球"两属"内容的情报。而四日的新闻纸则透露了日本萨摩派官员欲借琉球难民被杀事件对中国台湾少数民族展开报复,其中"中国若不自行惩办,则请与师前往攻伐"一句,真实地体现了日本的立场。可惜这样的内容并未被清政府方面侧重读取。

随后,三月三十(4月26日)南洋大臣李宗义和苏松太道沈秉成的信函也寄到了总理衙门。同样,也附带了两份翻译成汉文的新闻纸。沈秉成在信中还提到,日本全权大使副岛已经到上海,但并未提及请中国查办中国台湾土民之事。为了探听虚实,已经让前一年去过日本的陈福勋向日本驻上海总领事井田让探访此事。据井田让称:"此事却曾议论,至如何办法,并未得悉,将来副岛换约事竣,或向中国商办亦未可知。"[21]由此可知,新闻纸所言并非无中生有,提醒总理衙门注意应对,副岛可能会向中国交涉此事。

然而,在天津和李鸿章互换《中日修好条规》批准书后,副岛种臣并没有直接与总理衙门交涉琉球漂流民被杀一事,而是纠缠在觐见同治皇帝的礼节上。副岛认为他是"头等钦差""代君而来",要求以三鞠躬礼觐见同治皇帝;还要求在西方各国公使之前觐见。[13]68-69但当时并未被清政府方面所接受。

较上海方面略迟一些,管辖福建、中国台湾地区的闽浙总督李鹤年也得到日本欲借琉球漂流民被杀一案生事的情报,并于五月初五(5月30日)至函总理衙门,详细叙述了琉球漂流民被杀事件的经过:

> 琉球民人岛袋等六十九人于同治十年十月二十九日,由该国太平山岛驾船往中山府纳贡。遇飓船覆,淹毙三人。尚余六十六人凫水登山,误入台湾凤山县属牡丹社生番地界,被杀五十四人。惟岛袋等十二人经保力社民人杨友旺救出,送交台湾县护送至省。每名给银四两,附搭回国。经星岩将军奏奉谕旨:着该督抚饬该镇道等认真查办,以示怀柔等因,钦此!续据琉球贡使向德裕等禀称,奉该国王面谕,岛袋等十二人蒙恩救出,现已回国,曷胜感激,谨备银三百元,请转给杨友旺等以为酬劳等因到闽。现据署台湾道夏献纶详称,牡丹社生番戕杀琉球人一案,已遵旨派委前台防同知游熙等前往查办等情。鹤年等查生番围杀琉球难民,情殊可恶,自应认真查办,以警凶顽。惟琉球国王感激怀柔之德,甚至奉银酬谢,其必不别生枝节可想而知。现闻日本使臣将借琉民被害一案向贵署饶舌,未知确否,用敢先叙原委奉达,以备杜其藉口。[22]

这份信函非常及时,在日本使臣来总理衙门交涉之前寄到。首先,这份信函表明清政府方面在琉球漂流民被杀后并非置之不理,已经由督抚将军奏明朝廷,而清廷也已经发布谕旨要求地方"认真查办"。在朝廷的命令下,中国台湾地方也采取了查办的措施。在信中,闽台地区的最高官员李鹤年也表态要"认真查办,以警凶顽"。这也表明了杀害琉球漂流民的中国台湾"生番"是受中国管辖的。其次,由于清政府方面救护幸存者,受害者琉球一方也表达了感激。如果总理衙门能够按照信函中的内容与日方据理对答,是可以杜绝日方的借口的。遗憾的是当时清政府从事外交事务的官员在处理中外交涉事件时,大都习惯找借口推脱责任,而不愿承担责任。

五月十二日(6月6日)总理衙门函复李鹤年:"查此案前据南洋大臣译送洋人新闻纸内曾传有此说。所言该使臣不干己事,欲借端饶舌多生枝节等情,与来函所述大致相同。刻下该使换约事毕,由津来京,尚有求觐未遂各事,想诡谲多端,一时未获思逞。俟其稍露端倪再行折办。"[23]在南洋大臣李宗羲和苏松太道沈秉成所寄的新闻纸中,明确交代琉球在被"萨司马"攻服后,已受日本控制。总理衙门这里用"不干己事"一词,显然是没有在意新闻纸中关于琉球和日本关系的内容。

事实上,并不只总理衙门大臣,李鸿章等地方官员也不相信沈秉成寄来的新闻纸中所述的内容,在五月二十五日(6月19日)写给福建巡抚王凯泰的信中就称:"诚如尊论,新闻纸所刊中外交涉事件,非私意揣度,即虚声恫喝,大抵皆无识华人为之播弄,固不足深论也。"[24]534

然而,两天之后的二十七日(6月21日)副岛种臣果然命副使柳原前光去总理衙门交涉琉球漂流民被杀事件。虽然已经料想到日本方面可能会来交涉此事,但总理衙门仍没有准备好对答之词,面对日方的质问,总理衙门大臣依然选择了一贯采用的推卸责任的对答方式。

按照郑永宁所著《副岛大使适清概略》记载,6月21日柳原前光、郑永宁来到总理衙门会晤总理衙门大臣毛昶熙、董恂等,质问琉球人被杀事件。柳原前光先称:"前年冬,我国人漂流至台地,被生番杀害。故而,我政府将问生番之罪,惟生番地界与贵国府治相接壤。我大臣认为,若未告知贵国而问其罪,万一波及贵国所治,则必受猜疑,将有伤两国之谊。是有此虑,故事先告知。"总理衙门大臣回答道:"本大臣等仅闻生番杀害琉球国民,不知与贵国人有何关系。且琉球乃我之藩属,琉球之民从生番逃出者,皆由我官员救恤,并送归本国。"而柳原前光等人则称:"我朝廷抚字琉球久矣,自中叶以后,乃为萨摩之附庸。……称琉人为我国人,又何妨? 且问,贵国官员既救恤琉民,不知弑杀之生番将如何处置?"总理衙门大臣答道:"此岛之藩民,分为生熟两种。服我王化者谓之熟番,故设置府县而治,不服我王化者为生番,置之于化外,未甚治理也。"[13]70-71

由上可知,在双方的对答中总理衙门大臣用"生番置之化外,未甚治理"来搪塞,结果给日本以军事侵略的借口。特别值得注意的是,出于交涉的需要,柳原前光明确告知总理衙门大臣琉球和日本之间的关系,还强行称琉球人为"我国人",而总理衙门大臣则未能就琉球的所属与日方据理力争。

在这次交涉之后,副岛种臣觐见同治皇帝的事情有了进展。总理衙门通过与各国公使协商,同意由副岛种臣头班觐见同治皇帝,行三鞠躬礼,而其他各国使臣在其后觐见。觐见完成后,在六月十日(7月4日)总理衙门致函李鸿章告知副岛种臣已经派柳原前光、郑永宁来交涉琉球漂流民被杀一事:

> 日本国使臣副岛,曾遣其随员柳原前光、郑永宁到署,面询三事。……一即台湾生番戕害琉球人民之事,拟遣人赴生番处说话。当时面为剖说,因该随员等未经深论,亦未切诘其意将何为。旋于月初,觐议既定之后,据孙道面称,在寓时与之询及前事,郑永宁谓:……若台湾生番地方,只以遣人告知,嗣后倘有日本人前往,好为相待。其意皆非为用兵等语。似悔其前言孟浪,略为剖明。本处因柳原等所说,虚实未可预知,而是非则必须明示。遂于回给国书时,至该使寓所,告以从前面谈各节,总当按照《修好条规》所载,凡两国所属邦土不可稍有侵越,藉以破其前说。该使亦领略其意,答曰,固所愿也。似前此故作废。疑之今已自为转圜之计。查琉球本我属国,无需该国代询。[25]

在这里,总理衙门显然没有认识到日本方面的真实意图,认为日本使臣来谈琉球漂流民被杀一事,是因为觐见同治皇帝的事情没有得到解决,所以故意来挑起事端,而觐见之事得到解决后,日方就"悔其前言孟浪"。为了明示是非,总理衙门大臣还试图用《中日修好条规》中所属邦土不能有所侵越这样的规定来束缚日方,"破其前说",并且自认为对方已经领会,"自为转圜之计"了。对于琉球与日本之间的关系,总理衙门则并未关注。

觐见完成后,副岛种臣又来到天津再次会晤了李鸿章。在双方交谈之后,李鸿章在回复总理衙门的信中谈道:"至前向贵署面询三事,副岛并未提及,鸿章自亦未便明言。第思台湾生番戕害琉球难民一案,原与日本无干,即谓其萨司马民人与琉球有旧,代抱不平,而琉球系我属国,尽可自行申诉,诚如尊论,无须该国代询。"[24]542

这样,总理衙门和李鸿章达成一致看法,认为日方已"自为转圜之计"。对于日本和琉球的关系,李鸿章也只认识到"萨司马民人与琉球有旧"的程度。在他们看来琉球是中国的属国,属国国民被杀是中国的内政,应由中国自己处理,自然无须日本来过问。在这样认识的影响下,总理衙门和李鸿章都选择了静观其变的方针,没有对日方的决策和行动进行进一步调查。这也失去了发现并制止日本出兵的机会。

总之,在日本使臣副岛种臣来华之前,清政府方面的两江总督和闽浙总督都通过新闻纸一定程度上获悉了他来华的目的,并提醒总理衙门注意应对。然而总理衙门在与日方交涉时依然采取推卸责任的应对方式。这也让一直苦心图谋侵略中国台湾的日方喜获侵略借口。另一方面,在苏松太道沈秉成所寄的新闻纸中还有一项重要信息。这就是琉球"两属"的问题。其中透露了琉球被日本萨摩藩攻服后,已经被日本控制,而中国与琉球的关系甚至被称为"徒有虚名"。与此相对应,柳原前光来总理衙门交涉时也强调琉球一直是萨摩的附庸,琉球人就是日本人。对于这样的说法,总理衙门大臣并没有在意,也没有采取更加积极的情报策略,弄清琉球与日本过去的关系及现在的状况。

(四)日本侵台与《北京专条》的签订

1874年,日本借口琉球漂流民被杀与日本漂流民被劫发动侵略中国台湾的战争。在出兵之前,由内务卿大久保利通和参议大隈重信拟定了《台湾番地征伐要略》,其中第一条就称中国台湾是"无主之地",证据是副岛种臣出使清国之时,总理衙门大臣的作答。[18]38-39大久保和大隈的《台湾番地征伐要略》,很快被政府批准。明治政府开始准备侵台事宜,分别任命陆军中将西乡从道为"台湾番地事务都督",参议大隈重信为"台湾番地事务局长"。4月5日,太政大臣三条实美奉敕以委任状授予西乡从道。随后,日本侵略军的先遣部队于5月7日在中国台湾登陆,并进行了战前的侦察。5月22日,抵达中国台湾的西乡率领日军对牡丹社中国台湾少数民族展开进攻。

清政府方面对日本的军事行动反应非常迟缓。虽然上一年就从外国新闻纸上得知日本欲借琉球漂流民被杀事件起兵报复,后日方又遣柳原前光到总理衙门来交涉,并声称要去查办。但清政府始终认为日本是在恫吓,应该不会真的采取军事行动。所以没有采取任何积极的情报措施和防御措施。直到同治十三年三月三日(1874年4月18日)清政府才从英国驻清公使威妥玛的信函中得到日本即将侵台的消息。随着事态的发展,清政府意识到问题的严重性,于是任命船政大臣沈葆桢为钦差大臣带轮船、兵弁前往中国台湾察看,并与日方进行交涉。

日本出兵中国台湾引起了清政府的极大恐慌。后在英国公使威妥玛的劝诱和威胁下,清政府对日本妥协,于二十二日(10月31日)签订《北京专条》。《北京专条》共3款及"会议凭单"一件。其中对日本出兵的表述为"台湾生番曾将日本国属民等妄为加害,日本国本意惟该番是问,遂遣兵往彼,向该生番等诘责";还将日本的侵略行为定性为"保民义举",中国方面"不指以为不是",并同意给予"日本国从前被害难民"抚恤银十万两。[26]

如前文所述,日本国属民佐藤利八等人在中国台湾只是被当地少数民族抢夺了衣物,并没有被杀害,后来还得到清政府方面补偿的"衣履服物",被杀害的是琉球的漂流民,但清政府方面并没有在这个问题上据理力争,将在中国台湾的被害者一并认定为"日本国属民"。实际上,这样的结果正是日方所蓄意追求的。在中日两国谈判期间,日本政府曾命令外务省四等出仕田边太一来华,向日方代表柳原前光密授谈判机宜,其中的要点之一就是要"绝琉球两属之渊源"[27]。其后,日本全权代表大久保利通来华谈判时改变了谈判策略,不再分别提"琉球藩难民"被害、日本备中州人佐藤利八被抢夺,一律改称"我国人民""我人民被害",而在实际辩论过程中,急于让日本退兵的清政府方面也没有与日方争辩被害的琉球国人是否是"日本国人民",双方争论的焦点主要集中在杀害"日本国人民"的台湾生番是否隶属于中国。最终,"使日人以为中国默认琉球是属于日本"[28],"给此后日本吞并琉球预先下一注脚"[2]99。

《北京专条》签订以后,十一月初七(12月15日)的《申报》曾以《西报论琉球所属》为题,转载了香港《循环日报》的一篇文章,讨论中日两国议和对琉球的影响。

> 日本以琉球出海之船遭风失水,其人为台湾生番所戕害;因此兴师问罪,几至与中国失和。有为之居间排解者,乃始立约退兵。顾琉球介于两大之间,此时究属于何国? 当议和时,未及明言也。中国偿饷于日本五十万金,其中十万系抚恤琉球被难之家,其银由日本转畀琉球;则琉球之为日本所属,不言而自喻。[29]

然而这样的报道并没有引起清政府方面的注意。此外,在双方交涉过程中,日方代表多次声称琉球为"日本所属",例如七月初二(8月13日)的一次交涉中,柳原前光和郑永宁就声称:"日本朝廷以琉球岛向归所属,如同附庸之国,视如日本人一样,其人被'生番'伤害,日本是应前来惩办的。"[30]那么琉球和日本到底有怎样的关系,能促使日本发动这样一场劳民伤财的战争? 这个重要的问题,在战争前、战争中和战争结束后都完全被忽视。清政府并没有为此而采取更加积极的情报策略。

四、1875年日本"琉球处分"前后清政府的反应

(一)关于琉球贡使来华的中日交涉

中日两国关于中国台湾问题的互换条款于1874年11月17日公布,稍后,琉球派遣了以毛经长为正使的最后的进贡使团赴中国。1875年3月21日,日本驻

清代理公使郑永宁听到这个消息,立即派人去探听虚实。22日得到确切消息,琉球使臣共18人于二月初八(3月15日)来到北京,住在四译馆内。郑永宁认为,琉球已为日本所属,不应再向中国进贡,因此便打算质问前来进贡的琉球使者。于是派人去四译馆送信,要求琉球使者到日本公使馆,"面询一切"。但四译馆的中国官员则称"此馆系内务府、礼部衙门管辖,有二部大人谕,不准琉球国使臣,向各国大人来往接拜。故此信未敢投递"[31]298,拒绝将信件带给琉球使者。十六日(3月23日)郑永宁又致函总理衙门,要求面商此事。总理衙门函复郑永宁同意面商此事。

十七日(3月24日)下午三点钟,郑永宁来到总理衙门,会晤了总理衙门大臣奕䜣、毛昶熙、崇厚、夏家镐及总办章京周家楣等人。中日双方继1873年、1874年与柳原前光交涉之后,又一次谈到琉球问题。郑永宁称该国藩属国琉球的使臣来京,自己没有收到本国的任何通知,而琉球使臣也没有来汇报,因此打算召来询问,但无法投递信函,请总理衙门向内务府和礼部交涉,允许琉球使者到日本使馆报到。总理衙门大臣则称琉球贡使从未提及其国为日本属国,贡使来京,向来由礼部等衙门管理,遵照一定典例,不许贡使接见外人也是历来的规矩,谁也无权改动,贡使完成朝贡任务,便及早遣回销差,其他事情一概不过问。郑永宁又称召见来华的属国之人是自己的职责,如果中方不允许召见,应以正式文书写明,以便自己向本国政府汇报。总理衙门大臣表示同意。[31]299-301

参加此次会谈的总理衙门大臣奕䜣、毛昶熙、崇厚、夏家镐及总办章京周家楣等人都参加过上一年日本侵台期间与柳原前光和大久保利通的交涉,日本称琉球是其藩属国这已经不是新的话题了。总理衙门直接以日方所提出的要求是无法办到的,拒绝了郑永宁。而郑永宁希望将双方会谈的内容写成书面材料,以便回明本国。于是十八日(3月25日)郑永宁照会总理衙门:

> 项闻琉球使臣到京,本署大臣以其藩属我国,而本国及该藩均未咨会本署,来人亦未通报,殊为诧异,当因不解该藩所派是系何官何姓,为何事来。……本署大臣查琉球为本国屏藩,虽此次来贵国呈进例贡,自应请命我国遵行,况我国与贵国换约,已派秉权大臣驻劄燕京之事,早经通行晓悉在案。乃该藩王派委使臣前来贵国,不应绝无一书致问本署。该使来已旬日,不应不一通候本署。由是观之,似系瞒过我国而来,若然,则明明是事二君以自欺也。本署大臣断难坐视,所以必欲唤取该员,确询该藩曾否报明我国实情。惟所居之四译馆,既系内务府及礼部衙门管辖,不准该使臣等与别国人来往,则本署大臣未便强而致

之。然未唤询该员，眼前放去，本署大臣难免疎旷之咎，故不得已沥情备文，照会贵王大臣，可否咨行该部，传放该使员内一名，到本公署，俾便面询一切，据实陈报我国，以供职任，希即查照施行。①

二十日（3月27日）总理衙门照复郑永宁：

> 查各国贡使来京，向由礼部等衙门管理。琉球为中国藩服二百余年，向来该国例贡遣使来京，礼部等衙门并无知照本衙门之案。各属国使臣由本国奉派到京，除承办原派事件外，向于他事概不与闻，我中国亦从未相强。所有一切碍难办理情形，本王大臣前已面述。兹准贵署大臣照会前因，相应照复贵署大臣可也。[31]305

郑永宁对这样的照复非常不满意，于二十一日（3月28日）复函总理衙门，认为对方"只称中国一边官话"，无法据此回明本国。[31]306二十六日（4月2日）总理衙门函复郑永宁再次重申，"查琉球入贡中国二百余年，皆由礼部等衙门管理""本衙门不能干预""此系实在情形，即希贵署大臣据此查照"。[31]309郑永宁知继续交涉下去亦是无益，随后将此次交涉的过程整理为一封信，并附带中日双方的照会、公函等一起寄回日本。

在此次交涉过程中，郑永宁的态度非常傲慢，不断声称要质问琉球使臣。在给总理衙门的照会中，称琉球为日本的"屏藩"，而且还声称琉球来中国朝贡要向日本请命，并且来京后还要向日本驻清公使馆通报，否则就是"事二君以自欺"。日方声称琉球是其藩属，这对总理衙门大臣来说，虽然不是新的话题了，但从这份照会中能够更加清晰地读解出日本对琉球的控制及对琉球的野心。这一时期日本政府正在谋划逐步"断绝琉球藩与清国之关系，且改革其文物制度"[19]356。在一定程度上，此次交涉也是在试探清政府对琉球问题的立场。然而清政府方面态度依然消极，并没有以五百年间琉球王国奉中国正朔，接受中国皇帝的册封，派遣使节向中国皇帝纳贡称臣的事实为依据，与日方据理力争，只以"本衙门不能干预"来搪塞。在总理衙门大臣们看来，琉球和中国只要保持传统的朝贡、册封关系，其他可以一概不问。然而，中琉两国几百年的宗藩关系正面临被日本

---

① 日本外务省编：『大日本外交文书』第八卷，日本国际联合协会1940年版，第304—305页。此外，中国方面的史料《清代中琉关系档案》第七编中也影印了这份照会的原件，详见中国第一历史档案馆编：《清代中琉关系档案》第七编，中国档案出版社2009年版，第298—301页。

全面摧毁的危险。

由于日本政府正在谋划逐步切断中国和琉球的关系,不愿过早将中日两国关于琉球问题的矛盾表面化。在外务卿寺岛宗则回复郑永宁的信中,告知郑永宁近期内务省将采取措施进一步处理琉球问题,要求其暂时停止与清政府方面关于琉球问题的交涉。[31]309

(二)日本逐步切断中琉关系

日本学者西里喜行在《清末中琉日关系史研究》一书中曾指出:"因为琉球的王权最终是由宗主国——清国的册封支撑着,所以只要清国和琉球之间维系着册封进贡关系(宗属关系),明治政府就不能把册封为琉球藩王的尚泰放在与国内各县令相同的位置上而随意对待。因此,吞并琉球("废琉置县处分")最大的目的,就是要断绝清国与琉球之间的宗属关系。"[5]282以上观点也明确指出了日本为吞并琉球而强制实施的一系列措施中最为关键的一步——断绝清政府与琉球之间的宗属关系。而断绝这个关系所需要的口实在1874年的侵台战争中已经找到。

1874年大久保利通在缔结完《北京专条》返回日本后,提议利用此次日本出兵中国台湾的机会"一扫琉球藩与清国之关系,且改革其文物制度"[19]356。于是在12月15日向正院上了一个建议书,建议断绝琉球与中国的关系;在琉球的那霸设置镇台分营;逐步改革琉球的法律、教育等各项制度,以实现琉球属日本版图之实效。[19]357日本政府的国际法顾问法国人巴桑纳也认为,《北京专条》中"最为理想的结果之一",就是清国"已经默认了日本对琉球岛拥有主权""现在,正是日本在琉球岛扩大政权范围之时""今后,应将日本帝国之政权扩大到琉球岛"。[4]62由此,日本开始了进一步实施断绝中日"两属",实现吞并琉球的步骤。

1875年4月,驻清代理公使郑永宁将琉球贡使到达北京的消息传到日本国内。日本政府通过郑永宁和总理衙门交涉的记录大致了解了清政府对琉球的态度,于是加快了处理琉球问题的速度。5月,大久保利通再次向日本政府提出了关于处理琉球问题的意见,认为在琉球设置镇台分营,实现军队驻扎是当务之急,禁止琉球向中国朝贡、撤销福州琉球馆等事项也应迅速办理。随后又列举了应办的若干具体事项:

1. 该藩派遣使节隔年朝贡及庆贺清帝即位等惯例,今后一律废除。

2. 撤销福州之琉球馆,若有贸易业务,皆归厦门之领事馆管辖。

3. 此前藩王更迭之际,由清国派遣官船前来册封,今后一律废除。

4. 令藩王来朝谢恩，藩政改革、官员派出等事虽早获许可，仍应探其缓急顺序。

5. 今后琉球藩与中国之交涉，皆归外务省管辖处理。[11]84-85

随后，日本政府便命内务大丞松田道之等人到琉球直接传达命令。7月14日，松田等人抵达首里城，会见摄政伊江王子尚健等人，将琉球王尚泰上京谢恩、停止向中国进贡及接受中国册封、使用明治年号、撤销福州琉球馆、在琉球设置镇台分营、改革藩政等明治政府的命令传达给他们，要求他们立刻遵行。但尚健则表示因事关重大，不得不稍费时日，又以藩王正卧病在床，希望由王弟尚弼代表谢恩，直接表示了不奉命之意。[18]101当时琉球官方对与中国朝贡册封关系的立场，在琉球国王尚泰的内侍喜舍场朝贤所著《琉球见闻录》中有如下的描述：

> 进贡乃我国古来之重典，赖以为国家之重。且自前明之时起，我得抚甚优渥，而来国王缵统，每每不惮波涛险阻，遣钦差赐王爵；隔年进贡，每得赏赐物件不胜枚举。逮至清朝，优渥之上更加以优渥，其恩义何极。焉有忘恩背义绝贡之理？况我琉球孤立于辽远洋中，国土偏少，国力微弱，不足以自保。自归入清国版图，得其保护声援，乃得无外患内忧，自为建国古来风习之礼乐、刑政，有自由不羁之权利，上下雍睦，安生乐业。若断绝与清国之联系，则失自由之权，必为掣肘拘束，国家不可永保。[10]26

由此可见，琉球方面对与中国明清两代的朝贡册封关系，不仅看成是国家的礼仪，更看成是国家存在、统治持续的保证。正是在这样的认识与影响下，琉球方面对日本要求停止向中国进贡及接受中国册封的命令进行了顽强的抵制。

8月5日，卧病在床的琉球王尚泰亲自致书松田道之，表示不愿断绝与清政府的藩属关系，认为断绝与清政府之间的关系"不啻断绝父子之道，忘却累世之厚恩，失却信义"，请求日本收回停止册封进贡的成命。[10]30-31随后，三司官浦添亲方、池城亲方和富川亲方等人也联名申诉"与中国不可绝及藩政改革不可能的理由"。[10]31-33于是，松田再次召集摄政、三司官等琉球官员，"历述世界形势"，并要求琉球官员将他带到国王尚泰的病床前，直接同国王商谈，但没有一人答应。

松田在琉球的两个月中，与琉球当局之间持续进行数次交涉。为了迫使琉球方面接受明治政府的命令，松田甚至对琉球官员"厉声叱责""叱之如三尺之儿童"。[10]98但琉球官员并未向松田屈服，始终强调不能断绝与清政府的藩属关系。

因暂时无法迫使琉球方面接受命令,9月,松田终于不得不同意带琉球三司官池城亲方等赴东京向日本政府请愿。

池城亲方等人抵达东京后,向日本政府递交请愿书,要求保持与中国的关系,不改变琉球的国体、政体。日本政府则强硬地拒绝了琉球方面的请愿。11月,琉球国王尚泰派其弟尚弼来到东京,对日本征讨中国台湾"生番"表示"谢恩",并进献方物。随后,池城亲方等滞留日本的琉球官员又多次向日本政府请愿,请求不要断绝中琉关系。由于琉球方面多次请愿,拒不执行日本政府的命令。日本政府下决心不再征求琉球方面的意见,强制执行切断中琉关系、改革琉球内政的既定政策。1876年5月10日,日本政府命令池城亲方等人回琉球。5月18日,内务少丞木梨精一郎被任命为"琉球藩在勤",率领警官、巡查若干人前往琉球,强行接管琉球的司法权和警察权。随后,又在琉球强制实行"海外旅行券制度"。前往中国的琉球人,都必须向日本政府申请"海外旅行券"。通过这项措施控制琉球与中国的往来。在这种情况下,琉球预定在1876年派往中国的朝贡船受到梗阻。琉球国王尚泰只好于12月10日秘密派遣紫巾官向德宏等人向清政府申述求援。

(三)清政府方面的情报收集与反应

由于清政府迟迟没有派遣驻日使团,所以对日情报工作非常滞后,并不完全了解日本对琉球的举动,但清政府方面对日本阻贡琉球并非一无所知。从清政府官员的往来通信中可以发现,当时很多人对日本的动向和野心是有所认识的。光绪元年三月十五日(1875年4月20日)李鸿章致函津海关道孙士达、东海关道龚易图、江海关道冯焌光、九江关道沈保靖等人,告知有关琉球和日本的消息:

> 顷准总署三月十三日来函,并与日本郑署公使来往照会函件,照抄奉览,即请查照。新闻纸内亦有日本因琉球入贡,欲移文中国索还贡物等语。该国或欲借此故作波澜耳。[32]

文中所说的"日本郑署公使来往照会函件"是指1875年3月间日本驻清代理公使郑永宁与总理衙门交涉召见琉球来华贡使的来往照会函件。在郑永宁给总理衙门的照会中对琉球是中国藩属国的事实毫无提及,而一味强调琉球是日本的屏藩,甚至称琉球来中国朝贡是"事二君以自欺",一定程度上显露出日本欲独霸琉球的野心,这也与李鸿章在新闻纸上获知的日本"欲移文中国索还贡物"相符。因此李鸿章判断日本可能会借此事再兴波澜,提醒沿海、沿江主要口岸的中国官员注意日本的动向。

随后,负责中国台湾防务的沈葆桢在写给福建巡抚王凯泰的信中也提及"见冯竹儒致筱涛书,倭复生心于琉球,新闻纸所言,竟非无因"[33]178。这里的冯竹儒是指江海关道冯焌光,筱涛是指中国台湾道夏献纶。可知冯焌光在收到李鸿章的信函后,将其告知夏献纶。沈葆桢从夏献纶处得知此事后又告知福建巡抚王凯泰。沈葆桢又致函两江总督刘坤一询问有关日本和琉球的问题:"新闻纸屡言倭与琉球为难,果有影响? 抑系无稽之谈?"[33]179在现存的刘坤一回复沈葆桢的信函中,没有发现对此项询问的回答,但发现刘坤一在1874年日本侵台时期的一封信中便提到"琉球本臣事中国,现为日本所并"[34]。

虽然李鸿章等官员互相告知日本对琉球的野心,但实际上,清政府方面并未采取任何积极措施来应对日本对琉球的侵略。随着日本在琉球设置镇台分营实现驻扎军队、禁止琉球向中国朝贡等措施的逐步强制实施,李鸿章等人也获得了更多的情报。如光绪元年十二月十六日(1876年1月12日)李鸿章的幕僚薛福成在他的日记中记载:"日本现欲派兵往琉球,占据其地。"[35]149光绪二年正月初二(1876年1月31日)的日记又有这样的记载:

> 日本欲禁琉球入贡中国,遽将琉球列入版图。琉人不忍绝五百年之旧好,琉王使其弟请于日本。本馆以地理论之,琉球应认日本为群岛之首领。设使此等群岛为我英属,以为太平洋紧要屯兵之所,则我英在东土用兵,尤为得力。[35]153

从这条情报的内容来看,应该是从英国的某新闻纸上获取的。然而,李鸿章等人并未采取更加积极的情报策略,对琉球问题进行详细调查,也没有及时上报给清廷。一直到光绪二年十一月初三(1876年12月18日),福建巡抚丁日昌上《台事速宜统筹全局折》,正式向清廷汇报日本阻止琉球向中国朝贡:

> 窃查台湾生番蠢动,尚是疥癣之疾,惟日本处心积虑,极意窥伺,传闻近有屯兵琉球之说。……查琉球距台北鸡笼,水程不过千里,朝发可以夕至。该国弱小而贫,数百年来为中国不侵不叛之臣,其入贡也不惟表其恭谨,即贩买土货亦借以稍沾微利。闻今年贡物已具,而日本强之不令东行,外则以示桀骜,实则惧琉球密以情伪相告,居心叵测,可恨亦

复可忧。①

光绪二年十二月十六日（1877年1月29日），丁日昌又上《统筹台湾请开办轮路矿务疏》，建议加强台湾防务，在台湾兴办铁路、电报、矿务并购买铁甲舰。在这份奏疏中，丁日昌指出日本对中国台湾的巨大威胁，并再次提及日本阻止琉球向中国朝贡之事：

> 日本前本弱国，自设轮路、电线、开矿、练兵、制器后，今乃雄踞东方，眈眈虎视，前年窥台南，上年逼琉球不令进贡，今又胁高丽使与通商，彼其志岂须臾忘台湾哉？②

依据这两份奏折可知，丁日昌早已获得日本阻止琉球向中国朝贡甚至屯兵琉球的情报。那么，丁日昌又是从何处得到这一情报的？此时琉球国王派出密报日本阻贡的使者刚刚从琉球出发，四个多月以后的1877年4月12日才到达福州，显然此情报不是来自琉球使者的汇报。实际上，1875年琉球本应派出接贡使船，因日本强行切断中琉关系，禁止琉球对华朝贡，所以无法派出。这引起了福建官方的一定关注，福建布政使在送还琉球漂流民之际，曾询问事情的缘由。[11]171-172而驻扎琉球的日本官员得知此事，禁止琉球给予回信答复。由于无法公开向中国汇报，琉球国王这才秘密派遣向德宏等人，假装遭风漂泊，来华求援。虽然还没有得到琉球方面的回复，但当时负责接待琉球朝贡使的琉球馆设在福州，琉球和福建人员往来非常频繁，丁日昌还是可以通过很多途径获得这一情报的。而丁日昌本人也精通洋务并擅长收集有关国外动向的情报。在光绪二年十一月初三（1876年12月18日）的奏折中丁日昌还提到了一个细节，他在巡察中国台湾时，来中国台湾经商的"日本之萨司马岛人"（即萨摩人）向他密告"其国空虚、势将内变"，并声称"中国若兴兵东讨，该国外应者必多"。[36]149丁日昌通过萨摩商人了解日本国内的情况，也有可能同时了解到日本禁止琉球向中国朝贡之

---

① 赵春晨：《丁日昌集（上）》，上海古籍出版社2010年版，第149页；顾廷龙、戴逸：《李鸿章全集》第7册，安徽教育出版社2008年版，第263页。在《丁日昌集（上）》中，这份奏折仅标注为光绪二年（1876）所上，没有具体日期；而新版的《李鸿章全集》第7册也全文收录了丁日昌的这份奏折，所上的具体日期标注为光绪二年十一月初三（1876年12月18日）。

② 赵春晨：《丁日昌集（上）》，上海古籍出版社2010年版，第144页；中国史学会主编：《中国近代史资料丛刊·洋务运动（二）》，上海人民出版社1961年版，第350—351页。在《丁日昌集（上）》中，这份奏疏仅标注为光绪二年（1876）所上，没有具体日期；而《中国近代史资料丛刊·洋务运动》中则标注了具体日期为光绪二年十二月十六日（1877年1月29日）。

事。萨摩商人提供的日本"势将内变"这一情报是准确的。1876年日本正处在近代史上最大规模内乱爆发的前夜。1877年2月以西乡隆盛为核心的鹿儿岛士族发动了反抗政府的暴动,史称"西南战争"。

丁日昌这两份奏折的核心内容都是请求加强中国台湾防务,因此引起清廷的关注。十一月十九日(1877年1月3日)的上谕命令李鸿章、沈葆桢"筹商议奏"。李鸿章于光绪三年正月十六日(1877年2月28日)上《筹议台湾事宜折》,在奏折中首先肯定了丁日昌关于琉球的情报:"琉球距台北千余里,现日本分兵踞琉球,难保不渐思吞噬",建议清廷防备日本的进攻,加强台湾海防。[37]297正月二十二日(3月6日)的上谕充分肯定了丁日昌、李鸿章等人对中国台湾防务的建议,认为"台湾地方以郡城为根本,自应先事筹防,以杜窥伺",命令调拨军队、购买军械、筹集军饷以加强台防。[37]298然而,在这份上谕中,竟然对日本阻止琉球向中国朝贡之事毫无提及。其后清政府内部也没有因丁、李二人的汇报,对琉球问题展开讨论。事实上,这也错失了主动关注琉球问题,阻止日本吞并琉球的有利时机。就在李鸿章上《筹议台湾事宜折》之前,日本国内的西南战争正式爆发,忙于内战的日本政府无暇继续进行"琉球处分",而清政府也没有抓住短暂的有利时机。

1875年以后,日本逐步切断琉球与中国传统的册封朝贡关系,并控制了琉球的司法和外交,为最终吞并琉球进行着准备。而清政府方面对此并非完全不知,1875年3月日本驻清代理公使郑永宁至总理衙门的照会中便显露出日本欲独霸琉球的野心,其后又多次得到日本阻贡中国,意图吞并琉球的情报。然而两年多的时间里,清政府对此竟然没有采取任何实际行动。清政府方面对待琉球问题采取如此消极的政策,一方面是由于清政府传统的不过问属国内政外交的政策;但更为重要的是与当时清政府官员对琉球的认识有关。1878年,李鸿章回复驻日公使何如璋的信中,阐述了这样的琉球认识:

> 迩年以来,曾未认真议及者,盖亦有故。琉球以黑子弹丸之地孤悬海外,远于中国而迩于日本……盖虽欲恤邻救患而地势足以阻之。中国受琉球朝贡本无大利……若再以威力相角,争小国区区之贡,务虚名而勤远略,非惟不暇,亦且无谓。[38]312

在这里,李鸿章用了"迩年以来"一词,实际上是在解释许多年来对琉球受日本侵略的事实有一定了解,但没有认真讨论的原因。他对琉球的认识主要有两点:一是琉球孤悬海外,难于救护;二是中国受琉球朝贡"本无大利",不值得用武

力去争。1877年,福建巡抚丁日昌在答复闽浙总督何璟的公牍中,也阐述了他的琉球认识:

> 日本常欲藉端开衅,琉球之入贡不入贡,于中国毫无损益,……他日中国如能自强,即日本尚须入贡,何况琉球？倘犹未也,得此不能捍卫、不共赋税之外藩,亦复何裨大局？[36]838

丁日昌认为,琉球"不能捍卫",即战略位置并不重要;"不共赋税",即对中国而言没有经济价值,还认为琉球是否朝贡对中国没有任何影响,而主动插手琉球问题则可能与日本发生战争。从这段文字中,我们也可以知道丁日昌作为福建巡抚早已知道日本阻止琉球朝贡,却一直没有采取任何积极措施,也没有建议清政府采取措施的原因。丁日昌对琉球的认识与李鸿章基本相同,但态度与李鸿章相比,则更为消极。这样的认识明显是错误的。

首先,琉球群岛位于中国台湾岛和日本九州岛之间,具有极其重要的战略位置。1879年中日两国交涉琉球问题时,日本方面曾提出琉球与日本萨摩藩"一苇可航",而距中国万里之遥。琉球国紫巾官向德宏对此驳斥道:"敝国距闽四千里,中有岛屿相绵亘,八重山属岛近中国台湾处相距仅四百里。……所谓去闽万里,中道无止宿之地者,误也。距萨摩三千里,……所谓与日本萨摩州邻,一苇可航者,误也。"[38]459琉球与中国台湾、福建的距离,在蒸汽战舰的时代,完全是处在可以保护、控制的范围。反过来说,正因为琉球群岛距离中国东部沿海太近了,如果日本占据了琉球群岛,将会控制中国东部沿海出海的通道,并对中国台湾及福建沿海产生巨大威胁。

其次,中国接受琉球朝贡,并不简单是贡品的问题。明清两代政府在东亚地区构建了一个稳定的册封朝贡体系,在这个体系下中琉两国的和平往来和文化交流持续了五百年。如果放任日本切断琉球与中国传统的册封朝贡关系,将使东亚地区内部的平衡被打破,且纵容日本侵略的野心,对东亚地区其他国家和中国本身的安全都将是巨大的威胁。

正是基于上述错误的认识,清政府方面在1875年至1877年两年多的时间里,没有采取任何积极的应对措施,这也使日本方面从容地进行着"琉球处分",为以后彻底吞并琉球奠定了坚实的基础。

五、结语

日本历史上的"琉球处分"并非一步完成,而是持续了近七年的时间。在这漫长的七年里日本政府单方面实施了一系列切断琉球与清政府宗藩关系的措施,不断积累既成事实。日本所实施的这一系列措施都没有通知琉球的宗主国——清政府。虽然没有直接通知清政府方面,但日本的这些措施都并非是在保密的状态下实施的。有时出于交涉的需要,也会向清政府透露日本与琉球的关系。由于清政府统治者昏庸无能、目光短浅、闭目塞听、昧于世界大势,始终没有采取积极的情报策略去了解日本与琉球的关系及日本对琉球采取的措施。

虽然没有采取积极的情报策略,但清政府方面仍然获得了一些有关日本与琉球关系及日本对琉球野心的情报:1872年赴日的清政府官员陈福勋在日本有可能对日本"册封"琉球藩王的一些情况有所"见闻";1873年苏松太道沈秉成寄给总理衙门的新闻纸上有琉球"两属"历史渊源的介绍及日本欲借琉球人被杀出兵中国台湾的报道;1875年郑永宁称琉球来中国朝贡为"事二君以自欺"的照会充分暴露了日本对琉球的野心,也与当时盛传的日本"生心于琉球"相符;1876年李鸿章、丁日昌等人得到情报,日本禁止琉球向中国朝贡、日本将出兵占据琉球;等等,但清政府方面始终没有认真讨论过琉球问题,对琉球"两属"的问题,以及日本的野心没有清晰的认识。1877年琉球国王汇报日本阻止进贡时,清廷还在不解于"日本何以无故梗阻"[39]的懵懂之中。直到1878年才由驻日公使何如璋弄清了日本阻贡的真相。长期以来,清政府方面对琉球问题态度消极,不闻不问,也错失了处理琉球问题的时机。

第一,失去了早期发现、制止日本"琉球处分"的时机。

在1872年日本实施"琉球处分"的初始阶段,还是顾虑到几百年来琉球是中国的藩属国这一事实,担心切断琉球与中国的朝贡册封关系会引发与清政府之间的纠纷。因此采取了单方面逐步实施、积累既成事实的策略。然而清政府没有及时了解日方的动向,也没有及时进行制止。到1878年,何如璋正式向日方进行交涉时,日本的"琉球处分"已经实施了六年,已经在琉球积累了较多的既成事实,缺少的只是最后一步"废藩置县"了。由于未能及时制止,也给日方以口实,中国在此后的双方的交涉中处于不利的地位。

第二,失去了针对日本的琉球战略加强军事建设的时机。

1874年日本侵略中国台湾事件引起了清政府内部的海防大讨论,军机大臣文祥等人都提议购买铁甲舰,但因经费紧张,加之日本退兵后清政府内部的危机意识逐渐淡化,购买铁甲舰的计划遂被搁置。琉球问题长期被忽视,也使清政府方面失去了针对日本的威胁加强军事建设的时机。到1878年驻日公使何如璋提出"遣兵舶,责问琉球,征其贡使,阴示日本以必争""约球人以必救,使抗东人"[40]等策略时,清政府实际上也没有这样能够威慑日本的军事力量。在日本正式吞并琉球后的光绪五年闰三月二十八日(1879年5月18日),李鸿章在信中向丁日昌讲述了一次"陛辞"的应答:

> 方鸿章之在燕郊陛辞也,上谕:琉球事当若何。对:惜我无铁甲船,但有二铁甲,闯入琉球,倭必自退。上谓:外廷皆力言铁甲不可购造,糜费无益。对:至此可知有益,但既无巨款,亦来不及也。[38]429

然而,李鸿章和丁日昌作为较早发现日本对琉球野心的官员,因对琉球的认识存在误区,始终没有及时将琉球问题表面化,也没有把琉球纳入海防讨论的范围内。这也是"琉球问题"出现时,已经"来不及"的重要原因。

第三,失去了支援琉球方面反抗日本吞并的时机。

如前文所述,琉球方面一直将与中国的朝贡册封关系,看成是国家存在、统治持续的保证。日本强行切断琉球和中国之间的朝贡册封关系是违背琉球方面意愿的,遭到琉球方面的强烈反对。①但琉球自身的力量是微弱的,无法对抗日本。"琉球处分"官松田道之就曾谈到"若该藩有兵力且人民强暴,难保不反抗我政府,幸该藩无兵力而人民柔弱且淳朴,理势不能敌我"[11]124-125。琉球期盼宗主国清政府能给予援助,又长期不敢告知真实的情况。1875年9月4日曾有北京总理衙门命福州的督抚速派军舰前往琉球的消息传到,与松田道之周旋,处于困境之中的琉球官吏们欢欣鼓舞,以为宗主国的援兵就要到了。[10]92然而一直到琉

---

① 在"琉球处分"官的松田道之复命书中,将琉球的士族或统治阶级分为"日本派""清国派""要路派"。这主要是松田本人站在日本官方立场进行的描述。按照更为客观的喜舍场朝贤所著《琉球见闻录》的记载,琉球统治阶层对日本政策的态度,主要分为两派。一派相当于松田道之所说的"清国派"以原三司官龟川亲方(毛允良)为代表,属对日强硬派,坚决反对日本的政策,无论任何时候都绝不遵奉;而另一派相当于松田道之所说的"要路派",这一派也是反对日本的措施,但主张到东京请愿,请日本政府收回成命,如果到了不得不遵奉之时,也只能遵奉日本的命令。在喜舍场朝贤的记载中,并没有出现主张遵奉日本命令的"日本派"。日本学者波平恒男对此也指出"这(松田之说)其实是错误的,即使不参照喜舍场朝贤的著作,如果注意到松田报告自身的矛盾之处,就很明确了。……害怕日本'处分'的人是存在的,但对日本政府感恩,主张尊奉朝旨的势力根本就不存在。"详见波平恒男:「琉球処分の歴史過程再考」,『政策科学·国際関係論集』2010年第12期,第56页。

球被吞并,清政府都没有给予琉球实质性的支援。如果当时清政府能够采取积极的情报策略,早早发现琉球问题,给琉球方面以支援,琉球方面的反抗力量被充分调动,日本的"琉球处分"将难以实施。

参考文献

[1]国史大辞典編集委編会.国史大辞典:第十四卷[M].東京:吉川弘文館,1985:593.

[2]王芸生.六十年来中国与日本:第一卷[M].北京:三联书店,1979.

[3]米庆余.琉球历史研究[M].天津:天津人民出版社,1998.

[4]安冈昭男.明治前期日中关系史研究[M].胡连成,译.福州:福建人民出版社,2007.

[5]西里喜行.清末中琉日关系史研究:上[M].胡连成,译.北京:社会科学文献出版社,2010.

[6]戴东阳.晚清驻日使团与甲午战前的中日关系(1876—1894)[M].北京:社会科学文献出版社,2012.

[7]张廷玉.明史:第28册[M].北京:中华书局,1974:8361.

[8]赵尔巽.清史稿:第48册[M].北京:中华书局,1976:14616-14617.

[9]赖正维."球案"与近代中日关系[J].福建师范大学学报(哲学社会科学版),1996(3):89.

[10]喜舍場朝賢.琉球見聞録[M].東京:三秀舍,1914.

[11]下村冨士男.明治文化資料叢書:第四卷外交編[M].東京:風間書房,1962.

[12]日本外務省.大日本外交文書:第五卷[M].東京:日本国際聯合協会,1938.

[13]明治文化研究会.明治文化全集:第十一卷外交編[M].東京:日本評論新社,1956.

[14]白春岩.1872年における日本政府の琉球政策[J].社学研論集,2011(18):303.

[15]孙学雷,刘家平.国家图书馆藏清代孤本外交档案:第8册[M].北京:全国图书馆文献缩微复制中心,2003.

[16]中国第一历史档案馆.清代中琉关系档案选编[M].北京:中华书局,1993:1080.

[17]孙学雷,刘家平.国家图书馆藏清代孤本外交档案:第5册[M].北京:全国图书馆文献缩微复制中心,2003.

[18]东亚同文会.对华回忆录[M].胡锡年,译.北京:商务印书馆,1959.

[19]宫内廳.明治天皇纪:第三册[M].東京:吉川弘文館,1981.

[20]总理衙门档案.台湾土番生啖琉球难民日本国欲向中国议论由[A].台北:"中央研究院"近代史研究所档案馆藏,馆藏号:01-21-052-02-028,1873.

[21]总理衙门档案.函述台湾土番生啖琉球难民由[A].台北:"中央研究院"近代史研究所档案馆藏,馆藏号:01-21-052-02-033,1873.

[22]总理衙门档案.函述牡丹社生番残杀琉球人一案该国备银酬谢民人杨友旺又闻日本使借案欲来饶舌[A].台北:"中央研究院"近代史研究所档案馆藏,馆藏号:01-21-052-02-048,1873.

[23]总理衙门档案.函复生番残害琉球一案及日本使臣等情由[A].台北:"中央研究院"近代史研究所档案馆藏,馆藏号:01-21-052-02-050,1873.

[24]顾廷龙,戴逸.李鸿章全集:第30册[M].合肥:安徽教育出版社,2008.

[25]孙学雷,刘家平.国家图书馆藏清代孤本外交档案:第6册[M].北京:全国图书馆文献缩微复制中心,2003:2127-2129.

[26]中华书局编辑部.筹办夷务始末同治朝:第10册[M].北京:中华书局,2008:3948.

[27]日本外務省.大日本外交文書:第七卷[M].東京:日本国際聯合協会,1939:157.

[28]蒋廷黻.近代中国外交史资料辑要[M].长沙:湖南教育出版社,2008:531.

[29]作者不详.清季申报台湾纪事辑录[M].台北:(中国)台湾银行,1971:476.

[30]中国第一历史档案馆.清代中琉关系档案:第七编[M].北京:中国档案出版社,2009:49.

[31]日本外務省.大日本外交文書:第八卷[M].東京:日本国際聯合協会,1940.

[32]顾廷龙,戴逸.李鸿章全集:第31册[M].合肥:安徽教育出版社,2008:196.

[33]沈葆桢.沈文肃公牍[M].林海权,点校.福州:福建人民出版社,2007.

[34]刘坤一.刘坤一遗集[M].中国科学院历史研究所第三所工具书组,点校.北京:中华书局,1959:1751.

[35]薛福成.薛福成日记[M].蔡少卿,点校.长春:吉林文史出版社,2004.

[36]丁日昌.丁日昌集:上[M].赵春晨,点校.上海:上海古籍出版社,2010.

[37]顾廷龙,戴逸.李鸿章全集:第7册[M].合肥:安徽教育出版社,2008.

[38]顾廷龙,戴逸.李鸿章全集:第32册[M].合肥:安徽教育出版社,2008.

[39]故宫博物院.清光绪朝中日交涉史料:卷一[M].北京:故宫博物院,1932:22.

[40]何如璋.何如璋集[M].吴振清,点校.天津:天津人民出版社,2010:96.

Japan's "Ryukyu Annexation" and the Qing Government's Response

XU Lei

(School of Oriental Languages and Culture in Zhejiang Gongshang University, Hangzhou: 310018)

Abstract: This article mainly dedicated to the study of Qing government's response when Japan was in the process of the annexation of Ryukyu. The process of the annexation of Ryukyu lasted over 7 years, by destroying Qing government's suzerainty over Ryukyu, Japan finally turned conquering ambition into an established fact. In dealing with the Ryukyu problems, though intelligence revealed quite early that Japan attempted to annex Ryukyu, Qing government was slow to respond and didn't investigate and verify the trend of Japan in time, thus missing the opportunity to find and solve problems.

Key words: Japan; Qing Government; Ryukyu

竹添进一郎的政治改革论

——以其中体西用论为中心

张天恩①

（早稻田大学社会科学研究科　东京：112-0004）

摘　要：在明治维新后日本急速的近代化进程中，受幕末传统儒学教育成长起来的汉学家须面对蜂拥而入的西方思潮的挑战，进而做思想上的调适。明治时代著名汉学家竹添进一郎一直受传统儒学教育，儒学的教育背景是其毕生政治思想的基础。竹添与张之洞、曹广权的函牍往来集中体现了他对清末政治改革的态度，他的政治改革意见正是儒家传统政治理念与西方思潮调和的结果，即为中体西用论。

关键词：近代化；儒学教育；政治思想；政治改革；中体西用论

一、引言

明治维新后日本在学制、官制、财政等方面的一系列改革，使得日本迅速向近代国家迈进，至明治二十二年(1889)帝国宪法公布，日本已进入近代国家行列。在日本急速的近代化过程中，受幕末传统儒学教育成长起来的汉学家们如何认识日本的近代化？如何面对近代化过程中如疾风骤雨般涌入的西方思潮？如何解决儒学与西方思潮的原理性冲突？这一系列问题是生活在剧变时代的汉学家所面临的挑战，对此学界也有相当多的研究成果②。但学界多关注在政治、学术上有大成就者，如中村正直、重野安绎、井上毅等人，对于在政治上少有贡献的竹添进一郎则无人探讨。关于竹添的研究多集中在对其中国游记『栈雲峡雨日記並詩草』的探讨，至于甲申政变后竹添对明治政府的开化政策持何种态度，对清末中国的政治改革有何种意见，其儒学素养与其政治思想有何关系等问题，

---

① 张天恩，早稻田大学社会科学研究科博士课程在读，主要研究方向为明治前期中日关系。

② 町田三郎：『明治の漢学者たち』，研文出版社1998年版；松本三之介：『近世日本の思想像—歴史的考察—』，研文出版社1984年版；松本三之介：『明治思想における伝統と近代』，東京大学出版会1996年版；陶德民：『明治の漢学者と中国：安繹·天囚·湖南の外交論策』，関西大学出版部2007年版。关于晚清中国知识分子的传统与现代性的探讨，可参见柯文著，雷颖等译：《在传统与现代之间——王韬与晚清革命》，江苏人民出版社1998年版；王尔敏：《中国近代思想史论》，社会科学文献出版社2003年版；佐藤慎一：『近代中国知識人と文明』，東京大学出版会1996年版。

鲜有学者关注。究其原因,资料上的限制为一重要因素。竹添的文集『独抱楼詩文稿』刊刻于1912年,印量极少。此外,竹添本人在政治上作为不大,而其思想的保守性与明治时期文明开化的风潮背道而驰也是一个因素。诸多因素的限制下,学界似乎忽略了竹添文稿中的重要史料[①],如「与謝某書」、「論治」、「与張香涛宮保書」二通、「答曹東寅書」三通等。除此之外,文稿中还可见若干补正史料,由此可窥竹添政治思想之一斑。参照竹添文稿中的相关史料,笔者尝试对其清末政治改革意见做一探讨,试论其政治思想中的中体西用论因素,探讨其思想在中日近代化思潮中处于何种位置。

二、竹添进一郎早期政治意见

竹添进一郎生于天保十三年(1842),为肥后天草郡人,其父是广瀬淡窗高足。竹添少年时即从其父学诗,十五岁赴熊本师从大学者木下犀潭,奠定了学问基础。1875年随特命全权公使森有礼至中国协助交涉朝鲜问题,其后游历西南,著成驰名后世的中国游记『桟雲峡雨日記並詩草』,随后升任天津领事、朝鲜弁理公使。因在朝鲜公使任中引发甲申政变而辞官归乡专注于著述,有『左氏会箋』『論語会箋』等著作[②]。

文久元年(1861),竹添二十岁时,痛感故乡天草郡礼崩乐坏,世道浇离,而作「擬与天草郡丞書」[1]2-3。赞叹上古三代之善政在于兴庠序,施以孝弟之教。云:"盖人之道,莫重于五伦,而孝弟为本","辞让由是而出,廉耻由是而兴","欲正人心厚风俗,无如建学校也"。通过建学校引导教育子弟,以使"一岛进于学,而兴于德。廉耻从生,风俗醇厚。九夷之陋,变为君子之乡"。时值日本开国后不久,竹添对西方势力的入侵,尤其是基督教侵蚀人心的威胁甚为忧虑,推崇学校引导世道人心的作用,称"正道明则袄教不能蛊惑其心。乡黉之建否,不独一岛纲纪所系,抑亦天下治乱之所关也"。竹添早年的政治意见,实为其以后政治思想的基础。如推崇儒学的道德教化作用,对西方基督教极为警惕,而称之为"袄教"则始终未变。

---

① 竹添文稿中还多有当时名家学者,如王韬、张之洞、重野安繹等人的批注,对此至少有人关注。2013年西泠印社秋季拍卖会曾拍出王韬批阅竹添光鸿文选一册,疑此即为『独抱楼詩文稿』第2册,惜笔者未见原本,未能对勘稿本与刊本两者异同。

② 关于竹添生平,参考佐藤忠恕:「竹添進一郎」,荒木精之编『肥後先哲評伝』,日本談義社1941年版,第20—26頁;東亜同文会:『対支回顧録』下卷,原書房1968年版,第199—202頁。

此外,竹添另有一篇「天草狐」[1]4-5,与「擬与天草郡丞书」应为同一时期所作。竹添以狐隐喻西国曰:"近者极西之国多出狐,白面而红毛,以吞噬人之国为事","布袄教蛊其心,而济之以兵,狐之最恶者也"。竹添引《易·蒙》上九"击蒙,不利为寇,利御寇",初六"发蒙,利用刑人,用说桎梏",称童蒙纯一之性者,易受外物诱惑,须以"严法莅之,申以德义之教,以说其桎梏,以全其真纯",此为至善之法。天草地方"无法制之齐民也,无教化之导人也",因此人民处于蒙昧状态,易受西国之狐的诱惑,更有内之狐与外之狐相勾结之威胁。由此可见,竹添早年对西国及基督教的抵抗。对于竹添的意见,王韬评曰:"余尝读隔鞾论,而大息不置,并知东瀛多有志之士,洞明时务。竹添先生盖其中之巨擘也。"

明治九年(1876)竹添在中国时曾作一篇「与謝某书」[1]30-32论华夷之辨并言及对西教之态度。竹添称华夷之辨非地域之别,乃文化之别,云"仆闻夏者明也,彝伦之叙,文物之设,有粲可观焉者谓之夏,反之则为夷","人非有夏夷之别也,地非有夏夷之分也","惟穷文物之盛,尽彝伦之美,是其所以为贵"。竹添的夷夏之论,并非特异,恐多有承袭前人之处。竹添抨击基督教曰"今西教者,独知有所以生我之上帝,而不知有生我之父母","大本既失,伦常以紊"①。对基督教的威胁,若不有所补救,则恐"至于人道灭绝,举天下变为鬼魅世界而后止"。

对于竹添的议论,王韬评曰"西教似是而非,其大旨最谬者曰带人赎罪,非赖邪蘇则不能救灵魂出于地狱","于夏夷二字,辨得极为明晰,由识见臻于绝顶也。夷教横流,有心人惧其陷溺。然天下不变,道亦不变,将来各教必俱归于尽,而道必大同,可无虑也已"②。王韬的评语与其以往的言论是一致的,如王韬曾云:"故吾向者曾谓:盖天既合地球之南朔东西而归于一天,亦必化天下诸教之异同而归于一源③,这可称为一种大同思想[2]28。正如王韬主张"夫孔之道,人道也;人类不尽,其道不变。三纲五伦,生人之初已具,能尽乎人之分所当为,乃可无憾"④,可知王韬与竹添的主张极为相似。竹添的言论之所以能够引起王韬的共

---

① 关于竹添的基督教认识,另有「与清国宝竹坡詹事张香涛司业二子书」(『独抱楼詩文稿』第3册,7~8丁)、「天主堂」(『栈雲峡雨詩草』,2丁)、『栈雲峡雨日記』下卷,7月21日条,8丁。参考古贺胜次郎:「安井息軒を継ぐ人々(三)島田篁村、岡松甕谷、竹添井井」,『早稲田大学社会科学総合研究』第11卷第1号,2010年。

② 王韬的评语,前者位于眉批,后者位于篇末。从王韬的评语来看,他似乎赞成竹添对基督教的抨击。然而王韬确是一个受洗过的基督徒,却对基督教教义表示不满,两者似乎矛盾。有论者指出,王韬对教会持一种矛盾的态度,他煞费苦心地掩盖他与教会的联系。参见柯文著,雷颖等译:《在传统与现代之间——王韬与晚清革命》,江苏人民出版社1998年版,第21~25页。

③ 王韬:《弢园文录外编》卷1《变法上》,辽宁人民出版社1994年版,第21页;王韬:《弢园文录外编》卷6《纪卜斯迭尼教》,第236页。

④ 王韬:《弢园文录外编》卷1《变法上》,辽宁人民出版社1994年版,第20页。

鸣乃在于两者均肯定儒家伦理道德的价值。

另一篇较为体现竹添之思想的作品为「論治」[1]39-41。竹添云"天下之事,不扰于庸人之扰之,而扰于贤者之扰之",讽刺贤者脱离实际而急于求成。其议论多有发人深省者,抄录如下:

> 盖贤者见众人之所未见,知众人之所未知,故欲先天下而利之,奋然起而任之。曰:氓之蚩蚩,可与乐成,不可与谋始①。于是率旧之言,目以为迂阔,守成之论,斥为固陋。日夕所从,惟新之求。一事仅竣,一事继兴。民未知利之所在,徒奔驰而从之,心摇摇如风前之旌,而天下始扰矣。

竹添讽刺贤者以民为愚,急于用己所知以图革新,以致民心动摇,天下扰乱。对于竹添的议论,王韬眉批曰"深中近日变法之病"。王韬此处所言的变法易使人联想至戊戌变法,但王韬的批语大概作于1879年,绝无可能作于戊戌之后②,然而竹添的议论实深中戊戌变法之病。竹添认为王安石变法大为时人所诟病,但"安石之心,未必不在利天下,盖亦贤者之过耳"。并称忧国者当以庄周"爱民者害民之始也"一言为鉴。然而,竹添反对恬淡无为之政治,主张"循民之情,审时之宜,顺行而利达"。竹添持一种渐进主义的政治意见,称"善治民者,休养生息之,以渐牖之",称赞"不扰之治"。竹添认为事皆有利害,"能知害而除之,此则贤者之任也"。

竹添的渐进主义改革意见引起了王韬的共鸣,以致王韬对其赞不绝口。王韬于篇末评曰:"利功之徒,改法更张,自以为有益于民生,有裨于国是,而不知极其至也,适以害民病国而已。渐卿先生言于举世不言之日,其识见可谓高绝矣。每读一过,不觉频首至地。"

综上所述,出于幕末日本被强制开国的体验,1880年以前竹添政治意见的中心是对西方及基督教的恐惧,以致极力排斥西方基督教,强调夷夏之别在于文物制度之发达,主张以伦理纲常教化人民以对抗西方的侵蚀。对于政治变革,竹添持一种渐进主义的态度。竹添与王韬之间有所共鸣,因两者均肯定儒家伦理道德的教化作用。

---

① 《史记》之《商君列传》篇中商鞅有"民不可与虑始,而可与乐成"之语。竹添此语无疑源于《史记》。参考司马迁:《史记》,中华书局1963年版,第2229页。

② 竹添初次与王韬相见是在1879年赴日游历之前,可能以此为契机竹添请王韬评文稿。两人初次见面情形,参考《扶桑游记(上)》,钟叔河编《走向世界丛书》所收,岳麓书社1983年版,第391—392页。

三、竹添晚年的政治思想

　　相较于早期政治意见，竹添晚年的思想更加多元化。究其原因，其一为竹添辞官后专注于学问，对当时局势有基于其学问积累的判断；其二为日本宪法的颁布、国会的设立，及甲午、日俄两次对外战争的胜利提高了日本的国际地位，对当时局势、对于中国近代化面临的问题，有基于日本近代化成功经验的判断。①

　　1885年竹添卸任朝鲜弁理公使以来，闲居乡里读书著述。1893年由青年时同窗时任文部大臣井上毅推荐，竹添入东京帝国大学任汉学中国学第二讲座教授，与同僚岛田重礼并称汉文科双璧。1895年因病退职后，专注著述②。竹添卸任公使以后，曾加入曾根俊虎组织的兴亚会③，时而与井上毅共同参加同时代学者的聚会，但其思想究竟如何，因缺乏相关资料而难以猜测。1904年竹添致俞樾「復俞曲園大史書」[3]34-36一函，颇可观其思想状态。竹添时已六十三岁，虽为疾病折磨，仍立志曰"然一息尚存，矢守庭训，阐明孔子之道，毙而后巳（笔者注，以下同：应为"已"）"。竹添批判后世学孔子者"不求其道于实践，而求于空言"，于是训诂之学与性理之说大兴，而于圣人经济之道不讲，非善学孔子之道者。竹添以为欲究明孔子之道，必先明孔子所处之时代，因而必从《左传》入手，再读《论语》，可明孔子之学。此为竹添学问的大致门径，因有『左氏会箋』『論語会箋』之著。

　　竹添以战国比附当时国际形势曰"方今寰宇列国，龙蟠虎踞，成周末封建之势。弱肉强食，觊觎乘之"④，并对孔子寄予相当的期待，称"使孔子生于今日，必

---

① 探讨这个问题，必然要论及竹添在中国观上的转向问题，可以肯定的是竹添无疑支持了战争。竹添于1895年甲午战争时作诗两首（『独抱楼詩文稿』第1册，43丁），日俄战争时期作诗三首（『独抱楼詩文稿』第1册，49—50丁），歌颂了日本的胜利及日本将士的勇猛。然而其后竹添与张之洞、曹广权等人仍有通信往来，未见其言论上有对中国轻蔑之倾向。其书斋独抱楼乃1906年赴日考察的沈曾植所命名。（参考東亜同文会：『対支回顧録』下卷，第199—202頁）。

② 竹添的经历，参考『対支回顧録』下卷，第200頁；国立公文書館所蔵：『文学博士竹添進一郎叙勲』。授勋文书中称竹添任第二讲座教授，而竹添履历表中称任第三讲座教授，未知孰是。参考『東京帝国大学学術大観　総説文学部』（東京帝国大学，昭和十七年），可知竹添所任为第二讲座教授，第三讲座由张滋昉担任（同书，第274頁）。

③ 「興亜会会員姓名録」，『興亜会報告』，不二出版1993年版，第278頁。

④ 清末中国士子多有以战国比附当时国际形势者。参见王尔敏：《中国近代思想史论》，华世出版社1977年版，第21，60—62页。王韬的《扶桑游记》称首倡者为驻日公使馆副使张斯桂。参考《扶桑游记（上）》，钟叔河编《走向世界丛书》所收，岳麓书社1983年版，第408页。

有祛弊剔害,以新百度,如从政三月鲁国大治者矣。亦必有足食足兵,以义责要盟,使强国归侵地,如夹谷之会者矣"。

另外,竹添称缪荃孙东游,与其谈而得知杨岘、李鸿裔、高心夔等人已逝,独有俞樾康健如常,真为儒学之幸。据缪荃孙《艺风老人日记》,1903年竹添偕其婿嘉纳治五郎多次与缪荃孙宴饮,并送文集、藏书记各一部与缪荃孙[4]1548-1549。缪荃孙时为张之洞幕僚,竹添又与张之洞有旧交,或曾通过缪荃孙问候张之洞。下文将论及竹添与张之洞之书信往来。

(一)竹添的中体西用论及其与张之洞的函牍往来

竹添与张之洞初次见面在光绪五年(1879),其时张之洞为司经局洗马,与张佩纶等人同为朝中有名的清流[5]49。二十余年后,竹添有一函致张之洞,即为「与张香涛宫保书」[3]36-38。竹添开篇称"自违光仪,忽忽经二十余载,燕京洽欢,思之如梦",大概自京师分别后,竹添与张之洞并无通信。此一通信函未署日期,因篇末竹添称"将复余大史书底本附上,某近况心事俱具",其中的"复余大史书"即前述1904年致俞樾之「復俞曲園大史書」,因而可断定此函作于1904年或更晚时间。

庚子事变后,清廷意欲振作,决意施行新政。1901年由张之洞主稿的《江楚变法三折》便是清末新政的纲领,涉及教育、政治、军事、经济等方面。其中教育改革包括建立新学制、广开学堂、变革科举制度、奖劝游学等。张之洞热心于湖北的教育改革,欲仿照日本学制而派员赴日考察。1902年张之洞与湖北巡抚会衔上奏《筹定学堂规模次第兴办折》,提出湖北学制基本体系。1903年张之洞奉命会同张百熙、荣庆会商学务,于1904年初上奏学堂章程,即《奏定学堂章程》,史称癸卯学制[6]111-129。

因张之洞在教育改革上的作为,竹添称赞张之洞"顷又大兴庠序,新设学科。更选菁莪,派遣海外。当国家多虞之日,用力于育才",为识时务之俊杰。之后,竹添阐释了他儒家式的政治理念。竹添以为孔子最善育才,"以道义涵养其德,以六艺发达其才",于是文武全才辈出。然而至后世,"孔门经世之实学,变为训诂性理之空言",非善学孔子之道者。此处竹添所言与前述「復俞曲園大史書」的内容一致。竹添比较中学与西学而云:

> 顾今之西学,即古人之六艺也。分科教之,专乎技术,称之曰智育,以长人智为主,而其所谓德育者,不外于邪苏博爱。至天叙之典,孝弟之道,则未及知也。由是言之,彼我互有长短。而我之长则今降于古,不足以华国;彼则温故而其智弥进,知新而其技益精。

竹添以古之六艺比附西学,认为西学长于智育,除耶稣博爱之外无所谓德育。而中学于德育面的长处已退化,不足以致富强,而西学则蒸蒸日上,技术日臻于精。竹添认可西学的长处,此为西学受容的前提。竹添称:"故今日之造士,莫急于取彼之长,以补我之短,而我之长益引而进之。五品之教,以养其德,分科之学,以长其智,孝弟为经,技艺为纬,斐然之章,于是乎成,乃可以供国家之大用矣。"竹添的育才方案是以传统的道德纲常辅以西学,可谓中体西用的方案。

为防止中体西用的弊病,竹添称"欲取彼之长,必先征诸我国体,稽诸我旧贯。深审利害所在,然后锐意进取,以期乎收其功",主张采用西学应不失我之主体。以孝弟之德、五典之叙涵养性情,"使彼之害,不得由入焉"。如不能防患于未然"专趋新学,十年之后,人皆重智而轻德,先利而后义,廉耻亡而谦让废。则得于彼虽大,失于我更大,未足为猷之善者也"。由此可见,竹添最重儒学的教化作用,最忧虑道德的沦丧。最后,竹添云"此某阅历而知之,只可向知己言耳",阐明以上所述来源于己所阅历。竹添此处所言,或与当时日本政治家渎职问题有关。1900年日本有议员营私,舆论哗然,竹添有诗讽刺曰:"劝君朽索须留意,重敛莫令邦本摇。"[1]44竹添另有一诗《呈春畝伊藤相国》曰:"惩贪逐慝众心同,自古优柔多败功。病入膏肓非一日,至诚医国独望公。"[1]44在改变政治风气上对伊藤博文寄予了期待。竹添对道德缺失问题的警戒应当起因于前述日本近代化过程中政治家的重利轻义现象。

1907年张之洞入值军机处后,竹添又有「与张香涛相国书」[3]38-41一函致张之洞。由竹添此函可知,张之洞幕僚王孝绳赴日时,曾与竹添相见,代张之洞传达问候之意,并送绉绸两匹,竹添对此表达了谢意。另外,张之洞所聘日本铁道顾问原口要恰为竹添旧知,竹添从原口处得知张之洞锐意经营川汉铁路,赞叹称"非常之事,唯非常之人始能行之"。张之洞入值军机处,又管理学部事务,登上权力高峰。然而竹添却对此表示遗憾,称中枢之地不容兼治外省,而地方无清廉有实力如张之洞者,因此不利于中国富强之大业。

对张之洞的一系列更革学政的举措,竹添表示了关注,并称往年曾陈述学制利弊,未尽其情,再次阐明了儒家式的教育理念。竹添以为学有大小之分,欲举全国子弟入学,国家无此能力。应以大学造就人才,小学则"以孝弟忠信涵养童蒙纯一之德则足矣"。通过孝弟忠信的涵养,使其各安其分,"天下无复斁伦伤义之事矣。若不然,而发蒙用智育,智愈长而纯德日微,终为贪夫为乱民焉耳"。另外,竹添极力批判义务教育,称义务教育注重智育,设科多端,课业繁重。施于都人士之子弟尚可,施于边鄙穷乡,所教内容无益其家,"浸染之久,忘分恶劳,倖心从生。不安其业,多为游民,害于而家,凶于而国"①。另外,1906年竹添曾作「歳晩書懐」[7]53一诗讽刺义务教育的弊端,其内容如下:

各邑设小学,粉饰竞外观。驱童举就学,无论富与贵。
贫不暇谋食,何得笔札亲。乃若富家子,亦苦授业烦。
邦言并西语,所教年年新。学得徒諧諧,却使父兄顰。
圣谕琅如玉,亿兆皆感叹。外此无实学,外此无修身。
况彼羁贯子,教科忌多端。童蒙养纯德,须防败伐源。
只期为孝子,只望为忠臣。成材上庠序,休向下庠论。
学童邑黉集,日失野风淳。不服薪草役,焉堪夏畦勤。
遂染游食习,难为力田民。所美惟饱暖,所志在偷安。
请往观间里,赋敛日加繁。佃户得泉少,投耒向都门。
精农卖田地,易业蓄鸡豚。深忧百年后,耕稼属何人。
自古瑞穗国②,以农为本根。粒食几千载,生命在廪囷。
三农减一口,国力杀一分。借问强与富,舍农何所在。

日本于1906年末开始议论,次年初议定义务教育年限由四年延长为六年。③竹添讽刺义务教育的汉诗即在上述背景下所作,主要批判义务教育无论家庭贫富,均强制孩童入学。最可注意之处为"圣谕琅如玉,亿兆皆感叹"一句。所谓"圣谕"即由井上毅、元田永孚起草的教育敕语,强调忠君爱国、忠孝一致的教育理念,是将儒教的家族主义与近代国家主义结合起来的产物。竹添对此极为赞同,称"外此无实学,外此无修身",希望国民为孝子、忠臣。育才为"上庠"即大学之任务,应与小学有所区分。若学童集于学校,必将失淳朴之风,染游食习气,务于偷安。"童蒙养纯德,须防败伐源"一句为竹添教育理念的核心。竹添诗中所述与致张之洞函的主旨完全一致。另外,竹添强调农本主义,认为日本应以农为主,对农民放弃农业涌入城市甚为担忧。

---

① 1901年西村天囚于致刘坤一建言书「与劉峴帥論教育書」中曾建议实施普通教育(义务教育),并提出教育应以德智体三者为宗旨,提倡德育宜以儒教为主、智育宜师法日本,并建议改科举。与西村建议实施义务教育态度相反,竹添则持反对态度,而两者在德育应以儒教为主一点上意见一致。(大阪大学附属图书馆「懐德堂文庫」所藏西村天囚自筆『碩園文稿』第14卷)参考陶德民:『明治の漢学者と中国:安繹・天囚・湖南の外交論策』,関西大学出版部2007年版,第103—112頁。
② 日本古称瑞穗国(竹添自注)。
③ 参考「義務教育方針」,『朝日新聞』,1906年12月16日;「義務教育延長実施期」,『朝日新聞』,1907年1月15日。

竹添于致张之洞函篇末,以孔子之学的传道者自居,吐露了以阐明经旨为毕生事业的抱负。西方人好学,已通印度之书,又译中国六经。竹添称"吾道之西,盖不出百年矣",但中国儒学派系纷繁,西方人难以窥其堂奥。对此,竹添云:"某因不自量,折中诸家说,作六经会笺,以阐明经旨。使西人之好学者,知吾孔子之道,为天地常经,而不可易,则洪水猛兽不复近于人。而宇宙之间,一以贯之,横目之民,皆居乎安宅,而行于正路。岂不乐乎?"俨然以儒学之传道者自居。

要言之,从竹添与张之洞的函牍往来看,竹添主张应区分大学与小学的教育目的,大学应以智育为主,为育才之所,至于小学应以道德伦理教育为主,涵养童蒙纯一之德。应以西学之长,补中学之短,发挥儒学的教化作用。可谓一种折中的中体西用论。竹添对义务教育批判的根本原因不在于义务教育忽视贫富不均的现实面问题,而在于义务教育忽视儒家伦理道德教育。竹添对教育敕语的尊崇,正与他对义务教育的态度互为表里。因教育敕语强调忠君爱国、忠孝一致,竹添最注重之处正在于此。

另一方面,竹添强调儒学的教化作用,提倡中体西用论,此一方面与张之洞的思想完全相符。戊戌变法时期,光绪帝颁布了两部著作,分别为冯桂芬的《校邠庐抗议》与张之洞的《劝学篇》,历来研究皆认为前者为中体西用的初始表述,后者是中体西用思想的系统阐释。[6]72《劝学篇》内篇之《循序第七》云"今欲强中国、存中学,则不得不讲西学",然须先以中学固其根底,若不然则祸更烈于不通西学。[8]168外篇之《变法第七》云"法者,所以适变也,不必尽同;道者,所以立本也,不可不一","夫所谓道本者,三纲四维是也,若并此弃之,法未行而大乱作矣",强调法可变,道不可变。[8]180光绪二十九年(1903)张之洞所上《厘定学堂章程折》有云:"无论何等学堂,均以忠孝为本,以中国经史之学为基,俾学生心术一归于纯正。而后以西学瀹其智识,练其艺能,务期他日成材,各适实用,以仰副国家造就通才,慎防流弊之意。"[9]168在主张采用西学而不失中学之主体性,圣人之道为天地常经,学堂教育以忠孝为主等方面,竹添与张之洞完全一致。然而,张之洞中体西用论的提出在戊戌变法时期,远远早于竹添的中体西用论。论及两者关系时,不禁让人猜测竹添是否曾读过张之洞的《劝学篇》。从竹添的行文来看,他大概没有读过《劝学篇》,如若读过,相信其不会以张之洞所论再向张之洞谏言。然而,在对儒学的尊崇、中体西用论的思想上,竹添与张之洞是高度一致的,张之洞读到竹添信函,应当有所共鸣。

(二)竹添的政治改革论及其与曹广权的函牍往来

曹广权(1859—1935),字东寅,长沙人。光绪十九年(1893)顺天府乡试举人,以内阁中书改选禹州知州。先摄淇县,光绪二十七年(1901)十二月任禹州知州。在禹州四年,以育才为先务,并兴办实业,创立禹州三峰山煤矿公司、钧兴实业公司、罪犯讲习所、实业学堂等。为政尚德化,深得民心。[1]1906年黄绍箕、沈曾植等十六名新任提学使赴日考察,此外学部还派曹广权、林灏深等六人加入考察团共同赴日考察。[2]此次赴日考察是曹广权、沈曾植与竹添结识的契机,亦是竹添与曹广权函牍往来的契机。

竹添致曹广权第一函为「答曹东寅书」[3]41-42,年份应在1906年或更晚时间。竹添于篇首说,自秦焚书坑儒以后,孔子之道不明,儒者拘泥章句、沉湎空理。于是自汉至宋明,古之六艺之科、足兵足食之学、温故知新之旨,渐趋于不明。另外又有一番中西学问的对比,内容如下:

> 辄近西国所设学科,盖得古者六蓺(应为:艺)之遗意。然其所知不出利用厚生二端,至正德之教,则犹面墙而立。故能尽物之性而未能尽人之性。独知有法治,而不知有德化,其所唱公德,即邪稣之博爱,而子舆氏所谓二其本者也。今贵国更革学政,则取于西法,与敝国同辙,洵是济时之急务。但西学所重,在利用厚生,故以智育为主。至孝弟之道,则未知其为何物也。

关于西学与六艺的论述,显然与前述竹添致张之洞函内所述大致相同。竹添认为西方学问得古时六艺之遗意,长于利用厚生二端,于正德之教则茫然无知。竹添此处所言出自《尚书·大禹谟第三》“正德利用厚生惟和”一句,此句注曰:“正德以率下,利用以阜财,厚生以养民。三者和所谓善政。”[10]283参照古代善政的标准,西方长于器物技艺,重法治而不知德化,所谓公德即耶稣所倡之博爱,这在竹添看来显然不能称“善政”。清末中国取用西法,模仿日本更革学制。但西学重智育,而于孝弟之道茫然无知,对中国未来恐有不利,此为竹添最注意之处。至于如何补救,竹添称“大学及专门诸校,宜取西法以补六蓺(艺)之亡。若夫小学,则所谓智育者一切不用。专以孝弟之教,涵养童蒙纯一之德性”。依然是一贯的区分大学与小学功能,大学用智育,小学用孝弟之教涵养德性的主张。

竹添致曹广权第二函为「再答曹东寅书」[3]42-46,年份当在1906年以后。此函为竹添对曹广权之回函的辩驳,内容涉及宪法、国家主义、义务教育、日本的国体

---

① “曹广权传”参考《民国禹县志》,《中国地方志集成 河南府县志辑》第45册,上海书店出版社2013年版,第398—399页。
② 《附奏派员出洋考察学务片》,《学部官报》第三期,“本部章奏”,第43页。参考徐保安:《清末官员海外游历游学的历史考察》,《中国高校社会科学》2016年第6期。

等方面,最能体现竹添对西方文明的意见。

对于竹添致曹广权第一函中所陈,曹广权提出了些许意见。竹添逐一详细阐明他的观点以为回应。对于竹添主张中学以上宜采西法、用智育,小学则以孝弟之教涵养童蒙纯一之德的观点,曹广权认为"考宋明以来历史,国家动言以孝治天下,大半条告虚文"。对此,竹添详细陈述了儒学的发展史,其观点与前述致俞樾函、致张之洞函、致曹广权第一函内所陈大致相同。不同之处在于竹添提出上古三代之世,政教合一,"六艺(艺)之外无学术,德行之外无道"①。孔子生于封建末世,有德而无位,无以行其道。孔子亡后,"学与道歧,又与政分",于是诸子百家杂然并出,孔子之道乃不明于世。秦之焚书坑儒之后,汉儒注重断简残篇的考证,至宋儒则惟知考究性理,不知圣人之实学。自封建变郡县,官衙如传舍,上下之情隔绝。②拨乱创业之君,欲借用孔子之道以和顺人心。如汉设孝弟力田科,不过愚黔首之策,非古圣王之实政。后又以科举使天下士子醉心于举业,无以发展其才。此为"伪孝治"出现的背景。在此一问题上,竹添赞同曹广权的观点。但竹添认为自古天下多小人而少君子,因此圣人为政乐于劝善,不必问真伪。"伪孝胜于不孝,伪善胜于为恶",伪善、伪孝亦可称"小人革面,天下近乎有道矣"。观竹添所言,其对儒学之尊崇可谓臻于极致,其对儒学体系极尽补苴之能事,言语间难免有所牵强。

第二个争论焦点在于西方宗教与国家主义之关系。曹广权问曰:"泰西诸国,邪苏天主宗教,几成为国家主义,何能力之广且大如此。"竹添提出反对意见,曰:"西国之政与教,毫不相涉。其称政教一致者,僧侣参与政权之谓。而与古圣王寓德教于政刑,以关雎麟趾之意③,行周官之法者分镳而骋。且彼以爱无差等为宗旨,不别内外,与所谓国家主义,亦风马牛矣。"竹添认为上古三代寓德教于政刑的政治为理想的政治,西洋之耶稣教与国家主义无关。

第三个争论点在于宪法的功效问题。1906年曹广权一行赴日后不久,清廷

---

① 关于上古三代之政教关系,可参考章学诚:《原道中》《原道下》,《文史通义》,上海古籍出版社2015年版,第37—43页。竹添所述与章氏所论亦相符。《原道下》云"古者道寓于器,官师合一,学士所肄,非国家之典章,即有司之故事""后儒即器求道,有师无官,事出传闻而非目见,文须训诂而非质言"(同书,第41页)。

② 内藤湖南曾论及中国废封建为郡县对清末改革的影响曰"窃思贵国积弊,非始于本朝,远者则根于商君变井田开阡陌,近者则以科举取才,有美名而无实功。加之郡县之制,牧民之官不以生民休戚为念,今之时大变其制,谈非容易,成之者盖在诸君子"。(「燕山楚水」,『内藤湖南全集』第2卷,第58页,笔者汉译)"故国荒凉如斯,皆两千年郡县制之余弊。无限痛惜"(同书,第19页)。

③ "关雎麟趾",指圣王之教化。《诗经·周南》孔颖达疏曰"关雎麟趾之化,是王者之风,文王之所以教民"。王先谦:《诗三家义集疏》,中华书局1987年版,第2页。

于9月1日发布上谕称"仿行宪政,大权统于朝廷,庶政公诸舆论",决定实行预备立宪①。曹广权归国后任礼部参议,在预备立宪的大潮中,曹广权对宪法问题应有相当的关注。曹广权问曰:"秦以后政法,不及今之宪法能统一政教欤。"竹添认为宪法以议院政治为主,而各国起源不同。有为下所胁迫,不得已而还政于民者,有咨询"立法财政"②两部者,有庶民共同行政者,未可一概而论。所谓代议士,"皆定于投票,故庸人多中其选,而老成之论,每被废弃。甚则众议以赂而合,争利而离,贪渎污行,殆使人呕吐"。此为竹添对近代议会政治的大致理解,可见他对议会政治理解并不深。对选举之缺点、政治贿赂的批判是竹添议论的中心,然而并没有直接回答曹广权所问秦以后之政法与今之宪法孰优孰劣的问题。儒学体系与近代宪政之对比,凸显了儒学体系与现实政治的矛盾,孰优孰劣的问题或非专注于儒学考证而对现实政治并无太大关注的汉学家竹添所能回答的。

第四个争论的焦点在于家庭各自为教与教育普及的矛盾。竹添认为"利之所在,害亦从之",此为其一贯的主张。竹添认为教育普及有这样的弊端:

> 顾贵国之新学既行之后,卒业者充塞朝野。器械尽其精巧,水火极其功用。凡形而下之学,莫不具讲,而富强之资,于是乎备。此则不可不为贵国贺焉。然而浮华轻佻之徒,丛出其间,弄辩衒技。主张权利,而迂视孝弟,放论义务,而姗笑德行。唯知有己,不知有长上。所谓国家主义,终归乌有,而个人主义风靡一世。奔竞成俗,廉耻拂地,亦势之必然也。此则不免代贵国而忧耳。

竹添的见解是清末学制改革之后,学堂毕业生充斥朝野,讲求形而下学,追求器物技艺之进步。但随之而来的是士子主张权利与义务,无视长上,最终会使国家主义消灭,个人主义风靡,道德世风败坏。③

另外竹添认为农为国家之本。义务教育体制下农民子弟入学校而不知劳动之苦,不能成为学人亦不能劳动生财,终将成为游民以蠹国家。西国边鄙之民,

---

① 《光绪朝宣统两朝上谕档》第32册,广西师范大学出版社1996年版,第128页。此上谕与日本明治维新时"五条誓文"言词略同,可见立宪为模仿日本维新之举。

② 竹添此句殊为难解,疑为三权分立中"立法行政"之部。

③ 大正六年(1917)寺内正毅内阁宣布议会解散后,竹添曾致函山县有朋称"钦定宪法具维持我国体之精神,此次议会解散可使国民知悉此一精神,为一大英明决断。今日若放任自流,阁臣柄用大权乃降之于政党之手,其毒害更甚于昔日外戚、武人之专权",对政党政治威胁至尊大权极为忧虑。竹添对政党政治的态度与此处致曹广权函所云可谓一脉相承(『山県有朋関係文書』第2卷,山川出版社2006年版,第310页,笔者汉译)。

不识字,垢面褴褛者比比皆是。竹添的结论为"西洋诸国之文明者,独都人士与素封家当之,不可谓由教育之普及也"。"家延良师提耳教诲熏陶德性"是教育的最好方式,但贫贱者无财力延请良师,故施义务教育亦可,但非斟酌得宜,则有所病民。

最后,竹添认为日本万世一系的国体有异于易姓之国,日本近代化与此有莫大关系。其论如下:

> 至敝国则与易姓之国,有大异者存焉。开辟以来,万世一系。群黎百姓,皆同其源。君民一体,忠孝同揆。故中古孔教之东渐也,以与我国情有契合。上下崇信,诏颁孝经于天下,而求忠臣于孝子之门。自此历世愈久,其教益明。迨德川氏定霸,封建之制,井然而备。尊王室,明名分。上有等威,下无觊觎。诸侯皆世其封,其臣亦世其禄,称之曰士,居三民上。兵革之事专任之,农工商不与焉。其从军也,父兄戒其子弟曰:致果毅以成忠孝。在平时则戒之曰:勿近铜臭,励之以廉耻,勉之以忠孝。所谓士道然也。唯其有之,故明治初载,大诏一下,大小诸侯,皆纳其版图,无敢支吾者。一朝而封建废,王政复古矣。我人心国体之所以大异他国,可以征也。

依竹添的观点来看,日本之国体万世一系。中古孔教东传,因与日本国情契合,而深入人心。德川幕府体制下,诸侯皆为世袭,武士专任兵革之事,忠孝与士道合一,由明治维新的成功可见日本国体有异他国。竹添对日本国体与政治变革成功原因的论断,大致是合理的,对清末政治改革也是有借鉴作用的。竹添告曹广权曰:"切希执事观察内外国情,考究利害所在,取其利而防其害,以厘革学制,以润色政体。庶几免千虑之一失,无误百年之大计乎。"竹添的建议是政治变革须考虑国情,此与竹添致张之洞第一函中所云"欲取彼之长,必先征诸我国体,稽诸我旧贯"的旨意完全一致。

之后,竹添又有第三函「三答曹东寅书」[3]46-50致曹广权。此函中,竹添对曹广权提出的五个问题逐一作答,由竹添的回答可见其对西方文明之态度及对清末政治改革的期待。然而此函内容与竹添致曹广权前两函有所重复,笔者拟于重复之处简略言之,对竹添的新观点多费笔墨。

曹广权第一问为"足兵一事"。竹添认为欲足兵须先培养士官,且征兵制比募兵制有益。

第二问为"仅有海陆军学校及士官幼年等学校,能养成全国将才乎"。竹添认为不必怀疑。

第三问为"足食一事。工商业处竞争世界,优胜劣败,非穷极声光电化各学则不优,然奢靡亦有流弊"。竹添认同曹广权的观点,认为生光电化各学大进,则国家得开富源,但奢靡之风也会随之而来,西国多有因奢靡成风导致国势不振,可谓前车之鉴。竹添此一论断,无甚新奇之处,然而所列奢侈弊病之解决办法为"治国以礼,道民以德","内之总大政者,俭让率下;外之督抚能体朝旨,以身先之",可谓是儒家式的。

第四问为"电车汽车则利其交通,银行邮便皆可利用之事,诚为富国之急务"。竹添认为此等事业耗费巨大,如若征重税于民,则民怨四起。日本初兴此等事业,通过发行公债,鼓励富人创设公司,广募股票的方式解决资金问题。然而人民对新兴之汽车、电车、邮政等事业不信任,因此前十年经营入不敷出。十年后人民渐知其便,银行、公司等事业日渐兴盛,经营好转。另外,竹添注意到近代化过程中的弊端,即各项事业兴盛之后,有投机者出现,扰乱财政。

第五问为"半日学堂夜间学堂之制,及多开学校,经费之困难"。竹添主张不必多开学校,小学课程则宜简,教以"孝弟忠信""涵养德性之纯"。育才则为大学及专门学校之职能。竹添依然持应区分小学与大学及专门学校职能,小学用德育,大学用智育的观点。

此外,竹添认为西方之所谓文明不值一提。他举两例说明:其一为舍至亲之父母而施惠于疏远之他族,称文明之"慈惠";其二为取国民之税收充当罪囚之衣食,称文明之"善政"。竹添由此推论"抑西国所谓文明,非我所谓文明也"。虽然竹添对西方文明持否定态度,但他认可西方之"形而下学""富强之实",并对清末的改革寄予了期待。竹添所论为:

> 东亚诸国,非效三代损益之意,更革学政以进技巧,长技术,则不能与欧米诸国争雄。故恐新学之弊而不取其长者,固不知时务者也。然心醉新学,一是傚之,我固有之美,弃如土芥,是则数典而忘其祖者也。某切希贵国于政法学制,有所更革。须斟酌国体民俗,循序渐进,无欲速,无骛新。深审利害,不谬取舍,则庶几免乎他日之忧乎。

由此可见,竹添认为东亚各国须效法三代损益之意,采西学以与欧美诸国争胜。但采西学之长,须坚持"我固有之美","斟酌国体民俗,循序渐进"。竹添此一论断并没有超越中体西用论的范畴,依然是一贯的渐进主义政治改革论。竹添的政治改革论与前述竹添致张之洞函的旨趣相一致,有渐进主义及中体西用论的倾向,其渐进主义的政治改革理念与其早年所作「論治」的意旨亦相一致。

1. 曹广权政治思想之一瞥

如上所述,曹广权与竹添通过函牍往来进行了思想交流。由于竹添文集所收信函多为竹添的言论,对于曹广权则仅有只言片语涉及,曹广权本人的思想究竟如何,难以猜测。但曹广权的思想程度是实际影响到两人思想交流的一个因素,本节拟对曹广权的思想略作论述。

竹添致曹广权第一函「答曹東寅書」篇末有"呈赠淇县舆地图说,京师大学堂同学录二种,拜诵之下,深服高明有体有用之学"一句,称赞曹广权之学问有体有用。《淇县舆地图说》为曹广权任职淇县时所修,至今仍存。此处所言《京师大学堂同学录》应为光绪三十二年(1906)同学录,因篇首有曹广权序文。此同学录载有1903年至1906年教习、执事及同学题名①。其中关于曹广权的记录为"曹广权:字东寅,湖南长沙县人,癸巳举人,学部集议处行走,河南禹州知州"。篇首曹广权序文中有如下一节:

> 孔叹川上不息,所以自强也。是故入学之初,日敬业日乐群,虽名两事,犹乐之旋相为宫,触类而长之,则修已安人,其致一也。天下之大必非一手一足之烈,积人群以成国,积群业以为治。爱国力之大小,恒视合群力之大小为差。群不相爱,何望于治安,业不自精,何振乎物耻。业成于群,治成于业。匪敬胡乐,匪乐胡安。君子之学以此始也,亦以此为终,古所谓大学之道也。斯宾氏质言之直曰:群学有旨哉,有旨哉。观环球各国近百年来学业日精者,开化亦日盛。政治家谓增长社会智识,造就国民资格,普及教育,演成文明世界,则归功学校。

曹广权称爱国力之大小,依合群力之大小而定,并称此一宗旨符合古所谓"大学"之道,称赞了学校对于普及教育、培养国民资格的功用。曹广权提到了斯宾塞的群学,他对"乐群"的解释也大致依斯宾塞的理论。所谓"群学",语出1903年严复所译斯宾塞《群学肄言》,可见曹广权对西学有所涉猎,但程度如何却不易猜测。

曹广权在禹州知州任上致力于教育,在原有颍滨书院基础上建了颍滨经舍。光绪三十年(1904)竣工,曹广权自题碑记曰:

---

① 笔者所参考为加利福尼亚大学所藏光绪三十二年《京师大学同学录》,中有藏书票。CALIFORNIENSIS VNIVERSITATIS SICILLVM,GIFT OF S.C. KIANG. K. H. "江亢虎捐赠品"。

孔门宗教首重言仁。仁之文从人,二其本义。人与人相亲,偶夫己立立人,已达达人,此仁者之事也。人人亲亲长长,而天下平。此群德之至也。近西儒哲学家于玄科、间科、著科之后,更立群学巅科。其言知群学之难,必归功于缮性。与吾大学始格致,终治平,而一本于修身大旨略同。此可见先王至德要道,与天地同流,与日月常新。[11]173

曹广权先陈述孔子仁之教义,以及"君君臣臣父父子子"①的政治理念。"近西儒哲学家于玄科、间科、著科之后,更立群学巅科"一句中,所谓西儒即社会学家斯宾塞。曹广权所云玄科(abstract science)、间科(organic science)、著科(concrete science)皆为严复在译著斯宾塞《群学肄言》中所提出之概念[12]243,252。严复称"盖群学者,一切科学之汇归也""故名理算数者玄科也,所以研不易之事理,究不遁之物情者也。而群学首以之,则玄科之治,不容缓矣"[12]243,可见群学并非与玄科、间科、著科并立之概念。但曹广权理解为于玄科、间科、著科之外另立群学一科,似与严复之意相乖离。另外,严复称"今夫即物穷理之功,皆所穷者物之理,而能穷者吾之心,是能所判然为二者也。独至观群,而能所之分混也"[12]300,即群学研究的对象与主体混然不分,此为群学难治之原因。而曹广权的理解是"其言群学之难,必归功于缮性"。所谓缮性(discipline),严复的解释是"缮性非他,亦言其所以为学之方而已"[12]241。如此一来,曹广权的理解即为群学之难,难在方法,与严复的解释也有差距。最后曹广权言"盖群学诚难,亦去其害群者而已"[11]173,更是偏离严复原意甚远。

另外,曹广权以中国古典解释西学,认为群学之道与《大学》格致、治平之意一致,并由此推论先王至德要道为宇宙间不变之真理。关于斯宾塞的著作,严复亦称"窃以为其书实兼《大学》《中庸》精义,而出之以翔实,以格致诚正为治平根本矣"②。大概严复以古典比附西学的方法影响了曹广权。

综上所述,曹广权的思想依然以传统儒学为基础,在此基础上受了些西学的影响,但其对西学的理解亦多有偏颇。就此而言,曹广权与竹添极为类似,他们之间的思想交流建立在中国传统儒学的基础上。

---

① 《论语·颜渊第十二》齐景公问政于孔子。孔子对曰:"君君臣臣父父子子。"注疏曰:"孔子对曰君君臣臣父父子子者,言政者正也。若君不失君道,乃至子不失子道,尊卑有序,上下不失,而后国家正也。"参见《论语注疏》,阮元校刻《十三经注疏》,中华书局2009年版,第5438页。曹广权所云"人人亲亲长长"即孔子"君君臣臣父父子子"之意。

② 严复译《群学肄言》之《译余赘语》,xi页。

四、竹添的政治改革论在日本近代思想中之位置

德川时代学问的中心是儒学,无论兰学家、国学家,大多从儒学入门。[13]41明治维新以后,新学问的形成也并未与儒学完全隔绝,多数知识分子是在旧有的儒学基础上接受西学,如阪谷素、中村敬宇等。但福泽谕吉极度排斥旧学,是个例外①。阪谷素认为道与器并非对立,为使道成其道,须引入作为器的西学。[14]60-61中村敬宇认为道德规范超越国境,儒学有普遍性。儒学与西学密不可分,可包摄西学,可为西学之基础。[14]70-71

在对儒学及西学的态度上,竹添与青年时期同在木下犀潭汉学塾学习的同窗井上毅对比鲜明。井上毅曾参与明治宪法、军人敕语、教育敕语的制订,在明治国家形成过程中贡献巨大,而竹添的主要建树则停留在儒学考证。受朱子学及西学两方面影响,井上毅的思想大致以国体(古典籍中的固有精神)为核心,以儒教包摄国体形成伦理名教的领域,再以西洋文明装点周边。[15]322竹添与井上毅关系相当亲密,井上毅应当对竹添的思想有所影响。如竹添对日本万世一系之国体的强调、对教育敕语的尊崇、对道德教育的重视、对基督教的排斥等方面与井上毅高度一致②。明治十九年(1886)井上毅致渡边义象函,后以「儒教ヲ存ス」[16]497-501为名收入井上毅资料集,其内容涉及东西方文化论、宗教论、儒教论等方面,对考察井上毅思想有重要意义。兹摘译若干重要之处如下:

> 然至于伦理名教之事,历代相传,至孔丘孟轲,集其大成,其道本于自然,非借人力,平常而无隐怪。论其性情,则万物备于我,务民意,远鬼神,大抵千古不朽之言……至于儒教,则政教一致,官府之外无僧府……伏惟我前王,取人成善,本公道而忘物我。询治于有识,求道于六经(原注:二句宇多天皇禅位诫),真万世之圭臬。仰愿于今日广鉴万国之长短,治具、民法、农工百般取之于西洋,除"支那"之衰风。至于伦理名教之事,断然宣示于天下,以古典国籍(日本古典籍)为父,以儒教为师,以二典、禹贡、无逸、豳风、大雅诸篇及学庸论孟之书,著为令典,

---

① 参考丸山真男:「福沢諭吉の儒教批判」,松沢弘陽編『福沢諭吉の哲学』,岩波書店2001年版,第7—35頁。

② 关于井上毅的宗教观,可参考中島三千男:「明治国家と宗教—井上毅の宗教観・宗教政策の分析」,『歴史学研究』1970年第413期,第33頁。

以为学校普通之教,以俟百世以后之定论。(笔者汉译)

由此可见,井上毅对中国伦理名教不假借鬼神而本于自然、政教一致等方面评价极高,主张以日本古典籍为核心,伦理名教以儒教为师,学校教育的基础亦基于儒学经典。在法制、政治体制、农工等方面借鉴西洋。与井上毅比较而言,竹添主张采用西学之器,而对西方政治、法制等方面却并非赞成,其对议院政治的浅薄理解已如前述。另外,竹添强调道德教化,主张"在人不在法"[3]48,批评西国"独知有法制,而不知有德化"[3]41。井上毅则关注政治制度上的问题,属于近代立宪主义,在政治思想上辅以儒学之伦理名教。虽然井上毅与竹添同样强调日本固有国体,但井上毅以日本固有国体为核心确立近代立宪政治,竹添则仅强调日本国体的独特性,并希望清末政治改革中"欲取彼之长,必先征诸我国体,稽诸我旧贯"[3]37。竹添对西学仅有支离的断片的而非体系的理解,他的学问基础是中国传统考证学。就此而言,竹添与接受西洋文明熏陶的井上毅差异甚大。①

同时代的汉学家重野安绎在儒教观上也与竹添有共通之处。如重野对加藤弘之的「德育意见书」评论中有"孔子之学说,述天理人道之当然,毫无妄诞杂其中。故无骇愚俗耳目之事,而亲切平实,且于东洋上下遵奉达数千年之久,国体风俗及其他一切事物,皆归斯教之范围"②。另外,1902年北京大学堂总教习吴汝纶赴日考察学制,重野于欢迎宴会纪念文中称"抑礼法制度,代有因革。斟酌损益,实为变通之谊。独至道德名教,则较然一轨,亘古靡变"③。重野称赞儒学平实而无妄诞之说,坚定不移地崇信道德名教,实与前述竹添及井上毅对儒学态度一致。

简要言之,竹添的政治改革论植根于儒家传统思想,强调纲常名教的教化作用。就此而言,竹添在明治时期人物中并非特异,但与同时代受过西学熏陶的人物比较而言,竹添的思想虽有儒学作为根底,但他对西学的了解实在浅薄,其政治意见也支离而不成体系,对如何将儒学与近代政治融合的问题茫然不知。究其原因,竹添学问的系统应属于考证学,他幕末虽一度尝试学习英语,然未见受过西学的影响。

---

① 关于井上毅的专题研究,可参考木野主計:『井上毅研究』,続群書類従完成会 1995 年版;野口伐名:『井上毅の教育思想』,風間書房 1994 年版。

② 『増訂重野博士史学論文集』下卷,名著普及会 1989 年版,第 376 页,笔者汉译。参考陶德民:『明治の漢学者と中国:安繹・天囚・湖南の外交論策』,関西大学出版部 2007 年版,第 50 頁。

③ 重野安繹:『成斎文二集』第 2 卷,富山房 1898 年版,第 37 丁。参考陶德民:『明治の漢学者と中国:安繹・天囚・湖南の外交論策』,第 60 頁。

五、结语

本文对竹添早年的政治意见及晚年的政治改革论做了简单梳理,至于中年时期的政治意见则由于缺乏资料而付之阙如。竹添早年强调儒学的教化作用,持一种渐进主义的政治改革理念,另一方面却对西方文明,尤其对基督教极为排斥,称之为妖教、邪教。竹添早年的思想是晚年思想的基础,终其一生他都对儒学的纲常名教坚信不疑,而对基督教持批判态度。

关于竹添晚年的政治改革论则通过其与张之洞、曹广权两人的函牍往来及少量诗作做了简要分析。竹添与张之洞、曹广权两人的通信集中体现了其对清末中国政治、教育改革的意见。竹添的政治改革论即采用西方之器,而坚持儒学之纲常名教,护持我之国体与传统。简言之,即为中体西用论。但竹添主张采用西学,并非真正认可西方文明的价值,而因处于优胜劣汰的竞争世界,不得已而采用西学。且以古之六艺比附西学,有主张西学源自中国说的倾向。若置竹添之思想于清末思想史中,则近乎冯桂芬、王韬之水平,而未至郭嵩焘、薛福成、马建忠之开明思想。当然就本文所论,竹添与张之洞、曹广权在思想上是非常接近的,他们之间的思想交流也建立在共同的思想水平基础之上。

关于若置竹添之思想于日本近代思想中的评价,幕末明治期的知识分子中多有在旧有儒学基础上接受西学之人,如阪谷素、中村敬宇、井上毅等人。竹添与他们在肯定儒学的教化作用方面基本一致,然而竹添没有随文明开化之大潮流系统地接受西学熏陶,其政治改革论缺乏与近代政治的整合性。竹添未能如井上毅般从明治国家制度建设层面整体地考虑政治改革问题,因此他的政治改革论是支离而不成体系的。然而,正因竹添未涉足西学,而专注于儒学经典的注释,他在传统学问上的贡献才令人瞩目。

参考文献

[1]竹添井井.独抱楼詩文稿:第2册[M].平野彦次郎,校.東京:吉川弘文館,1912.

[2]小野川秀美.清末政治思想史研究[M].東京:みすず書房,1975.

[3]竹添井井.独抱楼詩文稿:第3册[M].平野彦次郎,校.東京:吉川弘文館,1912.

[4]缪荃孙.艺风老人日记:第4册[M].北京:北京大学出版社,1986.

[5]胡钧.清张文襄公年谱[M].台北:台湾商务印书馆,1978.

[6]李细珠.张之洞与清末新政研究[M].上海:上海书店出版社,2009.

[7]竹添井井.独抱楼詩文稿:第1册[M].平野彦次郎,校.東京:吉川弘文館,1912.

[8]赵德馨.张之洞全集:第12册[M].武汉:武汉出版社,2008.

[9]赵德馨.张之洞全集:第4册[M].武汉:武汉出版社,2008.

[10]作者不详.十三经注疏(清嘉庆刊本)[M].阮元,校刻.北京:中华书局,2009.

[11]中国地方志集成.河南府县志辑·民国禹县志:第45册[M].上海:上海书店出版社,2013年.

[12]斯宾塞.群学肆言[M].严复,译.北京:商务印书馆,1981.

[13]津田左右吉.文学に現はれたる我が国民思想の研究:第8巻[M].東京:岩波書店,1978.

[14]松本三之介.明治思想における伝統と近代[M].東京:東京大学出版会,1996.

[15]梅渓昇.明治前期政治史の研究:明治軍隊の成立と明治国家の完成[M].東京:未来社,1978.

[16]井上毅伝記編纂委員会.井上毅伝 史料篇:第3巻[M].東京:国学院大学図書館,1969.

The political reform theory of Takezoe Shinichiro about the reform movement of Late Qing dynasty

ZHANG Tianen

(Graduate School of Social Sciences, Waseda University, Tokyo: 112-0004)

Abstract: Faced with the rapid modernization of Japan after the Meiji Restoration, Chinese sinologists who grew up under the traditional Confucianism education at the end of Late Edo Period have to face the challenge of swarming Western thoughts and make ideological adjustments. As a famous sinologist, Takezoe was brought up by the traditional Confucianism education that laid a foundation for his Political thoughts. Takezoe's correspondence with Chang Chih-Tung and Cao Guangquan embodied his idea about the reform movement of Late Qing dynasty, which was a kind of Westernized Chinese style that compromised the Confucianism political ideas and Western thoughts.

Key words: Modernization; Confucianism Education; Political Thoughts; Reform Movement; Westernized Chinese Style

近代中国学校运动会的开展过程

浅沼千惠①

（日本东北大学教育学研究科　仙台：980-8576）

摘　要：近代中国的学校运动会始于19世纪末的基督教会学校,盛于20世纪初。随癸卯学制之确立,体操成为必修科,学校运动会也渐成重要活动并被作为一项救国良策迅速推广至全国。其时正值大力学习明治日本谋求富国强兵之际,为迅速推行政治及教育改革,聘用了成百上千之日本教习和顾问。在这之中也包括专门教授体操的教习,他们在中国各地之官办民办等校参与并指导了运动会,直接或间接地影响了近代中国早期学校运动会之发展。此期也是提倡国民身体改造及推行军国民教育之时,学校运动会也以军事训练为主,以此培养尚武精神及开展爱国主义教育。该文将通过《申报》所刊载之相关报道,从教育史之角度来考察近代中国学校运动会之实际情形,以及对近代国民形成之影响。

关键词：近代中国;学校运动会;救国;身体改造;军国民教育

一、引言

运动会作为一项重要的学校活动,众所周知其产生于近代日本,是近代特有的在集体行动时遵守既定规则和纪律为目的的身体训练。关于学校运动会在教育中所处之位置,吉见俊哉在其研究中指出:学校运动会是一种典型的近代集会活动,被置于近代国家级祭典位置的活动②。因此,也可以认为学校运动会在近代国家的确立过程中,与国民形成有着不可分割的重要关系,并在这一过程中占有重要位置。

关于学校运动会,有权威研究认为:"类似这种全国范围内所有的学校每年必定举行的运动会,在其他国家几乎没有见过类似事例,且如日本这样的全校动员举办运动会或许是只有日本特有的。"③然而,正如本文中将要考察的,学校运动会在近代中国兴起之时受到日本的影响,之后被推广成为一种全国范

---

① 浅沼千惠,日本东北大学教育学研究科博士课程后期。

② 吉見俊哉、白幡洋三郎：『運動会と日本近代』,青弓社1999年版。

③ 佐藤秀夫：『教育の文化史(2)学校の文化』,阿吽社2005年版,第117頁。

围的学校活动。经过在各个历史时期的曲折发展至今已成为中国学校的一项
重要活动。

因此,想要阐明学校运动会的历史意义,只关注日本的学校运动会形成历史
是不够的,还需考察并分析学校运动会在近代中国的形成及其发展过程。这个
以"身体教育"为目的的学校运动会与"体操科"的设置一同担负并试图实施中国
历史上从未有过的以普通民众为单位的身体训练,并试图改造数千年重文轻武
以儒学为中心的社会结构,乃至日常生活习惯的改良,进而推进教育近代化改革
等重要任务。

本研究以清朝末期为时代背景,以明治日本的影响为主要线索来考察学校
运动会在近代中国如何展开作为研究的主要目的。

关于近代中国学校运动会之滥觞,周西宽在其研究中认为,其始于教会学校
圣约翰书院1890年举办的第一次运动会。[①]对于这点,《上海体育志》及高岛航在
其研究中也有提及并持同样的观点。[②]而关于中国学校的运动会目前看到的最早
记录是在1897年于天津大学堂举行的。[③]关于学校运动会,在体育史研究里虽然
有较为详细的记述,但却没有明确指出田径比赛与学校运动会的区别,而且大多
数的体育史研究都以介绍竞技项目及比赛成绩为主。[④]还有一些使用相关新闻报
道来分析近代中国体育和运动会的研究,然而这些研究大多把重点放在了民国以
后的全国运动会及国际比赛上。[⑤]综上所述,对于近代中国学校运动会的出现及
其发展过程,虽然已经有很多富有知见的研究成果,然而运用教育史的观点对"作
为重要的学校活动之运动会"进行的体系研究还不能说已经做得很充分。

---

① 周西宽:《旧中国学校运动会史略》,《成都体育学院学报》1980年,第7—23页。

② 高嶋航:「長江流域社会の歴史景観」,『上海セント・ジョンズ大学スポーツ小史(1890—1925)』,京都
大学人文研究所出版2013年版;森时彦:『長江流域の歴史景観:京都大学人文科学研究所附属現代
中国研究センター研究報告』,京都大学人文研究所出版2013年版;上海体育志编纂委员会:《上海体
育志》,上海社会科学院出版社1996年版。

③ 闵杰、刘志琴:《近代中国社会文化变迁录》第二卷,浙江人民出版社1998年版,第69—71页。其中有
这样的论述:"戊戌维新时期,不少学校已经开展田径运动。1897年天津大学堂举行第一届运动会,其
竞赛项目之齐全,可与今天普通中学的运动会相类比。"但是,同书引用的《国闻报》1897年11月29日
报道《大学堂赛跑》中,并没有使用"运动会"这样的词语。关于文章中提到的天津大学堂,根据《教育
大辞典3》(顾明远主编,上海教育出版社1991年版,第136页),应该是指"天津北洋西学学堂"。

④ 从体育史的角度提及运动会的研究主要有:笹島恒辅『中国の体育・スポーツ史』(東京逍遥書院1960
年版);苏竞存《中国近代学校体育史》(人民教育出版社1994年版);胡祖荣、王梦麟、王道杰《我国学
校运动会的史考及定位》,《江西社会科学》(2014年第3期);等等。

⑤ 王荷英:《〈申报〉中的上海近代体育研究(1872—1919)》,苏州大学硕士论文,2005年;肖鸿波:《〈申报〉
77年体育报道研究(1872—1949)》,复旦大学博士论文,2011年;王群:《1913—1934〈申报〉远东运动
会报道研究》,北京体育大学硕士论文,2010年。

因此,本研究将以清末民国初作为时代背景,运用教育史的观点从以下三个角度来考察近代中国学校运动会的形成及其发展过程。首先,使用当时发行量最大的报纸《申报》(1872—1949)中的相关报道,来统计其关于学校运动会的报道数量及在各个时期的推移状况,以此探清清末到民国这一时期学校运动会实施的具体状况及推广地域。接下来,参考诸如《大公报》①(1902—1949)这些同《申报》一样在清末颇具影响的新闻媒体,并根据其具体内容考察分析来自日本的影响。在本文的最后,将考察清末中国学校运动会对国民形成之影响。

二、《申报》所示学校运动会之举办情形

(一)《申报》刊载学校运动会文章之推移状况

在这一节里,笔者将以《申报》的相关报道为主要资料来考察近代中国学校运动会的动向。本文中引用《申报》报道时会附上原题目及刊载日期,必要时也将引用《大公报》等媒体的报道。

《申报》最初叫作《申江新报》,由英国商人Ernest Major于1872年4月30日在上海创刊,其后改作《申报》。《申报》作为第一个以普通市民为中心的媒体,自1872年创刊至1949年停刊历经77年,总发行部数达到25600期,成为在近代中国发行数量最多的报纸。②其内容涵盖政府令、公文、政治新闻,以及一般市民之生活琐事。尤其是有关学校运动会的报道数量惊人,远远超过其他创办于清末民国的报纸,成为了解当时学校运动会实施形态最有价值的资料(见图1)。

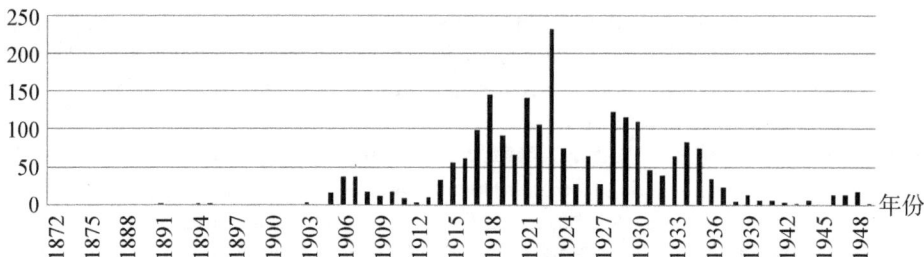

图1 《申报》之学校运动会报道数统计图

注:笔者根据《申报》报道统计制作而成。

---

① 1902年6月于天津创刊的《大公报》历经数次停刊并在香港等地区发行。本稿使用之《大公报》为天津版。

② 王天根等:《近代报刊与辛亥革命的舆论动员》,黄山书社2011年版,第214—246页。

在分析报道内容之前,先参照图1来确认一下报道的数量是如何随着时代变化推移的。其大致情形如图1所示,《申报》中最早有关学校运动会的报道是1903年6月6日的《总运动会》(湖北省)①。相关报道从1905年开始渐渐增加,到1907年形成第一个高峰。此后稍有停顿,在进入民国后的1912年又开始迅速增长,至1923年形成第二个高峰。通过这个统计,我们可以看到《申报》关于近代中国的学校运动会报道始于清末并贯穿整个民国时期。

以上是《申报》所刊载学校运动会报道的推移概略。在这里需要留意的是,尽管文章的数量十分庞大,然而这些毕竟只是存在于《申报》的学校运动会报道,不可能显示出当时中国全体学校举办运动会的状况。但是,对于教育经费缺乏毁学事件频发,即使在文教水平进步的地区教育改革也举步维艰的清末民国初之中国社会②,以倡导新教育思想身份登场的学校运动会能被媒体进行如此海量的报道,说明学校运动会作为重要活动业已渗透到学校教育中,并且引起了普通市民的关注。

(二)学校运动会的地域及各时代分布状况

本节将参照表1来分析清末民国《申报》中的学校运动会报道所涉及的地域分布状况。

表 1 《申报》所刊载运动会报道统计地域分布表(单位:篇)

地域	清末 1872—1912	中华民国		地域别合计
		北京政府 1912—1927	南京政府 1927—1949	
上海	61	349	485	895
江苏	13	463	164	640
浙江	6	77	33	116
北京	4	11	6	21
湖北	6	8	2	16
湖南	3	1	1	5
安徽	1	10	13	24

---

① 在此之前也有一些介绍日本运动会的文章。
② "由于清季教育改革的新旧学堂更替背后往往牵扯错综复杂的利益关系,尤其是政府与社会的权力控制,所以教育文化程度越高的区域,对于新式学堂的抵触反而越大。"摘自桑兵:《治学的门径与取法——晚清民国研究的史料与史学》,社会科学文献出版社2014年版,第240页。

续表

地域	清末 1872—1912	中华民国		地域别合计
		北京政府 1912—1927	南京政府 1927—1949	
山东		10	8	18
江西	2	2	5	9
广东	1	7	1	9
贵州		1		1
山西		5		5
陕西		1		1
吉林		2		2
黑龙江		2		2
河南		1	1	2
天津		3	1	4
福建		6	5	11
云南		2		2
四川		1	2	3
按时代合计	97	962	727	1786

注：笔者根据《申报》之相关报道统计制作而成。

从表1中可以看到，《申报》所载学校运动会之报道在其发行地上海最多，合计895篇，其次为江苏省。全部的报道跨越20个地区，合计1786篇。这些报道涉及的学校约92所，其中中学63所，初等及高等小学共44所，大学5所。然而，正如上文所述，这些数据仅仅是对新闻报道的统计，有很多文章中提到将要或已经举行了运动会，但没有记载具体的学校名。因此，也可以推测当时还有很多学校举办了运动会但没有被报道。

（三）清末之学校运动会的具体形态

在前面的几个小节里介绍了近代中国学校运动会之兴起时期、分布，以及在教育阶段开展之状况。在本节里将根据《申报》的报道内容来详述清末中国学校运动会举行的具体状况。

首先,要指出一个重要特征,即清末的学校运动会大多数采取联合运动会这种方式。这大概是因为这一时期的学校大都没有专用的运动场地。这点与日本学校运动会兴起伊始的状况十分类似①。这一时期的学校运动会规模都很大,据《申报》1905年6月5日所载《京师大学堂运动会》,当日各学堂之学生前来三千余。同报1906年5月21日之《龙门师范学堂运动会》报道中记载"男女来宾数以千计"。还有,1910年11月28日之报道《锡金各校联事运动会纪盛》中记录:"是日参加校共有十三校……整队参观者共三十余校学生达一千四五百人,男女来宾几逾万人。"据以上内容可以确定清末中国学校运动会的举行规模已经是相当之大了。接下来要介绍的是学校运动会项目构成。前文提到最早出现在《申报》之关于1903年6月6日《总运动会》的报道,地点是湖北师范学堂②,项目有"引绳、夺旗、燃灯、双足合跳、二人三脚足、诸戏法"等。同年6月14日的报道《鄂中师范学堂》所示内容也相当类似以游戏为主。据此可知,始于清末的学校运动会,初期在竞技项目上虽因校而异,但是诸如"徒竞走、跳高、跳远"这些项目已经得到基本普及。这样的项目构成同日本的学校运动会有很多共通之处。

三、从学校运动会看日本的影响

(一)对日本学校运动会之关注

明治日本的教育制度对清末的教育改革影响至深,这已经是一个普遍结论。1904年公布的《奏定学堂章程》就是参照日本的学校制度所制定的,因此在学校运动会这个新生事物上,来自日本的影响也随处可见。接下来,笔者根据一些具体事例来说明这点。

首先要介绍的是《申报》1891年6月16日关于日本学校运动会之报道《蓬瀛销夏》,记载了在山形县一所小学所举行的学校运动会。这显示当时的媒体对于日本运动会已经有一定程度的关注,也可以推测在19世纪末有关日本运动会的情报已经在中国有所传播。

---

① 「第2章　運動会の歴史・日本の行事を見直す」,『日本の教育課題』第5巻,東京法令出版社2002年版,第250頁。

② 《申报》中所报道湖北师范学堂,根据汪向荣的研究判断,当为其时之两湖师范学堂。

> 山形县米泽市门东町所立兴让高等寻常小学校于上月廿七号举行
> 远足运动会按日本各学校平日文武兼习所谓运动会者由教员带领生徒
> 整队而出之某处试以技艺继之以玩耍所谓远足者以所至之处较远也是
> 日午前九点钟高等科生徒赴龟岗村前习艺毕以烧风船为戏船内储引火
> 之物将火引着其船随风飘去名曰烧风船是日所放风船自下而上破空疾
> 驶火星乱落密若飞燐各生徒咸拍手喜笑不料坠在茶屋上面登时火势炎
> 炎不啻摧枯拉朽全村五十余户系付划灰适当农忙之际老幼妇女皆有事
> 于田畴及闻警归来则室庐藏器皿已归无何有之乡所饲马头娘亦悉葬于
> 火穴教员生徒偶尔嬉戏遂致肇此巨灾不识如何了结

另外一则是《申报》1895 年 11 月 13 日所载《日事述闻》，也记述了日本学校的运动会。此文章之日期为《马关条约》签订之后，作者对日本的学校运动会具有军事训练这个特征深表关注。

> 日本各处所设学校及其生徒者每年春秋二季必由教师率领整队至
> 附近旷地或临县演习武事，谓之行军。日前熊本县寻常中学校生徒至
> 长崎演习数日，八号清晨向早歧进发。经时津归校。长崎寻常小学校
> 生徒则于八号举行秋季运动会，赴合战场齐集步伐一如行军。

而在《申报》1905 年 5 月 7 日之报道《观南洋公学运动会》中，对日本的学校运动会有着更详细的记述：

> 吾友某君去冬自东瀛归述其观日本高等师范学校运动会有担架网
> 引千鸟三人四脚二人三脚行诸名目担架者所以练习异还受伤军士网引
> 者所以练习其力三人四脚二人三脚行者所以练习受伤者得借其力以归
> 观东京府第一中学校运动会则有<u>二百码四百码竞走提灯竞走戴囊竞走
> 旗拾竞走障害物竞走毋衣引竞走诸名目</u>……

以上引用内容中有下划线的项目在京师大学堂，务本女塾[①]，南洋公学等学校的运动会项目中也有，这可以看作是这一时期中国学校运动会项目的共同特

[①] 1902 年由吴馨创立，至 1913 年使用"务本女塾"校名。朱有瓛：《中国近代学制史料》第 2 辑，华东师范大学出版社 1986 年版，第 589 页。

征之一。

清末时期中国人对于日本的体育及运动会的关注还体现在一些对日视察的报告里。例如,在1900年之后对日本教育界视察报告书中,特别强调了发展体育的重要性①。又例如,1903年以私立学校教员身份东渡日本视察教育的项文端,在其《游日本学校记》里重点强调了运动会的作用及对身体训练的效果:"且有体操游戏运动会等事以鼓励生徒之精神事事一律事事合群事事有纪律事事尚奋勇。"②项文端还对其参观的日本赤城小学运动会以及东京高等师范学校的秋季运动会做了详细记录③。以上内容都显示出清末教育界人士对日本的学校运动会的密切关注。

(二)学校运动会中的日本教习

清政府于20世纪初进行全国范围的教育改革,然而教师短缺成为教改的最大难题之一。为此,1902年吴汝纶访日视察教育之时就已经向帝国教育会提出了雇用日本教习的请求④,这个请求正符合明治政府当时推行的"清国保全"对外政策,于是迅速得到明治政府的支持与响应⑤。据汪向荣的研究所示,清末的日本教习主要分布于京师、直隶、天津等地区。例如,京师大学堂师范馆的总教习是服部宇之吉,仕学馆的总教习是严谷孙藏,至民国时期共有23名日本教习执教于此⑥。

下面要介绍的是日本教习与运动会之关联与影响的报道。《申报》1905年10月5日的文章《大学堂拟开运动会》记载:"近闻大学堂铃木教习⑦提倡开二次运动会优胜旗由日本制造刻已运到所需款项拟每生出洋二角,教习在二十元以上凑成一千五百元之谱以助官费之不足其日期现正拟定云。"另,《大公报》1906年5月6日之报道内容显示出京师大学堂运动会在日本教习的指导下举行,作者对

---

① 在《光绪二十四年闰三月二十日(1898年4月22日)姚锡光上张之洞查看日本学校大概情形手折》中,这样叙述,"日本之各小学校,各中学校及各师范学校,无不有体操兵操""日本教育之法,大旨盖分三类,曰体育,曰德育,曰智育。故虽极之盲哑推及女子,亦有体操,重体育也"。朱有瓛:《考察日本学务(调查,游记,言论)》,《中国近代学制史料》,华东师范大学出版社1987年版,第28,32页。

② 田中比呂志:「清末の江蘇省における諮議局の設置と地域エリート」,『東京学芸大学紀要第3部門社会科学』2004年第55卷,第21—38頁。

③ 项文端:《游日本学校记》,选自吕顺长编:《晚清中国人日本考察记集成·教育考察记(上)》,杭州大学出版社1999年版,第418—422页。然而,游记中所记载的赤城小学校所在地不详。

④ 汪向荣著,竹内実、浅野純一、中裕史訳:『清国お雇い日本人』,朝日新聞社1991年版,第73—75頁。

⑤ 汪向荣著,竹内実、浅野純一、中裕史訳:『清国お雇い日本人』,朝日新聞社1991年版,第80頁。

⑥ 汪向荣著,竹内実、浅野純一、中裕史訳:『清国お雇い日本人』,朝日新聞社1991年版,第83—125頁。

⑦ 京师大学堂的铃木教习为东文教习铃木信太郎。阿部洋:『中国の近代教育と明治日本』,福村出版社1990年版,第158頁。

于运动会的主办权操纵在日本教习手里这件事颇为不满①。

在关于初等教育阶段(初等及高等小学)的运动会报道里也可以看到日本教习活动的记载。例如,《申报》1908年5月2日的报道《小学将开运动会》中,有这样的记载:"常郡武阳公立小学堂定于四月初三开春季运动会。拟请苏州师范学堂日教习藤田太郎批导一切,并设女座以备各女校届时往观。"《申报》1908年5月15日的报道《武阳公立小学日前开运动会》中记述:"城内外男女学生到者十余校,无锡竣实勉强等五校亦乘火车到常,是日共计运动三十余次,一切皆由苏州师范学堂日本教员高田九郎②为指导。"在以上的报道中可以看到,当时的苏州师范学堂至少聘用了两名日本教习,且二人均参与了各类学校运动会的举办。

《申报》1903年6月6日的报道《总运动会》中提到"日本人户野周三郎"③,经查证为当时湖北省师范学堂之总教习,文章提到此校的全部规章制度均按照日本式样所订。在这篇报道中所记载的运动会项目,诸如"夺旗,燃灯,双足合跳,二人三足,诸戏法"等与日本的学校运动会项目十分类似。在这篇报道里,虽然对户野周三郎与运动会的举办有无直接关系这点没有更多说明,但据以上内容已经可以判断户野周三郎指导此运动会的可能性极高。另外,在与日本教习执教分布表的对照中发现,出现在《申报》所载学校运动会报道中的学校共有11所。④

曾在务本女校任教的日本教习河原操子也曾参与并指导学校运动会⑤。阿部洋在其研究中这样记述:"她以身作则指导学生守纪律严格遵守时间,在休息的时候率先在操场上鼓励并带领放足的学生进行多种运动。"⑥《申报》中关于务本女校运动会的最初报道出现在1904年,然而据其他杂志所载务本女校校歌判断⑦,该校1904年就已经举行过运动会,且每年举行两次。务本女校还在1905年成立了一个叫作"上海务本女塾运动会"的校内组织,并要求全体学生入会⑧。

---

① 《大公报》1906年5月6日文章。

② 高田九郎在宣统三年(1911)归国前被清政府授予宝星奖励。奕劻:《奏外务部摺查覆日本教员细井贡之等赏给宝星由》,宣统三年(1911)七月二十六日,档号03-7575-101,第一历史档案馆所藏。

③ 《申报》文章中所载"户野周三郎",经查阅阿部洋所著『中国の近代教育と明治日本』(福村出版社1990年版,第45頁)中的相关记录判断,大约是"户野周二郎"之误。

④ 『日本教習分布表』。汪向榮著,竹内實、浅野純一、中裕史訳:『清国お雇い日本人』,朝日新聞社1991年版,第83—125頁;阿部洋編:『日中教育文化交流と摩擦—戦前日本の在華教育事業—』,第一書房1983年版,第8—47頁。

⑤ 河原操子于1902年9月至1903年10月在务本女塾执教。晏妮:「近代上海における務本女塾の師範教育」,『寧楽史苑』2014年第59号,第18頁。

⑥ 阿部洋:『中国の近代教育と明治日本』,福村出版社1990年版,第192頁。

⑦ 柳亚子、徐觉我、蒋维乔等:《女子世界》,线装书局1904年版。

⑧ 刘志琴:《近代中国社会文化变迁录》第二卷,浙江人民出版社1998年版,第89页。

以上这些活动与河原操子的直接关系虽然尚在考察中,但是从她在务本女校时积极倡导体育这点来看,可以推测其与运动会的举办有一定的联系。

四、清末的学校运动会与国民形成之关系

(一)清政府的教育政策与学校联动会之关系

权臣张之洞等于1901年向朝廷提交了一份《奏议》,要求设立武备学堂,以及在小学推广兵式体操①。这个举动表明政府内部对于体育及兵式体操的重视逐渐提高。在1904年公布《奏定学堂章程》确立了近代中国学制之时把体操及兵式体操列为公立学堂的必修科。

在这种对体育与体操的重要性日渐关注的形势下,学校运动会开始为学部所重视。虽然到目前为止还没有见到学部关于学校运动会的明文规定,但是以下介绍的事例足以说明学校运动会已经逐渐成为政府发展教育的重要措施。

清政府对于运动会的关注和支持主要表现在以下两点。其一,1906年成立的学部在其《学部奏请宣示教育宗旨折》里提到日本的师范学校有着最严格的规则,"运动竞走,特设大会,其国家且宜法令以鼓励之,其命意可知矣。"②在学部主持召开的首届中央教育会上把学校运动会作为重要议案之一来审议,这一事实也说明了政府对于学校运动会的重视。

学校运动会在1905年至1911年这一期间得到了大范围的普及。上文中提到过的1911年学部主持召开第一届中央教育会③之中央教育会第三次大会及中央教育会第九次大会上,学校运动会这一条目作为《军国民教育案》的一部分在会上被审议。这些会议记录的一部分刊载于《申报》,在1911年7月28日的报道中关于《中央教育会第三次大会纪》的审议记录里记载如下:"当由学部规定联合运动会之规则及礼式一律推行。"在1911年8月8日的报道《中央教育会第九次大会纪》里也详细记录了关于运动会应如何举办,其规则样式应由哪里来定之讨论。其最终结论与上文提到的第三次大会所涉及之内容基本一致,即认为应该

---

① 《湖广总督张之洞,两广总督刘坤一:会奏变法自强第一疏(节录)》。璩鑫圭、唐良炎:《学制演变》,上海教育出版社2007年版,第12—13页。

② 舒新城:《中国近代教育史资料》,人民教育出版社1961年版,第223—224页。其中有这样的记述,然而对于这个"法令"究竟为何物却没有记载。

③ 1911年7月25日开始至1911年8月21日结束,共召开了16次中央教育会,会上围绕《军国民教育案》进行了8次讨论。学校运动会的召开方式也在该《军国民教育案》中被提及。会议记录分别刊载于《申报》1911年7月28日之《中央教育会第三次大会纪》与1911年8月8日之《中央教育会第九次大会纪》。

由学部来管理学校运动会①。这亦显示学校运动会已经不是"礼仪"的一部分,而是学校教育的一种。

其二,京师大学堂对学校运动会之重视。京师大学堂创办于1898年,为当时中国的最高学府,至1906年学部成立还兼着全国最高教育行政机构,管理各省的公立学堂这样一个职能。因此,京师大学堂对于运动会的重视,也标志着举办学校运动会在政府的教育中占有很重要的位置。例如,《大公报》1905年5月27日之报道《运动会缘起规则》,即是京师大学堂对举办的第一次运动会的说明:

> 窃谓世界文明事业皆强刚体魄之所造成也吾国文事彪炳而武力渐趋于薄弱陵夷以致今日为瀛海风涛之所冲激士大夫之担学事者乃之非重体育不足以挽积弱而图自存直隶湖北等省屡开运动大会若京师首善之区尤其丕树风声鼓舞士气兹拟定于本月二十四日敝学堂将开运动会使学生渐知尚武渐能耐劳伏恳学界之诸君子是日十二句钟赉临以光盛举谨将运动会条目奉上如各学堂学生愿到会场演习者乞自认何类先期示知敝堂报名处以便接待

此次京师大学堂运动会上有"各国公使,各学堂之华洋教习及三位学务大臣"等的出席②。这也可看作是政府支持并重视运动会的表现。当时的校长张亨嘉于1905年5月28日的《运动会告来宾文》③中对运动会的举办理由详述如下:

> 今日本学堂开第一次运动大会,辱诸君子惠临,不特本大学堂之光,亦中国学界之庆事也。区区鄙意,敬为诸君子正告之。盖学堂教育之宗旨必以造就人才为指归,而造就人才之方,必兼德育之事,然而气质有强弱之殊,禀赋有阴阳之毗,欲人人皆有临事不辞难,事君不惜死之节概,盖亦难矣。东西各国知其然也,故无不以体育一事为造就人才之基。日本体育转重击剑、柔道二门,其国民忠勇报国之精神实职于此。英国则以打球为国民体育法。其他德美诸国,无不由体育法面养

---

① 据关晓红的研究所示,在中央教育会讨论的学校运动会之各项规定属于《军国民教育案》的一部分,《军国民教育案》最终获得表决通过。笔者据此推测运动会的诸规则也一并获得了通过。关晓红:《中央教育会述论》,《近代史研究》2000年第4期,第124—125,129—130页)。

② 朱有瓛:《中国近代学制史料》第1辑,华东师范大学出版社1986年版,第660—661页。

③ 朱有瓛:《运动会告来宾文》,《中国近代学制史料》第2辑,华东师范大学出版社1986年版,第924页。

成国民气节,其成效亦略可睹矣。……我朝特设善扑营以存国俗,亦即此意。自科举兴而体育废,儒缓之习遂中于士大夫之心,人人皆有杜元凯不能批甲上马之病,武风遂因之不竞。今天子英明神武特诏天下,普立学堂,而京师大学堂为之总汇,以为造就人才之极则,则凡德育体育之方不可不求其完备矣。今日特开运动大会,亦不外公表此宗旨,以树中国学界风声而已。……

以上资料证实,学校运动会在清末被以京师大学堂代表的政府高层提倡并推广,已经被置于学校教育的重要位置。

(二)学校运动会与国民形成之关系

综合以上分析,已经解明了学校运动会的重要性被逐渐认识,在清末中国的教育方针里所占之重要地位这一事实。这亦说明学校运动会已经被定位于促进近代国家的国民形成这样一个具有历史意义的位置。

这个时期正是经历了种种失败之后试图用近代体制重建国家的时期,从政治体制改革开始,必不可少的近代化军队的建设也已成为迫在眉睫的要务。

然而,对于当时的中国社会而言是个非常困难的事情。雷海宗在其著作中强调,"中国的传统文化里没有兵,要想彻底改造国民素质必须提倡武德"[1]。基于这样的状况,清政府于1901年开始军队结构改革,陆续创办了陆军中小学堂及武备学校,并雇用了很多军人出身的日本教习[2]。而且,在1905年被派遣出洋考察宪政大臣的报告书及上奏中也强调体操对于纪律训练、服从精神及实现征兵制都会有很大的促进。

关于发展体育培养尚武精神,刊载于《申报》1905年7月13日的《湘抚札举运动会文》中,对于体育、如何促进尚武精神的奋起,以及举行运动会的意义做了如下论述:

我国士气文弱体育小尚非设大会以振厉鼓荡不足以奋尚武之风是运动会之在于我国所关尤钜近者京师直隶江南湖北续开大运动会殆有深意湘省兴学稍后而收效独著省垣官私学堂日月增盛合计学生将达两

---

① 雷海宗:《文化形态史记——中国的文化与中国的兵》,吉林出版集团2010年版,第167—172,278—279页。

② 汪向荣和曾田三郎的研究显示,从清末到民国初,军人出身且在中国的武备学堂执教的日本人大约有300人。曾田三郎:「近代中国と日本人政治顾問・産業技術者」,『平成十四年度至平成十六年度科学研究費補助金基盤研究(B)(2)研究成果報告書』,广岛大学2005年版,第24—72页。

　　千人初等小学尚不兴焉其进步之速殆莫与京而大礼缺焉不举未始非学
界之憾事也今夏武备将弁两堂学生毕业自应于毕业期先后先合两堂学
生毕业举行第一次运动会以资倡率其官私各文学堂除初等小学外亦宜
定期运动俾有豫备应以二八月为各学堂联合举大运动会之期……

　　《申报》1905 年 11 月 12 日的报道《务本女学塾及幼稚舍①秋季运动会》中关
于运动会项目的记录中有"兵队"这样的项目。虽然无法考证其具体内容，顾名
思义应该是与军训有关的项目。其他还有《申报》1906 年 11 月 15 日的报道《花
业公学群学会附属学堂》记载的运动会项目中有"征兵剧""醒奴体②"等。类似
这样与军事训练有关的报道还有很多，这里就不一一列举了。作为这一时期"教
育宗旨"之一的"尚武"，在学校运动会里也作为重要的要素被重视。据《申报》
1905 年 5 月 7 日的报道《记南洋公学春季运动会》所示，运动会的项目中有"军装
竞走"，同样是《申报》1908 年 4 月 30 日的报道《华娄各小学堂开运动会》中也有
关于"军装竞走"的记载。

　　中等教育阶段的学校运动会之军事训练特征，在《申报》1906 年 11 月 20 日
的报道《详记健行公学大运动会》里也可以看到。这个报道里有如下记述："健行
于昨午运动观者五六千人某不惊健行进步之速学生颇具由军国民资格。"另外，
在 1908 年 5 月 5 日的文章《邮传部实业学堂运动会》中可以看到"骑马队和铁炮
队"这样的项目。另外还有在 1908 年 10 月 27 日的文章《记中国体操学校③运动
会》中，记载着"斯校得江督之赞成给新式后膛枪百枝故于第一节中队教练倍形
生色"。可以推测提供真枪是为了学校运动会上的兵式体操表演之用。

　　而对于身体与国家的关系，《大公报》1904 年 12 月 30 日之文章《论体育（续
二十二日稿）》强调："总而言之人民者国家之基础也身体者又人生之基础也身体

---

① 据《中国近七十年来教育记事》所述："上海务本女塾附设幼稚舍的吴朱哲女士曾被派遣至日本的保母
　容成所学习。丁致聘：《中国近七十年来教育记事》，国立编译馆 1935 年版，第 14 页。
② 虽然此项目之具体内容及样式已不可考，然而就"醒奴"一词来说，其字面意思是唤醒沉睡中的奴隶。
　对于在当时"奴隶"一词之使用，岸本美绪在其研究中这样论述："奴隶一词被用来作为'独立、自立、国
　民、爱国心、自由、平等、权利'等的对立面用语，即(奴隶)如果没有作为国民的自觉与自发的变革，中
　国必定要被亡国灭种，这样一个用来表现紧迫感、强烈的危机感的用语。"岸本还在其研究中用统计图
　表说明了 1903 年前后"奴隶"一词的使用开始大幅增加。岸本美緒：「清末における『奴隷』論の構
　図」，『お茶の水史学』2013 年第 56 号，第 180—182 页。
③ 中国体操学校是留日学生徐一冰、徐傅林、王鲁季三人于 1908 年在上海创办的私立体育学校。其办
　学宗旨是"强中华民族体质，洗东亚病夫之耻"。创立者之一徐一冰是近代中国的体育教育家，曾在日
　本的大森体育学校留学，所以这所学校的教材多数翻译自日本的教材。学校从 1908 年开设到 1927 年
　关闭，共有毕业生 1531 人。苏竞存：《中国近代学校体育史》，人民教育出版社 1994 年版，第 59 页。

强则人民强人民强而国家自无不强中国今日无论朝野士夫人人皆知国势之弱皆望国势之强而独于此强国之根本竟无肯注意者。"[1]在《申报》1905年5月7日的文章《观南洋运动会》中也强调了身体改造于国家之重要性,并对"运动"的重要性及其与国家的关系做了如下叙述:

> 运动之为益对于一己则足以健精神而强身体井上哲氏之言曰骨力不练则身体无田健全脑力不活动则精神无由康健故运动为个人立身之始事对于各科学则足以增其思想而助其果敢元良勇氏次郎之言曰体育者为各项科学之基础……对于国家则足以发其共同爱国之热心而造成其军国民之资格大町桂月之言曰君如心国民如四肢自体调摄运用得其宜则自然安全而心有所使令全体亦为之活动可以收捍御之功是故东西各国无一不注重运动

对于利用运动会培养国家观念及爱国心这点,《大公报》1906年5月5日的报道《京师大学堂运动会记——再续前稿》中如此记载:"运动既毕本学堂学生排队立正向国旗山呼万岁各学堂学生及来宾亦皆起立致敬。"

清末的学校运动会,具有军事化的特质且不仅仅体现在军事训练上,还被期待为培养爱国心的活动。例如,《申报》1910年11月3日的报道《小学联合运动会志盛(常州)》中有"此外特点如请开国会唇亡齿寒势力圈各节足以引起爱国心"这样的记述,把运动会的举行和培养爱国心教育联系在一起。

如前所述,清末的学校运动会具有军事训练的特征,也是爱国教育及"军国民"教育的重要阵地。运动会的举行与军事化教育,以及为了国家而进行的身体训练改造连接为一体,使其在学校教育中的作用日益重要。

五、结语

本研究以清末中国的学校运动会为中心,利用《申报》(1872—1949)、《大公报》(1902—1949)等报刊媒体的相关报道,阐明了学校运动会在近代中国的发展过程,并考察了其在教育史上的意义。通过本研究还揭示了近代中国的学校运动会在其形成期受到来自日本的影响这一重要事实,证实其在清末的学校教育

---

[1]《大公报》1904年12月30日的文章《论体育(续二十二日稿)》。

占有重要的地位。

由于清末民国初这一时期时局动荡国难频繁,学校的体育活动及运动会的主要目的是激发民族情感和培养爱国心。因此,近代中国的学校运动会虽然在初期受到日本学校运动会的影响,却不具备日本学校运动会所具有的联结生活地域与家庭的类似"村民活动"的特质①。

在清末得到普及,具有军事训练特质,屡屡作为爱国教育基地的学校运动会,在近代中国作为重要的学校活动得到了广泛开展。进入民国时期以后,学校运动会被明确为教育训令得到了政府的支持与推广,并且作为实施爱国教育的重要活动在各地大力推行。这一时期的学校运动会相比清末时期得到了更广范围的实施,也更加深入到普通市民的生活中。

然而,因举办运动会而干扰授课的正常进行,由于奖赏分配引起的对举办运动会意义的争论,以及对参加联合运动会所造成金钱和体力的浪费的批判也是同时存在的。此外,民国以后的政治形势对学校运动会的举办方式影响也很大。对于学校运动会在民国时期是如何开展的,以及对于这一时期的国民形成又有着怎样的影响等,将作为今后的研究课题。

参考文献

[1]吉見俊哉,白幡洋三郎.運動会と日本近代[M].[出版地不详]:青弓社,1999.

[2]佐藤秀夫.教育の文化史(2)学校の文化[M].[出版地不详]:阿吽社,2005.

[3]周西宽.旧中国学校运动会史略[J].成都体育学院学报,1980:7-23.

[4]森時彦.長江流域の歷史景觀:京都大学人文科学研究所附属现代中国研究センター研究報告[R].京都:京都大学人文研究所,2013.

[5]上海体育志编纂委员会.上海体育志[M].上海:上海社会科学院出版社,1996.

[6]闵杰,刘志琴.近代中国社会文化变迁录:第二卷[M].杭州:浙江人民出版社,1998.

[7]顾明远.教育大辞典3[M].上海:上海教育出版社,1991.

[8]笹島恒辅.中国の体育・スプーツ史[M].東京:逍遥書院,1960.

[9]苏竞存.中国近代学校体育史[M].北京:人民教育出版社,1994.

[10]胡祖荣,王梦麟,王道杰.我国学校运动会的史考及定位[J].江西社会科学,

---

① 山本信长、今野敏彦:「第五章 対象・昭和期運動会の変化・推移・特色」,『大正・昭和教育の天皇制イデオロギー[Ⅱ]—学校行事の軍事的・模擬自治的性格—』,新泉社1977年版,第287—288頁。

2014(3):137-141.

[11] 王荷英.《申报》中的上海近代体育研究(1872—1919)[D].苏州:苏州大学, 2005.

[12] 肖鸿波.《申报》77年体育报道研究(1872—1949)[D].上海:复旦大学,2011.

[13] 王群.1913—1934《申报》远东运动会报道研究[D].北京:北京体育大学, 2010.

[14] 王天根.近代报刊与辛亥革命的舆论动员[M].合肥:黄山书社,2011年.

[15] 桑兵.治学的门径与取法——晚清民国研究的史料与史学[M].北京:社会 科学文献出版社,2014.

[16] 作者不明.日本の教育課題 第5巻 第2章 運動会の歴史・日本の行事を 見直す[M].東京:東京法令出版社,2002.

[17] 朱有瓛.中国近代学制史料:第2辑[M].上海:华东师范大学出版社,1986.

[18] 田中比吕志.清末の江蘇省における諮議局の設置と地域エリート[J].東 京学芸大学紀要第3部門社会科学,2004,55:21-38.

[19] 吕顺长.晚清中国人日本考察记集成・教育考察记(上)[M].影印本.杭州: 杭州大学出版社,1999.

[20] 汪向荣.清国お雇い日本人[M].竹内実,浅野純一,中裕史,訳.東京:朝日 新聞社,1991.

[21] 奕劻.奏外务部摺查覆日本教员细井贡之等赏给宝星由[A].(1911-07-20) 档号03-7575-101,第一历史档案馆.

[22] 阿部洋.中国の近代教育と明治日本[M].東京:福村出版社,1990.

[23] 阿部洋.日中教育文化交流と摩擦—戦前日本の在華教育事業—[M].東 京:第一書房,1983.

[24] 晏妮.近代上海における務本女塾の師範教育[J].寧楽史苑,2014(59):18.

[25] 柳亚子,徐觉我,蒋维乔,等.女子世界[M].北京:线装书局,1904.

[26] 璩鑫圭,唐良炎.学制演变[M].上海:上海教育出版社,1991.

[27] 舒新城.中国近代教育史资料[M].北京:人民教育出版社,1961.

[28] 关晓红.中央教育会论述[J].近代史研究,2000(4):124-130.

[29] 朱有瓛.中国近代学制史料:第1辑[M].上海:华东师范大学出版社,1986.

[30] 雷海宗.文化形态史记——中国的文化与中国的兵[M].长春:吉林出版集 团,2010.

[31] 曾田三郎.近代中国と日本人政治顧問・産業技術者[R]//平成14年度～平 成16年度科学研究費補助金基盤研究(B)(2)研究成果報告書.広島:広島

大学,2005:24-72.

[32]丁致聘.中国近七十年来教育记事[M].北京:国立编译馆,1935.

[33]岸本美緒.清末における『奴隷』論の構図[J].お茶の水史学,2013(56):180-182.

[34]苏竞存.中国近代学校体育史[M].北京:人民教育出版社,1994.

[35]山本信长,今野敏彦.第五章 対象·昭和期運動会の変化·推移·特色[M]//大正·昭和教育の天皇制イデオロギー[Ⅱ]—学校行事の軍事的·模擬自治的性格—.東京:新泉社,1977.

The Rise of School Sport Events in Modern China

ASANUMA Chie

(Graduate School of Education of Tohoku University, Sendai: 980-8576)

Abstract: The purpose of this study is to clarify the situation of school sport events in modern China. As a school function, one could argue that the practice of holding school sport events started from the formal education system of modern Japan. According to previous research, school sport events are a unique customary practice of Japan without corresponding examples in other countries. However, in spite of some bumps and detours, school sport events were established and widely held in modern China as well. In order to reveal the actual situation, this paper analyzes and considers the school sport events in modern China from the end of the nineteenth to the early twentieth century. In its last years, the Qing dynasty took Japan as a model of modernization and started emphasizing physical education as a strategy to save the nation, which had never existed before. Therefore, in this era, school sport events were off and running in modern China.

This study concludes that the practice of holding school sport events in the end of the Qing dynasty was greatly influenced by Meiji Japan. Among others, school sport events took the center role in body reforming and were crucial in implementing military education for everyone.

Key words：Modern China; School Sport Events; Save the Nation; Body Reforming; Military Education

论清末法部郎中韩兆蕃之《考察监狱记》

孔 颖①

(浙江工商大学东方语言文化学院 杭州:310018)

摘 要:1907年,韩兆蕃以法部郎中身份先后考察了江浙各地的传统旧牢和上海租界西牢捕房等新狱,又赴日本各地考察监狱,还得到日本监狱学专家小河滋次郎的亲授指导。韩兆蕃将考察所得编成《考察监狱记》一书出版。这份报告不仅清晰汇报了清末新政背景下中国各种监狱,以及上海西牢和日本改良后的监狱的真实状况,并记录了小河的监狱改良心得,更以专业人士的敏锐目光观察并分析中国改良过程中的问题。但韩兆蕃的这份考察记很少受到学界关注,几近湮没。该文的目的是重新发掘这份报告,并发现其价值。

关键词:韩兆蕃;《考察监狱记》;小河滋次郎;西牢;苏浙旧牢;日本监狱

一、韩兆蕃其人及其监狱考察原委

光绪三十二年(1906),法部郎中韩兆蕃呈请赴日考察监狱,获准后翌年先于江浙一带考察中国狱政及在华西狱状况,后赴日本考察监狱11所。归国后编成《考察监狱记》一书,光绪三十三年(1907)由商务印书馆出版。全书分"呈文""内编""外编"和"附编"四部分。"内编"主要收录中国江浙、上海各地的传统旧牢和租界西牢的考察记录、《考察内地监狱禀》及照片、图影和建筑图式11幅。"外编"收录考察日本11所监狱的记录及各式监狱图式14幅,并录有他写的《考察日本监狱禀》,详记各狱的设施、制度和费用等巨细,以为他日中国建设新型监狱时之参考。"附编"是韩兆蕃在日期间听日本监狱学之父小河滋次郎讲学一周的万余言笔记,还包括《日本监狱章程》《上海英国监狱章程》和《上海工部局监狱章程》等3份文件。

根据目前能检索到的资料,韩兆蕃是浙江定海人,附贡出身,法部郎中。②他于1906年禀请自费出洋考察监狱,年底获准出京。翌年正月调查上海租界西牢、会审公廨押所及江浙两省臬司首府厅县各监,五月赴日考察监狱三个月。

---

① 孔颖,浙江工商大学东方语言文化学院副教授,主要研究方向为日本文化研究。
② 内阁印铸局编:《近代中国史料丛刊 290 宣统三年冬季职官录 1、2》,文海出版社1968年版,第395页。

1909年3月(宣统元年闰二月)法部奏请设立京师模范监狱,次年开工建筑,由麦秩严①为监督,韩兆蕃以帮提调身份名列监办人员之中。②民国后,他作为定海旅沪绅商寓居上海。③1930年7月17日上海各界领袖为发起赈济战地灾民慰劳前方将士大会,韩兆蕃也在"筹备会缘起"成员之列。④

虽然韩兆蕃出身只是附贡,在法部也只是"额外司员",日后在上海也只是一个偶尔露面的绅商,在历史中几近湮没,但他在1907年出版的这本《考察监狱记》却在沉寂近百年之后重现于世。1995年许章润教授在论文中提到此书。⑤薛梅卿2001年主编的《中国监狱史知识》中根据《考察监狱记》提供的图片来确认清末"待质所"的实际状况。另外还有若干相关论著,如《上海监狱志》也从此书中获得了材料。⑥可惜至今未见有关该书的专文。

从书中收录的他申请出洋考察的折子可见,韩兆蕃当时为三品衔郎中。他考察监狱的动机,是希望通过改良监狱以助废除领事裁判权。而选择日本,是因为他"尝阅读日本监狱法诸书,窃叹其摹仿西制何如斯之严密也",因此"情愿自备资斧,前赴东洋,详细调查"。⑦另外,他还听说江浙的监狱"间有改良",上海租界捕房的西牢也"颇称合式",因此他希望能在赴日之前先顺道考察。⑧他要求"咨行外务部转咨出使日本大臣",待他到日本后派员随带翻译、绘手陪同考察。⑨至于费用,除自备资斧之外,"所有出使大臣派出之翻译等官费用应由使署自行酌给津贴"⑩。

韩兆蕃于光绪三十二年(1906)十二月初八日出京,翌年正月开始调查江浙沪的各类监狱。五月,他将内地考察监狱情形汇总禀告,然后由上海赴日考察,历时三个月。

韩兆蕃在上海首先拜会了上海道县及英、法两处廨员,以考察租界内各西牢

① 麦秩严与韩兆蕃一样,曾经赴日考察监狱,麦早行一年,于1906年4月经修订法律大臣沈家本委派,随同刑部候补郎中董康一行五人赴日调查监狱裁判制度。
② 王元增:《北京监狱纪实》,1912年初印,1913年修订,北京监狱印行。
③ "敬谢浙江当道及定海绅商并旅沪诸公惠赐匾额",《申报》第17605号,1922年3月1日第三版;"恕讣不周",《申报》第15537号,1916年5月16日—5月21日第一版。
④ "昨日各界大会",《申报》第20583号,1930年7月18日第十三版。
⑤ 许章润:《清末对于西方狱制的接触和研究——一项法的历史和文化考察》,《南京大学法律评论》1995年第2期。
⑥ 如王таких芬:《明暗之间:近代中国狱制转型研究 理念更新与制度重构》,中国方正出版社2009年版,第47页。
⑦ 韩兆蕃,《考察监狱记·呈文》(以下简称"呈文"),光绪三十三年(1907),第1页。
⑧ "呈文"第1页。
⑨ "呈文"第2页。
⑩ "呈文"第8—9页。

捕房,同时还索取了各西牢的现行章程、列年统计表册及建造图式,并辗转翻译,花了一个月的时间才完成这些工作。这之后,他离开租界,开始考察上海县监。三月中旬,他离沪赴宁,拜见了两江总督端方。因南京没有府监,他只考察了首县上元、江宁两监;四月初他到苏州拜见江苏巡抚陈夔龙,随后察看了臬司、首府及长洲、元和、吴县各监;继而到达杭州拜见浙江巡抚张曾𬭤,察看了首府及仁和、钱塘两处县监;又到宁波,因宁波没有府监,即察看了鄞县监和定海厅监。前后所经各地,共花了四个月的时间。

五月份,他向上司汇报了考察江浙沪监狱的情况之后,由上海搭坐日本邮船宏济丸渡航前往日本。到达东京后,经驻日大臣杨枢函咨日本外务省,介绍司法省监狱局事务官法学博士小河滋次郎授课,日约三小时,历时一周。之后,他又考察日本各地监狱11所,包括东京的东京监狱、市谷监狱、巢鸭监狱、小菅监狱,以及横滨、京都、大阪、堀川、神户、长崎监狱和谏早出张所。

韩兆蕃虽然是自费出洋考察,但因其法部郎中的正式身份,故在江浙两省、上海租界和日本,均受到隆重接待,各处督抚都妥为安排。而日本方面,除了安排小河滋次郎亲自为其授课之外,"典狱各官,无不以热诚相待,就所质问,悉为详尽之说明,且各以章程表式图样相赠"①。此外,他在江浙的行程还受到《申报》的连续报道。②

二、苏浙监狱考察实况

在清代,省、府、州、厅、县均设有监狱。省监,也称臬司监或司监,主要关押官犯,收押秋审的囚犯;府监关押、管理州县送押的人犯和向省监递解人犯;州厅县也都设有监狱。清代监狱的具体管理群体官职不高,一般都是从九品,有的还未入流,而狱卒通常被认为是"贱役贱人",社会地位极低。这个直接掌握狱政而自身地位和素质低下的群体,决定了清代监狱的管理水平。

如前所述,韩兆蕃在赴日之前,先顺道考察了上海、江苏和浙江的各类监狱。其中调查苏浙两省的臬司、首府、厅、县各监共12所。总的来说,他看到的监狱状况相当恶劣。

---

① 韩兆蕃,《考察监狱记·外编》(以下简称"外编"),光绪三十三年(1907),第61页。

② "上海官事",《申报》第12194号,光绪三十三年二月二十二日(1907年4月4日)第十八版;"司员考察牢狱",《申报》第12207号,光绪三十三年三月初五日(1907年4月17日)第十八版;"考察监狱到苏",《申报》第12234号,光绪三十三年四月初三日(1907年5月14日)第十二版。

首先是监舍的建筑与卫生问题。例如,江苏府监基地本狭,而房宇又极朽陋,"本甚破坏,地又低洼,加以年久失修,黑暗不殊地狱。入则秽气袭人,惟闻呻吟声、呼喊声、与铁索触系声"①。韩兆蕃看到多数监狱"既无病房以避传染,又无沟道以祛积垢,秽气充塞,遗矢狼藉,其致疬疫宜也"②。他考察江苏府监时发现,"因无病房,每当夏秋之交,一人病发,辄至传染多人云,现病犯五六人,昨日已死其一人"③。他联想到"西国当18世纪前,有所谓监狱疫者,谓其疫起自监狱",再看中国监狱的实情,"乃益信焉"④。

"群囚聚哗"的杂居问题也是他在大多数监狱中看到的。⑤他由监狱学的专业角度指出:"杂居制本为监狱所忌。至并间数而不分,则可谓极端之杂居制矣。"他进而指出,西方人把杂居制看作犯罪学堂,"唆供教奸,交换智识,习于群居之乐,而忘其境遇之苦,饮食起居虽极贱遇之,而放纵恣肆自若也。故杂居制最为监狱之忌"⑥。

至于待遇,韩兆蕃发现在各处监狱中"冬夏之衣被扇席等,向无定章,名为仰给县官,实皆由囚徒自带入监。要而言之,随囚徒之贫富,任其自由而已"⑦。另外,各监饭钱、刑具、寝具等待遇无统一标准,这就给禁卒上下其手、敲诈勒索留下了空间。⑧

关于狱政管理,韩兆蕃的印象是各地均废弛敷衍。例如,依照章法,典史作为管狱专官应每日亲临验视,但韩兆蕃到处都看到他们将制度视为空文;⑨而定海厅监的迁善所居然对押犯一律钉镣,甚或加梃棍,晚间则锁总链,只是狱卒为方便自己而已。⑩

韩兆蕃尤其关心监的经费,并不厌其烦地记录各监经费情况,并看到经费不足产生的问题。例如,他发现长洲县监"斩、绞、军、流各囚禁于内监,每月核计只银五钱耳。如是而欲其奉公守法,实事求是,其可得乎?"⑪他认为主要问题在于监狱的费用开支往往并非由国库支出,大多依赖县官之赔贴,因此导致监狱中

---

① 朝兆蕃,《考察监狱记·内编》(以下简称"内编"),光绪三十三年(1907),第39页。
② "内编"第38页。
③ "内编"第39页。
④ "声"内编"第8页。
⑤ "内编"第29页。
⑥ "内编"第40页。
⑦ "内编"第6页。
⑧ "内编"第38页。
⑨ "内编"第2页。
⑩ "内编"第33页。
⑪ "内编"第6页。

的种种积弊。①

韩兆蕃最关注的是上海县监,因为它"邻近租界,为外人耳目之所属,又为西牢比较之所及"。考察的结果是该监"不特不加意改良,而腐败转甚于内地,启外侮而增国耻"②。他发现这里极其混乱,简直成为西人所说的"杂居制之监狱为犯罪学校"的典范:"居处龌蹉,人数拥挤,直豕苙耳……嗜烟无禁,嗜酒无禁,甚至赌博亦无禁。于是禁狱之变相,可以为烟铺为酒馆为赌场矣。室中秽恶之味与洋烟氤氲之气,相缭绕凝结,不可解散,触鼻欲呕,此实为未经见之怪相。"③

十年前,著名日本法学博士冈田朝太郎曾在参观上海县监后,毫不留情地使用了"不洁""不整顿""恶臭""猪窝""乞丐窟""垃圾场"等词汇来形容该监的状况。④比较韩兆蕃的记录可见,十年之间该县监并未发生改变,唯多了洋烟的怪味。⑤

韩兆蕃考察的12所监狱中,感觉较好的只有苏省的两所,即臬司监和长洲县监。臬司监与府监仅一墙之隔,但经费宽裕,而府监由府贴给,需要报销,因此两者的差异不可以道里计。⑥司监地本宽敞,经过修葺,颇觉高爽清洁。其建筑式样仿上海西牢,"屋顶蔽以玻璃,承以铁杆,光线不碍,防范亦牢固",狱内又设有病室和神龛,且有使役和看护,颇具自由。⑦长洲县监则模仿司监做了修建。⑧另外,韩兆蕃又听说江苏正仿照北洋罪犯习艺所办法,新建房舍,秋后可以告成。但他看出根本问题并未解决:"纪律不讲,看守不由于教练而仍禁卒之旧已也。无画一之规则,无专门智识之管理员,谓将以收改良之效,窃以为非易也。"⑨

清末修律的主旨是,以剥夺自由为特征的近代自由刑取代以往以生命刑、身体刑、流刑为主体的刑罚体系。此前中国监狱中关押的,不是待刑的死囚,就是未决犯。这显然与关押已决犯的近代监狱迥然不同。因此,为了完成刑法改革,就必须对监狱这个刑罚执行机关进行改革。韩兆蕃的考察正好记录了这一刑制转换期的清末监狱的变相。除了传统的收押斩绞人犯的内监和收押徒流人犯的外监之外,还出现了各种其他的监狱形式,如上元县、吴县和鄞县关押未定罪被告的"待质所",上元县和鄞县关押轻罪囚的"自新所",元和县和吴县关押盗窃

---

① "内编"第30页。

② "内编"第11页。

③ "内编"第11页。

④ 参见孔颖:《走近文明的橱窗——清末官绅对日监狱考察研究》,法律出版社2014年版。

⑤ "内编"第10页。

⑥ "内编"第5页。

⑦ "内编"第3—4页。

⑧ "内编"第6页。

⑨ "内编"第4页。

罪、忤逆罪及非死罪而又不便释放之徒的"化莠堂",元和县关押地方流氓的"流氓公所",元和县及上海县拘禁刑期半年至五年不等的囚犯及家人扭送之无赖子弟的"改过所",鄞县关押刑期三月至三年的斗殴、赌博犯的"迁善所",等等。韩兆蕃发现这些新监大多数情况下换汤不换药,"轻重失衡,名违其实"①。偶有收效良好者,如吴县化莠堂,虽然稍嫌狭隘,每日饭食钱日也只有四十五文,但"该堂守卒洒扫较勤,医官亦遇事认真。故病犯亦较少",韩兆蕃认为这是县令张春泉的用心所致,因而感叹道:"足见地方官能尽一分心力,即有一分实效也。"②

三、上海租界西牢捕房押所考察实况

在上海租界,韩兆蕃考察了提篮桥和厦门路两大西牢及会审公廨自设押所。此外还着重参观了英租界的四马路工部局总巡捕房和大马路新巡捕房、美租界的虹口捕房、法租界的大马路法捕房。

提篮桥西牢关押华人及无领事国之重罪犯,主要是会审公廨发下的徒罪以下犯人。正副狱官均由工部局委派,多系英国军官。监狱采取分房制,每房只禁一人。日则一体工作,夜则各归各房。③工场中的"严惮之形状与整齐之纪律"给韩兆蕃留下了深刻印象,而工场的经费收入更让他惊讶:"去年统共缴费约五万三千余两,罪犯工作利银可抵一万两之谱。"④病室、浴室、教诲事务室等,都齐备方便。食菜有定单,如猪牛肉鱼菜等各种,逐日轮换,周而复始。但严禁外人馈遗和自行购置,纪律严明。⑤最让韩兆蕃动容的是,他对囚犯待遇的明文规定进行逐一勘验之后发现悉符相合,唯一的问题是囚犯觉得冬天只有三条毛毯,不足以御寒,但这只是东西方人的体质不同而已。⑥

厦门路西牢关押的是有领事国洋人之犯罪者,比提篮桥西牢要小很多,当时只关押了五名洋人,平日只从事洒扫。事务既简,狱员亦少,故虽有章程,并未完全执行。⑦

韩兆蕃又考察了捕房。在英租界,四马路工部局总巡捕房只关押华人,刑期三月以下一日以上不等,"凡已定案者,皆衣蓝白合缝之衣,以为标识,起居饮食

---

① "内编"第38页。
② "内编"第9—10页。
③ "内编"第19页。
④ "内编"第35页。
⑤ "内编"第19页。
⑥ "内编"第35页。
⑦ "内编"第35页。

有定则";大马路新巡捕房规则相同,但房舍更为高洁。美租界的虹口捕房一切规制与英捕房同,而法租界者的捕房则大不一样,"房舍狭隘,喧哗拥挤,绝无秩序,视英美各捕房远不逮矣"①。

西牢捕房之外,韩兆蕃还考察了中国的会审公廨自设押所。此地主要关押债户、待质人证及半年以下轻罪者等,男女分押,女押所较为清洁。但总体上依然狭窄嚣杂,而"看役等待遇被押之人,仍不免州县差役之积习",韩兆蕃因而认为此地亟宜整顿,以免给外人口实。②

韩兆蕃也发现了会审公廨押所的近代化痕迹。其新拟章程的第一条就是押犯须分等,不同于内地监狱的杂居制。除了男女分押之外,男女押所的小楼自上而下分别关押各种不同性质的因犯。章程中还包括戒烟、病房、肃静、禁虐等条款。③

韩兆蕃还亲历会审现场,观察廨员关炯之与美国副领事白保罗君会审,约两小时,判案十余起。虽然审判全程由关炯之主判,但一一皆须与白保罗商榷。当时又逢押所正就另建女押所与洋员交涉,未能定议。韩兆蕃于是感慨治权太弱,无事不听命于人。因此,交涉之人非清廉干练者不可,而撤销领事裁判权更为当务之急。④

由于这是上海西牢捕房设立以来少有中国政府派员查视,因此颇为外人重视,各国领事及司狱官都与他坦承交流。⑤其中他记录的与驻沪德、比两国领事谈话二节,值得一提。德国总领事卜利说,中国目前虽废笞杖,但刑法、狱制尚未改良,所以犯法者皆避内地而趋租界,以至于西牢及各捕房渐有不能容之势;比利时总领事薛福德则戏问:"今假有犯罪人于此,愿置之中牢乎? 抑西牢乎?"虽然韩兆蕃当场做了有理有节的反驳,但屈辱之情在文中显露无遗。⑥

比利时总领事的戏言有其独特背景。在韩兆蕃考察西牢之前,中西双方正为西牢问题争执不下。争端焦点之一是中方坚持不允女犯押入西牢。1905年7月,因曳客妓女押入西牢之事,双方纷争升级。⑦关炯之廨员发出致英副领事德为门照会,提出体质饮食习俗差异、名节观念不同和女犯押所将成等理由,强烈反对将女犯押入西牢。⑧同年12月12日,关炯之与德为门会审李王氏一案,纷

---

① "内编"第36页。
② "内编"第14页。
③ "内编"第15—17页。
④ "内编"第14页。
⑤ "内编"第34页。
⑥ "内编"第27页。
⑦ "廨员禀请道宪力争妓女不能押入西牢",《申报》第11585号,光绪三十一年六月十九日(1905年7月19日)。
⑧ "会审廨员致英领事女犯不准押入西牢照会",《申报》第11587号,光绪三十一年六月十九日(1905年7月21日)。

争升级为哄堂。中方以未有诱拐实据,商请暂押公廨女监,而英方定欲改押西牢。争辩良久,德为门喝令强行带回,双方差役即发生殴斗。一经披露,舆论哗然。按照租界约章,西人"西人犯案归西官审断,华人犯案归华官审断",因此中方舆论认为英国副领事有侵权且辱华行为。[1]于是租界商会发起集议,群情激昂,要求驻京英使将英副领事撤回,并竭力挽留因此事辞职的关炯之。[2]

1906年2月,刑部奏重定上海会审公堂刑章折。3月,刑部遵旨议复江督奏请变通上海会审刑章一折内,"有工部局所建西牢内押犯颇有连枷、镣铐等刑,瘐死者不报华官,殊不成事,驯至外人之待华民更加残酷而不恤"等语,饬令沪道派关炯之探查西牢。[3]4月,两江总督周馥致驻宁英国领事函,商改西牢。[4]11月,关炯之为察视西牢事致函工部局。[5]西牢以文明著称,然而中国人押入西牢时有瘐毙,华人视为畏途,甚至有的囚犯宁可自杀也不愿入西牢。究其原因,一是西牢的粗食、冷水浴和卧处让华人无法适应;二是语言、文化不通,导致西人狱官虽有至仁爱之心,罪犯却无法交流申诉。[6]

韩兆蕃于1907年正月考察西牢,正值西牢纷争告一段落阶段。1907年1月,领事公会议覆修改西牢章程。[7]从韩兆蕃的考察记录,可见西牢正为适应中方习俗而做出妥协。如最为中国人诟病的冷水浴,改为"限星期六日一次,从前浴身用冷水,一律改为温水矣"[8];提篮桥西牢内设华人翻译一人。但也有一些内容领事公会坚持不改,如中方认为每隔三月始许家属入视一次为日过久,要求准许家属随时探望或七天一次。正是因为以上背景,导致韩兆蕃在与德比领事的对话中发生交锋,使他痛感监狱改良和废除领事裁判权的迫切。

四、日本监狱考察实况

离沪赴日之后,韩兆蕃考察了日本11所监狱,足迹延伸至关东、关西、九州。

---

[1] "论会讯公廨闹堂事",《申报》第11729号,光绪三十一年十一月十四日(1905年12月10日)。

[2] "彙录闸闹公堂事",《申报》第11729号,光绪三十一年十一月十四日(1905年12月10日)。

[3] "刑部遵旨议复江督奏请变通上海会审刑章一折",《申报》第11831号,光绪三十二年三月初四(1906年3月28日)。

[4] "江督周玉帅致驻宁英领事函",《申报》第11860号,光绪三十二年四月三日(1906年4月26日)。

[5] "关瀓员致工部局函",《申报》第12176号,光绪三十二年十月十五日(1906年11月30日)。

[6] "论争回西牢押犯事",《申报》第11610号,光绪三十一年七月十三日(1905年8月13日)。

[7] "领事公曾议覆修改西牢章程述闻,《申报》第13114号,光绪三十二年十二月十四日(1907年1月27日)。

[8] "内编"第18页。

他发现日本各监狱的管理法都得到了改良,建筑则大半沿袭旧制。这些监狱中,小菅、巢鸭、东京、横滨、谏早五处是新式建筑,皆取扇面形。其余监狱,虽然老旧粗朴,但管理严密。对于日本的旧式监狱,韩兆蕃考察后感觉其建筑与中国监狱无异,纪律卫生则大有区别。

11所监狱,各具特色。小菅监狱,原名东京集治监,为日本改良之模范监狱,设有病监和宽敞教诲堂,其囚徒作业在东京各监中最佳;[1]谏早出张所为日本监狱之冠,其监房取扇面形,分五翼,四翼为分房,中间一翼为杂居监,又设幼年监一所;[2]堀川监狱则主要为女监。

韩兆蕃特别关注关押外国囚犯的横滨监狱。该监建筑全系新式,为扇面形。其外国人拘禁室特别用炼瓦构造,各种设施极为周全。日本自改正条约后撤去领事裁判权,在日洋人都受其法权管辖。横滨为通商大埠,监狱设置完全仿照西洋,则令西人无可挑剔。[3]

在"考察日本监狱禀"中,韩兆蕃分别从日本监狱改良史、监狱官制、监狱建筑、监狱种类、监狱管理法、监狱经费等六方面进行汇报。

对比国内杂居污浊的监狱,他对日本监狱完善的卫生状况印象深刻。通过小河滋次郎的授课,他从理论上进一步确认了监狱卫生的重要性:倘若暴发疾疫,造成瘐毙,自由刑的性质就转变为身体刑甚至死刑,这是难以容忍的。[4]为此,他不厌其烦地详细抄录译述了大阪监狱卫生委员部规程十二条及附录。[5]

至于作业,他报告说,日本各监均有工场。凡有刑期的囚徒都要强制工作。工场不用机器,专尚手工,且有培训,使囚徒能学会技艺,便于日后谋生。工作中有看守督察,秩序井然。[6]

经费一向是韩兆蕃特别关注的。日本监狱经费,向赖地方税,故往往不能统一。自明治三十六年(1903),全国监狱费改归国库支办。这在监狱改良上意义非凡。韩兆蕃查阅明治四十年(1907)预算表,计算之后发现,囚徒工作所创造的收入与监狱实际开支之间尚存巨额差距,都由国家支出。

他特别注意到监狱管理中图表的意义,很多问题可以一目了然。[7]比如,他发现中日饭食的支出相当,但中国监狱饭食的质与量均大不及日本,如果有表格

---

[1] "外编"第18—22页。
[2] "外编"第54页。
[3] "外编"第24页。
[4] "外编"第49页。
[5] "外编"第45—49页。
[6] "外编"第67页。
[7] "外编"第53页。

的话,狱卒就不容易克扣。①各种图表中最重要的是所谓囚犯身份账,小河称之为狱政管理者"一日不可缺者,如航海之赖有指南针也"②。为了举例说明问题,韩兆蕃在书中收入了神户监狱近三年初犯及再犯中的悔改者百分比表。通过图表可见,"初犯尚易期其改悛,再犯则百人中不过十九人而已,而无改悛之可望者,百人中则居五十一人之多,可知因犯数而分别处置,是为至要"。③因此,韩兆蕃强烈建议,"改良监狱,管理法之着手,当以此为第一要着也"。④同年修订大臣沈家本上奏的《实行改良监狱折》的核心内容有四条:改建新式监狱;养成监狱官吏;颁布监狱规则;编辑监狱统计。其中之一同样提及监狱统计图表的重要性,由此可见韩兆蕃的眼光之远。⑤

建筑上,他注意到日本旧式监狱能去奢存真。如大阪监狱的各处"构造皆极粗朴,而位置井井,具见匠心",他因此感叹道:"徒耀外观,侈言装饰,监狱之所忌也。"⑥

关于狱政人才,韩兆蕃发现,日本曾与中国相似,颇轻视狱官,视狱吏为贱职。改良之后,日本通过考试录用狱吏。考试分体格、技艺二科,及格后再行培训。可见其慎重。他逐一记录各监典狱的情况来说明日本狱官地位,如堀川监狱典狱铃木信弥,系"兵库县士族,经警监学校卒业,从事狱务,十年于兹";大阪监狱典狱田中义达,"由警部起家,现叙高等官五等叙勋五等";神户监狱典狱雄井直彦,"叙勋六等,授瑞宝章"。⑦

五、小河滋次郎的授课

韩兆蕃日本之行的一大收获,可谓是日本司法省监狱局事务官小河滋次郎博士为他专门讲授的监狱学纲要。他在书中说小河"不辞指示之劳,时值炎暑,特为职演讲监狱大意,日约三小时,历一星期,得万余言,语语皆由其阅历所得"。他感到,在经过小河的点拨之后,再进行监狱考察,自己思路清晰,"如涉海之有

---

① "外编"第17页。
② "外编"第52页。
③ "外编"第52页。
④ "外编"第53页。
⑤ "修订法律大臣沈家本奏实行改良监狱宜注意四事折",故宫博物院明清档案部编:《清末筹备立宪档案史料》,中华书局1979年版,第831页。
⑥ "外编"第42页。
⑦ "外编"第8,36,42,53页。

导焉"①。

小河滋次郎(1863—1925)是日本近代监狱学的权威,也是中国清末监狱改良的重要设计师。在1908年应修订法律大臣沈家本之邀,小河来华担任狱务顾问。此前,在1906年,他曾作为司法省监狱事务官接待奉沈家本之命赴日考察监狱的董康一行,并为他们讲授监狱学。沈家本在为董康访日归来所编的《监狱访问录》作的序中述道:"小河滋次郎为日本监狱家之巨擘,本其生平所学为我国忠告。"②他因此在1907年5月被清廷授予二等第二宝星勋章。

相比一年前董康在《日本监狱访问录》中记录的小河的授课内容,韩兆蕃虽然听课时间只有短短一周,但内容和质量不减。从《考察监狱记》中所附的小河讲义可见,小河不但为韩兆蕃讲解了近代监狱制度的重要知识,更是一而再地、毫无讳言地指出日本监狱改良的败笔,以作为中国改良的前车之鉴。而且他将自己尚在思考中的修改日本监狱则的想法,毫无保留地告诉了韩兆蕃,这是董康一行所没有听到的。

小河认为日本与欧美监狱改良的最大败笔在于,其只关注重罪监而忽视轻罪监。③小河监狱学思想始终着眼于感化与改造,而非惩罚。较之重刑犯,他认为少年犯和轻罪犯人有较大感化希望,应加大投入。他认为监狱改良的先后顺序应该是"先惩治场及收容初犯者之监狱,而后以其着手之顺序,改良其余"④。韩兆蕃对小河诚恳相告的改良思想深有所感:"此为实验上最有效改良之方法。实从几经失败后所赢得之一句金箴也。吾国异日改良狱制,窃以为当奉此言为圭臬矣。"⑤

小河向韩兆蕃细致介绍了少年犯罪问题、不定期刑和出狱人保护事业,这也是小河在前一年曾向董康一行重点讲述的当代最新监狱学理论。小河认为:"少年可为教育之主体者,当为教育之目的物者,非可为刑罚之主体也。"⑥按照当时已经改良的日本刑法,十四岁未满者,入感化院,感化院受感化法管理,而非监狱。但在小河看来,感化院隶属司法省,"不若移属内务省或文部省,为不著刑法行迹也"⑦。

同样从教育的角度出发,小河认为"于监狱中执行短期自由刑,更为有害",

① "外编"第61页。
② 沈家本著:《监狱访问录》序,《历代刑法考 附寄簃文存》,中华书局1985年版,第2237页。
③ [日]小河滋次郎讲述,董康编译:《日本监狱访问录》上卷,修订法律馆1907年版,第7页。
④ "外编"第11页。
⑤ "外编"第12页。
⑥ 朝兆蕃,《考察监狱记·附编·〈日本小河滋次郎讲义〉》(以下简称"附编"),光绪三十三年(1907),第18页。
⑦ "附编"第27页。

由此他向韩兆蕃介绍了美国人格主义的新刑罚制度——不定期刑,即"监狱犹病院也,因病而入病院,病苟愈焉,不论何时即可出院。监狱为矫正其人为目的,改良人格为目的"。他详细介绍了这种新制度的非常务实的执行条件和方法。①

韩兆蕃赴日的1907年,小河正为日本起草新监狱法,因此在给韩兆蕃的授课中,也不时透露出其最新思考。

首先在惩戒方式上,他拟在监狱则中引入绝信、停止运动、禁止卧具、克扣工钱等西方措施,但认为不宜引入鞭打等体罚,而且如果医生认为囚犯健康状况不佳,则可以不实行惩罚。②

又如监狱种类。日本监狱分六种:集治监(收容徒刑流刑之男性囚犯,设在北海道)、假留监(既已判决徒刑流刑者但一时无法移送北海道,属暂时关押地)、地方监(处惩役刑、禁狱刑、禁锢刑、拘留刑者关押之地)、拘留监(关押刑事被告人未定罪者)、拘留场(判处拘留刑者之关押所,多在警察署)、惩治场(关押十二岁以上十六岁以下儿童及聋哑者处以惩治处分者)。③小河拟改正监狱之种类,仅设普通监狱、幼年监狱、女监三种,即唯有年龄与男女之差异,以达到监狱"所收容之种类单一",避免杂居。④

小河如此重视"简别入监狱者之种类",主要有两个原因:

其一,监狱只是执行自由刑惩役之所在,不必细分。将男犯女犯、被告与囚犯区别关押,才是要害。⑤

其二,小河认为,鉴别一国狱制是否改良,不在建筑、规则、待遇之改良,而在其被处者种类之纯一。例如,日本"监狱非不坚也,规则非不完也,待遇非不周也",但往往将重犯与儿童、被告和其他轻罪犯一起关押,囚犯种类驳杂,因此小河认为日本狱制实尚未十分改良。⑥

小河向韩兆蕃强调他的改正思路:第一,关押少年犯的惩治场应该独立于监狱;第二,男女监应该分离;第三,关押未定罪之被告人的拘留监应特别设立,"未定罪者,宜以普通人待遇之"⑦。

小河对监狱杂居深恶痛绝。他非常赞同美国犯罪学先驱列文斯顿(Edward

① "外编"第20—21页。
② "附编"第38—41页。
③ "附编"第25页。
④ "附编"第28页。
⑤ "附编"第26页。
⑥ "附编"第26页。
⑦ "附编"第26—27页。

Livingston,1764—1836)的理论,即"不可吝监狱之小利,而坐看社会之损害"①。他强调,杂居制虽然因少建牢房而暂时省钱,却会增加犯罪,从而增加社会损失。所以,"若制度所不可少者,不可为国家吝惜,盖当为国家权其利害轻重也"②。

六、结语

西方监狱的近代意义在于从以往的"苦人辱人"到"教育感化"的观念性的巨大转变。近代西方的文明监狱与清末黑暗监狱形成了巨大反差,西方列强以此为借口坚持领事裁判权。与此同时,日本通过修改法律、改良监狱,于1894年成功废除领事裁判权,成为中国的取法对象。1905年,刑部通令各省仿照日本改良监狱。在此大背景下,以中央政府官员身份进行考察的韩兆蕃,受到中外各方的瞩目。

韩兆蕃的这份考察报告之价值在于,它清晰汇报了清末新政过渡期的中国监狱乱象与希望并存的实况,详细记录了租界内的西牢在中西文化冲突之下做出的调适变通及日本的监狱改良实况,还有监狱学大师小河对于清末狱政改良的殷切忠告,实为近代中国移植西方监禁制度的真实记录。

韩兆蕃更为重要的意义,在于他在考察开始之前已经通过阅读翻译过来的日本监狱学著作,获得了相当扎实的近代监狱学知识(例如他对杂居制问题的认识),并能以这些知识及其背后的原则为基础,在考察过程中始终用近代监狱管理者的眼光,并对照西方和日本的情况,来透视问题的实质。这就使他的这份记录大不同于许多同时代人考察西方和日本监狱的笔记。虽然那些笔记让国人大开眼界,却多流于肤浅,热闹有余,而不及根本。

例如,韩兆蕃在对比中西日的监狱之后,分析中国监狱弊政的原因,总结出五点:"官无专责,狱政不入考成,但以无事为福,一也;视囚徒为非人类,无论如何虐待,皆以为当然,二也;无一定之经费,率由县官捐垫,三也;禁卒不由于教练,充此职者,率社会最下等之人,廉耻名誉,直不知为何物,宜其无恶不作,习为虎狼,四也;各省各县狱政,皆自为风气,无统一之规则,无调查监察之机关,五也。总此五因,遂演成今日之结果。"韩兆蕃认为需要从根本上大加变革,但照当前的改良措施,补苴罅漏,苟且敷衍,那只能做些废班房而设待质所、改迁善所而

---

① "附编"第36—37页。
② 同上。

为习艺所之类的表面文章,其结果是"名实不相副,利益未见,弊害踵之,或且加厉焉。其于狱政之前途,曾何万一之补救哉"①。

韩兆蕃以敏锐的目光看到中国改革多重于表面硬件而忽视人员素质的根本问题。这样的眼光,即便在今天也不过时。

On A Prison Inspection Report by Han Zhaofan, a Justice Ministry Director in the Later Qing Dynasty

KONG Ying

(School of Oriental Languages and Culture in Zhejiang Gongshang University, Hangzhou: 310018)

Abstract: In the year of 1907, Han Zhaofan made an official tour of inspection of prisons, including different types of reformed and unreformed jails in Jiangsu, Zhejiang and Shanghai. He also visited Western style jails and lockups within the European and American concessions in Shanghai. Afterwards he travelled to Japan for similar visits across the country and for special tutorial by Ogawa Sigejirou, the great master of Japanese prionology. Han's various accounts and notes on this tour, published in a collection, are not only a clear reflection of the reality of jails in China and Japan against the background of current prison reforms, but also a professional insight into the problems of prison reform in China. The book also contains a record of Ogawa's personal thoughts on prison reform in Japan that he had initiated and was about to renew. The present essay rediscovers this valuable report, which has soon disappeared into history shortly after it appeared.

Key words: Han Zhaofan; *A Prison Inspection Report*; Ogawa Sigejirou; Traditional Chinese Jails; Western Style Jails; Japanese Jails

---

① "内编"第33页。

罗振玉书画藏品东传日本研究序说

张明杰①

(浙江工商大学东方语言文化学院　杭州:310018)

摘　要:该文主要以京都避难之前罗振玉及其书画藏品的日本出展或售出为主,结合部分稀见史料,对罗振玉及其书画藏品早期于日本的流出做初步考察和揭示,旨在为研究和探明近代中国书画等文物流失日本提供重要线索,同时也为此后的相关研究做铺垫。

关键词:罗振玉;书画藏品;文物流失;日本;内藤湖南

序　言

日本是中国书画文物的收藏大国。远在唐、五代时期,中国书画就已传至日本,其后更是源源不断。及至近代,无论规模,还是质量,东传日本的书画均超越以往任何时代。近代以来,中国书画流入日本,情况比较复杂,就流入途径和方式而言,也是多种多样,既有古董商经营,又有私人所为;有来华日本人直接带回的,也有经中国人之手传入的。当然,至于战争时期,已超出书画正常流通范畴,多属非法掠夺。考察近代以来中国书画文物东传日本,不仅是中国艺术品海外流转及鉴赏研究所需,而且也是中日关系史,尤其是中日文化交流史研究与书写的一大课题。

辛亥革命后的清朝覆亡,是中国历史的重大转折点,也是中国文物,尤其是书画珍品、精品开始大量流失海外的一个重要起点。以此为契机,清室和王公、贵族所藏,以及民间收藏品开始了大规模的海外流出。辛亥革命爆发后,东渡日本避难的罗振玉及其藏品的流出,只是其中的一个例子。不过,作为个案,对此进行考察,可为我们研究和探明近代中国书画等文物流失日本提供一条重要线索。本文主要以避难之前,罗振玉及其书画藏品的日本出展或售出为主,结合部分稀见史料,对罗氏及其书画藏品早期于日本的流出做初步考察和揭示,旨在管中窥豹,同时也为此后的相关研究做铺垫。

---

① 张明杰,浙江工商大学东方语言文化学院特聘教授。

一、京都避难

1911年武昌起义（10月10日）前夕，罗振玉于清政府学部任参事官，兼任京师大学堂农科大学监督。当时王国维也在北京，而且同在学部谋事。武昌起义爆发后，民主革命风起云涌，加上11月1日清廷任命袁世凯为内阁总理大臣，举国上下形势紧迫。罗振玉意识到自身处境艰险，在思量进退之时，恰遇净土真宗本愿寺教主大谷光瑞委派其驻京本愿寺僧前来劝说东渡，并许以神户六甲山之二乐庄为寓。但罗振玉因与大谷氏并不熟识，故犹豫不决，此时又有京都大学内藤湖南、狩野直喜、富冈谦藏等旧识，亦来函力劝其避难京都，并允其藏书寄存京都大学图书馆，甚至还为其物色好了住处。于是，罗振玉与好友藤田丰八相商，最后决定远走日本。①同年12月初，罗振玉偕王国维及女婿刘大绅三家二十余口，从天津乘商船"温州丸"航渡神户，再由神户转入京都田中村。当时藤田丰八、田中庆太郎和狩野直喜及其夫人等均对罗氏一行悉心照料。抵京都两三天后，罗振玉又迅速潜回大陆试探情形，但看到清政府灭亡之势已难以挽回，遂辞去官职回到京都。自1911年12月至1919年春季，罗振玉在京都度过了长达七年多的岁月（1916年初，回上海谋事的王国维也在京都生活了四年多时间），其间完成了殷墟甲骨、敦煌文卷、汉晋木简、古籍钞本，以及古明器、金石铭刻等辑录和研究工作，撰著或刊布了上百种文献资料，在诸多学术领域不仅留下丰硕业绩，而且多有开创之功，对中日两国学术文化均有重大且深远影响。可以说，寓居京都时代是罗振玉学术生涯中最为辉煌的时期。

二、避难前书画藏品的出示或出展

其实，罗振玉选择京都避难，并非偶然。因为早在流亡日本之前，作为书画收藏大家的罗振玉已名扬东瀛。这主要与以下几项密切相关。

（一）京都大学"清国派遣员"的北京访书考察

对学界来说，20世纪初的大发现，首先莫过于敦煌遗物的重见天日。沉睡

---

① 关于罗振玉京都避难之原委，其本人在《集蓼编》中有交代，亦基本符合事实。参见罗振玉：《集蓼编》，《罗振玉传记汇编》，存萃学社编集，大东图书公司印行1978年版，第196—198页。

了千百年的无数秘笈文物,接连被斯坦因、伯希和等西方探险者发现并掠夺的消息传出后,中日学界均为之震惊。当劫余敦煌遗物运抵北京后,京都大学还特于1910年秋,派遣由内藤湖南、狩野直喜等五名学者组成的考察团,奔赴北京考察。同时,东京方面则有美术史专家泷精一前去调研,两者在北京不期而遇。他们除调查和参观敦煌遗物之外,还有一个意外收获,即有幸观摩了端方、罗振玉和完颜景贤三大藏家的书画等藏品。临别之际,罗振玉还以自藏书画等慷慨相赠。①京大考察团回国后,特地举办了"清国派遣员报告展览会",向各界展示考察成果,尤其是带回的文物典籍图片等。泷精一则通过讲演、撰文等形式,介绍其目睹的书画等文物。②其中,基于北京观画所感而撰写的《中国画鉴赏之变化》一文,在当时影响甚大。泷精一在文章中不仅列举了端方等人的藏画,而且重点指出,过去日本人一直以为日本才是宋元时代中国绘画的宝库,其鉴赏标准自足利时代以来亦始终未变,这显然是偏颇的。即所谓"古渡"中国书画只是南宋时代和承继此风的元代院体画及禅画。相反,"古渡"所缺乏的是北宋时代的山水画四大家和元末文人画四大家之作品。为此,呼吁日本学界不要只满足于国内遗存的中国画,鉴赏方法亦不能墨守成规,应寻求中国本土的古代书画,以资研究。③当时能有这种见解已属超前,值得肯定,而且重要的是这种观点又直接影响到《国华》其后的编辑方针。当然,这都与慷慨出示所藏书画的端方、罗振玉和完颜景贤等有很大关系。

同时,令日本书画界人士更加感到欣喜的是,内藤湖南从罗振玉处借归著名法帖《大唐三藏圣教序》,并于日本影印出版,后经内藤斡旋,最终售予《朝日新闻》社主上野理一。对此,内藤湖南不无自豪地宣称:"于是东瀛始有宋拓圣教矣。"④

就目前所知,该法帖是日本所见最早的宋拓本圣教序,也是最初流入日本的罗氏收藏精品。内藤湖南携归日本后,交由油谷博文堂于1911年4月4日影印刊出,同年6月发行第二版,11月发行第三版,至1912年5月已发行第四版。再版时,先后插入内藤湖南、罗振玉和日下部鸣鹤的题跋。问世仅一年时间,三次

① 如罗振玉将《南汉马氏买地券拓本》等赠予内藤湖南,将傅山墨迹《傅青主书册》赠予考察团成员之一的富冈谦藏,成为其日后潜心收集"四王吴恽"为主的清代书画之契机。参见《内藤湖南全集》第十四卷,筑摩书房1976年版,第166—167页。
② 参见张明杰:《敦煌遗物在日本——〈树下美人图考〉》,《文学报》2014年1月2日。
③ 节庵(泷精一):《中国画鉴赏之变化》,《国华》1911年第250号,第229—232页。另参考久世夏奈子:「『国華』にみる新来の中国絵画—近代日本における中国美術観の一事例として」,『国華』第1395号,第7—8页。
④ 内藤湖南跋:《大唐三藏圣教序》,油谷博文堂1911年版(早稻田大学图书馆藏)。

再版,其受欢迎之程度可想而知。关于此帖流入日本及其出让、影印之经过,罗振玉和内藤湖南题跋中均有言及。罗氏称:"岁庚戌,吾友内藤博士来京师,出以相示,一见惊叹,视予之箧藏十余岁,必竢校以周草窗本,而始确信为北宋拓,其鉴赏之敏钝,相去殆不可道里计矣。博士既假之归国,付良工精印,并介予此本于其友上野氏。其爱之笃,与博士同,因以归之。爰识语于册尾,以存鸿爪。辛亥七月下澣。"[①]内藤湖南则谓"岁庚戌,奉差赴清国北京,获睹罗叔言学部所藏北宋拓圣教序,墨气黯蔼,古香盎然,龙跃虎卧,洞心骇目。……因乞叔言复印以广其传。叔言慨然见借,乃携归渡海,嘱博文堂主镌入于玻璃版,数月而成"[②]。从时间来看,内藤湖南的题跋写于"辛亥四月仲七日",罗振玉的题跋则撰于同年七月下浣,当时人尚在北京。也就是说,两人的题跋均是在第二版或其后再版时才添加上去的。这本圣教序是罗氏秘藏法帖首次在海外刊印,同时也成为宋拓圣教序在日复制印行之嚆矢。[③]

可以说,这次东西两京学者的北京考察,有意或无意间凸显了书画收藏家罗振玉的地位,并提高了其在日本的知名度。

(二)两次书画藏品展览

在罗振玉举家航渡日本之前,其所藏书画百余件已于日本京都展出。关于此展览的消息和主要展品,当时著名书画杂志,如《国华》《书画骨董杂志》等均做了报道。其中,《书画骨董杂志》以"贵重的中国画"为题所做的报道称:"清国北京屈指的藏画家罗振玉氏所藏画幅,此次送至京都帝国大学,其中一百数十件精品,上月中旬于京都绘画专门学校展出,供有志者观赏。在我邦展出如此之多的优秀中国绘画尚无先例,对美术家大有裨益。"[④]

据《国华》杂志可知,此次展品主要有:

> 黄道周书《张天如墓志铭》
> 李唐《田家嫁娶图》横卷
> 孟玉涧《黄鸟枇杷图》
> 沈周《枫树图》横卷

---

① 罗振玉跋:《大唐三藏圣教序》,油谷博文堂1912年版。
② 内藤湖南跋:《大唐三藏圣教序》,油谷博文堂1911年版。
③ 其后,三井听冰阁、黑川幸七、中村不折等曾分别得到不同藏本的宋拓圣教序,并加以影印出版,甚至还有中国国内的名家藏本也都在日出版,但均不及罗振玉此旧藏本畅销。参见须羽源一:《关于大正癸丑京都兰亭会》,《书论》第3号,第43页。
④ 《书画骨董杂志》第39号(1911年8月10日发行),第31页。

　　文徵明《墨竹图》

　　恽寿平《花坞夕阳图》横卷

　　王石谷《青绿山水图》

　　吴梅村《雪景山水图》（又作《钓雪图》）

　　程嘉燧《山水图》横卷

　　吴历《浅绛山水图》《水墨山水图》

　　董邦达《山水图》画帖

　　石涛《山水人物图》画帖

　　陆治《冬景山水图》

　　项元汴《枯木竹石图》

　　郎世宁《猿猴图》（又作《封侯图》）

　　马守真《墨兰图》①

　　关于此次罗振玉藏品赴日展览，尤其是展出的主要书画，中国国内鲜有介绍或了解。不过，罗振玉在自述中曾稍有涉及，即辛亥革命前夕，旧友汪康年退居天津，邀他同往，并承诺留屋三间相待，"予是年夏即拟出京，而川资莫措。适东邦友人借所藏书画百轴往西京展览，彼邦有欲购者。予移书允之，欲以是办归装"。②由此可知，罗氏此次书画藏品远赴日本京都展出，本是为筹措举家出京的行资。

　　对罗振玉而言，这次书画展览似乎只是一次筹资之举，当然也为日后流亡日本埋下伏笔，但对于日本书画界来讲，却意义非凡，甚至可以说，在近代日本的中国书画鉴藏史上，这是一次具有划时代意义的展览。③

　　因为这些书画在当时的日本都是难得一见的佳作（其中真赝另当别论），如沈周、文徵明、王翚、恽寿平、郎世宁等，几乎涉及明四大家、清四王吴恽及中西合璧的郎世宁这些绘画史上占有重要位置的画人画作，给当时日本的中国书画鉴藏界带来了新风。

　　这些书画后又在《国华》杂志社楼上展出，时间是1911年9月10日。供展观的罗氏主要藏品，除以上所记之外，还有陆治《山水图》、王翚《春山飞瀑图》、马笙

----

① 《国华》第22编第255号（1911年8月）杂录，第61—62页。

② 罗振玉：《集蓼编》，《罗振玉传记汇编》，存萃学社编集，大东图书公司印行1978年版，第196页。

③ 像这样直接由中国人提供，一次展出百余幅宋元明清各时代书画的大型展览会，此前尚无先例。此后直到1914年春，由廉泉（南湖）携带所藏书画参展于大正博览会，同时接受东京美术学校校长正木直彦之请，于该校展出以扇面画为主的中国书画（后出版《小万柳堂剧迹》，审美书院）。

《松鼠图》等。①尽管当时展览规模不大，但参观者多为艺术家及政商界名流，一时反响强烈。书画家中村不折和洋画家久米桂一郎分别于《国民新闻》和东京、大阪两地的《朝日新闻》上发表观感，极力赞赏，尤其对罗氏所藏各时代绘画给予了高度评价。②

以上罗氏藏画，其中一部分又都配上解说分别刊载于《国华》杂志。③因此，罗振玉的书画收藏家大名更是随之扩大开来，因为在日本美术领域，没有比《国华》影响再大的期刊了。

鉴于日本人的煎茶趣味和审美意识，过去日本的中国书画鉴藏界一直偏重所谓"古渡"作品，即旧时流入日本的南宋院体画和宋元时代禅宗画为主的画作。像梁楷、马远、夏圭等人的院体山水或道释画，牧溪、玉涧等禅僧的水墨画，因陀罗等人的人物画等，在日本一直都很有市场，即便是一些业余之作也很受青睐。镰仓时代以来，日本确实珍藏了许多这类作品，有些甚至在本土中国都鲜有收藏。像牧溪这位禅僧的画作几乎都在日本，中国难觅其画迹。因此，日本的中国书画鉴藏界一直存在着一种"偏见"，即日本的宋元古画的收藏不次于中国。加上明治维新以来，尤其是以天皇制为中心的近代国民国家创成及发展时期，国家主义的抬头和影响，甚至在美术鉴藏领域，也冒出过"亚洲盟主"之类的嚣张气焰。但是，从中国绘画史整体来讲，日本所藏的中国画仅仅是极小的一部分，而且领域狭窄，种类又有限，更少有主流画作。宋元画如此，明清画也不例外。在此仅举一例，亦可大抵窥其全貌。如在中国画名平平的沈南蘋在日本似乎成了

---

① 在这次名为"中国画展观"的展览会上，除罗氏所藏书画之外，还有部分日本收藏家所藏的中国名画，如梁楷、夏圭等人的作品，多是日本人过去一向熟知的古画，即明治以前传入日本的所谓"古渡"中国画。另外，还展出了部分中国书画和敦煌经卷等照片。书画图片主要来自端方和完颜景贤之收藏，是《国华》杂志主编泷精一此前，即1910年赴华调查时所翻拍。经卷图片来源于清朝学部和驻日钦差大臣汪大燮藏品及真宗本愿寺所获西域发掘品等。参见《国华》第22编第257号（明治四十四年十月）杂录，第116页。
② 如洋画家久米桂一郎披露自己过去为什么不太关注南宗画，而对北宗画感兴趣，原因之一是他一直认为后者较之前者能更自由地表现画家的心情。当然这都是基于过去所见日本的南画所得出的结论，但这次画展使他对中国南宗画的认识为之一变。参见《国华》第22编第257号（明治四十四年十月）杂录，第118页。
③ 据笔者调查，《国华》杂志自第251号至第284号，共刊载罗振玉藏画13件，它们分别是：孟玉涧《黄鸟枇杷图》（251号）、吴梅村《雪景山水图》（251号）、文徵明《墨竹图》（254号）、沈周《枫树图》（256号）、吴历《秋景山水图》（257号）、陆治《冬景山水图》（259号）、郎世宁《猿猴图》（260号）、李唐《田家嫁娶图卷》（261号）、石涛《山水人物图》（263号）、程嘉燧《山水图》（265号）、吴历《山居图》（266号）、恽寿平《花坞夕阳图》（268号）和项元汴《枯木竹石图》（284号）。

赫赫有名的一流画家。①

长期以来,日本人的中国书画观和鉴藏意识就是基于这些有限的作品而形成的,不得不承认这种鉴藏模式偏颇固陋。从学术史来看,真正开始改变这一现状的是以内藤湖南、泷精一、大村西崖等为首的一批学者,其主要标志是《国华》杂志开始刊登大量"新舶载"中国书画、内藤湖南《清朝书画谱》及大村西崖《文人画之复兴》等著述的问世。②而此前京大清国派遣员和泷精一北京考察,及其后罗振玉藏品于日本展出,则是促成这一改观的最初动因之一。内藤湖南等人正是观摩了罗振玉、端方等藏家的收藏之后,才意识到中日两国鉴藏模式的差异,从而站出来摇旗呐喊,力图改变日本故步自封的鉴藏局面。由此而言,在流亡日本之前,罗振玉业已对日本的中国书画鉴藏界产生了影响,尤其是对开启日本新的中国书画鉴赏和研究起了促进作用。

清末北京,虽有零星的书画赈灾义卖活动,但近代方式的展览尚未形成,书画文物多深藏宫中或隐匿于藏家之手,外界难得一见。罗振玉赴日之前,其书画藏品不仅提供给内藤湖南等日方学者鉴赏,而且还有百余件书画远赴京都等地公开展出,有的甚至允以转载或复制刊出,对书画界可谓极大的恩泽,同时也促进了中国书画在海外的普及和传播。

(三)日本画家前来造访

或许是受上述泷精一等人之影响,就在武昌起义爆发前夕的1911年9月,当时颇有影响的日本画家畑仙龄赴华考察。他于北京专门造访罗振玉、完颜景贤等藏家,连日观摩其收藏书画,并将消息及时发回日本。当时《书画骨董杂志》《美术正论》等均随时予以报道或刊载。因此,作为书画收藏家的罗振玉又一次在日本引起关注,甚至令一些人担忧动乱中其大量藏品能否安全无恙。③

后来,《书画骨董杂志》还刊载过《中国的书画骨董收藏家》一文,在首先列举端方、完颜景贤、恭亲王等清朝皇亲显贵之后,便提到罗振玉、盛宣怀两名汉族大

---

① 《书画骨董杂志》曾报道:"一时几乎衰微的中国文人画近来又渐抬头,同时带动明清画的流行,据说最近董其昌等人的明清画不断地从中国输入进来。对日本人来说,提起沈南蘋,就会认为明清画家中他属一流,其实明清时代有比他还要伟大的画家,只是沈南蘋来到长崎作画,所以出了名。"第38号(1911年7月10日发行),第8页。由此不难想象当时日本鉴藏界对明清书画的狭隘认识。

② 关于《国华》所刊载的中国绘画,久世夏奈子做过精心调查,参见其「『国華』にみる新来の中国絵画——近代日本における中国美術観の一事例として」(『国華』第1395号,平成二十四年一月)。内藤湖南《清朝书画谱》(油谷博文堂1916年版)是在1915年京都大学夏季讲演会"清朝史通论"及相关书画展观基础上编成的。大村西崖的《文人画之复兴》,于1921年由巧艺社出版。

③ 见《书画骨董杂志》第41号(1911年10月)《畑仙龄入清》、第42号(同前11月)《入清畑画伯》等报道。

收藏家。①

　　以上几项表明,在流亡日本之前,罗振玉在日本已享有很高声誉。不过,这种声誉主要集中在其作为书画文物收藏家上。这一事实似乎也回答了罗振玉本人始终回避的一个问题,即辛亥革命爆发后,日本人为何那么主动与罗氏接洽并力劝其东渡日本?

三、书画藏品的流出

　　根据前述《书画骨董杂志》的报道可知,1911年7月中旬于京都绘画专门学校展出的"一百数十件精品"书画,只是当时运抵京都大学的罗氏所藏书画中的一部分。那么,京都避难之前,罗振玉应日方之请提供的书画藏品究竟有多少?其中于京都绘画专门学校展出的百余件书画具体都是哪些? 同时又有哪些流失出去了? 对此,笔者多年来一直追索调查,后来终于在关西大学图书馆内藤文库找到了相关信息。据罗振玉亲自手书和他人代书的书画目录,以及日本方面手录的"三百件内售出清单"得知,当时罗振玉提供给京都大学的所藏书画计300件,罗振玉手书的目录属于编号为"甲箱"的书画,共133件,他人代书的目录(最后为罗氏添补)则是编号为"乙箱"的书画,共167件。这300件书画通过展览等形式共售出127件(其中一件被退回重售的姜宸英书画除外),售款总计29460元,扣除两成佣金,净得23568元。②这也是罗振玉得以携三家二十余口避难京都的经济基础。

　　另据"明治四十四年七月十五日京都市立绘画专门学校展观清国罗振玉氏藏书画目录"得知,当时展出的书法作品共计20件,绘画111件。③20件书法作品分别如表1所示:

表1　1911年7月展出的20件书法作品

展品名	售价(元)
明祝枝山楷书离骚经卷	300

---

① 《书画骨董杂志》第44号(1912年1月10日发行),第24页。
② 关西大学图书馆内藤文库"13湖南以外之原稿260"⑤①,资料ID211068055。
③ 关西大学图书馆内藤文库"13湖南以外之原稿260"②,资料ID211068055。

续表

展品名	售价(元)
明祝枝山草书诗卷(金粟山藏经纸背有唐人写经)	
明沈石田行书落花诗册子	
明王履吉草书北山移文册子	
明王履吉行书石湖八绝册子(吴山涛旧藏)	
明人墨迹册子(徐有贞、李梦阳、王穉登、祝允明……)	
明董其昌临各家书卷	
清康熙帝御笔条幅	
清钱牧斋行书条幅	
清何义门楷书条幅	50
清姜西溟临王书卷	
清朱竹垞书诗册	
清王梦楼行书条幅	60
清钱辛楣行书条幅	
清刘石庵行书条幅	80
清邓完白篆书条幅	
清铁梅菴行书册	
明黄道周楷书墓志稿卷(梁章钜旧藏)	
明鲁治书卷	300
清梁山舟书卷	40

　　作品后所附数字为当时售出时的价格,如祝枝山楷书《离骚经卷》,时价300元。据调查得知,这件罗振玉从李芝陔处所得的书法藏品,在日展出后即被中国书画收藏家山本悌二郎购去,博文堂曾于1913年复制出版。[①]此书画目录中,即使没有标明售价的书法藏品,其后大多也都销售出去,如黄道周楷书《墓志稿卷》

―――――――――――

① 参见张明杰:《京都流寓、书学传古——罗振玉及其书法文物鉴藏》,《文献语言学》第四辑,中华书局2017年版,第218页。

卷,后以2000元售出,董其昌《临各家书卷》350元、《明人墨迹册子》300元、王履吉草书《北山移文册子》250元、鲁治《书卷》300元、康熙帝《御笔条幅》100元、姜西溟《临王书卷》60元,分别售出。

　　继京都大正癸丑兰亭会(1913年4月中旬)之后,书法家山本竟山又在京都举办了"和汉法书展览会"。展览会后,编辑出版了《和汉法书展览会纪念帖》,其中一些以日本人士名义出展的藏品中就包括一部分上述罗振玉售出的书迹。①

　　111件绘画藏品分别如表2所示:

表2　1911年7月展出的111件绘画藏品

展品名	售价(元)
宋李晞古田家嫁娶图	
元孟玉涧枇杷山鸟图	600
明沈周枫树画卷	
明陈道复书画合卷	
明文徵明墨竹画幅	
明仇英陆治合作美人双陆图幅	600
明仇英临唐画听琴图幅	
明文徵明送别图幅	500
明名妓马守真画兰小幅	
明陆治雪山图幅	
明姚云东墨竹幅	
明文彭宜兴十景册	350
明陈尧峰山水册	200
明文五峰仿黄鹤山樵山水幅	
明项元汴仿云林枯木竹石幅	300
明陈眉公潇湘夜雨图幅	
明璩东海雪山图幅	
明朱子蕃墨竹图轴	

---

① 参见山本竟山:《和汉法书展览会纪念帖》,油谷博文堂1914年版。

续表

展品名	售价(元)
明项元汴山水幅	100
明沈用宾山水幅	250
明文嘉彩笔山水幅	
明宋石门山水幅	
明丁南羽孔子习礼图	
明董其昌彩笔山水幅	
明董其昌书画合卷	
明姚允在渔夫图卷	250
明潘以实(?)茶花图幅	50
明蒋三松水墨山水幅	
明陈孔彰花鸟幅	80
明项圣谟山水幅	50
明石道人山水幅	50
明陆万言徐光启等书画册	
明杨龙友(文聪)山水图卷	
明李长蘅书画合卷	
明程嘉燧山水长卷	350
清人书画册(吴伟业、孙竑禾……)	
清人书画册(王翚、贾铉……)	
清石涛山水册	250
清王时敏山水册	
清张大风人物画册	
清邵僧弥画册	300
清李鳝花卉册	
清程穆倩山水册	250
清方士庶山水粉本册	250

续表

展品名	售价(元)
清董邦达山水册	250
清张浦山山水册	
清张宗苍山水册	250
清王三锡山水小册	60
清张君度行旅图卷	80
清项东井山水卷	50
清恽寿平花坞夕阳图	800
清张桂岩山水卷	50
清文南云山水卷	50
清罗饭牛山水卷	
清张舫山墨梅图卷	50
清戴醇士山水卷	60
清汤雨生山水卷	50
清王东庄山水卷	80
清阎竹宾(?)画册	70
清渐江画册	
清王玟梁女史墨兰册	60
清禹之鼎钟馗册	60
清吴梅村钓雪图幅(王渔洋赞)	
清张君度山水幅	
清陈老莲行酤图幅	300
清卞文瑜山水幅	
清杨子崔山水幅	
清王武墨笔花鸟幅	220
清王翚山水幅(二)	450
清王麓台山水幅	

续表

展品名	售价(元)
清吴墨井山居图幅	300
清吴墨井山水幅	350
清查士标仿梅道人山水幅	
清鲍楷翎毛花卉幅	60
清高士奇山水幅	60
清虞沅翎毛幅	
清马扶曦花卉幅	80
清金冬心画萱幅	50
清郑板桥墨兰图	250
清张南华枯木竹石幅	
清方士庶群山秋色幅	50
清文后山山水幅	80
清张宗苍山水幅	100
清罗两峰花鸟幅	
清李谷村山水幅(朝鲜归化人、有乾隆帝赞、清国帝室旧藏)	
清王冈龄临文衡山山水幅	100
清张月川山水幅	100
清王蓬心山水幅	100
清方兰坻花卉幅	75
清尹西村山水幅	250
清尹西村耄耋图幅	
清张壶山山水幅	50
清王三锡山水幅	60
清边寿民小品	
清黄小松明湖放舟图幅	

续表

展品名	售价(元)
清黄小松小品山水	50
清钱叔美香林禅诵图	250
清钱叔美煮茶图幅	250
清钱叔美墨梅幅	250
清康石舟停琴听阮图	50
清王椒畦山水幅	50
清黄谷原问耕亭图幅	40
清汤雨生山水幅	
清朱青立秋花幅	50
清改七芗墨梅幅	40
清汤禄民白描仕女幅	
清顾洛林下美人幅	80
清无名氏西厢图幅	
清马荃(女史)松鼠幅	50
清马江香花卉幅	60
清郎世宁封侯图幅(意大利人)	

以上绘画既有画册,又有长卷和挂轴。题材更是丰富多彩,山水、人物、花鸟等应有尽有,当然更多的还是山水画。从时代看,明清画为主,间有一二宋元画。明清画包罗万象,既有明代吴门画派之作,又有清代四王吴恽为代表的主流画家作品。其聚集一堂展出,对提高日本人士的中国明清书画鉴赏能力大有裨益;其售出又在很大程度上丰富了日本的中国书画鉴藏。如,明代程嘉燧的《山水长卷》、文徵明的《送别图》幅;"清初六大家"中的恽寿平的《花坞夕阳图》、王翚的《山水》幅(二)等,均不失为明清时期中国绘画的代表作,后来都成了日本公私文博机构的重要收藏品。

对照前述"300件内售出清单"可以获知,除极少数之外,这些出展的绘画均被日本人士购去。另从画目后所附售价看,售出时的价格并不高,除部分名家名作之外,大部分画作均在100元以下。即使售价较高的元代孟玉涧《枇杷山鸟图》,也只有600元,相对于动辄数千或上万元的宋元院体画或佛画来说,价格极为低廉,说明当时日本人对中国明清书画的认识尚且不足。后来,随着罗振玉东渡日本及其书画鉴赏活动的展开,日本人对中国明清书画的认识逐渐发生了变化,尤其是吴门画派、四王吴恽的绘画及石涛等禅僧画受到青睐。

辛亥革命爆发后,以大谷光瑞及内藤湖南为首的京大学者为何力邀罗振玉东渡日本?而罗氏本人又为何最终选择了京都避难?固然有多种原因,但其中罗振玉作为文物收藏大家拥有丰富的书画等文物藏品这一事实不失为一条重要原因。

通过以上考察,我们不难看出,正是拥有大量书画等文物藏品,并通过其出境展览或出售,罗振玉才得以携家眷航渡日本,且于京都顺利定居下来。在尚未抵达京都之前,罗氏所藏的百余件中国书画及拓本已开始流散出来,汇入近代日本的中国书画鉴藏体系。这些书画及精善拓本不但丰富了日本的中国书画鉴藏,而且为开启日本新的中国书画鉴赏和研究模式提供了重要参考和素材。至于罗振玉寓居京都期间所从事的书画文物鉴藏及经营活动,笔者将另文叙述。

A Prelude to the Study on the Japanese Outflow of Luo Zhenyu's Calligraphy and Painting Collections

ZHANG Mingjie

(School of Oriental Languages and Culture in Zhejiang Gongshang University, Hangzhou: 310018)

Abstract: This paper makes preliminary investigation and disclosure of the early outflow of Luo Zhenyu's calligraphy and painting collections into Japan, based mainly on the information of Luo Zhenyu and the exhibitions and sales of his calligraphy and painting collections in Japan before his refuge in Kyoto, together with some rare historical data. It aims to provide important clues for the study and verification of the loss of such cultural relics as modern Chinese calligraphies and paintings in Japan, meanwhile laying the groundwork for future relevant research.

Key words: Luo Zhenyu; Calligraphy and Painting Collections; Loss of Cultural Relics; Japan; Naito Konan

浅析日本公司法中的选择制公司治理结构①
——日本经验和中国借鉴

付丹丹②

（浙江工商大学东方语言文化学院　杭州：310018）

摘　要：日本公司法从2002年开始确立了公司治理的选择制。之后，对它的实践效果进行持续跟踪，分别在2006年和2015年颁布实施了修订版，对选择制公司治理结构不断补充和完善。目前日本公司法共列出了50种治理结构供公司自由选择。日本公司法修订既是为了解决现实问题，也是为了顺应世界公司治理的美国化趋势。但最重要的目的还是想通过增强企业的监督职能来提高公司治理水平。该文主要通过比较研究2015年版日本公司法中的三种大型上市公司的治理结构，分析选择制公司治理结构的特点及对我国公司治理制度设计的借鉴意义。

关键词：公司法；公司治理；外部独立董事；监事

一、日本公司法的修订背景

日本立法从2002年开始确立了公司治理的选择制，而2006年版公司法进一步完善了这种选择制，将原来商法典中关于公司的规定及相关的公司特别法、有限公司法合并形成了单行法。将传统的有限责任公司作为股份公司的一种基本形态，取消了最低资本的限制，对日本传统公司法进行了颠覆性变革。由于传统的有限公司成为股份公司的一种基本形态，股份公司从只有一个股东的小型个人企业到大规模的上市公司，公司之间不论是规模、业务类型、股份的流通性，还是公司经营的形式，都存在巨大的差异。[1]119因此，对于公司治理结构的要求也就多种多样，日本公司法为了适应不同类型公司的要求，准备了39种公司治理类型供企业选择。公司法原则上仅要求公司设置股东和董事，其他机关基本上

---

① 本文系浙江省哲学社会科学重点研究基地(浙江工商大学东亚研究院)课题"安倍经济学中资本市场改革新政对浙商企业构建的启示"(课题编号：16ZDDYZS07YB)的研究成果。

② 付丹丹，浙江工商大学东方语言文化学院副教授。

可以通过公司章程自由选择。①

即使这样,2006年版公司法中提供的大型上市公司的公司治理结构只有两种,即设置监事会[表1中的(19)]的公司和设置委员会的公司[表1中的(20)]。这两种治理结构在运作中暴露出很多问题。首先,在设置监事会的公司中,监事会由3人以上构成,其中的超半数是独立监事,需要1名以上常勤人员。监事拥有独任权,但是基本上只对违法违规行为进行监查②,不监督董事等的行为是否适当,对董事等执行业务只能进行事后监查,不能进行过程监督,虽然有出席董事会议及陈述意见的权利,但是没有表决权,所以其监督力度受到国外投资者的质疑。

另外一种治理结构——设置委员会的公司,不设监事,但要求董事会下设监查委员会、提名委员会和薪酬委员会。每个委员会由3名以上董事构成,其中超过半数必须是独立董事。而日本独立董事人才储备不足,结构不合理③,且由于该类型的治理结构把公司的人事权和薪酬权交给了以外部董事为中心的委员会裁决,很多传统的日本公司不愿采用。自实施以来,采用该模式的公司为数不多,截止到2017年8月1日,东证1部2020家上市公司中共有62家公司采用,占总数的3%[5]6。

因此,为了强化日本上市公司的治理结构,弥补设置监事会公司的结构弱点,解决独立董事不足等现实问题,2015年版公司法推出了新的公司治理结构,即设置监查等委员会的公司,此类公司的治理结构为"董事会+监查等委员会+会计审计人",其结构严格等级基本等同于前两种治理结构。至此,日本大型上

---

① 日本公司法并非完全允许公司自由选择机构设计,也设置了一些限制:a. 公众公司股份转让频繁,不能指望股东去监督公司的业务执行,因此规定了董事会监督业务执行的义务。b. 设置监事会的公司如果只有1名董事,而监事有3名,业务监督者多于业务执行者,有失平衡,因此要求设置监事会的公司必须设置董事会。设置董事会的公司原则上必须设置监事(董事会下设委员会公司必须设置监查委员会,因此不需要监事。不过非公众公司中设置董事会的公司,如果设置了会计参与,就不用设置监事。没有设置会计参与的非公众公司可以把监事的审计范围限制在公司会计审计)。c. 设置会计审计人的公司需要设置监事或在董事会下设委员会。会计审计人发现问题必须报告监事(监事会)或监查委员会。大公司则必须设置会计审计人,也必须设置监事会或监查委员会。2002年商法修订时,引进了董事会下设委员会制度,之后监事就不再是日本企业的必设治理机构了。

② 监查,为日语词汇,因与中文中的"监察"含义有所区别,故本文统一使用日语"监查"这一说法。

③ 日本经済新聞(2016年6月16日)「社外取締役 出席率97%昨年度主要100社の取締役会半数は複数社兼務」对市值总额前100位的公司调查。结果显示,独立董事共285人次,兼任比率达到49%。其中,兼任2家公司的比率为27%,兼任3家公司的比率为13%,兼任4家公司比率为8%,兼任5家公司的比率为1%,有3人[3]。此外,根据Spencer Stuart"Japan Board Index 2017"统计,日本独立董事中有经营管理经验的比率较低,日经225为48.2%,TOPIX100为44.2%,而美国为60%;学者出身的比率较高,日经225为14.8%,TOPIX100为17.5%,而美国为5%。日本独立董事平均年龄比英美的略高,日经225为66.9岁,TOPIX100为66.7岁,而英国为59.9岁,美国63.1岁。从董事会中女性董事所占的比例来看,日经225为4.9%,TOPIX100为6.5%,跟美国的22.2%,英国的25.5%相比差距很大。[4]

市公司的公司治理模式有3种,即"设置监事会的公司""设置监查等委员会的公司"和"设置提名委员会等的公司(即设置委员会公司)"。而公司法提供的股份公司的机构设置选项增加到50种①。

表1　2006年日本公司法中的公司治理结构②[2]58

	非公众公司(严格等级③)		公众公司(严格等级)	
非大公司	(1)董事	(G)		
	(2)董事 + (监事)④	(F)		
	(3)董事 + 监事 + 会计审计人	(E)		
	(4)董事会 + 会计参与⑤	(d)		
	(5)董事会 + (监事)	(D)	(14)董事会 + 监事	(D)
	(6)董事会 + 监事会	(C)	(15)董事会 + 监事会	(C)
	(7)董事会 + 监事 + 会计审计人	(B)	(16)董事会 + 监事 + 会计审计人	(B)
	(8)董事会 + 监事会 + 会计审计人	(A)	(17)董事会 + 监事会 + 会计审计人	(A)
	(9)董事会 + 三个委员会 + 会计审计人	(S)	(18)董事会 + 三个委员会 + 会计审计人	(S)
大公司	(10)董事 + 监事 + 会计审计人	(E)		
	(11)董事会 + 监事 + 会计审计人	(B)		
	(12)董事会 + 监事会 + 会计审计人	(A)	(19)董事会 + 监事会 + 会计审计人	(A)
	(13)董事会 + 三个委员会 + 会计审计人	(S)	(20)董事会 + 三个委员会 + 会计审计人	(S)

二、三种大型上市公司治理结构的比较

一般认为,设置监查等委员会的公司灵活地运用了独立董事,增强了董事会

---

① 2015年公司法修正以后,表1中斜体表述的公司治理结构都可以直接换成"董事会 + 监查等委员会 + 会计审计人"的结构。至此,公司法提供的公司治理结构提高到50种。

② 根据日本公司法中的规定,大公司是资本金大于等于5亿日元以上或者负债总额大于等于200亿日元的股份公司(公司法2条6号),必须设置会计审计人。公开公司是指全部或部分股票可以自由转让的股份公司(公司法2条5号),必须设置董事会。非公开公司是全部股票转让都受限制的股份公司。

③ 机构设置的严格等级:S = A > B > C > D > d > E > F > G。

④ (监事)是指此类监事的审计范围,可以限定在会计审计的范围之内(公司法389条1项)。

⑤ 会计参与是2006年版公司法改革新设置的公司机构,只能由注册会计师、会计师事务所、税理师、税理师事务所担任。主要与董事或执行官一起制作公司财务会计材料,提高财务会计材料的可信度。因为表1中除(4)以外的机构都可以选择设置会计参与,所以2006年版公司法实际上提供了可供选择的39种类型的公司治理机构。

的监督职能。下面通过对三种公司治理结构的比较,简述该类型治理结构的特点。为了便于表述,在本项目的论述中,将设置监事会的公司称作A,设置提名委员会等的公司称作B,设置监查等委员会的公司称作C。

1. 监查机构及其构成

A. 监事会。监事3人以上,其中半数以上必须是独立监事(335条3项①)。必须设1名以上常勤监事(390条3项)。

B. 监查委员会。监查委员3名以上,其中过半数必须是独立董事(400条1项、3项)。法律不要求必须设常勤。

C. 监查等委员会。监查等委员3名以上,其中过半数是独立董事(331条6项)。法律不要求必须设常勤。

比较:监查机构的人员总数基本一致。对于外部独立人员的要求,A要求半数以上,B和C要求超过半数。因此,总人数为偶数时会产生差异。另外,A要求设常勤,B和C没有硬性要求。但在实践中,因为法律禁止外部独立人员以外的监查委员同时担任业务执行董事等职务,故而不得不将不满足外部独立条件的监查委员设为常勤人员。此外,为了便于为独立董事提供信息、辅助监查等,设置常勤人员已经成为实践中的普遍现象。

2. 监查机构的选任、解职

A. 在股东大会的普通决议上,与董事分别选出(329条2项)。解任则必须获得股东大会的特别决议通过(339条1项,309条2项7号)。对于选任议案,监事会拥有赞同权和提案权(343条1—3项)。对于选任或解任,各监事可以发表意见(345条4项)。

B. 董事会从股东大会的普通决议中选出的董事中选定(400条2项)。解任由董事会决议通过(40条1项)。对于选任议案,非兼任提名委员的监查委员无权参与。对于监查委员(会),公司法中没有关于其是否可以对选任或解任发表意见的相关规定。

C. 在股东大会的普通决议上,与监查等委员之外的董事分别选出(329条1—2项)。解任则必须获得股东大会的特别决议通过(339条1项,309条2项7号)。对于选任议案,监查等委员会拥有赞同权和提案权(344条之2第1—2项)。对于选任或解任,各监查等委员可以发表意见(342条之2第1项)。

比较:A和C的监查机构都由股东大会的普通决议单独选出,其解任必须通过股东大会的特别决议通过。这意味着,A和C的监查机构更具独立性。B的

---

① 公司法中条款号。

监查机构由董事会决议选定或解任,看似其独立性较弱,但是因为其各委员会拥有超过半数的独立董事,在实践中,也具有较高的独立性。

3. 监查机构的任期

A. 4年,不可缩短(336条1项)。

B. 没有所谓的监查委员任期,因为都是董事,其任期都是1年(332条6项)。

C. 2年,不可缩短(332条1项、4项)。其他董事任期1年(332条3项)。

比较:C处于A和B之间。在C的机构设置中,同为董事,但是却因为是否是监查等委员,任期有2年和1年的差异。特别是不满足外部独立条件的监查等委员比其他董事任期长,这一点在实践中可能会产生问题。

4. 薪酬等的决定

A. 章程或股东大会的普通决议中决定(387条1项,决定总额上限即可)。个人薪酬由监事协议决定(387条2项)。各监事可以对薪酬发表意见(387条3项)。

B. 个人薪酬由薪酬委员会决定(404条3项)。关于报酬的意见陈述权,法律没有相关规定。

C. 通过章程或股东大会的普通决议,必须分别决定监查等委员与其他董事的薪酬(361条1—2项,决定总额上限即可)。个人薪酬由监查等委员协商决定(361条3项)。各监查等委员对薪酬拥有意见陈述权(361条5项)。

比较:B的机构设置中,股东大会没有薪酬决定权,这一点需要重新考虑。A和C在股东大会决定总额上限这一点上是相同的。

5. 监查对象

A. 监查董事(以及会计参与)的职务执行情况(381条1项)。

B. 监查董事、执行官(以及会计参与)的职务执行情况(404条2项)。

C. 监查董事(以及会计参与)的职务执行情况(399条之2第3项)。

比较:法律上A、B、C的条文基本一致。但是一般认为A的监查范围局限在对违法违规行为的监查,而B和C不仅监查违法行为,也监督董事等行为的适当性。此外,监查等委员会还必须对监查等委员之外的董事的选任等,以及薪酬发表意见,所以该机构设置对于董事等行为适当性的监督更有效。

6. 监查方法

A. 基本是各监事进行监查(可以使用辅助监事)。

B. 利用内部监查部门进行组织监查。

C. 利用内部监查部门进行组织监查。

比较:B中的监查委员和C中的监查等委员都是董事,所以不可能设置辅助监事(比如监事室),所以才会有此差别。但是在实践中,不管采用何种机构,不管是否有常勤人员,大公司实质上都是利用内部监查部门进行组织性监查的,所以此点差异没有太大意义。

7. 调查权限

A. 各监事都拥有业务财产调查权和子公司调查权(381条2—3项)。

B. 监查委员会选定的监查委员拥有业务财产调查权和子公司调查权(405条1—2项)。

C. 监查等委员会选定的监查等委员拥有业务财产调查权和子公司调查权(405条1—2项)。

比较:A机构中每个监事都有独任权,而B和C只有选定的委员才有相关权限。

8. 纠错权限1

发现不正当行为有义务向董事会报告,对于违法行为拥有停止请求权。

A. 各监事(382条,385条)。

B. 各监查委员(406条,407条)。

C. 各监查等委员(399条之4,399条之6)。

比较:A、B、C一致,都拥有独任权。

9. 纠错权限2

对董事会等提起诉讼的权限、召集董事会的权限。

A. 各监事(386条1项,383条2项)。

B. 监查委员会选定的监查委员(408条1项2号,417条1项)。

C. 监查等委员会选定的监查等委员(399条之7第1项2号,399条之14)。

比较:只有A是独任权。在B和C的机构中,只有选定的委员才有权限。在B和C机构中,每位委员对于违法行为等都有独任的停止请求权,而对于诉讼权却不能独任,这一点存在逻辑不一致性,有必要修订。

10. 监查权限以外的监督权限

A. 没有。

B. 监查委员作为董事会成员,拥有一般的监督权限。

C. 作为监查等委员的"等",其权限或职能还有:①对于业务执行者以及董事的人事(提名及薪酬),在股东大会上,监查等委员会选定的委员必须陈述意见(342条之2第4项,361条6项,399条之2第3项3号);②对于董事的利益相反交易,如果监查等委员会对该交易进行了承诺和许可,则职务懈怠的推定性规定将不再适用(423条4项)。

比较:法律赋予了C上述两项权限和职能,区别于其他两类机构。这两点或可成为股份公司积极选择采用设置监查等委员会的重要动机之一。但是关于第一点,仅仅是表达意见权,不是表决权,其力度也有限。而对于第二点,这里的效果只限于不再适合推定性规定,相关交易还是需要董事会承诺和许可,而且根据具体情况,法院依然可以认定董事存在职务懈怠。所以总体而言,C机构被赋予的监督权限也是有限的。

11. 业务执行的决定

A. 董事会决定(362条2项1号)。重要的财产处置及接收等重要的业务执行决定不能委任给董事(362条4项)。

B. 董事会决定(416条1项1号)。除了部分法定规定的董事会专属决议事项之外,通过董事会决议,可以将很大程度的决定权委任给执行官(416条4项)。

C. 董事会决定(399条之13第1项1号)。原则上,重要的财产处置及接收等重要的业务执行决定不能委任给董事(399条之13第4项)。但是,在满足一定条件(董事过半数为独立董事,或在章程中事先规定)的情况下,可以通过董事会决议,将很大程度的决定权委任给董事(399条之13第5—6项)。

比较:董事会在重要的业务执行决定权中,最终委任给执行官(B)或董事(C)的可能事项的范围基本上一致。但是关于这一委任权,C只需要在章程中规定,就可以把大部分决定权委任给董事,B和C之间逻辑不统一。结果可能导致企业经营者更愿意采用C。这一点有必要修订。

12. 业务执行

A. 董事长等业务执行董事(363条1项)。

B. 原则上,首席执行官等的执行官(415条,418条2号)。

C. 董事长等业务执行董事(363条1项)。委员会体制不设执行官。

比较:B和C都是委员会型的治理结构。相对来说,B结构中的3个委员会权限更广泛,董事会和执行官的职能分化更清晰,而C结构中的委员会权限相对局限,而且虽然是委员会体制却不设执行官,没有明确的职能划分,这可能导致董事的监督和执行职能界限不清。

三、监查等委员会制度的反思

监查等委员会制度出台以后,因为该制度促进了多名独立董事的导入,并且负责监查和审计职责的董事在董事会中拥有表决权,因此受到了证券交易所和外国机构投资者的好评。2015年5月实施以来,转而采用该治理结构的上市公司越来越多。截止到2017年8月1日,东证1部上市公司中采用监查等委员会结构的公司比率已经达到21.9%。近4年来,东证1部上市公司采用三种公司治理结构的情况如表2所示:

表2　东证1部上市公司的公司治理结构[5]6

年 东证1部上市公司	2014	2015	2016	2017
设置监事会的公司(比率)	1770(97.5%)	1726(91.4%)	1552(78.8%)	1516(75.0%)
设置监查等委员会的公司(比率)		111(5.9%)	357(18.1%)	442(21.9%)
设置提名委员会等的公司(比率)	46(2.5%)	51(2.7%)	61(3.1%)	62(3.1%)
东证1部上市公司总数	1816	1888	1970	2020

但是,日本法学专家指出,监查等委员会的治理结构同其他两种治理结构存在逻辑不一致、监督力度不能保证等问题,需要进一步修订。

(一)制度优势

首先,监查等委员会制度发展迅速,其最大的优势在于比较容易确保外部高层人员的数量。

如上所述,日本公司法要求设置监事会的大型上市公司,其董事和监事由股东大会分别选出,监事会由3名以上监事构成,其中半数以上是独立监事,即需要保证至少2名外部监事。若为了满足新公司法中"至少设置1名独立董事,否则解释"的要求而设置1名独立董事,则公司需要设置至少3名外部高层人员。而若再满足2015年6月颁布实施的《公司治理准则》中原则4—8"至少设置2名以上独立董事,否则解释"的规定[6]18而设置2名独立董事,则公司需要保证4名外部高层官员。这对设置监事会的大型上市公司来说负担过重,而且类似功能的机构重复设置。而若转为设置监查等委员会的公司只要保证2名外部董事就可以了。现行的设置监事会公司可以直接将现有的2名独立监事改聘为独立董事,将监事会改为监查等委员会,这样不需要大幅度变动公司结构就可以满足新公司法和《公司治理准则》的要求。

其次,设置监查等委员会的公司中的董事会权限也是该结构的魅力之一。

如上所述,设置监查等委员会的公司,当董事会中的独立董事过半数或者在公司章程中事先写明,则可以通过董事会决议将全部或部分决定执行重要业务的职权委任给董事。这是考虑到,在实践中,很多形式上的附议事项只是无谓地占用董事会的时间。而且,随着独立董事的增加,旧的董事会附议标准已经过时。比如,分店的开设及重要雇员的人事变动等事宜,非公司内部人士不可能决策,这类事宜并不需要独立董事参与。

再次,把董事会决定执行重要业务的全部或部分权力转交给董事,也是为了把其他董事特别是监查等委员会的董事完全从业务执行中分离出来,让他们更专注于监督。

总之,将董事会权限一定程度上委任给董事,既能够解决一部分现实问题,也能够间接保证监查等委员的监督力度,这也是采用监查等委员会制度的益处之一。

(二)制度缺陷

另一方面,随着监查等委员会制度在实践中的应用,诸多问题也逐步显露出来。

首先,不同于设置监事会的公司,现行公司法不要求设置监查等委员会的公司必须设立常勤委员。只要求采用该制度的公司在企业报告中披露是否设置常勤及其理由。这不免会影响到监查等委员对公司业务的了解深度和广度,进而降低监督和审计的有效性。所以,有观点认为公司法应该规定必须设置常勤委员。[7]281实践中,很多企业为了提高监查等委员的监督审计质量,也为了提升企业形象,自主设置了常勤委员。

其次,监查等委员会公司中的监查等委员不是独任制。各个监查等委员单独没有权力调查公司业务和财产情况,以及要求董事及雇员汇报业务执行情况,需要听从监查等委员会的决定,这就难以保证监督审计的力度。[8]34比如,一名监查等委员对于董事执行业务的不当行为有所怀疑想要进一步调查,有可能因为遭到其他监查等委员的否决而无法开展。所以,有观点认为应该采用独任制。

另外,虽然制度设立之初,考虑到监查等委员作为董事必然能更多地参与公司运营决策等的讨论,所以更有利于他们对决议的事前和过程监督。同时为了顺应公司治理的国际趋势,立法者赋予了监查等委员会以董事会表决权,而且立法者还巧妙地设计了一个选项,即允许董事会权限全部或部分委任给董事,以此来提高监查等委员的监督专注。但是毕竟监查等委员被同时赋予了作为董事的业务决策权和作为监查人的监督职能,所以有学者认为这会造成执行和监督功能的实质性混同,从而削减公司内部的权力制衡机制。

四、对我国公司治理制度设计的启示

日本公司法中的选择制公司治理结构,对我国立法及公司治理结构的构建都有重要的借鉴意义。

(一)对我国立法的启示——基于现实,追求理想

日本公司法中的大型3种上市公司可选择的监督模式,其目标是一致的,即通过一个专门的监督机构来监督管理执行人员的行为及公司财务状况,只不过是监督机构的位置及组成不同,是内于公司的董事会还是外于公司的董事会,这牵涉到公司治理的理念及理论的不同,更牵涉到人员配置的不同。[9]67 2015年日本公司法修订创设了第三种监督模式——监查等委员会。之所以增设第三种监督模式,是为了促进独立董事制度的采用,顺应国际公司治理趋势。但是立法者也考虑到日本的现实问题,那就是:①独立董事人员储备不足;②因为公司的人事权和薪酬权基本上都交给了外部董事,所以传统日本企业不愿意采用设置委员会的监督模式。所以,第三种治理模式的出现是基于现实,追求理想。

而中国现阶段,独立董事等一些资本市场制度的建设具有较强的政策驱动性质。[10]254 没有充分考虑到中国资本市场的现状和需求,导致某些制度很难发挥应有的作用。总之,公司法等法律实践性强,只有从实践出发,注重实施效果,才能发挥应有的作用。

(二)对公司治理结构设计的启示

一直以来,日本的公司治理模式被总结为二元平行治理模式,即将美国公司的“董事会主义”一元模式和德国公司的“监事会主义”一元模式,改造为董事会负责战略决策,监事会负责监督董事会的平行“二元”治理模式。21世纪以来,日本也逐渐向英美模式转变,在2002年导入了独立董事制度。中国的公司治理模式和日本的最相似。中日两国都是在董事会和监事会并存的前提下引入了独立董事制度。

在中国目前的公司治理结构中,大多监事会形同虚设,独立董事被讽刺为“花瓶”,大多数公司治理结构由单一权力主体主导,事实上形成了“股东 + 董事会 + 管理层”或者“董事会 + 管理层”的垂直“一元”治理模式。

1. 选择制公司治理结构对我国的启示

日本公司法中共提供了50种股份公司的治理结构。改革后的公司治理结构没有所谓的一层结构、二层纵向结构或二层平行结构,超越了“股东会中心主

义"或"董事中心主义"或"监事会中心主义"的范畴。各种选项没有孰优孰劣,而是与公司的规模、股东的人数,以及股东参与公司经营的程度息息相关。比如,全部股份限制转让的封闭性公司,股东构成稳定,股东可以起到监督作用,只需要会计专业人士检查会计账簿的真实性。因此,这类公司可以选择只设置会计参与,无须设置监事,股东会可以成为万能的机关。这可以有效降低企业的经营成本。而大型上市公司股东众多,很多股东只关心公司股价的涨跌,并不关心公司的经营状况,不可能期待股东有效行使监督权,且公司能够承担设置复杂治理结构的费用,所以此类公司可以选择传统的"董事会+监事会"结构,或者董事会下设提名委员会等的结构,或者董事会下设监查等委员会的结构,且上述3种结构同时必须设置会计审计人。[1]120

日本这种打乱传统,允许公司根据自身情况在众多基本模式中进行选择的方式,减少了企业遵守的成本,激发了企业自主性,可以为我国改革提供借鉴。当然,中国若引入选择制公司治理模式,应该事前认真调研,设计出真正符合实际需求的治理模式,而且也应该考虑到多种模式并存可能会带来的一段时间的市场混乱等问题,并提前备好对策。

如上所述,日本公司治理结构还存在多种选择项之间逻辑不统一、监督力度不能保证等问题,这就要求我们在借鉴过程中,去其糟粕,取其精华。比如,日本公司法规定设置监查等委员会的公司可以不设常务监事,也没有赋予监事独立监查权,这不利于监事对公司业务的掌握和监督力度的有效发挥。

2. 对独立董事制度的启示

中日两国都是在董事会和监事会并存的情况下导入了独立董事制度。目前,中国的独立董事和监事会等结构职能分工不清、界限模糊,容易造成重叠和资源浪费。日本公司法中明确指出,设置提名委员会等的公司和设置监查等委员会的公司,不能再设监事(公司法327条4项)。这就避免了类似职能机构的重复设定,避免了资源浪费。中国可以借鉴此法,根据不同公司治理类型区别要求,厘清各种职能机构的分工。

五、结语

总之,日本公司法中规定的公司治理结构对我国立法及公司治理体制的构建有重要的借鉴意义。但是公司法作为一门实践性很强的法律,随着经济社会的变化也会滞后。2015年版公司法实施后,已经过去了3年。鉴于公司法中部分条款之间存在逻辑不一致等理论问题,以及在实践中遇到的现实问题,2017年2月,日本法务大臣召开审议会,开始讨论公司法修订,并计划在2018年2月或3月颁布《中间试案》,2019年正式实施。可见,日本立法者在不断对公司法的实践效果进行跟踪调研,并定期修订,以保证公司法的实践价值。

参考文献

[1]徐浩.我国公司治理的多样性构建——以日本公司治理的沿革为参照[J].生产力研究,2015(5):116-120,160.

[2]宍戸善一.会社法入門[M].東京:日本経済新聞出版社,2008.

[3]作者不明.社外取締役 出席率97%昨年度主要100社の取締役会半数は複数社兼務[N].日本経済新聞(朝刊),2016-06-16.

[4]Spencer Stuart.Japan Board Index 2017[R/OL].日本スペンサースチュアート株式会社,2017(6)[2019-12-25].https://www.spencerstuart.jp/what-we-do/our-capabilities/board-services.

[5]日本取締役協会.上場企業のコーポレート・ガバナンス調査[R/OL].(2017-08-01)[2019-12-25].https://www.jacd.jp/news/gov/190801_20133.html.

[6]株式会社東京証券取引所.コーポレートガバナンス・コード～会社の持続的な成長と中長期的な企業価値の向上のために～[R/OL].(2015-06-01)[2019-12-25].https://www.boj.or.jp/announcements/release_2018/data/rel180129c16.pdf.

[7]村田敏一.監査等委員会設置会社の創設とその課題—不思議なコーポレートガバナンス—[J].立命館法学,2015(1):265-288.

[8]壽原友樹.会社法改正のポイント[J].NIBEN Frontier,2016(3):26-46.

[9]曹冬媛.日本公司法上第三种监督模式的评介与思考[J].北京科技大学学报(社会科学版),2017(1):63-67.

[10]周佰成,邵振文,孙祖珩.中国上市公司独立董事功能缺失与制度重塑[J].社会科学战线,2017(3):251-255.

Research on the Selection System of Corporate Governance in Japanese Company Law

FU Dandan

（School of Oriental Languages and Culture in Zhejiang Gongshang University, Hangzhou: 310018）

Abstract: The Japanese company law has established the selection system of corporate governance since 2002. After that, the effect and problems of the selection system in practice were tracked and investigated. In 2006 and 2015, revised versions were issued to improve the selection system of corporate governance. At present, the Japanese company law provides 50 kinds of governance structure for companies to choose. The revisions of Japanese company law are not only to solve practical problems, but also to conform to the trend of Americanization of corporate governance in the world. But the most important purpose is to improve corporate governance by strengthening the supervisory function of the enterprise. Based on the comparative study of the three governance structures of the large listed companies in Japanese company law 2015 Edition, this paper analyzes the characteristics of the selection system of corporate governance and the reference significance for the design of corporate governance system in China.

Key words: Japanese Company Law; Corporate Governance; Independent Director; Supervisor

论阿拉伯语教学中的情感教育问题
——在外语教育心理学视阈下探究浙商大阿语系情感教学

周 玲①

(浙江工商大学东方语言文化学院　杭州:310018)

摘　要:该文通过揭示浙江工商大学阿拉伯语系教学过程中存在的种种消极心理情感现象,运用外语教育心理学原理,分析其中的原因和症结,探索行之有效之法,来帮助教师更好地把握学生的思想动态,激发学生学习兴趣,提高阿拉伯语的教学水平。该课题研究目的是揭示外语学习过程的实质,开发有效的教育方法,从而更好地促进教学改革。

关键词:外语教育心理学;情感教育;阿拉伯语教学改革

一、引言

何谓情感?"在心理学上,一般把情感定义为人对客观事物与自己需要的关系的反映,是感情、内心体验、需要、愿望、价值追求等一系列心理现象的统称。简言之,情感主要是指一个人的感情指向和情绪体验。"情感教育隶属于外语教育心理学范畴,是针对外语教学过程中的心理活动规律,研究学生的思想波动、认知水平、外语学习习惯、学习外语条件、个体间差异,以及外语教师的思想道德、工作水平、应对能力、研究课题等,这是一门揭示外语学习过程实质和开发有效教育方法的科学。

阿拉伯语(以下简称"阿语")是世界上古老的语种之一,因其词汇量丰富、语法相对烦琐而被公认难学,阿语专业教学就是以教会学生掌握、运用这门联合国通用语言为目的的学科。在大学四年的教学中,学生大体要经历三个情感阶段。

第一,认知阶段。该阶段是指学生入学初始,对阿语的学习态度只存在感性的认识和理解的阶段,它是阿语学习者心理情感态度的开端和基础。

第二,认同阶段。学生经过了基础的认知阶段,对学习阿语有了一个基本的心理情感判断,进入了或是亲近或是疏远阿语学习阶段。

第三,行为阶段。学生经过情感认同之后,进入了行动反应阶段。此阶段伴

---

① 周玲,浙江工商大学东方语言文化学院阿拉伯语系主任,特聘教授,硕士,研究方向为阿拉伯社会文化。

随着学生心理状态和行为动机,决定着学生的学习成效。

综上所述,学生在四年大学中能否学有所成,关键在于其思想情感状态。而要使学生能有积极的情感态度,就需要教师把情感教育作为阿语教学的重要内容和目标,贯穿于教学的全过程。为此,作为一名阿语教师,在外语教育学理论视阈下,积极探索符合阿语教学特点的情感教育,不仅十分必要,而且刻不容缓。

下面,笔者就从浙江工商大学阿语系的教学实践出发,就情感教育问题,做以下基础研究。

二、从多维关注学生的情感愿望出发

关注学生情感,了解其学习愿望,激发学习兴趣,是阿语教师的职责所在,也是搞好阿语教学的前提和基础。具体可从四个方面入手。

(一)通过问卷调查了解

采取无记名的问卷调查,能让学生打消思想顾虑,充分表达每个人的诉求,这是了解学生情感愿望的有效办法,也是教师总结经验、改进不足,提高针对性情感教学的切入点。要达到这一目的,教师既要对每一次调查问卷进行有针对性的精心设计,又要及时汇总、认真分析学生的意见和建议,抓住重点,兼顾全面,有的放矢地改进和加强情感教育。

笔者曾在几届学生中先后尝试过问卷调查,既有具体征求对教学、教师的意见,也有从某一侧面了解班级、学生的情感诉求等。每一次问卷调查,只要问卷设计科学,涉及问题对口,就能引起学生兴趣,得到积极回应,从中了解和掌握学生的真实关切点。学生对这样的沟通方式采取欢迎的态度,他们非常关注自己的意见是否能得到老师的关注,是否会解决提出的问题,即便教师不能够在特定时间解决,但对学生的意见进行及时回复,并解释不能满足其愿望的理由,可以使学生有一种被真诚以待的感觉。

(二)通过教学过程观察

在具体阿语教学过程中可以发现,学生学习的态度只有积极和消极的区别。如果在教师积极情感态度的驱使下,学生就会产生相应的态度来对待教师和课堂,并积极配合教师的教学要求,即便是记单词、背课文的过程中遇到困难,也一定会尽力克服。课后作业做到再晚再累心里也释然。此外,浓厚的学习兴趣和强烈的学习动机能够促进学生取得良好的学习效果,较强的意志力和自信心可以帮助学生克服重重障碍,使阿语学习不再成为一种心理的压力和负担。反之,如果教师以消极懈怠的情感态度去施教,则往往会使学生表现出紧张、胆怯、焦虑、厌恶、怀疑等消极情感,并因情感相悖的原因,把教师的要求视作过分或刁难,从而产生抵触情绪和对抗行为,会对阿语的学习失去兴趣。

根据学生的上述情感表现特点,作为阿语教师不能就教而教,"做一天和尚撞一天钟",而是要从学生日常的上课听讲、发言互动、作业情况、早晚自修出勤、QQ、微信等班级群对话或是私聊中,观察、了解和掌握学生的情感反应,从中找出问题所在,并反思和改进自己的情感态度,以形成良性互动的情感关系,更好地激发学生兴趣,有效地完成教学任务。

(三)通过课后交流获得

教师与学生课后交流,既是与学生建立良好关系、获得学生信任的重要举措,也是了解学生情感态度、解决具体情感问题的有效途径。在这种场合下,只要教师能够放下架子,学生就能把你当作亲近的朋友和慈爱的长辈,不仅能够毫无保留地倾诉自己学习、家庭及个人成长中的情感问题,而且还能提供同学、老师、领导等情感问题,使教师获得教学上难以获得的情感信息。

作为阿语教师,要想全方位、多角度地了解和关注学生的情感问题,就需要善于放下架子,与学生交朋友。甘于放弃休息时间,多与学生沟通交流。尽管阿语教师工作忙、压力大,但只要能够全面了解学生情感的真实情况,有的放矢地开展情感教育,就能获得意想不到的教学成效。

(四)通过教学实践分析

语言交流的背后,承载着太多不同情感需求的外在表现。同样的情感可以用不同的语言来述说,但是同一种语言,表达同一种情感,也会分出不同的沟通效果。亲切的语言传达的是说话人真诚炽烈的情感,体现说话人的正能量心理,使人保持积极舒畅的学习工作生活心境,唤起与人交流的热情,从而产生不可低估的力量。反之,在消极、抗拒、低劣的心理情绪中,人的语言表达被情绪压制,不想和他人良好沟通,即便是勉强开展交流,其交流的词汇也一定是表现悲伤压抑情绪的。

根据上述情感变化的外在表现,教师应在教学实践活动中,细心观察和考量学生的情感态度和学习成果。诸如在接待外宾、基地实习、文艺演出、座谈交流、郊游活动、精读课、口语课、阿语角活动等社会实践活动中,了解和掌握学生的参与度和具体表现,并有针对性地去逐一消除学生心理障碍,努力使其在愉悦的情感态度中学好和掌握好阿语,为其日后步入社会运用这门专业语言奠定基础,增强自信。

三、要努力把握情感教育问题原因

作为阿语教师,不仅要善于关注学生的愿望和兴趣,而且还要认真总结、努力把握和勇于面对教学过程中存在的情感问题,更应认真反思自己的问题,这是对每个阿语教师的基本要求。因为只有发现问题、面对问题,才能有效解决问题。

我系自2015年开设阿语专业教学,至今已先后招收了三届学生,现共有在校学生57名。其中:第一志愿学生13名,调剂生37名,其他7名。本文对这三届学生及教师所暴露的心理与情感方面的消极问题,进行了分阶段总结、系统梳理和认真分析。

(一)认知阶段

由于学生对阿语专业不了解,普遍会产生以下消极心理:

1. 失望心理

尤其是37名调剂生,由于对自己的高考成绩和调剂专业普遍失望,且对阿语专业毫无了解,家长中反对者多,学生在刚入学阶段,思想非常不稳,学习不努力,混日子者居多。在问卷调查中,一名2016级学生留言道:"感觉学语言不如报考语言类学校。因为未了解过阿语专业,暂时没有学习阿语的兴趣,我就挺担心没有兴趣的支持能不能学好它,感觉难度会更大,因为阿语这门语言本身就有一定难度。虽然网上查到它的就业前景非常不错,但感觉我内心的忧虑和恐慌总是平复不了。"

2. 畏难情绪

由于网络技术的发达,"三百年学阿语"的说法在网络中成为博人眼球的说法,凡是上网了解阿语情况的学生,几乎每人都会看到这句表述。再则,因阿语系一半学生为理科生,他们本身对学习文科类知识不感兴趣,认为综合性大学不是学习语言的专业学校,选择浙商大就是因为想学习商科类专业,被调剂到语言专业以后,难免缺乏自信。

3. 逃避趋势

毋庸置疑,大学生选择专业和就业息息相关,只要是就业前景好的专业,去学的人就会一窝蜂。阿语这个专业,目前尚未像英语、日语等专业那样普及。尽管有不少浙江企业在阿拉伯国家创业投资,但由于从事翻译服务的人员中,仅有阿拉伯专业背景的工作人员无法满足更高端的商务活动。因此,学生和家长不了解阿语专业的前景,都有逃避阿语专业的趋势。

4. 厌恶倾向

2015级24名学生中有17名女生,且都是来自浙江、安徽和贵州等地区。南方女生性格腼腆者居多,个性非常内敛,不喜欢在大庭广众下表达自己的意见。这与当前的中小学教育有很大关系,也跟她们的生长环境有关。南方孩子发音位置普遍靠前,且拘谨、沉默、不善沟通和交流等,这与有着沙漠般宽阔、粗犷发音的阿语格格不入,口腔总是打不开,迟迟找不到阿语发音的感觉,继而对阿语产生了厌恶、不喜欢的心理倾向。

(二)情感认同阶段

进入正常学习周期之后,学生往往会出现这样的消极情感:

1. 抱怨厌烦

中学时代,由于面临着高考的巨大压力,学生们都能废寝忘食、争分夺秒,并全身心地投入到学习中,没有太多的杂念,没有一丝的松懈。进入大学以后,不少学生以为人生的目标达到了,可以放松对自己的要求;而阿语的学习需要单纯机械的反复诵读和单调枯燥的训练,学生容易感到厌烦和疲惫,甚至会对教师进行抱怨:大学生活比高三还严格。这些刚入学的学生认识不到大学阶段的学习是更高层次的学习,需要进一步发挥主动性;而阿语则需要学生投入更多的时间进行自学,一般情况下教师上一个半小时的课,学生至少需要花三倍的时间消化。在这种学习特点和环境下,一些学生难以合理分配和利用时间,更谈不上自觉学习,由此便形成了情感上的纠结心态。

2. 排斥抵触

十八九岁年纪的大学生,其情绪情感体验最为深刻而丰富,他们的心理处于从不成熟走向成熟、由不稳定走向稳定转化的过渡时期。但他们认为自己已经长大,有了独立的价值观和世界观,不愿意被选择、被管束。因此,他们一旦在活动、学习中遇到困难或挫折,就容不得教师的批评,并容易在情感上发生波动,进而产生不耐烦和抵触情绪,甚至出现一些不当或过激行为。虽然随着时间的推移,各种消极的情绪情感体验会逐渐减弱,但一旦再次受到挫折,便又会陷入痛苦之中难以自拔。

3. 消极自卑

部分学生由于在语音阶段没有打好基础,加之在平常的学习中不够刻苦,当学习成绩不理想时,就会产生自卑感。同时,学习、活动、人际交往等带来的一定压力,使他们形成极大的落差和心理上的不平衡。此外,由于部分学生以往的失败经历,或出身贫困,或有某方面的缺陷,使他们产生了一种消极的心态,对自我的评价过低,以致不能客观公正地认识自己与接纳自己,有的甚至借口身体上的小病小痛不去上课,或是上课趴在课桌上不回答任何问题。

4. 自我封闭

有些学生由于离开自己的家庭和所熟悉的环境,一时难以适应新的生活,往往容易产生情感上的孤独感。大学生来自不同的地区,文化背景、家庭环境、个性脾气都不同,在新的环境中需要独自处理人际关系,而一部分学生往往有自我封闭、逃避群体、特立独行、不合群的现象,更甚者会与宿舍同学发生矛盾,无法相处。个别学生甚至因缺乏安全感而感到极度空虚,往往会给同学发一些极端的信息试图让大家关注。个性冷漠,却认为这就是"自我",对自己百般怜爱,却对他人视而不见,从不设身处地替他人考虑,自私自利到了极点。因为太过自我,有的学生还处于思维真空的状态,上课时眼神游离,脸上毫无表情,注意力不能集中,沉浸在一种飘无的状态中不能定下心来。

(三)行为阶段

由于二年级下半学期有全国阿语专业四级考试,学生普遍感受到前所未有的学习压力。三年级学生因要出国留学,一进入国外大学便会有一次入学水平考试,也同样面临着巨大的压力。由于一部分学生在一、二年级时没有打好专业基础,致使其在全国阿语专业四级考试中成绩不理想,或到了国外留学也无法适应等,由此在情感上出现了学习动力不强、后劲不足和择业压力大等问题。

(四)教师情感问题

尽管我系教师均系各自毕业学校中的佼佼者,具有扎实的阿语语言专业知识储备,个人的品德和修养亦属同龄人中的上乘,且经过层层选拔才被聘用,大家都有一股对新岗位的工作激情,立志要把阿语系建设成全国同行中的翘楚,培养出杰出的阿语人才。但由于我们的教师都是教育战线新兵,毫无教学经验,一切从零开始,因而随着教学工作的推进,尤其是随着学生各种消极情感的不断出现,教师的情感问题也随之暴露和增加。

一是缺乏意识。虽然我们的教师都学习过心理学,对情感教育在理论上都有一定的认识,但在实际教学过程中,往往注重专业知识的传授,而忽视情感教育在教学中的作用,故不能很好地与专业知识传授有机地结合。

二是缺于兼顾。在适应学校体制过程中,由于教学与科研任务的压力,使得教师们疲于应付改作业、出试题、备课等教学任务和找课题、写论文等科研任务,甚至连起码的身体锻炼和娱乐时间也都让位于工作。长此以往,教师不仅会对工作产生厌烦情绪,而且会更少地顾及学生的情感教育。

三是缺少方法。面对学生中存在的各种消极问题,尤其是学习上相对落后的学生,虽然几经努力,诸如加强思想工作、开设课外辅导,但收效甚微,进步不大,因此既感到教育无方、黔驴技穷,又担心学生放弃学习或另选专业等,由此产生焦虑情绪。

四是缺失耐心。由于通过一段时间的努力工作,学生的消极懈怠厌学情绪未能得到有效改观,致使不少教师失去了耐心,陷入了消极状态,放松了对学生的情感投入和严格要求,对于有些该背诵的作业或考核的科目,也往往任其自觉。

四、要善于创新情感教育举措

毋庸置疑,阿语教学不仅是师生之间阿语语言知识信息的传递,而且是师生之间情感的交流。对此,笔者认为,针对以上教学中存在的师生情感问题,有效之策就是直面矛盾、强化意识、创新方法、增进情感。具体可从以下几个方面着手。

(一)强化教师情感教育意识

古人云:"感人心者,莫先乎情。"心理学揭示的规律也告诉我们,教师的教育在心理上从来不是单向作用。在这个作用过程中,教师的教育态度一经转化为学生的情感体验,那么学生就会产生相应的态度来对待教师。由此可见,教师的情感态度将直接影响学生的态度。要想让学生有个良好的学习态度,教师自身必须有教书育人的情感教育意识,并付诸教学实践。否则,一切无从谈起。

在教学实践中也可以发现,如果教师通过语言、动作、表情等方式传递鼓励、信任的情感信息,就会使学生在学习中激发兴趣、增强自信、提高自觉。这样不仅使学生接受了知识,更重要的是使他们得到了美好的情感体验。这样一来,就会产生最佳的教育效果。反之,如果教师处于平淡、冷漠、埋怨等消极情感状态时,学生就会感到无趣、消极和为难等,进而产生抵触情绪和对抗行为,导致教育失败。

基于上述认识,要解决阿语教学过程中的情感问题,首先要增强教师的情感教育意识。尤其是在我校所在的区域民众对阿语专业不甚了解、社会认可度较低的大背景下,对于专业设置时间不长,没有专业知识和情感教育经验的学校,更应该把强化教师的情感教育意识放在突出位置,作为搞好阿语教学的重要内容之一。努力使每位教师增强使命感和紧迫性,积极改进原有的消极情感问题,切实关注学生的愿望和兴趣,以自身健康、阳光的情感意识去带动和影响学生,共同营造积极、和谐的教学环境。

（二）形成师生命运共同体理念

笔者认为，现在的师生关系，不再是传统意义上的"师者，所以传道授业解惑也"那样单纯地传授知识，而更像是"一个战壕的战友""同舟共济的团队"。不仅学生的情感态度、思想意识、学习成效、能力素质等与教师的教学有直接关系，而且学生将来在各方面的表现，也将直接影响阿语专业的生存和社会认可，关系到每一位教师的切身利益。因此，师生之间不再是简单地传授知识关系，而是你中有我、我中有你的密切关系和命运相连的共同体。根据这一师生关系的新特点，我们找准了阿语系的建设和发展的具体定位，并收到了较好的成效。

"做人、做事、做学问"的培养理念，不仅要求教师传授专业知识，还要引导学生把握做事原则，懂得做人道理，努力健全使命意识、社会意识和责任意识，成为德才兼备的有用人才。

"培养国际化的实用型专业人才"的教学目标，要求学生在考虑就业的时候，不局限于自己出生的小镇、所在的城市，而是要放眼整个中国乃至世界的人才需求。为此，自阿语系专业设置以来，分别在国内外设立了实习基地，建立了校际交流机制，先后邀请专家指导讲座、组织考察接待活动等，并在教学阿语专业知识的同时，陆续传递阿拉伯文化、介绍阿拉伯民族，努力开拓学生视野，增进他们对阿语学习的积极情感。

"热爱专业，刻苦攻读，团结友爱，全面发展"的学风，要求教师改变"上课铃响了才来，下课铃一响就不见"的孤傲形象，自觉参加学生的早晚自习和相关活动，并放下教师的权威和架子，善于同学生探讨学习上的问题，敢于在学生面前承认教学上的不足，设法与学生建立起良好的平等关系，走进学生的内心世界，并对他们取得的点滴进步给予热情鼓励，给予他们改正缺点的勇气和信心，努力营造融洽的师生关系和积极健康的情感环境。

正是由于师生命运共同体理念的形成和师生新型关系的建立，并被付诸教学实践全过程，从而为学生克服诸如焦虑、恐慌、担心、抑制、过于内向、害羞、胆怯、缺乏学习动机等的消极情感起到了积极的作用，并为我系形成良好学风打下坚实的基础，也为后续学习注入持久动力，还在参加全国阿语专业四级考试和全国大学生阿语演讲比赛等全国性活动中取得了较好成绩，展示了我系学生独特的风采。

（三）创设寓情于教的教学方式

学习阿语的过程中历来存在着发音难、书写难、语法难和开口交流难等诸多问题。传统的语言教学方式"翻译—语法教学法"，专注于以语法教学为切入点的"哑巴外语"式教学。这种落后的、一成不变的教学模式，既给学生增加了学习的难度,不仅使他们陷入了苦涩无趣的情境,还使阿语学子在毕业后无法适应现实社会对人才的要求,掌握的书本知识与现实严重脱节。笔者认为,根本的出路就是积极探索、创新方法、寓情于教,努力培养和增强学生的学习兴趣。

外语情感教育理论告诉我们,外语只有放到特定的情境、语境中,才会使人产生深切的印象,继而达到增强教学效果的作用。换言之,以往的阿语教学,在教材、教学方法上都过多地关注阿语学科的"知识性",缺少直观性、形象性,忽视实际语言运用能力的培养,对于学生在语言学习过程中发生的情感变化更是少有问津。为了解决这些问题,笔者进行了一些探索。

1. 力求教学直观

为使学生能够在直观教学中加深对知识的记忆和理解,尽量减少学生在课堂上的枯燥感,笔者常常根据教学内容,事先做好课件、视频或搜集相关生活化语言,力求教学内容直观、丰富和完善。大量引入现实工作中所遇到的具体情境,以学生日常生活有关的生活场景造例句,比如在讲"做客"这一课文内容时,通过配之有关阿拉伯国家做客文化的原版阿语动漫视频,从而使学生增强了语言语境意识,并增加其对阿拉伯民族礼仪、风俗文化的了解,收到了较好的效果。

2. 创建开放课堂

为鼓励学生大胆提问,经常开口,养成用阿语思考的习惯,在上课时允许学生不限时间、场合开口说话,给予他们充分自由。例如:在回答老师例行问候的时候,学生可以选择用自己的方式回答"您好"和"早安",而不拘于统一的回答。即便是老师正在讲课,或是提问某个同学的时候,也允许其他学生提问或回答,从而使学生逐步养成了用阿语说话的习惯,减轻学生的上课压力。

3. 设置情景教学

为使课本的知识及早转化为实践应用,教师可将教学内容进行加工和组织,提前发给学生,让他们自由组队排练,也可邀请教师一并参加,通过造句、编情景对话、口述等形式,分别上台展现阿语在实际生活中的应用。这样既使学生巩固和加深了所学知识,也为他们提供了锻炼口语的机会,提高了阿语的实践运用能力。

4. 参加学生自学

针对阿语学习难的问题,为了能及时解答学生在学习过程中遇到的问题,拉近学生与教师间的距离,教师应坚持参加学生的早自习。尤其在阿语语音教学阶段,教师应不厌其烦地让学生跟读,耐心地解答每个学生提出的学习问题。正是教师的坚持,不仅促进了学生的学习进步,而且使他们养成了良好的学习习惯,形成了满满正能量的学习氛围,拉近了师生关系,增进了师生感情。

（四）发挥言传身教的示范作用

德国哲学家雅斯贝尔斯说过一段广为流传的话："教育的本质意味着：一棵树摇动另一棵树，一朵云推动另一朵云，一个灵魂唤醒另一个灵魂。"这就要求教师不仅要传授书本上的词汇、句型、课文等，还应怀着对学生、对教育事业的热爱，以自身坚强、乐观、豁达、孝顺、慈爱、朝气蓬勃、锲而不舍等正能量情感，去影响和感召学生。正如孔子所说的，"其身正，不令而行；其身不正，虽令不从"。那么，教师应该如何做到言传身教？笔者认为可以从四个方面着手。

1. 从备课着手

教师事先有没有备课？课准备得怎样？这些不仅关系到上课的形式、内容与质量问题，而且反映了教师对学生、对教育事业的态度。一个有爱心、负责任的教师，肯定会在课前精心准备，并能针对学生存在的情感问题，结合专业知识，旁征博引，形成形式灵活、生动形象、针对性强、情感积极的备课笔记。因此，教师要真正备好一堂课，不下一番功夫，谈何容易。

只有教师认真准备，才能使自己在上课时充满自信，也才会使整堂课充满欢声笑语、内容丰富生动、师生配合默契，从而达到预期的教学目的。教师的精心备课，不仅会使学生切身感受到课堂的精彩与魅力，教师的能力与水平，还能感悟到教师上课背后的工作态度和辛苦付出，从而使他们在获取知识的同时，逐渐懂得做人、做事、做学问的道理。

作为阿语教师，不能因工作忙、事务多而草率备课，更不能有自恃学历高、能力强而不备课的情况发生。语言教学是一个动态的、变化中的过程，学生对每一节课的反应和收获都不相同，因此备课也应是变化中的常态化工作。学生心里有杆秤不说，且教师的每一次备课，将潜移默化地影响到学生的学习态度和心理情感。

2. 从仪态着眼

教师的仪表、举止等，不仅关系到个人的形象，而且是实现学生集中精力听讲、控制课堂教学的根本前提。教育工作者必须注重自己的形象，以身作则，清楚自己的一举一动都处在严格的监督之下，那种来自我内心和学生的监督，而不仅仅只是学校行政管理领导的监督。这是因为，教师的仪表、举止等会直接影响学生的心态，继而影响课堂气氛，影响教学效果。笔者偶尔涂个唇彩，都会引来学生的由衷赞美："老师今天好精神！"可见学生上课的心情受到了一定的鼓舞。

从长远看，对于毕业后从事国际交流的阿语学生来说，大学是培养自身仪表仪容的地方，教师的示范作用不容小觑。教师不应以穿着打扮与自身形象严重不符的状态出现在课堂上,更不能蓬头垢面、懒散地坐着讲课。因为,教师的仪表、举止失度,既会分散学生的注意力,影响课堂的气氛,又会使学生模仿或反感,给学生造成不良的影响,带来消极的情感。

教师良好的仪表、言谈、举止能使学生感到欢快愉悦和轻松自在,并能转化为他们积极向上的内部动力;相反,不符合教师身份的点点滴滴行为做派,则往往会使他们心生厌恶或误入歧路,对自己所学专业产生自暴自弃、消极悲观的情绪。因此,我们不夸大也不要忽略教师的仪态、仪表在情感教育中的作用,并时时警醒自身。

3. 从教学着力

这就要求每位教师在课堂教育过程中有激情,但需把握好度。如果教师语言简洁风趣,亲切和蔼,语调抑扬顿挫、轻重适当,教学方式多变,学生就会在这种情感的感染下,很快进入语言情境。反之,如果教师没精打采,教学方式一成不变,照本宣科,那么学生也会情绪低落,反应不积极,甚至昏昏欲睡;如果教师情绪失控,动辄发火,学生就会焦虑不安;教师的情感过度,渲染过重,语调始终高昂激越,就会使学生趋于疲惫麻木,继而产生逆反心理;等等。学生心里有一杆秤,他们称没有收获的课为"水课",阿语教师应谨防自己的课成为学生口中的"水课"。

为了充分利用课堂时间,充分发挥情感因素的功能,这就要求教师巧妙地组织教学,努力形成自己独特的教学风格和人格魅力,用生动优美的语言、铿锵有力的语调让学生产生对语言之美的遐想和追求;用热情洋溢、充满激情的教学活动设计打动和感染学生;用幽默风趣、健康向上的情感传递,培养学生积极情感态度;用微笑传递、眼神接触、手势辅助、耸肩表意、握手轻拍等肢体语言来感染学生,给他们信心、力量和克服困难的勇气。

只有这样,学生才能被课堂的氛围所感染,集中精力,专心学习,并从教师身上感受积极情感,得到有益启示,增强学习激情。

4. 从课外着情

学生不仅关注着课堂上的教师,同样也监督着课堂外的教师。因此,作为阿语教师不仅要时刻警示自己,而且还要在课外的言行中,给学生传递积极情感,做出示范和榜样。诸如利用休息时间,为学习吃力的学生"开小灶",补习功课,帮他们补齐"短板";尽自己所能,及时帮助困难学生解决生活中的问题,为其解除后顾之忧;发现学生有思想问题,及时进行个别沟通,努力为其排疑解惑;关心学生健康,发现学生心理和身体上不适,主动陪护他们看病就医;发挥学生特长,交给相应任务,进行重点培养,使其全面发展;利用节假日时间,组织留校学生开展公益活动;等等。尽管教师在课外所做的上述事情都是小事、杂事,且局限于个别同学或少数学生,但传递出的却是积极情感,影响的是全班全系,收获到的情感果实不亚于课堂教学。只要每位阿语教师都能充分利用课外时间,发挥自身能力,努力把积极情感传递给学生,就能使阿语教学中的情感教育更加深入和全面。

笔者认为,在帮助学生筑梦、追梦、圆梦的同时,阿语教师更应该确立职业上的梦想和追求,充分意识到情感教育对于阿拉伯语教育的重要性,要用爱培育爱、激发爱、传播爱,不断钻研情感教育的方法和技巧,争取越来越多的学生爱上阿语专业,爱上阿语系,营造出热爱专业、刻苦攻读、团结友爱、全面发展的良好氛围。

Emotional Problems in Arabic Language Teaching
—A Case Study of Emotional Education in the Arabic Department of Zhejiang Gongshang University from the Perspective of Educational Psychology in Foreign Language Teaching

ZHOU Ling

(School of Oriental Languages and Culture in Zhejiang Gongshang University, Hangzhou: 310018)

Abstract: The following study looks into different cases of negative emotions encountered in the teaching process at the Arabic Department in Zhejiang Gongshang University, and analyzes the reasons behind these emotions to reach the crux of these problems, thereby exploring effective solutions to help teachers understand students' thoughts and arouse their interest in language learning, and eventually improving teaching standards. This study aims at revealing the real essence of language acquirement and exploring effective teaching methods, so as to further the education reform.

Key words: Foreign Language Education Psychology; Emotional Education; Arabic Education Reform

从翻译视角看中国电视剧在阿拉伯国家的传播：
问题与对策①

申十蕾②

（浙江工商大学东方语言文化学院　杭州：310018）

摘　要：随着部分中国电视剧在阿拉伯国家广受好评，中国电视剧讲好中国故事、传播中国声音的作用越来越突出。但中国电视剧的翻译也存在着一些问题，如：片面翻译剧名，直译造成文化断层，长句翻译的频繁使用。该文根据大量的实例，综合问题，总结了中国电视剧在阿拉伯国家有效、广泛的传播需要首先遵守"达"的原则，再去考虑"信、雅、声画同步"的原则。

关键词：电视剧翻译；阿拉伯；传播

一、引言

随着中国和阿拉伯国家在各层面交流的不断深化，广播影视产业作为新兴交流的工具加强了中阿间的密切联系，作为一种传播信息、资讯的现代化工具，将中阿迅速地"互联互通"起来。电视剧作为广播影视的一部分，承载民族文化内涵，展现民族大众生活，弘扬民族核心精神；同时电视剧也是建构国家形象，提升国家软实力，说好"中国故事"的有效手段之一。

二、中国电视剧在阿拉伯国家的传播现状

近年来，随着"一带一路"倡议的提出，中国与阿拉伯国家在各方面的合作日益丰富，在经贸合作的同时，推动历史互鉴、文化共赏也成为"民心相通"的重要主题。在传媒方面，中国国家新闻出版广电总局及几大主流媒体响应国家号召，积极推动广播影视"走出去"，于2014年1月成立国家多语种影视译制基地，截止到2018年4月，已使用23个语种，译制了300多部共7000多集中国电影、电视

---

① 本论文曾在第一届"翻译与中阿人文交流"国际研讨会上被宣读。
② 申十蕾，浙江工商大学东方语言文化学院助教。

剧、纪录片和动画片,先后与亚洲、非洲、欧洲,以及大洋洲等的30多个国家主流媒体签署了"中国剧场"播出协议。"中国剧场"是中央广播电视总台创设的中国影视剧海外播出品牌,通过与对象国国家电视台或主流电视媒体合作,在固定时间、固定栏目——"中国剧场"专门播出使用对象国语言译配的中国优秀影视作品。契合阿拉伯国家"向东看"的战略,共同致力推广中国影视作品走进阿拉伯世界。2015年9月,在银川举行的第三届"中国—阿拉伯国家广播电视合作论坛"联合了中国与埃及、科威特、沙特阿拉伯等13个阿拉伯国家的广播电视主管部门、媒体机构等代表,会上中国国家新闻出版广电总局与巴勒斯坦签署了合作协议;中国国际广播电台与埃及国家电视二台签署了"中国剧场"合作协议;宁夏广播电视总台与迪拜中阿卫视台签署了合作意向书。[1]90中阿双方相关机构的相互合作加快了中国电视剧在阿拉伯国家的推广。2017年1月1日起,央视阿语国际频道成为阿拉伯国家广播联盟的一员。

2013年开始,中国电视剧在一些阿拉伯国家陆续播出,包括反映当代中国的影视剧,如《媳妇的美好时代》《金太狼的幸福生活》《父母爱情》《李小龙传奇》《错爱一生》等十多部电视剧,同时一部分中国古代题材的电视剧《美人心计》《琅琊榜》也陆续进入阿拉伯市场。其中在埃及国家电视台二套播出的阿语版《金太狼的幸福生活》《媳妇的美好时代》选择了本土化道路,选用了当地的配音人员进行制作,这不仅提高了电视剧的质量,也有利于在对象国的传播,增加民众的接受度,最终分别获得了2.8%和3.2%的收视率。2016年初,国家主席习近平访问埃及期间,中国电视剧《父母爱情》也在埃及国家电视台二套开播,掀起了一股"中国电视剧"的热潮。[2]2018年7月中央广播电视总台与阿联酋中阿卫视在迪拜举办中国·阿联酋"中国剧场"签约暨影视剧开播仪式,阿语版中国电视剧《欢乐颂》《北京青年》和《金太狼的幸福生活》将在总部位于迪拜的阿联酋中阿卫视播出。越来越多的中国电视剧正慢慢走进阿拉伯国家,越来越熟悉的中国面孔正慢慢地被阿拉伯民众所关注,越来越多的中国百姓故事被阿拉伯家家户户所了解。

三、中国电视剧在阿拉伯国家的翻译

中国电视剧走进阿拉伯世界的第一步就是电视剧的译制。作为大众媒介的文化产品,电视剧译制在尊重原作翻译的基础上更应注重对象国受众的接受度。在阿拉伯国家发行的中国电视剧分为两类:字幕翻译和配音。

为了让所有阿拉伯国家观众都能理解,大多数电视剧采用标准阿拉伯语的字幕翻译方法。然而阿拉伯世界方言各异,观众文化水平差距大,这种字幕翻译的方式适得其反,结果并不如意。而相比于字幕翻译,电视剧配音这一"原汁原味"的呈现方式在阿拉伯国家得到了观众的青睐。笔者在央视阿语国际频道的官网上统计,共有18部译制完整的中国电视剧,其中5部通过配音的形式播放,如《媳妇的美好时代》《李小龙传奇》等,其余13部为字幕翻译。阿拉伯语配音版电视剧在埃及国家电视台第二频道黄金时段的收视率节节攀升,电视剧《金太狼的幸福生活》(阿拉伯语配音版)获得第十七届阿拉伯电视节阿拉伯广播电视联盟电视剧荣誉奖。[3]

在配音制作的电视剧得到阿拉伯民众的认可后,中国制作团队在了解受众需求后也合作制作了精彩的作品,在第十七届阿拉伯电视节上,中国国际电视总公司及央视阿语国际频道代表团准备了近900小时的阿语配音节目,内容涵盖影视剧、动画片、纪录片等。[4]37影视语言的特点在于其聆听性、综合性、瞬时性、通俗性和无注性。[5]61其中的"通俗性、瞬时性"就回答了中国电视剧配音制作相比字幕翻译在阿拉伯更受观众喜爱的原因。对于日常使用方言进行交流的阿拉伯民众,在观看娱乐消遣类电视剧时还得花精力去理解一闪而过的标准语字幕,这种违反"通俗性"原则的字幕翻译方式也不可能受到大众的喜爱。

四、翻译中的问题与对策

不同于文学作品的翻译,影视作品译制不仅是闻一多先生在格律诗创作中提出的"戴着脚镣跳舞",在影视翻译中还得"迎合台下观众",这就要求译者在翻译过程中不能一味地"孤芳自赏",只有了解清楚受众的喜好、文化等,才能将中国故事有效地传递给外国民众。

(一)片面翻译剧名

电视剧片名作为"招牌"起着广告宣传的作用,是电视剧递给观众的第一张名片,既要表达电视剧原名的内容,又要吸引受众,契合受众的审美。中国电视剧片名在翻译过程中一般采取传统的翻译方法——直译。如:电视剧《永生羊》——الخروف الأبدية,《李小龙传奇》——أسطورة بروس لي,《月嫂》——الحاضنة,《让我帮助你》——دعني أساعدك,等等。对于这类较为浅显易懂的剧名,采用直译的方式是可取的,不仅忠于原名,也传达了全剧的中心。但在一些稍显复杂的剧名翻译中存在着问题,例如将《张小五的春天》直译成"ربيع تشانغ شياو وو",片名中的

"张小五"是阿拉伯人所不熟悉甚至陌生的中国名字,她并不是名人,没有《李小龙传奇》里的"李小龙"(Bruce Li)那般在阿拉伯国家家喻户晓;其次,"张小五"这一名字在阿拉伯语中的发音也稍显拗口,相比《媳妇的美好时代》里女主角"毛豆豆"的发音,"张小五"中的"张"和"小"两个音都是阿拉伯语中所没有的,不如"豆豆"朗朗上口,因为这类叠音词经常出现在阿拉伯人的昵称中,其功能类似于汉族人的乳名[6]185。如توفيق的昵称叫توتو,وسيم的昵称叫وس وس,بثينة的昵称叫بث بث,نور的叫(نونو),سوسن叫(سوسو)。这种贴合对象国语言的发音方式,也是《媳妇的美好时代》这部电视剧受到喜爱的原因之一。如此,不仅提升了观众看剧的兴趣,也扩大了受众范围。

同样,电视剧《我和老妈一起嫁》的直译也容易引起歧义,أنا وأمي نتزوج معا很容易就翻译成"我和母亲一起嫁给一个人",实际上电视剧所传达的是我和老妈同时找到了自己的归宿,为了不引起歧义可以翻译成一个短句:تزوجت أمي،وأنا أيضا。

除剧名直译外,在翻译过程中也可选择删译、缩译、意译,如电视剧《金太狼的幸福生活》——حياة سعيدة,翻译直接去掉"金太狼"这一带有中国风格的名字,浅显地将剧名翻译成"幸福生活",让观众一目了然,自动把此剧归为轻喜剧;《医者仁心》——الطبيب الحنون,将剧名翻译成"慈医";《麻辣婆媳》根据其英文剧名 Live with In-laws 将其翻译为العيش مع الحماة。然而在《裸婚时代》剧名翻译中,译者根据其英文名 Naked Wedding 将其翻译成الزواج العار,这种翻译方式会让传统的阿拉伯人难以接受。在中国,裸婚指不买车、不买房、不办婚礼、不拿彩礼,直接领结婚证的简朴结婚方式。而"赤裸的婚姻"并没有准确地传达剧名,反而带来了歧义,看过剧名的阿拉伯人会疑惑,这到底指的是婚礼的赤裸,还是指参加婚礼的人都不穿衣服。显然,这种带有中国色彩的俚语,直译在这时是行不通的,意译为最佳方式,可以翻译为الزواج البسيط或是الزواج بلا شيء。

在翻译剧名中也有乱译现象,古装电视剧《美人心计》被翻译成(كيد النساء(女人心计),这无疑夸大了原剧名的含义,从美人的范围扩大到女人,这一译法无疑歪曲了原剧名,كيد الجميلات أو كيد الحسان的直译是可取的;《错爱一生》本应是حب الخاطئ طوال الحياة,却被翻译成الحب الخاطئ طوال الحياة,即犯错者一生的爱。

总之,剧名翻译作为影视翻译的首要部分,有着一定的宣传作用,原汁原味的剧名翻译是最佳状态,但大多数情况下,翻译中需要考虑中阿语言风格、文化上的异同,以及播放对象的"大众化"。在直译不恰当的情况下,适当地缩译、删译、意译剧名是可行的。

(二)直译造成文化断层

同文学作品的翻译一样,影视字幕翻译是一种跨语言、跨文化的行为,遵循着二度编码的原理,即甲语言文本由译制人员进行读解,其后用乙语言进行配制。即二度编码,这样得到了乙语言文本,然后再经媒体传播到乙语言受众那里。[6]75在传播的过程中,语言作为文化的载体一起进行传播,一些含有中文特定文化背景的词句在翻译过程中需要采取意译的手段,如:生活红红火火——الحياة المرحة والفرحة;别说风凉话——لا تتكلم كلاما ساخرا;给个面子——من فضلك;不地道——أقسم باش;天地良心——ردىء;缺德——لم نبدأ أصلا;八字没有一撇——رجل لئيم;日本鬼子——موقف العجوز;八卦——مثرثرة;多嘴;老古董的态度——الأعداء اليابانيون;军令如山——القانون العسكري صارم للغاية;我一把屎一把尿地伺候——أعتني بكم كل يوم كأنني خادمتكم。部分中国的计量单位是独有的,为了通俗化,避免观众在观看时感到费解,可以做适当的转化,如电视剧《我的兄弟叫顺溜》中,司令检查战士被子重量,战士回答为5斤半时,由于阿拉伯语中没有"斤"的概念,因此换算成千克比较容易理解,即翻译成كجم2.75。

文化和传播是一体、统一的,恰似一种"波粒二象性"——粒是文化,波是传播。翻译家的片面性亦可导致翻译世界的片面性,语言翻译与思维的问题,不能从思维上理解词的含义,翻译就会闹出笑话。[7]145在解码过程中,译者不理解源语言的意思、思维,选择直译的方式很容易造成两种语言的"文化断层",从而导致受众的疑虑甚至排斥。在电视剧《麻辣婆媳》中,男主角对女主角说道:"我的姑奶奶。"其中,"姑奶奶"一词在《汉语大词典》中解释为:①娘家称已经出嫁的女儿;②祖父的姐妹;③称未婚的女子,表示责怪或亲热。在该剧中"姑奶奶"的意思符合第③项,即表示男主角对女主角亲昵的一种表达方式,但在剧中被翻译为يا عمتي,直译成"姑妈",曲解了原文本意,会让观众不明白两人之间到底是恋人关系还是亲戚关系。此处翻译成يا حبيبي或者يا عسلي会更加符合所要传达的意思。电视剧《我的兄弟叫顺溜》中营长的口头禅为"我的乖乖呀!"。其中"乖乖"在《汉语大词典》中的释义为:①表示亲昵的称呼;②顺从,听话;③表惊叹的口头语;④嘴巴。出现在剧中的口头禅"我的乖乖"为淮河以南方言,多为表示惊叹的意思,但剧中却翻译为يا عزيزي(我亲爱的),选取的是中文解释中第一个意思。此处最符合的应是惊叹句,可译为يا السلام!(我的天哪!)。

在翻译过程中,需要考虑到受众的文化背景,特别是信仰伊斯兰教的阿拉伯观众的宗教文化背景,一些宗教上所禁忌的事物在翻译中需要慎重考虑,可采取缩译、删译或意译的方式。电视剧《大女当嫁》中女主角在形容自己征婚就像"卖猪肉一样"到处去相亲,翻译成فلن أقابل الرجال على التوالي كأنني أبيع لحم الخنزير(我不想像卖猪肉一样去相亲)。《我的兄弟叫顺溜》中营长为了欢迎司令员的到来,命令人购买两块猪肚和两只鸡,台词译为احضر لي معدتي الخنزير ودجاجتين。阿拉伯人大部分为穆斯林,在伊斯兰教的经典《古兰经》中也多次出现禁食猪肉的规定,如:他们只是对你们禁忌自死的,血,猪肉,与宰割时不以安拉的名高呼的。电视剧中的台词并没有考虑到这类宗教文化的差异,因此其采取直译的方式是不可取的,应模糊猪肉的概念,翻译成肉。

(三)长句翻译的频繁使用

句子可以完整表达思想,且具有线性排列的特征。阿拉伯语句子是顺序排列,即句子在表达意思时朝着句尾方向延伸,句尾是开放式的;而汉语句子的线性排列是逆序排列,句首相对开放,句尾相对收缩。汉语和阿语在线性排列方面的差异导致在影视翻译中频繁出现长句。然而影视翻译最突出的一个特点是瞬时性,即具有时效性,不同于文学翻译,读者可以反复阅读作品,影视作品是集声、画、形于一体的媒体形式,观众很难花时间重复看一句字幕,最终只会因为字幕的不解而感到乏味,最终放弃观看。

例如电视剧《错爱一生》中,孙女的台词"外婆给的我都喜欢"被翻译成أحب كل الأشياء التي تقدمينها لي يا جدتي، أحب كل شيء تقدمينه لي يا جدتي。有人认为应翻译成但由于在口语中很少出现التي、الذي等关系代词,所以将"外婆给的所有东西"转译为"外婆给的每一件东西"并没有影响台词所要表达的意义,同时还减少关系代词的使用,简化表达。《琅琊榜》中的台词"有此成就,靠的不是无双的智计,又是什么呢?"被翻译为لو لم يحقق هذا الإنجاز بفضل حكمة كبيرة فكيف وصل إلى هذا المستوى?。在中文台词中用反义疑问句强调"靠无双的智计有巨大成就",而译者则是通过لو ف لم的条件句型强调了中文部分。这部古代电视剧里有许多台词都带有中国古典文化的韵味,在翻译中要避免用长句去解释,如台词"问题出在朝堂,可答案却在江湖"被译为المشكلة نابغة من البلاط، ولكن الحلّ بيديجيانغ خو,同时在屏幕上方有对"江湖"的解释。此句翻译并没有细究"江湖"的意义,选择音译再加上备注避免了对"江湖"冗长的解释。

电视剧《我的兄弟叫顺溜》里,司令鼓励大家时说的"我爹是种地的,他人可以死,地不能荒"被译为إن والدي أصر على الزراعة رغم أنه سيموت ورفض أن يجعل أرضه تبور。在该长句中,译者添加了许多语义修饰成分,如إن、على、أصر。但这些成分的添加使得台词像是一篇小说的翻译,而不是日常口语的表达。另外,字幕有一定的空间限制和时间限制,这一长句的翻译几乎要占满字幕空间,而人物说台词的时间也仅仅只有2—3秒。所以,在翻译中我们可以去掉一些"细枝末节"。再举一例,在此剧中,营长向司令介绍顺溜时赞扬他枪法极准,百步穿杨。"百步穿杨"本指楚国的养由基善射,能于百步内射中柳叶,此后形容箭法或枪法十分高明。译者将其直译为يخترق شجرة الحور من بعد 100 خطوة。成语的直译很容易翻译成一个长句,在文学作品中尚且需要读者长时间去理解,更何况是电视剧中1秒都不到的台词呢?所以在字幕翻译中,要避免"音短译长"的现象,即台词发声过短,但字幕翻译为长句。

近年来,阿拉伯电视媒体语言趋向"埃及方言化",埃及方言配音版《金太狼的幸福生活》《媳妇的美好时代》《李小龙传奇》播出后一时风靡阿拉伯国家。电视剧作为大众消费的文化视听产品,在译制特别是字幕翻译的过程中,需要更贴合大众理解和审美。同时由于时间、空间对影视配音和字幕翻译的限制,需要我们在中国电视剧译制到阿拉伯语的过程中,首先遵循着"达"领先的原则,即字幕应在有限的时间、空间中最大程度地表达出语言信息,应避免长句、生僻词的使用,多选取一些众所周知、耳熟能详的词汇及表达,多运用短句。

五、结语

翻译作为沟通的桥梁,连接了文化丰富各异的两个世界。将中国电视剧译制到阿拉伯国家,通过讲述中国人自己的故事,使阿拉伯观众生动地感受到遥远东方、不同文化背景下中国人的生活景象,透过"中国电视剧"的窗口,阿拉伯观众不用再依靠西方媒体的"精心编排"去了解当代中国的发展。上海外国语大学中东研究所包澄章曾提道:"民心相通是中阿各领域合作的关键基础,而广播影视交流与合作恰恰可以温润心灵、凝聚感情,能够在增进两国人民了解和友谊的过程中发挥重要的纽带作用。"[8]在国家发展越来越受到世界人民关注的同时,向世界传播中国文化,讲好中国故事成为重点,中国电视剧作为文化产品,推介给其他国家的任务更为重要。在跨文化传播、译制的过程中,我们更应该主动探索语言之间存在的文化差异,化解文化障碍,尽量让对象国观众接受、喜爱中国影视作品,通过这一文化交流的途径更有效地发出"中国声音"。

参考文献

[1]姚忠禄.握手,在广电领域——第三届中国—阿拉伯国家广播电视合作论坛[J].宁夏画报(时政版),2015(5):90.

[2]刘水明,韩晓明.中国故事拉近中埃人民距离[N].人民日报,2016-05-02(3).

[3]"中国联合展台"首次亮相阿拉伯广播电视节[EB/OL].中国国家新闻出版广电总局官网,[2016-05-11].http://www.sarft.gov.cn/art/2016/5/11/art_114_30779.html.

［4］唐世鼎.阿拉伯电视节见闻感录［J］.对外传播,2016(8):37-38.

［5］钱绍昌.影视翻译——翻译园地中愈来愈重要的领域［J］.中国翻译,2000
(1):61.

［6］朱立才.汉语阿拉伯语语言文化比较研究［M］.北京:新世界出版社,2004.

［7］麻争旗.影视译制概论［M］.北京:中国传媒大学出版社,2005:75-145.

［8］中国影视作品走红阿拉伯国家荧屏［EB/OL］. 新华网,［2015-09-10］.http://
news.xinhuanet.com/world/2015-09/10/c_1116524876.htm.

The Transmission of Chinese TV Dramas in Arab Countries from the Perspective of Translation: Problems and Countermeasures

SHEN Shilei

(School of Oriental Languages and Culture in Zhejiang Gongshang University, Hangzhou: 310018)

Abstract: With Chinese TV series are widely acclaimed in the Arab world, Chinese TV drama take a significant role in telling the story of China and transmitting the voice of China, However, there are some problems in the process of Chinese TV drama translation, for instance, One-sided translation of the title; literal translation of cultural sentence; frequent use of long sentence. Based on a large number of examples and comprehensive problems, this paper summarizes the effective and extensive dissemination of Chinese translation production in the Arab world, and then should follows the principle of "faithfulness in the first place, then elegance and sound and picture synchronization".

Key words: TV Drama Translation; Communications; The Arab World

副岛种臣与中国江南的文人雅士

岛善高①

（早稻田大学社会科学部　东京：169-8050）

摘　要： 从1876年9月到1878年春,时任日本外务卿副岛种臣在中国江南地区以上海为据点持续了约一年半的漫游。他在与中国众多文人交流的同时留下了多达百首的汉诗文。以当时副岛的政治功绩和年龄来看,他很有可能成为日本政界的重要人物。但出身肥前藩的副岛不论怎样努力,按当时的政治力学来看,都很难与萨摩、长州出身的政治家为伍。中国江南的文人雅士与历史文化的风土,治愈着那个在明治六年政变后满怀着遗憾、懊悔与愤怒而不得不下野的副岛,特别是陶渊明的诗,滋润了副岛的心田。

关键词： 副岛种臣；中国江南的文人雅士；陶渊明

一、引言

明治六年(1873),外务卿副岛种臣与清朝交换《中日修好条规》的批准书,他虽意欲借此之势改善与朝鲜半岛的关系,却因所谓的明治六年政变而下野。同时下野的西乡隆盛回到鹿儿岛,板垣退助成为自由民权运动的领袖,而江藤新平则于明治七年(1874)的佐贺之乱中被处以死刑。

副岛也难以抑制心中跃跃欲试之情,屡次请求离开东京。但明治政府恐副岛一旦离开东京,便会形成强大的反政府势力,因此以"御用滞在"的名目将其扣留在东京。明治九年(1876)九月九日终于被免去"御用滞在"的副岛,携随从于九月二十日踏上漫游中国之旅。

10月上旬,副岛抵达上海并以此为据点。从明治九年(1876)十月至明治十一年(1878)春的约一年半时间内,副岛漫游了天津、杭州、嘉兴、湖州、吴中(苏州)、常熟、荆州(包括湖北、湖南、贵州的部分地区)、南京、绍兴等地。并且他在与李鸿章、陈钦、孙士达、彭玉鳞、张滋昉、齐玉溪、陈曼寿、钱子琴、王冶梅、毛祥麟、谢湛青、任福英、彭玉麟、冯峻光、袁翔甫、于实之、杨葆彝、程枚、汪学瀚、胡忠钜、谭震临、张焘、月潭上人、王雪香等众多文人雅士交流的同时,自身也吟咏了

---

① 岛善高,早稻田大学社会科学部教授,浙江工商大学东方语言文化学院客座教授。

百余首汉诗文。

在此期间,日本各地频频爆发反政府活动。这一系列的反政府活动中,尤其是其昔日盟友西乡隆盛引发的西南战争,给在中国漫游的副岛也带来了巨大的冲击。

本文将从副岛漫游中国江南地区时的心境、与文人雅士的交流所获,以及其对他们产生的影响等方面进行考察。有关副岛的中国漫游,尚未十分清晰,不详之处甚多,但本文拟通过副岛留存的汉诗文及几份旁证史料,姑且先对上述问题做一探究。

以下是有关副岛漫游中国的主要以往研究。本文中无特别标明出处的部分主要来源于其中,特别是拙稿6。

1. 森伸一:《蔷薇香处——副岛种臣的中国漫游(第1回—第40回)》,《文学界》,2000年2月—2003年5月。

2. 二宫俊博:《〈逍遥遗稿〉札记——有关席勒与叔本华及张滋昉》,《椙山女学园大学研究论集》第33号,人文科学篇,2002年。

3. 二宫俊博:《〈逍遥遗稿〉札记——张滋昉补遗》,《椙山女学园大学研究论集》第35号,人文科学篇,2004年。

4. 草森伸一:《捕鼠 明治十一年的文人政治家副岛种臣的去向(第1、第2)》.《表现》京都精华大学表现研究机构创刊号、第2号,2007年7月、2008年5月。

5. 斎藤洋子:《副岛种臣与明治国家》,慧文社,2010年10月。

6. 岛善高:《副岛种臣与齐玉溪——明治一〇年,在上海(上、下)》,《书法汉学研究》第13号、第14号,2013年7月、2014年1月。

二、副岛种臣漫游中国的相关略年表

副岛种臣漫游中国的相关略年表,如表1所示:

表1 副岛种臣漫游中国的相关略年表

时 间	事 件
明治六年(1873)十月二十四日	递交参议兼外务省事务总裁的辞呈。同月二十五日,被任命为"御用滞在"。
明治七年(1874)一月十八日	与后藤象二郎、板垣退助等递交民撰议院设立建白书。

续表

时　间	事　件
明治七年(1874)五月十八日	其子道英卒。
明治七年(1874)十月十九日	其子道直卒。
明治八年(1875)一月	被任命为元老院议官,但其坚决辞绝。
明治八年(1875)三月五日	其子道坚卒。
明治八年(1875)十月	被任命为参议兼外务省事务总裁,但其坚决辞绝。
明治九年(1876)九月九日	如愿被免去"御用滞在"。
明治九年(1876)九月二十日	横滨出航。随员1—2名。
明治九年(1876)九月二十二日	参拜兵库凑川神社。
明治九年(1876)十月十四日(农历八月二十七日)	于上海东本愿寺别院会见小栗栖香顶。
明治九年(1876)十一月上旬	于天津会见李鸿章,答道:"不为人上不为人下,心允宁静大福长者。"另外,亦会见陈钦、孙士达、彭玉鳞等并赠与诗作。
明治九年(1876)十一月六日(或7日)	与森有礼会面。
明治九年(1876)十一月十二日(农历九月二十七日)晚	到达上海。寓居田代屋。
明治九年(1876)十一月十四日(农历九月二十九日)	冯道宪前来拜谒。
明治九年(1876)十一月十七日(农历十月二日)	出发游历。道宪派谢湛青同行。
明治九年(1876)十一月二十九日(农历十月十四日)	到达杭州。
明治九年(1876)十二月四日(农历十月十九日)左右	于杭州举行其子道直三周年忌。
明治九年(1876)十二月十日(农历十月二十五日)	与任福英一同经由湖州前往苏州。
明治九年(1876)十二月二十一日(农历十一月六日)	与于实之一同由苏州前往上海。

续表

时　间	事　件
明治九年（1876）十二月二十七日（农历十一月十二日）	曾根俊虎请求探视长江流域或南方港。
明治十年（1877）一月一日（农历十一月十七日）	吟咏得家书之诗。
明治十年（1877）一月二十六日（农历十二月十三日）前后	为风寒所扰。小栗栖香顶时而探望。于实之（竹虚）赠其齐玉溪之诗。
明治十年（1877）二月十九日（农历一月七日）	政府发布征讨西乡军诏令。消息传至上海时，副岛已出发前往长江流域（湖南、荆州、七泽、云梦、汉阳）。大概是与曾根俊虎一道。也于此次旅行中结识张滋昉。
明治十年（1877）三月五日左右	于上海吟咏其子道坚三周年忌诗作。
明治十年（1877）四月八日（农历二月二十五日）	齐玉溪致副岛禹域游草感谢信。此时，亦收到钱子琴的感谢信。
明治十年（1877）四月二十四日（农历三月十一日）	致信宫本小一、平井希昌，言及《游清诗草》。
明治十年（1877）五月二十五日（农历四月八日）	其子道清去世。
明治十年（1877）六月十日（农历四月二十九日）	副岛发归国电报。
明治十年（1877）六月十七日（农历五月七日）	为竹添进一郎及齐玉溪等设雅会。
明治十年（1877）七月	也是园诗会。
明治十年（1877）八月五日（农历六月二十六日）	与齐玉溪等诗会。
明治十年（1877）八月七日（农历六月二十八日）立秋	于鸿运楼宴请齐玉溪。
明治十年（1877）八月二十六日（农历七月十八日）孟秋	邀王冶梅、毛祥麟、陈曼寿、齐玉溪举办诗文会。
明治十年（1877）八月三十日（农历七月二十二日）	南园饯别。

续表

时　间	事　件
明治十年(1877)九月八日(农历八月一日)	《申报》"日本公使辞行"。
明治十年(1877)九月(农历八月)	齐玉溪与副岛唱和杜甫的秋兴八首之韵,酬唱诗作。
明治十年(1877)九月十日(农历八月四日)	邀齐玉溪往鸿运楼,再次饯别。
明治十年(1877)九月十六日(农历八月十日)	冈崎正纯于上海古董店偶遇副岛。
明治十年(1877)九月十六日(农历八月十日)左右	归国船中作汉诗《中秋舟过平壶洋》。
明治十年(1877)九月十八日(农历八月十二日)	作《次南洲岩崎谷洞中诗韵》。
明治十年(1877)九月二十三日	抵达神户,会见凑川神社宫司。
明治十年(1877)九月二十四日	参拜凑川神社。
明治十年(1877)九月二十六日	到达东京。
明治十年(1877)九月二十九日	祭拜八月去世的儿子道清之墓。
明治十年(1877)十月	拜访今泉家。
明治十年(1877)十月	写下"江藤新平君墓"。并于该时期作《公无渡河》一诗。
明治十年(1877)十一月二十一日	佐野常民拜托大隈重信劝说副岛不要重游中国。
明治十年(1877)十二月三日	柳原前光请求岩仓具视予以副岛"优待"。
明治十年(1877)十二月五日	再次前往中国。
明治十年(1877)十二月二十二日(农历十一月十八日)	会见王冶梅。
明治十一年(1878)一月十五日	吟咏《和归去来辞》。
明治十一年(1878)一月二十三日(农历十二月二十一日)	陈曼寿的汉诗刊登于《申报》。
明治十一年(1878)二月二十二日	堀口某代副岛将其汉诗送至凑川神社。

续表

时　间	事　件
明治十一年(1878)三月七日	源桂阁(大河内辉声)、何如璋、沈梅史、黄公度、冯湘如、廖枢仙、松井强哉、翻译官冯湘如等齐聚于中国公使馆之时,沈言道:"副岛先生贵邦之老成典型,我国亦甚重之,与公使常晤面,闻近谢政家居,拟他日一过谒也。"松井答之:"副岛者尝使贵邦者,弊邦士族中之长者也。"
明治十一年(1878)三月七日	受邀至王漆园鸟森町府邸。公使何如璋与随员同席。
明治十一年(1878)四月一日	宫岛诚一郎进言吉井友实任用副岛种臣。
明治十一年(1878)四月三日	柳原前光提案宫岛诚一郎,任副岛为兴盛汉学之首。
明治十一年(1878)五月一日	柳原前光进言岩仓具视任用副岛。
明治十一年(1878)五月十四日	内务卿大久保利通遭暗杀。
明治十一年(1878)八月二十三日	竹桥事件。
明治十一年(1878)八月二十六日	副岛与宫岛诚一郎、吉井友实、高崎正风、佐野常民、柳原前光等协商善后对策(巡幸延期论)。吉井"欲诚邀副岛氏出世"。此后,围绕副岛职务问题开展了讨论,即:使其出仕政府还是侍奉君侧等。
明治十二年(1879)四月二十一日	任宫内省御用挂兼一等侍讲兼一等官(年俸四千日元),就任侍讲局总裁。

三、副岛的《禹域游草》

图1　副岛任宫内省御用挂
兼一等侍讲时期的照片

明治九年(1876)十月上旬,副岛在抵达上海后,即刻前往天津。十一月初,副岛拜访李鸿章及其部下陈钦、孙士达等,并会见日本外交官森有礼。十一月十二日,副岛返回上海,寓居田代屋(苏州路与圆明园路交叉路口,原英国领事馆后)。田代屋是以佐贺有田为据点的陶瓷器商,在长崎拥有店铺,明治元年(1868)后其养子田代源平开始在上海经营店铺兼旅馆。另外,田代屋租借了海军在浦东地区所拥有的部分地皮,副岛此后也寓居于其间一处。

图1为明治十二年(1879)副岛任宫内省御用

图2 《禹域游草》

挂兼一等侍讲时期的照片,该照片由明治天皇下令拍摄①。

而后十一月十七日至十二月末副岛游览了嘉兴、杭州、苏州、常熟等地。上海法国会审委员江苏候补知州谢湛青、候补知县任福英及候补知县于实之等分别于上海至杭州、杭州至苏州、苏州至上海段陪同其游览。

副岛整理了其来上海后所作的70余首汉诗(后命名为《禹域游草》②,见图2),并命随从抄写,赠与袁翔甫、齐玉溪、钱怿等。

袁翔甫(名祖志,号枚孙)是曾将副岛由上海护送至杭州的谢湛青的友人,也是上海道宪冯峻光创办的《新报》的主编。袁翔甫读了副岛诗作后颇受感动,因触及心中思乡之情,便吟咏了题为《读日本使臣副岛种臣游浙诗、即用其体奉赠二章》的诗,刊登于《申报》(1877年3月13日号)。此后,二人以唱和诗文为友。

读日本使臣副岛种臣游浙诗、即用其体奉赠二章

○君自海东来,我从海上听。听说是诗人,而膺使臣命。使事既已藏,诗情乃大振。由来助诗情,端在鼓游兴。中土有苏杭,山水擅奇胜。昔贤苏与白,曾有诗可证。君乃请于朝,愿游资吟咏。从此山水间,到处留名姓。

○吾友湛青子,华胄出东山。生长鉴湖曲,来官歇浦间。奉差伴君游,日夕相追攀。停桡寻古迹,推蓬眺烟峦。一路逞吟哦,诗成心自间。归来持君诗,示我读循环。君诗能动人,触我怀乡关。因诗更忆君,何日得承颜。

此诗中"吾友湛青子,华胄出东山",指的是谢湛青的祖先即东晋政治家谢安(320—385)在绍兴上虞东山再起之事。

齐玉溪乃所谓的海上派文人,为避太平天国之乱而定居上海。副岛知道齐玉溪,是由于从苏州到上海同行的江苏候补知县于实之曾向自己介绍过《齐玉溪

---

① 宫内厅三之丸尚藏馆《明治十二年明治天皇御下命人物写真帐》上。
② 佐贺县立博物馆图录《苍海梧竹之书》(昭和四十七年,1972)所载。

赠竹虚》(竹虚乃于实之号)一诗。副岛曾于如下诗中写道:"玉溪齐子气凌云,大作洋洋信口申。"大概是期待与齐玉溪相见吧。

赠于竹虚刺史用齐玉溪赠竹虚韵

我患寒疾已二旬,头痛鼻酸气不春。一药无得非由贫,孑孓容身与谁亲。
感君高义逾所闻,为我周旋忍酸辛。顾我眷我心存仁,慰我劳我颜旦温。
别有诗笔自嶙峋,唱和我诗靡不新。敏捷难援曹植论,未转一步纸上陈。
直爽由来性所根,朴素不喜饰其身。平生嗜好负醪醇,胸怀亦能常欣欣。
才用本是廊庙珍,尝守扬州见精神。胡为离任去如宾,攀辕请留数千人。
玉溪齐子气凌云,大作洋洋信口申。心乎爱矣我亦云,当仁何必事逡巡。

副岛赠《禹域游草》后,收到了来自齐玉溪的回信。该书信写于农历二月二十五日(公历4月8日),内容如下[1](见图3、图4):

图3　齐玉溪给副岛的回信　其一　　　　　图4　齐玉溪给副岛的回信　其二

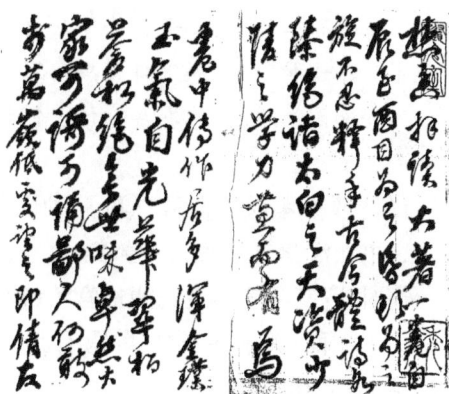

焚香拜读。大著一卷,自辰至酉,目为之昏,头为之旋,不忍释手。古今体诗各臻绝诣。太白之天资,少陵之学力兼而有焉。卷中傅作居多。浑金璞玉气自光华。翠柏苍松绝无世味。卓然大家。可歌可诵。鄙人何敢于万岭低处望之、即倩友人手录一通藏之书笥。以备他时采录。登诸黎卷传之。其人藏之名山以答盛意。桃李花开。决计返沪。奉访　尊居。把臂订交。畅谈今昔。乐何如之。不知天候我缘否。望

---

[1] 故草森伸一氏旧藏照片。

惠鱼书以慰远念。

七十五叟齐玉溪谨跋

光绪三年丁丑二月十五日识

于扬州地官第随安室

他以溢美之词盛赞副岛兼备李白之天资、杜甫之学力,并满怀期待着能在桃李花开时便返回上海前去拜访,于是赠诗《题日本使臣副岛种臣诗稿》(《劫余诗选》卷十八),如下:

剑气冲霄汉,文光射斗牛。遨游轻万里,事业重千秋。
杰作江山助,高歌神鬼愁。君身有仙骨,借问几生修。
江南老居士,性本爱山林。暮齿流离际,何曾废苦吟。
身居悬磬室,手抚落霞琴。祇解安贫乐,从无慕外心。
与君未谋面,赠我以长歌。无限揄扬意,其如顽钝何。
德凉愧儒士,发秃肖头陀。莫怪轮回说,轮回说不讹。
休谈神鬼事,海上订交期。寒食清明节,杏花春雨时。
南园同醉酒,北郭共吟诗。儒雅追前哲,风流亦我师。

详情请参考前述拙稿(《副岛种臣与齐玉溪——明治一〇年,在上海(上、下)》,《书法汉学研究》第13号、第14号,2013年7月、2014年1月)。

当时,齐玉溪旅居于扬州地官第(盐商宅邸鳞次栉比的古老街道)。

另一方面,关于钱子琴,除写有其出身吴中(苏州)外,其他经历不详。但由于明治九年(1876)八月二十日,钱子琴以儒者身份参加了上海东本愿寺别院的落成仪式,应当是个相当著名的人物吧。而副岛到达上海后,于十月十四日立即拜访了东本愿寺别院的小栗栖香顶,因此他定是通过小栗栖才得知钱子琴的事迹的。

钱子琴寄给副岛的书信①(见图5)中虽未标注日期,但应与齐玉溪的时间一致。

---

① 故草森伸一氏旧藏照片。

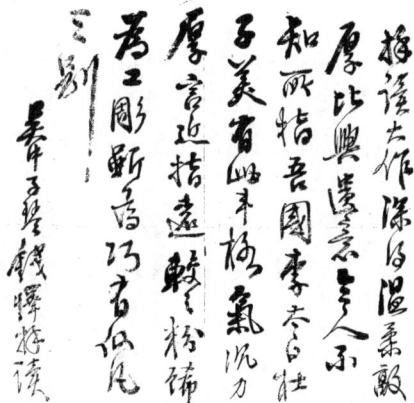

图5　钱子琴给副岛的书信

　　拜读。大作深得温柔敦厚，比兴遗意。今人不知所指，吾国李太白杜子美有此事。格气沉力厚，言近指远。较粉饰为工，雕斫为巧，有仙凡之别。

吴中　子琴钱怿拜读

　　钱子琴也再次引李白及杜甫为证，评价其诗别具风格，文风沉稳，与那些光讲究技巧的诗有天壤之别。进而，钱子琴吟咏了《题日本副岛钦使诗稿后》一诗①（见图6），内容如下：

诗以道性情，感人犹易入。	抑扬反复中，善机随所集。
国政与民风，歌谣罗篇什。	白驹念伊人，皇家怀靡及。
奉命使四方，端赖修辞辑。	季札观周乐，子产论为邑。
以方二古贤，无乃公其匹。	阅帝紫香庐，达情通款洽。
立谈樽俎间，永使干戈戢。	余事写新词，李公叹敏捷。
济济百寮案，抒诚相晋接。	交友切箴规，脱尽浮华习。
笑谈科白殊，羞随牙慧拾。	言近而旨达，古雅不庞杂。
汉魏葩渊源，师承能自立。	意义荡层云，有恒兼有物。
怀古每当风，可感亦可泣。	讬兴赋梅花，绣口香堪裹。
我读此编诗，目迷不眼给。	深愧学荒芜，欲吟愁舌涩。

---

① 故草森伸一氏旧藏照片。

副岛的诗大多取材于中国古典,若在中国古代史方面无深厚素养,是难以迅速领会的。钱子琴所说的"深愧学荒芜,欲吟愁舌涩"绝非夸张。钱子琴也和齐玉溪一样,与副岛交往密切,副岛归国后他也随其脚步去了日本。

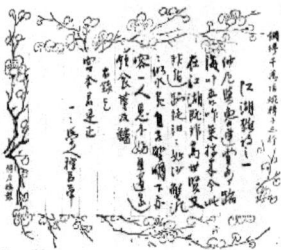 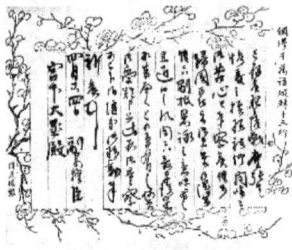 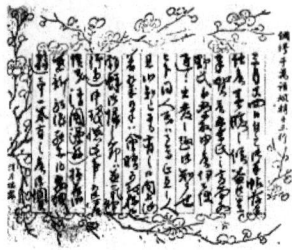

图6 《题日本副岛钦使　　图7 致宫本小一书翰　　图8 致平井希昌书翰
　　　诗稿后》

副岛曾于4月24日致信其外务省旧部下宫本小一和平井希昌,信中提及了《禹域游草》。

○致宫本小一书翰①(见图7)

顷奉三月二十四日惠函,时值春暖花开之际,阁下日益康泰,谨致庆贺之意。于水野氏处欣获五条氏之华翰,闻伊公使于近日出发,同行者皆为忠义正直之士,而其间又有旧识,且将至上海,届时便可相见。阁下朝鲜归来之际,与君蒸汽车内失之交臂,深感遗憾。余清国漫游,抚旧感新,放浪既罢,著有禹域游草一卷。恐为阁下悯笑,仰闻肥萨战尘张者,惨毒之模样,阁下必忧思操劳,虽承蒙忠告当归国,然于我而言,有别纸愚咏之意味,且近日风闻,其乱有平定之势,劳阁下烦心,祈愿精勤奉职,此番诸事顺遂。

四月廿四日　　　　　　　　　　　　　　　　副岛种臣
宫本大丞殿
仲尼与鲁连,当有蹈海吁。吾昨乘桴来,今此在江湖。
既非高世贤,又非遁迹徒。汩汩如沙蟹,泛泛似水凫。
自古圣明下,亦容一人愚。不妨自逍遥,饱食莼及鲈。

___

① 国立国会图书馆宪政资料室副岛种臣相关文书。

〇致平井希昌书翰①（见图8）

春暖之际，谨贺阁下日益精勤。每每内人烦劳阁下书信于我，实感歉意，甚是感激。余漫游放浪既罢，有禹域游草一卷，今将一首呈览。言不尽思，再祈珍重。

草率书此，祈恕不恭。

四月廿四日　　　　　　　　　　　　　　　副岛种臣

平井贤兄阁下

从上述例子可以推测出，《禹域游草》是副岛十分喜爱的诗集。副岛的亲笔原件到昭和四十七年（1972）为止确实一直保存于其子孙副岛种经氏宅邸（《苍海梧竹之书》佐贺县立博物馆图录，如图9所示，昭和四十七年），但在那之后却下落不明。

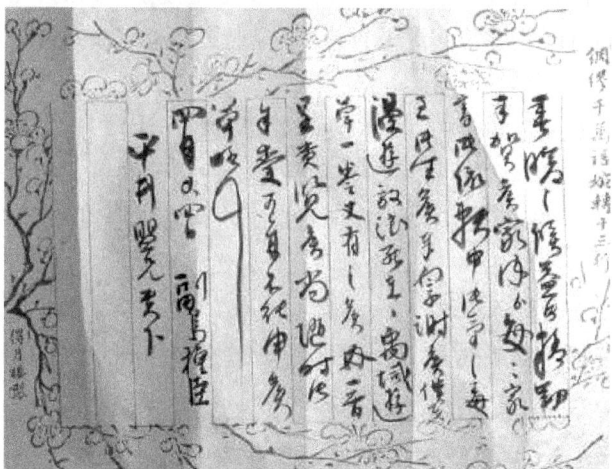

图9　《苍海梧竹之书》　　　　　　　图10　《诗草》

幸而，从中国漫游归国后，副岛摘取了《禹域游草》中所收录的汉诗，并编纂了题为《诗草》②（见图10）的本子，因此可以从中得知副岛曾吟咏过怎样的诗文。

该《诗草》中收录了约百首诗，这几乎是可以窥探副岛中国漫游时的动向及心境等的唯一史料。

然而，明治十年（1877）二月至三月，副岛主要漫游于荆州、武汉、九江、湖南、

① 平井靖人氏所藏。
② 故草森伸一氏旧藏照片。

南京等长江流域地区,当时海军武官曾根俊虎及教授曾根中文的张滋昉也一并同行,而《诗草》中却完全没有收录当时的诗。副岛去世后,不论是其门人于明治三十八年(1905)所编集的《苍海遗稿》,还是于大正六年(1917)所编纂的《苍海全集》中,都并未收录其漫游长江流域时的诗。是由于副岛当时本就未吟咏诗作还是记录遗失,其理由不得而知。但副岛归国后回顾往昔所吟咏的诗作仍有许多留存至今,因此虽不确切但仍有可能追踪副岛当时的动向。

四、副岛与江南文人雅士

明治六年(1873)身为特命全权大使的副岛乘坐海军军舰"龙骧"来到中国,海军军官候补中尉曾根俊虎也曾搭乘过该海军军舰。自明治九年(1876)副岛到达上海时起,曾根就一直居住在浦东海军地界内。在副岛从苏杭漫游归来时,即明治九年(1876)十二月二十七日,曾根曾向海军省请求"探视长江流域或南方港江"。

明治十年(1877)一月,久染风寒的副岛一痊愈便开始漫游长江流域,这是明治政府二月十九日发布征讨鹿儿岛县逆贼诏令的消息传至上海之前的事。由副岛的《次张先生韵》(《苍海全集》卷4,第7页)可知,其与张滋昉初逢于荆州。

初相见地是荆州,七泽云梦吞吐游。

树色汉阳聊献赋,月明沪渎共舣筹。

惊闻故国沧桑变,愁立滩头红蓼洲。

我返公臻谁用怪,关东巨岳入高楼。

副岛与张滋昉在荆州、七泽、云梦、汉阳、沪渎一直共同行动。虽无在此期间二人的交往谈话记录,但张滋昉应当是为副岛的魅力所着迷的吧。副岛一回国,张滋昉便紧随其后去了日本,并屡次访问副岛府邸,互相酬唱诗文。

另外,在漫游长江流域时,之前请求探视长江流域的曾根俊虎也与其会合。副岛的回忆录——《经历偶谈》中记录了副岛停留湖南时,曾根曾来拜访之事。明治九年(1876)初,曾根曾于北京向张滋昉学习北京官话。因此,毫无疑问是曾根为副岛和张滋昉引见了对方。

曾根的《清国漫游志》(明治十六年,1983)记录了他于明治七年(1874)从上海漫游至杭州的过程,其中几首汉诗写有张滋昉的评论,并且他还请"副岛老师"

评阅了整本书。

　　从长江流域漫游回到上海的副岛,除前文所述的齐玉溪与钱子琴外,他还同陈曼寿、王冶梅、毛祥麟等人举办过诗文盛会。其中,明治十年(1877)八月二十六日(农历七月十八日)的诗会似乎尤为盛大隆重,在此次诗会上他们还赠副岛以书画①(见图11)。作为了解副岛与海上派文人交流往来的材料,这些书画是绝好的史料。

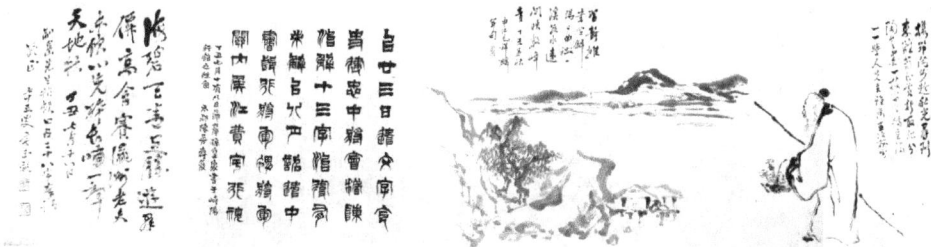

图11　明治十年(1877)八月二十六日的诗会上副岛收到的部分书画

　　钱子琴虽未在其中,但钱子琴为赖山阳的《日本外史》加评并出版《日本外史评》②(见图12)之书时,陈曼寿为其题名(见图13),齐玉溪为其作序(见图14),由此可见钱子琴与他们之间关系亲密。顺带一提,若是根据冈鹿门转述岸田吟香的说法,《日本外史评》则是出自钱子琴之"师"齐玉溪之手[《航瀛日记》明治十七年(1984)六月八日条]。

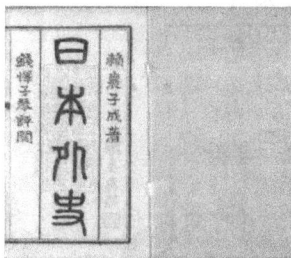

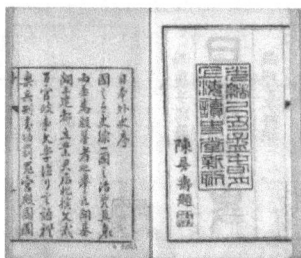

图12　《日本外史》　　　**图13　陈曼寿为《日本外史 评》题的名**　　　**图14　齐玉溪为《日本外史 评》作的序**

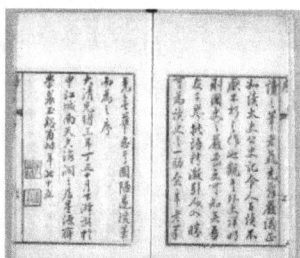

　　齐玉溪为《日本外史评》题写序文是光绪三年(1877)十月的事,而钱子琴的

---

① 王冶梅、毛祥麟、陈曼寿、齐玉溪之书画,明治十年(1877)八月二十六日(农历七月十八日),まくり、えびな书店藏。
② 钱怿评阅:《日本外史》,上海读史堂1889年版。

序文写于光绪四年(1878)十月,由此可见钱子琴为赖山阳写书评的时间,与同副岛交流的时间基本重合。

　　副岛在明治十年(1877)九月中旬归国前,曾与上海的文人雅士举行过数次别离宴。八月三十日(农历七月二十二日),他与齐玉溪在南园(也是园)[①](见图15)饯别。齐玉溪的《劫余诗选》卷19中,记载了以《七月二十二日副岛种臣先生招饮南园。话别作诗见视。次韵和之。即以送行》为题的诗。

图15　也是园

　　莫悲生别离,且尝酒味厚。反宾为主人,借酒介眉寿。
　　酒为钓诗钩,千金亭敞帛。感君留念心,为君倾一斗。
　　风雅无比伦,主持谁继后。我欲从君游,万里君许否。
　　别绪何纷纷,千条万条柳。诵君留别诗,黄娟与幼妇。

　　偶数句中的"厚、寿、帛、斗、后、否、柳、妇"都是上声二五有的古体诗,副岛先前曾以此韵作过留别诗。齐玉溪与副岛的诗会似乎非常尽兴。因担心副岛归国后再无人组织这样的诗会,他甚至还提出想与副岛一起去日本。

　　明治十年(1877)九月二十六日,副岛回到东京,二十九日前去同年五月去世的儿子道清之墓祭拜。副岛于明治七年(1874)五月十八日、同年十月十九日、明治八年(1875)三月五日、明治十年(1877)五月二十五日相继失去道英、道直、道坚、道清4个儿子,精神上遭受了相当沉重的打击。

----

① 南园(也是园)之图刊载于《沪游杂记》。

此次他回国的目的也是去亡子之墓祭拜，因而从一开始他就打算再次返回中国。目前只能明确的是明治十年（1877）十月他在东京滞留期间，曾访问过弟子今泉利忠家，另外还为在明治七年（1874）的佐贺之乱中被处死的江藤新平挥毫写下"江藤新平君墓"这六个字。而在其他时间，恐怕他大都闭门不出。

明治十年（1877）十一月二十一日，与副岛一样出生于佐贺的佐野常民拜托大隈重信劝说副岛不要重游中国；十二月三日，副岛的旧部下柳原前光请求岩仓具视予以副岛"优待"。由此可知，他们一直在考虑为副岛在政府内安排个合适的职位。

副岛虽也察觉到了这些动静，但仍于明治十年（1877）十二月五日再次动身去了中国。

虽然副岛此次的行踪不明，但在明治十年（1877）十二月二十二日（农历十一月十八日），其曾与王冶梅共同为如右画幅①（见图16）题赞，并流传至今。明治十二年（1879）十二月王冶梅赴日，所以此前他们曾在上海重逢过。

图16 副岛曾与王冶梅共同题赞的画幅

王冶梅之赞

范蠡既霸越，功成身辞阙。野服兴萧然，扁舟五湖月。
愿为陶朱公，甘与商贾列。消遣百年身，流传千古杰。

副岛种臣之赞

范蠡辞越国，智术未为穷。今日鸱夷子，明朝陶朱公。
天地锡灵知，纵横而自在。苟能不失鸱，百中无一悔。

王冶梅将副岛比作范蠡，而副岛也对范蠡自由自在的人生态度充满向往。图16中的人物与副岛当时的容貌非常相似。

---

① 佐贺县立美术馆编：《题范蠡泛湖图》，《殁后100年纪念　苍海副岛种臣——全心之书——展图录》，佐贺新闻社2006年版。

能旁证副岛曾去过上海的另一史料是明治十一年(1878)一月二十三日(农历十二月二十一日)陈曼寿刊登于《申报》的如下诗句:

> 排日欢聊雨旧新,穷途遇塞志常伸。
>
> 南园会预题襟会,东国频来问字人_{谓副岛竹添}谓副岛竹添 松本诸君。
>
> 世故周旋忙累俗,梅花高洁冷忘春。
>
> 拨灰坐觅阴何句,肯使胸中著点尘。

虽不知上海的梅花盛开于何时,但在日本南九州,梅花的绽放始于1月末,因此可推测此诗作于明治十一年(1878)一月。据说除副岛外,上海别院的轮流主持松本白华(号西塘)及竹添进一郎也频频拜访过陈曼寿,请教文字(陈曼寿亦善篆书)。

因为副岛曾在明治十一年(1878)三月七日受邀至王漆园位于鸟森町的府邸,并会见了中国公使何如璋及其随行人员。由此可知,他早在此前便已回到了日本。

副岛归国后,张滋昉、钱子琴、陈曼寿、王冶梅等也去了日本。副岛去世后,由后人编纂的《苍海全集》中约有20首吟咏张滋昉的诗。而钱子琴赴日后也拜访了副岛,并于光绪五年(明治十二年,1879)六月为副岛的《诗草》全集作评①(见图17)。

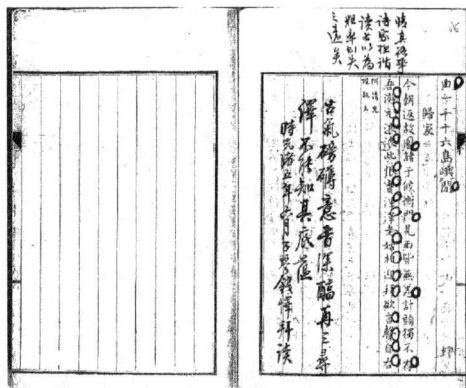

图17 钱子琴为副岛的《诗草》全集作的评

---

① 故草森伸一氏旧藏照片。

据日野俊彦的《陈曼寿与日本汉诗诗人之间的交流》(《成蹊国文》第48号,2015)记载,陈曼寿赴日后主要漫游关西地方,明治十七年(1884)秋归国,次年即明治十八年(1885)二月十八日去世。虽无形迹表明陈曼寿曾在东京与副岛相见过,但其于明治十三年(1880)七月在日本出版的《味梅华馆诗钞》中收录了《谢副岛种臣惠日本橘》及《次韵答副岛》二诗。虽不知这些诗吟咏于何处,但能确实体现他与副岛的"管鲍之交"。

谢副岛种臣惠日本橘

三衢黄橘甘逾蜜,不信蛤州又遇。

料为故人饥渴甚,八千里外表相思。

过淮化枳今何虑,搓手如橙喜更香。

可惜偏尝无粒核,^{橘中皆无核。故云。}未容分种到南方。

次韵答副岛

管鲍交情重,分金济厄穷。何期千古下,犹得遇明公。

王冶梅从明治十二年(1879)12月至明治十三年(1880)4月一直滞留在日本,其间主要在大阪以卖画为生。

齐玉溪虽未去过日本,但曾告知要赴日的书法家卫铸生说日本有副岛、竹添进一郎、松本白华、吉嗣拜山等名流,还吟咏了一首有关副岛的诗①:

日本多名流,乐与我为友。副岛好吟诗,和韵常八九。草书如云烟,不肯落人后。

从上述事例可知,副岛的中国漫游对江南的文人雅士产生了一定影响。

五、漫游中国的意义

那么副岛在此次漫游中国过程中有何收获呢? 很多人认为,以漫游中国为

---

① 齐学裘:《题卫铸生掉首东游图》,《劫余诗选》卷二十,学识斋1868年版。

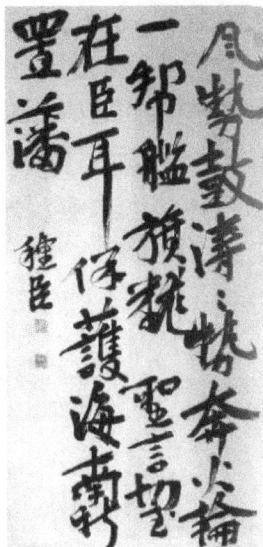

图18　副岛作于其漫游中国前的一幅书法

契机,副岛的书法风格有了巨大转变。试翻阅佐贺县立美术馆编写的《殁后100年　苍海副岛种臣——全心的书——展图录》(佐贺新闻社,2006年1月)后发现,其中有一幅他作于其漫游中国前的书法,如图18所示,该书法确实称不上笔精墨妙,不过是简单易懂的文字堆砌罢了。

然而,如图19、图20所示,其漫游中国后的书法在字形、布局、气势上开始变得多种多样,一般人几乎无法辨读。可以说其书法在此之前受世俗审美影响较大,但在漫游中国后开始不再以普通大众为对象,而是完全按照自身的内心情趣而作。

直接影响副岛,使其书法风格发生变化的人是陈曼寿。陈曼寿是当时的文人,精通隶书、篆书,与副岛交流频繁。如前文所述,陈曼寿自身也证言:"东国频来问字人(谓副岛竹添松本诸君)。"副岛也曾说:"平生来往陈曼寿。"(《苍海全集》第3卷,第2页)

图19　副岛作于其漫游中国前的书法　其一

图20　副岛作于其漫游中国前的书法　其二

副岛的心理变化如下：

他在中国滞留的约一年半时间内，访问了江南多处名胜古迹。当然，除了游览风光明媚的名胜，他还喜欢巡访相关人物的历史遗迹，如伍子胥、林和靖（林逋）、岳飞、于谦（忠肃）、越王勾践、范蠡、屈原、关羽、诸葛孔明、王导、鲁连、陶渊明、李白、杜甫、白居易、苏东坡等，或为当时的政权所流放，或遭受刑罚，或始终坚持忠义之人物，再或者是远离官场政治、过着怡然自得生活之人物。归国后，他也一直以张良、韩世忠、延陵季子、梅福、伯鸾、疏受、陈蕃、窦武等人物为对象吟咏诗作。

副岛自幼年起受哥哥枝吉神阳的影响，饱读中国史书，尤其是隋唐以前的书籍，谙熟《左传》《史记》《汉书》等，对《诗经》《楚辞》也烂熟于心。另外，他恪守哥哥神阳的教诲，一直以名正言顺为信条，因此他是自发前去寻访上述人物的相关史迹的。

但需注意的是，正如副岛在《答袁翔甫》（《苍海全集》第1卷，第7页）中所写：

> 君是名家后，随园先生孙。受授知有素，学术见渊源。
> 我自杭州至，赠我以无言。美哉飒飒乎，旨远而语温。
> 不主一人见，如期大雅浑。宜矣他邦土，亦能记姓袁。
> 我学实浅薄，风尘翘追奔。一朝辞簪组，五十试吟魂。
> 明哲非季子，又非隙谷敦。唯谓忠及信，可以履厚坤。
> 时抚英雄迹，时吊贤哲墦。时探忠孝事，时立德义门。
> 时登名山顶，修禊坐云根。时涉大川水，悠尔眺波痕。
> 兴来自言志，巴调岂足论。而君不遐弃，厚意安可谖。
> 往来礼斯立，投报道斯存。其奈珉与玖，难以报玙璠。

副岛在巡访英雄史迹的同时，也曾登名山顶修禊，于云根处坐禅。其漫游中国的最大目的就是想与日本国内复杂的人际关系保持距离，实现修身养性。

副岛最偏爱陶渊明的诗作及其人生态度。他留下了约20首与陶渊明有关的诗，其中最早提及陶渊明的是明治十一年（1878）一月十五日其滞留在中国时所作的《和归去来兮辞·并序》（《苍海全集》第5卷，第56页）。

> 归去来兮，无田无庐将焉归。既无丰歉憾意念，又无营茸缠愁悲。
> 率阖族而行旅，携僮仆以攀迫。就鹊巢而栖止，夫岂计较是与非。聊偃
> 息而得所，礼虽简而裳衣。但福德之无尽，财日散而未微。

无复贵客,足可走奔。且循俗礼,豁然开门。书画挂壁,剑书俱存。有事呼茶,好匪酒樽。屏戚戚之堕容,呈欣欣之笑颜。和语言之温温,主上下之安安。奚盗窃之足虞,邻犬来而护关。彼白云之悠悠,时舒卷供仰观。顾园卉之荣枯,知岁序之往还。审阴阳之盈缩,抚运数之盘桓。

归去来兮,请且于焉优游。我囊挂冠与组,其去仁欲何求? 通幽冥之至理,乐天命而无忧。况真道之有证,岂止洪范九畴。问津有涯,欲济待舟。即语人事有仲尼,若言神道有孔丘。阅六籍以省识,不及百民之流。忘寝食而精思,涉昼夜乎未休。

已矣夫! 年已半百亦失时。将鞭策而超乘。捷路固不可之。廉耻以为来耜,耕心田而耘籽。和靖节之芳韵,恭肃赋呈此诗。庶在天斯有教,悯豫后生愿勿疑!

当时副岛51岁。正如当时75岁的齐玉溪所劝诫的"君年将半百,勇退当急流"那样,虽然副岛尚处于精力旺盛的年纪,但他却故意将自己归入老年行列,并以此为借口退出政界。

明治政府领导者大久保利通比副岛小两岁,而大隈重信比副岛小10岁,至于伊藤博文则比副岛小13岁。如果按年龄来排列政治功绩的话,与副岛同龄的西乡隆盛离世后,接下来在政界承担重任的十分有可能就是副岛了,且事实上也曾有人意欲让副岛回归政权。

但从当时的政治力学来看,出身于肥前藩的副岛无论做何努力,也都无法说服自己与萨摩、长州的政治家为伍。

明治六年(1873)副岛因政变而被迫下野,其胸中郁积的懊悔、遗憾与愤愤不平,在与中国江南文人雅士的交流中得到了抚慰,在江南历史文化及风土人情的熏陶下得到了治愈,尤其是在陶渊明的诗中获得了心灵的慰藉。

参考文献

[1]葛元煦.沪游杂记[M].上海:上海书店出版社,2009.

[2]佐贺县立美术馆.殁后100年纪念 苍海副岛种臣——全心之书——展图录[Z].九州:佐贺新闻社,2006.

[3]齐学裘.劫余诗选:卷二十[M].[出版地不详]:学识斋,1868.

Soejima Taneomi and Literati of the Jiangnan District of China

SHIMA Yoshitaka

(School of Social Sciences in Waseda University, Tokyo: 162-8644)

Abstract: In September 1876, the Former Foreign Minister Soejima Taneomi, who was based in Shanghai, traveled for about a year and a half until the spring of 1878, mainly in the Jiangnan region of China. And while interacting with many Chinese literati, he wrote about 100 Chinese poems by himself.

Based on his political achievements, Soejima Taneomi was likely to become an important figure in Japanese politics. However, no matter how hard he tried, according to the political mechanics at that time, it was difficult for him to join the politicians from Satsuma and Chōshū.

The literati and the history and culture of Jiangnan, China, cured Soejima Taneomi who had to go down in the coup of 1873 (Japan) with regret, remorse and anger. Especially Tao Yuanming's poems nourished his heart.

Key words: Soejima Taneomi; Literati of the Jiangnan District; Tao Yuanming

宾杰门·布拉斯基与环太平洋电影交流
——美国、中国、日本

笹川庆子①

(关西大学文学部　大阪:564-8680)

摘　要:宾杰门·布拉斯基是20世纪初环太平洋电影交流的先驱。他将购于美国的电影及幻灯片等配售到航行于北太平航线的轮船靠港地,如夏威夷、横滨、中国香港等。

布拉斯基是留名于中国电影史的人物。他于20世纪初就在香港经营上映美国电影的剧院,制作了起用中国演员的电影,并在美国上映并获得好评的《经过中国》。他于1914年和毕业于美国耶鲁大学等名校的中国精英一同在中国香港成立了中国制造影片有限公司。

1917年,布拉斯基来到横滨,就任东洋电影公司经理。东洋电影公司的出资者是浅野财阀的主要公司之——东洋汽船公司。浅野财阀是浅野总一郎在涩泽荣一、大隈重信的思想的影响下创设的。在世界电影流通的中心由英国向美国转移,电影的运输由以往的欧洲航线转为太平洋航线的时代,东洋汽船公司驰名太平洋航线。浅野总一郎立志将电影产业培育为创汇的主要产业,因此设立了东洋电影公司。这个公司在此后发展为大正活映株式会社,聘请小说家谷崎润一郎为顾问,相继拍摄并上映了模仿好莱坞电影的《业余爱好者俱乐部》等电影,以图革新日本电影。东洋电影公司为了制作招揽外国观光客的宣传影片《美丽的日本》,并将其在美国配售,特地聘请了布拉斯基。

该文追踪了在美国、中国、日本从事电影事业的布拉斯基的足迹,并明确了以下两点:

①20世纪初连接美国与亚洲的电影流通路径的形成,以及这一路径形成过程中轮船航线与轮船公司所发挥的重要作用。

②跨越国境的复杂的电影接受情况与不同国家之间政治、经济的相关关系。

明确以上两点,不仅展现了20世纪初环太平洋文化交流中的一些过程,同时也考察了日本在世界电影流通空间激变过程中的先驱性尝试及其挫折的意义。

关键词:电影流通;环太平洋;交通网(轮船);宾杰门·布拉斯基;中国制造影片有限公司;东洋电影公司

---

① 笹川庆子,日本关西大学文学部教授,研究方向为电影史。

一、引言

1917年于横滨成立的东洋电影公司(Toyo Film Company)从美国聘请了宾杰门·布拉斯基(Benjamin Brodsky, 1875/1877—1960)。东洋电影公司是浅野财阀的浅野总一郎投资的一家电影公司,作为受到大隈重信、涩泽荣一等大实业家思想影响下近代日本的一大产业,东洋电影公司的设立以培育电影行业为目的[1]259-289。它后来发展成为大正活映株式会社(1920年成立),聘请小说家谷崎润一郎为顾问,相继拍摄并放映了模仿卓别林喜剧的《业余爱好者俱乐部》(*Amateur Club*, 1920)等电影,以图革新日本电影。那么,东洋电影公司专门从美国聘请过来的布拉斯基到底是个什么样的人物呢?

布拉斯基是20世纪初,在美国、中国甚至日本从事电影事业的先驱。1912年,这位俄裔美国人从旧金山移居香港。而这一年,美国商务部开始对中国电影市场产生极大的兴趣[1]291-327。那时,布拉斯基一边在香港放映从美国购买的电影,一边拍摄YMCA(基督教青年会)等旅居香港的外国人的社会组织的活动。他还举办电影放映会,制作了中国的纪录片,以及起用中国演员的故事影片(见图1)。1914年,布拉斯基和一批毕业于耶鲁大学的年轻中国精英一同在香港创立中国制造影片有限公司(China Cinema Company Ltd., 1914—1918)。这对中国电影人才的培育做出了贡献,布拉斯基的名字也因此被载入了中国电影的百年史册。

图1　布拉斯基在制作电影时雇佣的中国演员①

---

① 根据美国杂志记载,布拉斯基在全中国拥有80个剧场,在上海和香港经营摄影棚,雇佣了300位演员,每周能制作一部电影。

　　1917年,布拉斯基前往横滨,那是因为他将就任浅野财阀东洋汽船公司投资的东洋电影公司的经理一职。那时,美国开始取代英国成为世界电影传播的中心。美国的电影不经由以往的欧洲航线,开始从电影行业的新据点——好莱坞跨越太平洋传播到亚洲大陆。此时,驰名太平洋航线的是东洋汽船公司。该公司响应政府的外国游客招揽政策,成立了东洋电影公司。

　　布拉斯基逗留亚洲期间制作了两部纪录片。一部是1912—1915年在中国制作的《经过中国》(A Trip Through China),另一部是1917—1918年在日本制作的《美丽的日本》(Beautiful Japan)。这两部在亚洲不同国家出品的电影,之后的发展趋势形成了鲜明的对比。前者于1916—1917年期间在美国的主要城市公开上映,好评如潮,获得巨大成功。而后者于1919—1920年在美国多次尝试上映,但票房惨淡,以免费公映删减版电影而告终。由此可以说明观众的接受落差在于电影创作意图及主要形式的不同[2]142-180。但是考量电影的接纳度也不能忽视影片出品国家和放映国家的关系,特别是第一次世界大战以后,在那个国与国关系大动摇的时代,更是如此。

图2　1912年刊登在美国电影杂志上的布拉斯基采访照片①

---

① 该图为进入东洋电影公司5年前左右,刊登在美国电影杂志上的布拉斯基采访照片。标题为《东洋电影界的大实业家B·布拉斯基》。

本文将探寻布拉斯基在美国、中国,以及日本从事电影事业的足迹,据此阐明以下三点:

第一,连接美国和亚洲大陆的电影流通网的形成时间。主流观点认为该流通网在第一次世界大战中形成。但实际上,此前在美国西海岸,在像布拉斯基那样从事中小规模电影制作的人之间已形成流通网的雏形。

第二,电影流通网的形成与轮船的发展有着密切的联系。在这个还没有飞机,利用船运传播电影的时代,不可忽视电影传播与航海路线的关系。

第三,跨越国境的电影接受度的不同不仅在于电影创作意图及其主要形式的差异,还在于出品国与上映国的国家关系。特别是在帝国主义、大国主义时代,以及对国家、人种偏见盛行的20世纪初,撇开国际关系则无法考量这种超越国境的电影接受度。

为了阐明以上三点,本文把淹没于黑暗历史中的环太平洋电影流通网公之于众的同时,探讨20世纪初美国与中国、美国与日本关系的差异对电影跨国接受度的影响。

二、布拉斯基横跨太平洋的中国之行

布拉斯基是19世纪末移民美国的俄国人。他从事各种职业后,在美国西海岸创立起了电影事业,从1912年后开始往返于美国与亚洲国家之间,从事电影进口、配售、放映,以及制片工作。

20世纪90年代中期,布拉斯基开始引起研究人员的注意。契机是布拉斯基的孙子隆·博登在洛杉矶老家的阁楼里发现了《经过中国》的电影胶卷罐[3],这些胶卷现在保存在中国台湾电影中心。1995年6月4日,中国台湾的《中国时报》刊载了关于布拉斯基的特别报道《俄罗斯摄影机里的亚细亚》,介绍了为草创期中国电影发展做出贡献的布拉斯基[4]。之后,中国、澳大利亚的研究者开始正式研究布拉斯基,在2009年制作了以布拉斯基为题材的纪录片。不仅如此,2009年12月15日至17日,"中国早期电影历史再探研讨会"国际会议在中国香港举办,各国研究布拉斯基的学者进行了跨越国境的意见交换①。通过这样的跨国研究,不同国家研究者调查所得的布拉斯基的活动相互印证,终于使他的生平全貌得以展现。

---

① 中国香港的罗卡、澳大利亚的 Frank Bren、美国的 Ramona Curry 等人的发表。

但是,在展现的布拉斯基的生平全貌中还有许多缺失的地方,并不是说他的全部生平都已被研究明白。布拉斯基依然是一个存在许多谜团的人物,这个事实并未改变。例如,关于他的生日,在护照上登记的是1877年8月15日,而在他自己的日记里却是1875年8月1日,时间上不一致[2]63。另外关于出生地,他本人说是在俄罗斯的敖德萨,但从各种证据来看,他的出生地恐怕是在叶卡捷琳诺斯拉夫省[2]64。事实上,21世纪的研究者查证19世纪末从俄罗斯移民到美国的普通人士的记录本身就是一件非常困难的事。但在该国际会议上,研究者们把收集到的相关证据关联起来,补上了缺失的部分。这样一来,关于布拉斯基的研究可以说是取得了飞跃性的进展。

美国研究者拉蒙娜·柯里(Ramona Curry)称:"移民至美国的布拉斯基曾辗转从事马戏团、戏剧等工作,此后在美西战争结束时购买了船驶往马尼拉,并在马尼拉、香港、上海(其哥哥所在地)、横滨、旧金山等地的港口之间往来,运送各种物资。"[2]64-65

之后,布拉斯基在旧金山从事房地产行业的工作。1906年10月18日的《旧金山呐喊报》(San Francisco Call)中,登载了布拉斯基夫妇把旧金山圣布鲁诺一带的土地转让给沿太平洋州储蓄借贷公司的记录[5]。另外,在1907年4月18日的《旧金山呐喊报》中,记载布拉斯基夫妇用10美元从兰多尔弗夫妇手中购买了圣布鲁诺周边的土地,又用10美元的价格卖给了海曼[6]。之所以写"布拉斯基夫妇",是因为布拉斯基于1906年3月13日与梅耶·拉包维茨结婚[7]。

到1908年前后,布拉斯基在俄勒冈州等美国西海岸北部地区开展了电影事业[5],成立了综艺影片交流公司(Variety Film Exchange,以下简称"综艺公司"),该公司从电影制片人手中买入电影,再租赁给电影院。这在当时被称为电影交流。当时美国的制片公司集中在东部,而远离东部的西部地区几乎没有制片公司,有的只是电影院。西部的电影院缺乏资金,从东部订购几部必需的电影胶卷困难重重。故可以认为,在美国西部,电影出租业十分发达,这一行业成为电影配售的原型。基于这种构造,电影院不用自己购买电影,可以从租赁公司手中以低价租赁。布拉斯基正是当时电影租赁的从业者之一。

虽然不知道综艺公司是何时在旧金山建立事务所的,但是1911年3月8日的《旧金山纪事报》(San Francisco Chronicle)中报道了综艺公司发生火灾的事实,由此可知1911年3月综艺公司在旧金山已经有了办事地点[8]。综艺公司最开始以美国西海岸北部为中心配售电影,不久后进入太平洋对岸的日本、中国等亚洲市场,它运用旧金山港到亚洲的定期直达轮船进行影片运输。就这样,在美国大部分电影还经由英国配售至亚洲的时代,综艺公司就作为先驱,开发了跨越太平洋直接配售电影至亚洲的业务。

综艺公司还接受了作为美国西海岸最大的电影租赁公司之一的独立电影租赁公司的邀请,协助其扩充在亚洲的销售网。综艺公司配售电影的地区,除了旧金山还包括火奴鲁鲁、横滨、香港等地。综艺公司于1911年夏末在火奴鲁鲁和横滨开设了事务所,迟至1913年,才在香港开设事务所[2]68,70。火奴鲁鲁的事务所是布拉斯基和亨利·J.布雷德霍夫共同创办的[2]85。布雷德霍夫在旧金山曾投资布拉斯基的公司。火奴鲁鲁事务所的经理由布雷德霍夫担任,除放映电影之外,还举办模仿秀、鹦鹉表演等节目[9]。另一方面,横滨的事务所设于山下町72号[10]。1915年,事务所迁至山下町56号,原先的店面则由同行万国电影协会(International Film Syndicate)使用。综艺公司横滨总经理最初为C.H.普尔。

最有趣的是,综艺公司的配售基地都与东洋汽船定期航线的出发—到达港一致。20世纪初期,布拉斯基在以旧金山为基地开始向亚太地区配售电影时,东洋汽船公司启用"旧金山—火奴鲁鲁—横滨—中国香港"的定期航线,引得美国西海岸各大报纸争相报道。1910年4月17日的《洛杉矶先驱报周日杂志》(*Los Angeles Herald Sunday Magazine*)中登载了满满的"地洋丸"号轮豪华船舱的照片[11]。另外,1910年7月21日的《旧金山呐喊报》中刊登了浅野总一郎的脸部照片,介绍了东洋汽船的产业[12-13]。考虑到布拉斯基从那时开始就使用轮船在夏威夷、横滨、香港之间运输影片,那么东洋汽船的报道引起布拉斯基的关注也是很自然的事情。

20世纪初期,布拉斯基每年至少在纽约筹集一次电影、幻灯片等。据1911年10月7日的《电影世界》(*Moving Picture World*)报道,他从位于纽约市37号大街西130号的A. J.克拉帕姆公司购买了77张《神曲·地狱篇》(*Dante's Inferno*)的幻灯片[14]。克拉帕姆公司当时售卖的是翻译成亚洲语言的幻灯片。该公司的幻灯片拍摄了19世纪60年代古斯塔夫·多雷为但丁《神曲》所作的插画,并加以注释说明,非常受欢迎。

布拉斯基常对美国媒体讲述中国观众的逸闻:中国人产生了错觉,误以为屏幕里的图片是真的恶魔,嚷嚷着要驱除恶魔放火烧了剧院。这里说的恐怕就是多雷的插画。中国的观众与美国的观众不同,他们当时还不知道世界上有成像装置的存在。这个插曲恐怕是布拉斯基为强调文化差异夸张的玩笑话,应该不存在真正火烧剧院的中国人。如果将幻灯片放映在欧洲各国有文化共识的人面前,他们一看就知道是什么场景的插画,但对于没有共识的不同文化圈的人来说,想必画面具有超乎想象的威力。

大多研究者承认布拉斯基有讲话夸张的坏习惯。据1912年5月18日的《电影世界》杂志刊登的文章《东方来的客人》(*A visitor from the Orient*)报道,布拉斯基称综艺公司在火奴鲁鲁、横滨、东京、符拉迪沃斯托克、哈尔滨、上海、香港有事务所,并且将在马尼拉、新加坡、爪哇、加尔各答开设分公司[15]620。多数研究者虽承认布拉斯基提供电影给亚洲市场,但不认为规模如他所说的那样庞大。实际上现在能确切得到公司记录的,只有火奴鲁鲁、横滨和中国香港这三个地方。

不过,就算布拉斯基说话夸张,也不会改变他作为20世纪初从美国运送影片至亚洲的先驱之一这一事实。1913年5月31日的《电影世界》杂志记载,某位夏威夷读者想要在中国经营电影交换业,因此,该杂志的编辑部访问了综艺公司,并劝说读者有必要的话可以写信给布拉斯基[16]。《电影世界》杂志于1907年在美国创刊,持续发行到1927年,是极具影响力的电影杂志。该杂志的编辑写出这样的报道,意味着当时作为开拓亚洲市场的先驱——布拉斯基得到了美国业界人士的认可。

正如本文开始所论述的那样,一般认为美国电影在亚洲市场开始崭露头角的时间,是在第一次世界大战末期或大战结束之后。但是循着布拉斯基的踪迹,我们会发现早在这一事件之前,布拉斯基就横跨太平洋直接运输电影至亚洲了。换言之,美国至亚洲电影供应路线在第一次世界大战之前就已经形成。虽然流量很小,但确实存在。

三、布拉斯基将电影运送到亚洲的途径——船内放映和东洋汽船

那么,布拉斯基事实上是运用什么手段,将多少数量的电影运送到哪里去的呢? 这些问题的线索隐藏在前文提及的1912年的采访报道"*A Visitor from the Orient*"中[15]620-621。这篇报道是布拉斯基的研究者最频繁引用的,然而该报道之中有两处至今仍未受到重视的重要记述。

其一,布拉斯基曾比较中国和日本的市场,阐述两者之间的差异。他说,中国的市场很有前途,但是日本的市场并非如此。原因在于,日本的市场是日本人控制的封闭性市场,而中国是外国人开办的市场。这个说法,与当时的神户领事馆的副领事E.R.迪克奥瓦(Erle Roy Dickover)的报告一致[17]。

其二,关于综艺公司使用军舰在分公司之间运送电影胶卷罐的叙述。当时的胶卷由于和炸弹一样,使用了硝酸纤维酯,被作为危险物品运输。因此,运输沉重的胶卷罐需要支付很多费用。于是布拉斯基便在利用军舰运输的过程中在船内放映电影。通过这个方法,他不仅抵消了运输费用,据说还挣到了电影的租

赁费。也就是说,布拉斯基灵活地使用船内放映的方式,将胶卷罐从一个港口运到了另一个港口。

以上两处记述表明,布拉斯基从美国运送电影的主要目的地是中国,他主要依靠海运来运输胶卷,而且为了减少运输费,在船内放映电影。如果真有其事,那么他极有可能在横渡太平洋的豪华客船上也使用了同样的方式。

太平洋航线的船只开始提供船内放映服务的时间尚不明确。但在20世纪初期,它就的的确确已经是享受长时间乘船旅行的热门服务了。美国商务部的机关杂志《领事与贸易日志》(*Daily Consular and Trade Reports*)的1914年6月3日的报道称:最近,船内放映成为热门服务,几艘出入温哥华的船只已经配备了放映设备[18]。温哥华是与旧金山及西雅图相匹敌的汇集太平洋航线船只的西海岸大港口。所以,出入旧金山港的船理应配备有同样的设备。只要有放映机和白色的墙壁,不论在哪里都能放映电影。因此,在船上配备放映设备之前,很有可能船上已经在进行电影的放映了。也可以说,因为船内放映受乘客欢迎,所以船上才配备了放映设备。

从20世纪初期开始,布拉斯基就乘坐豪华客轮多次往返于美国和亚洲之间。例如,有记录记载,布拉斯基于1912年5月在旧金山乘坐"春洋丸"号①。"春洋丸"号是在1911年竣工的东洋汽船公司的豪华客轮。布拉斯基或许是将在纽约采购的电影,通过铁路或海运运送到旧金山的综艺影片交易公司,并从那里通过"春洋丸"号运送到客船的停靠港火奴鲁鲁、横滨、香港等地。因为他的事务所都位于东洋汽船公司的出发—到达港,可以推测他频繁乘坐东洋汽船公司的船。据在东洋汽船公司中担任浅野良三秘书的金指英一所说,东洋汽船公司的客船"为外国乘客购买了纽约首映的影片,并作为船上服务进行放映"[19]。虽然金指英一并没有明确地说出东洋汽船公司是从什么时候开始提供这项服务的,但是不能否认东洋汽船公司在船上放映布拉斯基从纽约购买的电影的可能性。

虽然尚不清楚布拉斯基在担任东洋电影公司的经理之前,是在何时、何地与东洋汽船的何人有了接触,但是若是把船内放映作为关键字来追寻他的足迹,就会看到两者之间的细微联系。当然,这些都没有确凿的证据。然而,在当时远渡外国还是仅限于极少数人的特权,多次乘坐东洋汽船的常客布拉斯基,在从美国运送电影到亚洲的途中,向东洋汽船公司提议船内放映,并进行交流的可能性并不低。如果真是这样,那么让东洋汽船公司走向电影事业的契机也可能是船内放映了。换言之,东洋汽船公司通过船内放映与布拉斯基相识,并从他那儿听说

① 从护照上的出国记录知晓船名(参照 Ramona Curry, Part One[2]58-94)。

了《经过中国》的成功经验,由此产生制作《美丽的日本》的想法,并聘请他为电影的制作负责人。

四、布拉斯基电影在中国的上映及其观众

如若说布拉斯基主要是把电影运送到了中国,那么他在中国又是如何使电影上映的呢? 在美国报纸和杂志的采访报道中,布拉斯基介绍了几个在中国上映电影时的小插曲。其中一个是布拉斯基刚开始在中国放映电影时的事。那时是在临时帐篷里放映电影,但当时的中国人连电影是什么都不知道,所以观众稀少,门可罗雀。于是布拉斯基用钱雇佣中国人来假扮客人,观影的客人才渐渐聚集起来。然而有一天,发生了一件出乎意料的事,那是放映牛仔电影时发生的事情。银幕上放出了牛仔用手枪射击的场景,看到这一幕的中国观众被吓得落荒而逃,用刀割裂了临时帐篷,争先恐后地冲了出去[20]。还有一件逸闻,在会场观看电影《神曲·地狱篇》的中国人,认为屏幕上放映的形象是真正的恶魔,大喊着要将恶魔烧毁,并用火点燃了竹制的会场[21]。布拉斯基口中的中国观众非常天真,他们没意识到电影是西洋最先进的技术,其映出的形象不过只是幻象,而将其与现实混为一谈。

对于布拉斯基的言论,中国电影研究者黄雪蕾(Huang Xuelei)和萧知纬(Xiao Zhiwei)认为布拉斯基所说的中国观众不过是一部分“缺乏文化素养”的观众罢了。他们主张,中国也不乏从创造初期开始就把电影当作西方科学装置冷静看待的“有文化素养”的观众[22]。例如,从19世纪90年代开始,在上海的浦江饭店和张园(阿卡迪亚大厅)等地就会面向租界的西方人和中国富裕阶层播放电影。这些人是绝不会将现实和虚构混同的。因此,他们认为布拉斯基口中的中国顾客只不过是茶馆、娱乐场所的二次演出,以及电影院的客人。并且作为论据,他们通过小说家包天笑(Bao Tianxiao, 1876—1973)在上海观看二次演出的体验进行说明。二次演出是指20世纪初期在戏馆、茶馆和娱乐场所中,京剧等正式演出结束之后的廉价演出。据包天笑的描述,狭窄的房间里烟雾呛人,男人和女人聚集在那里。总而言之,黄雪蕾等人认为,布拉斯基所说的天真的中国观众,不过是在二次演出观看电影的“缺乏文化素养”的观众而已,与外国人居住地的西方人和富裕阶层的中国人等“有文化素养”的观众不是同一类人。

以上分析认为布拉斯基的言论是为了博世人眼球,却在基本事实的认定上存在问题。根据旅居香港的摄影师R.F.万维沙的说法,二次演出的票价的确只

有观看正式演出的1/30—1/15,且主要的观看群体是中国人[23],所以黄雪蕾等人主张观看二次演出的观众和聚集在浦江饭店等地的客人的文化素养水平不同,这一点是确切无疑的。但是不可忽视的是,诸如描绘了二次演出情形的包天笑这样的知识分子,确实也在二次演出时观看了电影。也就是说,观看二次演出的观众不一定都是"缺乏文化素养"的人。

考虑到20世纪初美国和中国的经济差距,很难想象布拉斯基只在收入较少的二次演出时段放映电影。因为布拉斯基的电影是购买于物价昂贵的纽约,通过铁路横穿北美大陆,从旧金山等美国西海岸地区乘豪华客船运往中国的电影。仅靠二次演出来获得与成本相称的收入应该很难。当然,可以推测他的电影也会在像浦江饭店这样的西方人聚集的场所放映。并且,布拉斯基有年轻的中国精英朋友,也频繁与中国的政治家、上流阶层人士、外国人居留地的西方人及中国基督教青年会的成员交流[2] 69-70, 88-89。总之,布拉斯基的电影观众,应该不仅仅是黄雪蕾等人所说的观看二次演出的"缺乏文化素养"的人。

黄雪蕾等人必须要领会布拉斯基所描述的有关中国观众的故事背后隐藏的东西。问题并非在于布拉斯基电影的观众是否真的是"缺乏文化素养"的人,或是他的电影在哪里放映。首先,布拉斯基讲述的有关中国观众的故事是面向美国的美国人说的故事。其次,同样的故事也被《费城分类账晚报》(*Evening Ledger Philadelphia*)和《纽约论坛报》(*New York Tribune*)等美国的媒体反复报道[24-25],并且报道时间集中在1915年到1917年。深思这些细节,这恰好与布拉斯基向美国推销《经过中国》电影的时期重合。由此可以认为,他津津乐道着天真的中国观众,是为了刺激20世纪初美国人对东方抱有的歧视性好奇心,并通过这种方式使他们对中国及《经过中国》产生兴趣,这是布拉斯基式的广告宣传手段。总而言之,布拉斯基讲述的有关中国观众的故事,虽然不全是夸张,但也不全是事实。

五、纪录片《经过中国》在美国上映

《经过中国》是1912年末到1915年初,布拉斯基把在上海、广东、苏州、天津、杭州、澳门、无锡、南京、北京等中国各地拍摄的片段剪辑而成的电影。不过,在拍摄人员眼中,与其说是布拉斯基,毋宁说是布拉斯基从纽约聘请的摄影师万维沙在拍摄过程中发挥了更大的作用。万维沙在1913年末到1914年春期间旅居香港,不仅拍摄了《经过中国》的影片片段,据说还制作了起用中国演员的戏剧电影,他熟练掌握从影片显像到字幕的制作和编辑处理的技术[2,23](见图3、图4)。

图3 在香港的显像所制作字幕的摄影师R.F.万维沙(前)。①

图4 中国制造影片有限公司的骨干成员②

万维沙回国后不久,布拉斯基在九龙的弥敦道34号成立了中国制造影片有限公司。根据中华人民共和国香港特别行政区政府的记录,中国制造影片有限公司于1914年11月27日成立,1918年6月6日解散[26]。这家公司与毕业于耶鲁大学法学系的Lou Yudao、Zhu Chengzhang、Zhu Sifu等9名中国年轻精英有关联[2,28]。据说布拉斯基的《经过中国》能拍摄袁世凯的儿子们和紫禁城等影像,很大程度上归功于这些中国精英的人脉。

---

① 在该图中能看到用于晾干胶卷的圆筒[23]。
② 在该图中坐在前排中间的是布拉斯基[27]。

　　现存于中国台湾电影中心的《经过中国》,是把在洛杉矶发现的多卷胶卷,参考当时的评论等,以被认为是最合适的顺序连接而成的。因此,它是否与当时在美国公开上映的电影的顺序相同还不得而知。但是,换个角度来看,我们应该理解的是,名为《经过中国》的电影,不过是各种短篇的集合,或许并不存在唯一真正意义上的成品。

　　这究竟是怎么回事呢?《经过中国》是将布拉斯基等人耗时约两年在中国各地拍摄出的诸多素材影像集合起来编成的作品。然而,和一般的商业电影一样,这个编辑的过程并不是为了只完成一个作品而进行的。我们可以认为这是为了利用机会,将拍摄的片段进行反复编辑,以制作出多个短篇作品。这样一来,我们就能理解为何在介绍中国香港、广东、苏州、上海、杭州、南京、天津等地的内容中,被反复插入了鸬鹚捕鱼、坟墓(唐墓)等重复的镜头,致使电影的时空顺序混乱。此外,我们也就能够理解为什么同是在北京拍摄的片段,却被分割为两段,分别放在片头和片尾了。换言之,在美国上映的《经过中国》不过是将多个短篇完成品集中在一起然后互相拼接起来的影集罢了。这部集合电影后来被分割为多个十分钟左右的片段,未标顺序地被保存在多个罐子里。几十年后,人们参考当时的评论,将这些罐子里的胶卷尽可能按照原样进行整合,最终形成了时长107分钟的电影,也就是现在保存在中国台湾电影中心的《经过中国》。

　　无论是哪一种情况,我们都已经无法准确得知当时在美国上映的《经过中国》是按照什么顺序编辑的。但是,当时的观众对于这部电影的反响却被记录了下来。1916年1月,布拉斯基带着《经过中国》的胶卷乘坐东洋汽船公司的"地洋丸"号从上海前往旧金山[2]161。电影首先在旧金山、洛杉矶等西海岸城市上映,随后被运往东部,在费城、纽约等地放映。根据《纽约论坛报》1917年5月22日的报道,某个上映该片的电影院内部装饰着中国窗帘,现场还演奏着中国音乐[28],并配备了英语讲解员。从当时的评价来看,美国的观众主要对中国的三个方面产生了兴趣。一是象征着中国统治者的一面,如满族婚礼、袁世凯一家、北洋军阀、万里长城、紫禁城、明十三陵等;二是中国西化的一面,如香港的皇后像广场、北京的清华大学、聋哑学校、赛马、基督教青年会的运动会等;三是中国"质朴"的一面,如底层劳动人民划着的船、驴和骆驼、运货车和独轮车、人力车、住在水上的人、用鸬鹚捕鱼的人、露天看戏等[29-30],其中鸬鹚捕鱼的场景格外引人注目。尤其是在洛杉矶,观众反响热烈,《洛杉矶时报》称布拉斯基为"亚洲的格里菲斯"[31]。

　　1917年5月26日的《电影世界》杂志中对《经过中国》有这样一段评价:"(在这部电影中)我们可以看到日薪12美分的国家的工业和劳动的各个方面,十分有趣。"[32]正如美国商务部的报告中所写的那样,美国对于辛亥革命后中国的市场开放抱有很大的期待。在第一次世界大战中,欧洲对中国的经济支配有所减弱,美国趁机积极尝试进入中国市场[1]291-327。在这种情况下,《经过中国》上映了。所以,考虑到这一时代背景,我们也不难理解经历了产业革命的美国观众为何对于不用渔网而用鸟来捕鱼的鸬鹚捕鱼、不用发动机而是靠工人脚踩踏板移动的船只、不用汽车而靠人力来运输货物的独轮车、不用自来水而用水井获取饮用水、不用电力或者蒸汽而用脚来驱动的灌溉工具等"旧式"的交通手段和劳动手段产生了兴趣。换句话说,屏幕上反映出的中国产业基础及生活基础在美国人看来,是落后于美国的,但也正因如此,这样的中国可能会成为一个潜力巨大的新兴市场。或许对于美国来说,中国正是《洛杉矶时报》所说的"华丽的王国"[21]。

六、布拉斯基跨越太平洋前往日本

1917年8月,布拉斯基抵达横滨港[2]173,就任东洋电影公司经理。东洋电影公司设立的初衷是制作宣传电影《美丽的日本》以吸引外国游客来日本旅行,并让这部电影在国外,尤其是旅行热情高涨的美国上映[1]259-289。这家公司之所以在众人里选中了布拉斯基,想必是因为他取得的实际成果受到了高度评价,包括美国电影在中国的配售、《经过中国》和故事电影等的制作,以及《经过中国》在美国的成功上映。

在日本,布拉斯基的主要工作除了制作和配售电影,还包括置办机器和雇佣员工等。1917年7月,在布拉斯基抵达横滨的一个月前,他雇佣了一位曾在洛杉矶基斯顿电影公司工作的19岁女演员玛格丽特·丽赛特[2]175-176。她在洛杉矶斥资2300美元购买了两台摄像机,将其用船运送到位于旧金山的东洋汽船公司办公室,随后通过东洋汽船公司的船只运送到了横滨。此外,布拉斯基还挖掘了活跃在好莱坞的演员栗原托马斯、摄像师罗杰·D.阿姆斯特朗、演员华莱士·比里等人,让他们来到横滨的拍摄地[2]177。

《美丽的日本》拍摄于1917年夏季至1918年。布拉斯基和员工们乘坐政府提供的带客车的蒸汽机车,去往日本各个名胜古迹进行了拍摄。1918年1月刊的『活动之世界』中写道:"布拉斯基带着从美国回来的井之口诚等两三名演员,乘坐列车前往青森、木曽、名古屋、岐阜等地拍摄。"[33]『活動写真雑誌』也曾刊登过如下内容:

　　洛杉矶的电影从业者布拉斯基一行二十余人在日本耗时约六个月，几乎跑遍全日本拍摄了将近一万英尺的电影胶卷。这些地方里东京自不必说，还包括了日光、轻井泽、日本阿尔卑斯山、长良川的鸬鹚捕鱼、京阪、须磨明石、严岛等著名景点(和场景)，以及九州的各大风景、富士箱根。再往北，到了北海道拍摄了阿伊努的熊舞。一行人在回美国时途经夏威夷，走遍了当地的知名景点并进行了拍摄[34]。

　上文中提到的景点，除了严岛之外，全都可以在《美丽的日本》中得到证实。

　在《美丽的日本》中，导演设置了美国游客在日本这个异国之地旅行的场景，这一点与《经过中国》大不相同。例如在宫城县的盐釜，有这样一个简单的场景：一位美国游客本打算坐上前往松岛的船，却在中途不经意间跟几位日本姑娘聊了起来，最后没能赶上开往松岛的船，转而乘人力划动的小船去了松岛。其他还有身穿和服的美国姑娘喂小鹿、参观神社等场面。出演游客的美国人手势动作夸张，看起来十分刻意。而《经过中国》不存在这样的场景。说到底，《经过中国》不过是布拉斯基记录了他作为西方人觉得十分稀奇的中国风景习俗罢了。而《美丽的日本》通过美国游客这一角色的出场，试图让观众被电影中描绘的"虚构"的日本所吸引。

　当时的日本人原本期待着《美丽的日本》可以像《经过中国》一样在美国引起巨大反响，然而最终这个期望落空了。其大致经过如下：东洋电影公司和布拉斯基为了全力支持本公司的电影在美国的配售，在旧金山的金门大街100号成立了日升电影公司(Sunrise Film Manufacturing Company)[35-36]。1918年11月，为了将《美丽的日本》和短篇喜剧《后藤三次》(Sanji Goto，别名《成金》)配售到美国，布拉斯基和栗原托马斯一起乘坐东洋汽船公司的船只从横滨前往旧金山[37]。当时美国的媒体报道了日升电影公司将为美国带来日本电影一事[38-40]，但是最后电影并没有上映。只有《美丽的日本》的部分内容被剪辑为一卷(10分钟左右)，以『YWCAと行く日本旅行』(A Trip Through Japan with the YWCA)为题在奥克兰的YWCA(基督教女子青年会)进行了免费播放[2]178。1919年6月，布拉斯基根据美国观众的反应重新编辑了电影，并再次尝试在美国配售。然而，第二次尝试依然失败了。最后，他没能够完成和东洋电影公司的约定。

　1920年2月2日，布拉斯基将公司全权交给东洋电影公司的社长浅野良三后，离开了横滨[2]179。拍摄《美丽的日本》这部电影耗费的时间之长和资金之多在当时是十分少有的。尽管该电影在东京的帝国酒店被十分隆重地公开放映，但是在美国上映的期望却不了了之了。和浅野决别后，布拉斯基离开了日本。现在我们还能看到的《美丽的日本》,极有可能出自当时他带回美国的胶卷①。

对于《美丽的日本》的失败,布拉斯基在他的日记中记录了自己的不满[2]178-179:东洋电影公司和日本官员想要宣传日本的魅力,在这一点上我与他们产生了意见分歧,因而没能按照我的想法进行拍摄。基于这段日记内容,美国研究学者柯里认为,日本的资本家和官员们过于想要在西方国家面前展现一个优越的国家形象,于是对电影的制作指手画脚,这对于喜欢比较东西方差异的布拉斯基来说是其导演工作中的一大阻碍,最终致使电影变得无趣。柯里还分析说,这部一味宣传日本优越性的无趣电影在歧视亚洲人的美国人中引起了不小的反感,因而最终没能上映。

诚如柯里所说,《美丽的日本》没有像《经过中国》那样对东西方的优劣进行明确的比较,这一点确实使得电影变得单调。但是,20世纪初人们对于电影的接受度,光凭21世纪的我们对电影作品好坏的评价和人种歧视是无法解释的。一部电影的好坏很大程度上会受制作国家和放映国家之间的关系及时代背景等的影响。尤其是在战争主导着多数国家之间关系的时代,仅仅是国家的不同,或是一两年时间的差别就会产生巨大的差别。实际上,对于第一次世界大战中的美国来说,中国是其随时准备跟着欧洲的脚步踏入的一块土地,同时也是有望出售美国大量生产中过剩产品的新兴市场。相反,日本当时正处于锁国状态,其市场拒绝外来者的进入。同时日本取代美国、英国等国家控制了亚洲大部分海域,不仅如此还加紧了对外扩张,它与美国之间存在竞争关系。因此,美国对日本的态度和对中国的态度必定截然不同②。所以,布拉斯基将《经过中国》带去美国的1916年至1917年间,和打算让《美丽的日本》在美国上映的1918年至1919年里,美国人有不同的反应也是理所当然的。换言之,这种接受程度上的差异并不是出于电影作品的不同,也和北美国家针对包括中国人和日本人在内的亚洲人的歧视无关。

布拉斯基的行动轨迹证明了20世纪初在亚洲及环太平洋地区确实存在电影交流,同时电影的传播与轮船航线等密切相关。此外,通过这一珍贵的事例,我们还看到了亚洲市场随着世界形势的剧变而变化的多样性。

---

① 布拉斯基于1920年2月离开横滨,约两周后抵达旧金山。次年移居洛杉矶。

② 关于第一次世界大战中美国对中国的态度和对日本的态度,参考松浦章、笹川庆子:『東洋汽船と映画』第2部第3章,关西大学出版部2016年版。

七、结语

19世纪末到20世纪初,世界港口城市之间定期航线的开通,缩短了遥遥相隔的国家和地区之间的距离,使物品和信息能够比过去更加迅速地到达世界的每一个角落。在19世纪末发明的电影,也通过这样的交通网被运送到世界各地。电影在轮船时代形成了世界流通网,所以与海运有着非常密切的关系。

世界首个全球电影流通网大体是以拥有世界第一海运能力的英国为中心形成的。法国、意大利、丹麦、德国等欧洲各国和美国等地生产的电影,渡过海洋在伦敦汇集,然后从伦敦装船运往世界主要开放港口城市。可是,流通网的密度并不是在世界任何地方都是均等的,在苏伊士运河以东相对稀疏,在越是稀疏的地域,英国海运的支配能力越显强大。于是在亚洲,电影首先是扩展到当时被英国殖民统治的开放港口城市——孟买、加尔各答、新加坡、中国香港等,然后从那里扩展到其他主要城市。当时运往亚洲的电影主要是法国、意大利等地制作的欧洲电影。美国电影大多是二手短篇电影,而且大部分都由欧洲的公司配售。

在美国西海岸经营电影租赁业的布拉斯基,就是在这样的时代背景下,从旧金山乘船横渡太平洋,直接向亚洲输送美国电影的。由此可见,这个从日本电影史上彻底脱离的人物,是开通了由美国直接向亚洲及环太平洋地区发行电影渠道的先驱,也是在美国配售亚洲电影或是计划配售的先驱。

东洋电影公司通过聘请布拉斯基,吸收了美国最先进的技术与电影制作人员,制作出全新的日本电影,并计划将其卖到美国去。世界电影的流通开始以美国为中心运转,敏锐地察觉这一新动向的,正是日本财界人士、轮船经营者浅野总一郎和由他出资建设的东洋电影公司的管理层。他们的尝试虽然以失败告终,却将电影产业培育成了日本的一大产业。试图推动日本电影市场与国际接轨的,不仅是后起之秀大正活映的志向,而且扩展到了小林喜三郎的国际活映、松竹兄弟的松竹映画、山川吉太郎的帝国映画等新公司。这些公司是孕育日本电影革新的源流。

对于世界电影产业来说,20世纪初期是一个令人充满想象的时代,欧美自不必说,从日本的角度出发也是如此。这一时期,日本的海运业跃居世界第6位,力压美国、英国等对手,控制了亚洲大部分海域。世界电影市场的霸权虽然开始不断从欧洲向美国转移,但是仍具有流动性。当时的人们都清楚,随着时间的推移,美国将会长期掌握电影业的霸权。美国的长足进步,令日本也看到了机会。正因这个令日本有梦想的空间，经营轮船业的浅野才会聘请布拉斯基，在经历东洋电影公司的挫折后，设立了更加正式的大正活映，试图经由美国将日本的电影市场与世界对接。

参考文献

[1]松浦章,笹川慶子.東洋汽船と映画[M].大阪:関西大学出版部,2016.

[2]CURRY R. Benjamin Brodsky（1877—1960）: The Trans-Pacific American film entrepreneur-part two, taking a trip thru China to America[J]. Journal of American-East Asian Relations, 2011(18).

[3]廖金凤.布洛斯基与同伴们:中国早期电影的跨国历史[M].台北:麦田城邦文化出版,2015:31.

[4]张靓蓓.俄罗斯摄影机里的亚细亚——俄国影人宾杰门·布拉斯基和中国渊源甚深[N].中国时报,1995-06-04.

[5]Real estate transactions[N].San Francisco Call, 1906-10-18(13).

[6]Real estate transactions[N].San Francisco Call, 1907-04-18(10).

[7]Marriage license[N].San Francisco Call, 1906-03-14(14).

[8]The fire record[N].San Francisco Chronicle, 1911-03-08(18).

[9]Today, talking parrot[N]. Homolulu Star-Bulletin, 1913-10-11(1).

[10]岡田正子.ベンジャミン·ブロツキーはアメリカ人? それともロシア人? [EB/OL].[2015-06-03].http://tokyocinema.net/.

[11]Triumph of the age[J].Los Angeles Herald Sunday Magazine,1910:3.

[12]Toyo Kisen makes new alliance[N]. San Francisco Call, 1910-07-21(1).

[13]Gould ousts lovett line to orient won[N].San Francisco Call, 1910-07-21(1).

[14]Dante's inferno stereopticon lecture[J]. Moving Picture World, 1911:138.

[15]HOFFMAN H. A visitor from the Orient[J]. Moving Picture World,1912.

[16]From Hawaii[J].Moving Picture World, 1913:918.

[17]Foreign films in Japanese theaters[R].Commerce Reports, [S.l.;s.n.],1916.

[18]Motion-picture notes[R].Daily Consular and Trade Reports, the Bureau of Foreign and Domestic Commerce, Department of Commerce, [S.l.:s.n.],1914.

[19]金指英一.東洋汽船と大正活映[M].資料 帰山教正とトーマス栗原の業跡—天活(国活)と大活の動向—.[出版地不明]:フィルムライブラリー協議会,1973:60.

[20]Too much magic film starts riot[N]. Los Angeles Times, 1916-11-12(22).

［21］KINGSLEY G. Ripples from reeldom：Orient takes queer view of some of our films［N］. Los Angeles Times，1917-06-17(Ⅲ1).

［22］HUANG X L，XIAO Z W. Shadow magic and the early history of film exhibition in China［C］. the Chinese Cinema Book，British Film Institute,2011:50-53.

［23］HOFFMAN H. Film conditions in China［J］. Moving Picture World，1914:577.

［24］Celestial "movies" now stir the Chinese［N］. Evening Ledger Philadelphia，1915-04-10(7).

［25］KAFMAN G S. Bret Harte said it：the heathen Chinese is peculiar［N］. New York Tribune，1916-08-27(D3).

［26］The Government of the Hong Kong Special Administrative Region［EB/OL］.(2015-09-28)［2019-10-15].https://www.info.gov.hk/forms/english/main.htm.

［27］HOFFMAN H. The photoplay in China［J］. Moving Picture World,1915:244.

［28］Evelyn Nesbit charms in "redemption"—China seen in films［N］. New York Tribune，1917-05-22(9).

［29］SPENCER P G. A trip through China［J］. Moving Picture World，1917:1719.

［30］MACDONALD M I. A trip through China：China film company presents ten reels of remarkable travel pictures covering historic China，her people and customs［J］. Moving Picture World，1917:1761.

［31］KINGSLEY G. Film impresario of Orient here to show pictures［N］. Los Angeles Times，1916-11-10(Ⅲ22).

［32］"A trip through China" at Eltinge［J］. Moving Picture World，1917:1302.

［33］大正六年回顧録［J］.活動之世界,1918(1):28.

［34］青山雪雄.米国活動写真の都より（一〇）［J］.活動写真雑誌,1918(5):24.

［35］青山雪雄.米国スクリーン月報：サンライズ映画会社の事務所ブロヅキ及栗原紐育行［J］.活動写真雑誌,1919(6):67-68.

［36］大正七年度活動界回顧録［J］.活動之世界,1919(1):20.

［37］Brings Oriental films［J］. Variety，1919:73.

［38］Japanese films to be released soon［J］. Moving Picture World,1919:1820.

［39］San Francisco facts ［J］. Billboard. 1919:37.

[40]Ben Brodsk visits New York[J]. Moving Picture World, 1919:1366.

(浙江工商大学2018级翻译硕士研究生裘静仪、徐悦沁、田丽霞 译)

Benjamin Brodsky and Trans-Pacific Film Negotiations
——the U.S., China and Japan

SASAGAWA Keiko

(Faculty of Letters, Kansai University, Osaka: 564-8680)

Abstract: Benjamin Brodsky is one of the pioneers of the Trans-Pacific film dealing in the beginning of the 20th century. He purchased films and magic-lantern slides in the U.S. and distributed them in Hawaii, Yokohama, Hong Kong, and other main ports along the steamship routes of the North Pacific Ocean.

Brodsky left his name on the history of Chinese cinema. He conducted a theater business for showing American movies in Hong Kong in the early 1910s. He also produced Chinese-casted features and travelogues including *A Trip Through China*, which was widely acclaimed in the U.S. In 1914, he established China Cinema Company Ltd. in Hong Kong with young elite Chinese who had graduated from Yale and other American universities.

In 1917, Brodsky arrived at Yokohama to become the manager of Toyo Film Company (hereafter TFC) established in 1917. TFC was financed by Toyo Kisen Company, an affiliate of the ASANO zaibatsu (conglomerate), whose founder Soichiro ASANO was ideologically influenced by Eiichi SHIBUSAWA and Shigenobu OKUMA. Toyo Kisen was a distinguished steamship company which dominated the North Pacific route, when the center of the global film distribution was moving from Britain to the U.S. and films began to be imported to Asia via the Pacific instead of the former European route. ASANO set himself an aim of developing the film industry as a future key industry expected for earning foreign currency. It was TFC that later developed into Taishō Katsuei Co., Ltd., which invited renowned novelist Junichiro TANIZAKI as an advisor and released *Amateur Club* (1920) and other films, assimilating Hollywood movies to reform Japanese cinema. Brodsky was the person TFC invited from the U.S. in order to produce *Beautiful Japan* by emulating his previous success of distributing *A Trip Through China* in the U.S. to attract tourists to Japan.

This paper traces how Brodsky was involved in the film business in the U.S., China, and Japan, and clarifies the following two points.

①Formation of the film distribution route between the U.S. and Asia in the early 20th century in relation to the steamship line and its operating company.

②Relationship between cinema's transnational receptions and international political-economic conflicts.

While clarifying the two points, this paper sheds light on the traces of trans-pacific cultural negotiations in the early 20th century, and examines the significance of the Japanese adventurous attempts and their failures in the renovating world film distribution.

Key words: Film Distribution; Trans-Pacific; Transportation Network (Steamship); Benjamin Brodsky; China Cinema Company; Toyo Film Company

学生园地

STUDENT COLUMN

入元日僧别传妙胤生平事迹考

崔会杰①

（浙江工商大学东方语言文化学院　杭州：310018）

摘　要：日本素有禅宗二十四流的说法，其中，有一名叫作别传妙胤的禅僧开创有别传一派。但其本人的生平事迹鲜为人知，嗣法弟子仅见一人，别传妙胤的传记资料如《本朝高僧传》《延宝传灯录》也都存在着记载错误。该文在搜集分析资料的基础上，考证别传妙胤为一名入元日僧，其拜谒虚谷希陵、古林清茂等元朝名僧，归国后教化僧俗，历住大刹，是中日文化交流中一个典型人物。

关键词：入元日僧；别传妙胤；生平事迹；中日文化交流

一、引言

宽平六年（894），补任遣唐使的菅原道真一纸奏状，隋唐以来的遣隋使、遣唐使制度宣告终焉。尔后宋元两代，中日间虽未建立正式的官方关系，但僧侣间的往来却几乎未曾中断，特别是南宋、元时期，仅见载于文献的往返中日间的僧人数量就已接近五百人。[1]3 日僧来华少则数年，多则数十年，辛勤参叩禅法，遍历山川美景，与东渡赴日的华僧一道，将以禅宗为代表的宋、元科学文化传入日本。

从中日两国文化交流史来看，宋、元禅宗传入日本是继隋唐佛教传入日本之后两国文化交流进入第二次高潮的重要标志。[2]241 禅宗传入日本，又逐渐演化出二十四支流派，莫不为一时名宿。本文探讨的别传妙胤即为其中之一，其承嗣元僧虚谷希陵法统，在日历住大寺、接化学人，开创了二十四流之中的别传派，受到了中日禅林耆宿的赞许。

关于别传妙胤的以往研究，国内外较为少见。由于别传妙胤直接传记资料的缺失，以及《本朝高僧传》《延宝传灯录》《五山文学全集》等史料记载不一，导致别传妙胤的国籍、生平经历至今依然存疑：一、别传妙胤是中国僧人还是日本僧人，诸说不一；二、别传妙胤生平经历如何，不甚明晰。值得一提的是，日本学者玉村竹二曾对别传妙胤做过研究。他首先在『日本禅僧の渡海参学関係を表示する宗派団』一文中，指出日僧别传妙胤曾参学于古林清茂、虚谷希陵禅师会

---

① 崔会杰，浙江工商大学东方语言文化学院2017级硕士研究生。推荐人：江静。

下。[3]31-34其次,在《五山禅林宗派图》中,玉村竹二将别传妙胤列为虚谷希陵的法
嗣之一,其他法嗣包括空海念、大冶永钳、唯堂守一、竺源远。[4]9在其名著《五山
禅僧传记集成》中,又指出《本朝高僧传》《延宝传灯录》中别传妙胤是元人的记载
为误载,别传应是一名入元日僧,并对传别妙胤入元求法于古林清茂、虚谷希陵,
与明极楚俊同船归国、回国历住寺庙等事迹做了较为全面的介绍[5]587。玉村竹二
还将相关史料列于文末,具有极高的参考价值。但其论述过程颇为简单,且所引
史料不够全面,因此有必要对别传妙胤生平事迹做进一步的整理和分析。

综上所述,由于相关史料缺乏、引用史料的不同,以及运用史料论证的不足,
别传妙胤的国籍、生平事迹等疑点至今仍未得到解决。本文旨在综合分析、甄别
运用相关史料,吸收现有的研究成果,考证别传妙胤的国籍及其生平事迹。

二、国籍之谜

考察别传妙胤的生平事迹,有必要先弄清其国籍,即别传妙胤到底是中国僧
人还是日本僧人。

木下龙也在『進藤一葉茶会記覚書』一文中认为:别传妙胤为赴日元僧,在享
保十一年(1726)三月十五日的茶会上,有一幅挂轴为别传妙胤所写,上面记载了
与竺仙梵仙之事,提及了别传与赴日的竺仙梵仙的来往。[6]19除此之外,日比野晃
的『校訂〈青龍山十祖伝〉(一)』[7]3、佐藤秀孝的『出羽玉泉寺開山の了然法明につ
いて:道元禅師に参じた高麗僧』[8]255、姚红的《杭州径山寺与中日文化交
流》[9]101,都提及别传妙胤为东渡赴日的中国僧人。

另一方面,上村观光在《五山诗僧传》中认为:别传妙胤是一名入元日僧,嗣
法于虚谷希陵。[10]314-321其后,玉村竹二的『日本禅僧の渡海参学関係を表示する
宗派団』[3]31-34、木宫泰彦的《日中文化交流史》[11]433、江静的《天历二年中日禅僧舟
中唱和诗辑考》[12]147、榎本涉的『南宋・元代日中渡航僧伝記集成』[1]22、罗鹫的《五
山时代前期的元日文学交流》[13]68等,均一致认为别传妙胤为入元求法的日本
僧人。

可见,关于别传妙胤的国籍,学界存在两种不同的意见。禅僧别传妙胤的传
记资料,主要,为卍元师蛮于日本延宝六年(1678)所撰的《延宝传灯录》(以下简
称《延保》)和于元禄十五年(1702)所撰的《本朝高僧传》(以下简称《本朝》),其中
对别传妙胤的记载分别如下:

《延宝》：

元杭州径山虚谷希陵禅师法嗣

京兆建仁别传妙胤禅师，元国人，康永年中来。[14]96

《本朝》：

释妙胤，号别传，不详其姓出，参径山虚谷希陵禅师，承心印。康永
末，驾舶而来。……赞曰：自宽元至元德中，宋元禅匠相次东来。及康
永末，别传禅师独殿而至。此时骚乱未熄，君臣奔命不遑，以故法幢不
炽振，行录亦亡矣。[15]395

从上面来看，卍元师蛮认为：别传妙胤是一名元僧，承嗣径山虚谷希陵禅师
的法统，于日本康永末年（1345）赴日。而在元代僧人古林清茂（1262—1329）的
偈颂集《古林和尚拾遗偈颂》却有着不同的记载。

《古林和尚拾遗偈颂》为古林清茂的偈颂集。古林清茂号金刚幢、休居叟，备
受王臣大夫尊崇，先后居天台国清寺、平江府天平山白云寺、开元寺，延祐二年
（1315）移居饶州永福寺，后又在建康凤台山保宁寺居八年。门下法嗣有了庵清
欲、竺仙梵仙等，竺仙东渡赴日后开创禅宗二十四流之一的竺仙派，在日本文化
史上占有重要地位。[16]44

《古林和尚拾遗偈颂》的来由颇为曲折。康永三年（1344），有日僧如闻上座，
欲渡航赴江南，漂至耽罗，滞留高丽期间，自某人处见古林清茂所著偈颂集，遂抄
录之，如获至宝而归国。贞和元年（1345），如闻将此偈颂集存放于日僧椿庭海寿
之族兄具幢处，再次踏上入元之途。[17]267后椿庭海寿持之，请竺仙梵仙为此集校
正并作序。序文有载：

> （笔者按：椿庭海寿）又曰："以观之，则皆古林师祖所刊所录中，大
> 段无有者。"寿即录出其未刊者，或得便则刊之。虽乃师祖所弃之物，譬
> 如明珠大贝，为富家所弃，贫人得之，则受用无穷矣。余曰："君之言然，
> 然余之贫，亦不欲明珠大贝，唯从所好如何耳。"寿复曰："此抄写本，或
> 落或误尤甚，冀校勘之。"余曰："曷知其元作为何，而校之欤。是大难
> 也。"然亦强从尔请，于是寿编录之，乃为之校。或于落误之处，固不能
> 知实为何字，以意逆之，或补或正，得二百九十四首。……
> 　　时康永乙酉秋，（笔者按：竺仙梵仙）书于南禅东堂之东轩[17]267

由上可知，《古林和尚拾遗偈颂》当为椿庭海寿将古林清茂未出版的偈颂进

行摘抄整理,并由竺仙梵仙校正的偈颂集。竺仙梵仙是古林清茂高足,由他来校正颇为合理,其可信度比后世的《延宝》《本朝》更为真实可靠。

《古林和尚拾遗偈颂》中,有这样一则偈颂:

送海东胤首座[17]284

灭宗灭却灭翁门,吾祖家风荡不存。惯涉海涯轻雪浪,曾登仙峤眇昆仑。远来湖寺情尤重,梦入天宫道益尊。一句不辞如铁橛,要人担荷到儿孙。

此即前住净智别传胤公也,昔号灭宗,洎回朝即自改之。与余亦相友善,观其为人之礼,亦甚似淳笃信实者。今乃不知何处,其亦君子之好遁欤。

从文中"海东"一词便知,"胤首座"当是一名入元求法的日僧。据上文后段竺仙梵仙所作跋语,可知此"海东胤首座"指的便是别传妙胤,别传无疑是一位入元日僧。此外,还可知别传妙胤道号原为"灭宗",回国时才改为了"别传",并且在竺仙写下序文的1345年前,别传还曾担任净智寺住持一职。当时古林门下的求法日僧非常多,别传妙胤就是其中的一位。古林将别传最初"灭宗"之道号融于偈颂之中,感动其跨海求法,希望其勇于"担荷",力弘禅法。竺仙梵仙在元修禅于古林清茂门下,赴日后与别传亦有往来,"与余亦相友善,观其为人之礼,亦甚似淳笃信实者",也对别传淳厚笃信的为人之礼及踏实求学的态度表示了高度的赞赏。

三、在元求法

别传妙胤的日本国籍已经确定,囿于史料所限,别传入元前的活动无法考证。接下来,笔者将对别传在元的求法经历做一考察。

(一)游历江浙,嗣法仰山虚谷希陵

《本朝》记载别传妙胤"参径山虚谷希陵禅师,承心印"[15]395。而事实上,别传妙胤参访虚谷希陵一事应发生在仰山。日僧中岩圆月《东海一沤集别集》有载:

别传和尚[18]1047

参仰山禅,别无所传。吞栗棘蓬,透金刚圈。归来扶桑,四座道场。

妙带长剑,不犯锋钜。

文中提及别传妙胤在仰山跟随虚谷希陵学禅的经历。虚谷希陵(1247—1322)为元代临济宗杨岐派破庵派僧,十九岁投东阳资寿院出家,博学多闻,参谒双林寺虚舟远公、净慈寺东叟颖公,后嗣无准师范弟子雪岩祖钦,得其密印,并继其法席任仰山住持。

"吞栗棘蓬,透金刚圈",是临济宗杨岐方会禅师接引学人时所用机锋,栗棘蓬是没有去掉带刺外壳的栗子,金刚圈是中国古代的一种金属圈武器,栗棘蓬既难以下咽,金刚圈则坚硬无比,无法从中脱透。别传妙胤为参悟其中真谛,钻研破得禅法难关,领透了虚谷禅风,终于"嗣法虚谷"[19]597,并回归祖国,接化学众。

同时代的入元日僧龙山德见《黄龙十世录》之《佛祖赞》中,有如下记载:

别传(妙胤)和尚[20]260

严正寡言,直亮简专,节高行笃,学优材全。一舸出东海,南询志益坚,跻兮攀兮楚岭吴山之崢岘,揭兮厉兮淮水浙水之清涟,百非俱绝,三藏难诠。平分凤台半座,执侍仰峤十年。透三转语了敢忘所自,董四名蓝也适顺时缘。全提半提兮机机忒峻,横说竖说兮句句核玄,具灵明于空劫之外,见面目于未生之前。得岩头激励而雪老(雪峰义存)方能彻悟,微杨岐(方会)扶佐则慈明(楚圆)之道孰传,我赞不能及,曷其宜勉旃。

文中"一舸出东海,南询志益坚",再次印证了别传妙胤的日僧身份。别传入元后,踏游"楚岭""吴山""淮水""浙水",也从侧面反映出同时期日僧在元活动范围之广,以及对江南山川风物之美的羡慕。[11]465

虚谷希陵在仰山之时,"一坐三十夏,四方学者,奔凑规范"[21]416,任仰山住持一职达三十年,时有人劝虚谷禅师移席径山:"杭之径山,江左望刹之最。"[21]416随后不久"延祐丙辰,行省禀朝旨迎师居之"[21]416,即延祐三年(1316),虚谷希陵奉诏入住径山,"盖住山七年而殁"[21]416。《黄龙十世录》记载别传妙胤"执侍仰峤①十年",应是在虚谷希陵任仰山住持的三十年(1286—1316)间,别传随侍于其左右十年,那么最晚在1306年别传就已经来到了元朝。值得注意的是,日僧龙山德

---

① 仰峤:"峤"指尖而高的山。《尔雅·释山》:"锐而高,峤。"邢昺疏:"言山形巉峻而高者名峤"。南朝宋颜延之《和谢监灵运》:"跂予间衡峤,曷月瞻秦稽。"此处的"仰峤"便指的是仰山。

见就是在大德九年(1305)来到元朝庆元,从前述龙山德见《佛祖赞》中对别传妙胤来华及在元行迹的掌握程度,二人极有可能是同船来华的。

(二)交好清拙,参访凤台古林清茂

《黄龙十世录》中记载别传妙胤"平分凤台半座",指的是别传妙胤参访凤台古林清茂,并在其门下担任首座之事。凤台即为金陵凤凰台,乃保宁寺所在之地。此寺以牛头宗之祖牛头法融为开山祖师,相传南朝宋文帝元嘉十六年(439),有文彩五色的灵鸟翔集此处,状似凤凰,便筑台于保宁寺后山,山和台便有凤凰之名。僧传中常见的凤台,就是此地。

别传妙胤参谒古林清茂一事,在元僧清拙正澄《禅居集》里也有记载:

胤首座参古林清茂[22]403

> 截流度海不湿脚,虾蟹鱼龙尽惊跃。三十三天辊绣毯,帝释花冠轻打落。逆行顺行总相当,或非或是俱无妨。千差万别一印定,恒沙刹土洰中藏。提来总属衲僧手,鞭起铁牛空里走。三更下饮澹湖水,拈得鼻孔失却口。澹湖水深人共知,天人指作醍醐卮。顶门一淌消恼热,望风惟有长相思。

由此可知,清拙正澄在来日之前,不仅和别传有过会见,还对跨海而来、"虾蟹鱼龙"等丛林人士皆为"惊跃"的别传表示了道法上的肯定。"望风惟有长相思"也反映了清拙正澄与别传的道缘之深。

至治元年(1321),古林清茂奉浙江行省及江南御史台之命,从饶州永福寺移居建康凤台山保宁寺,天历二年(1329)十一月二十二日示寂,世寿六十八。极有可能的是,别传妙胤最迟于1306年入元,在虚谷门下执侍十年,嗣得其法,随后去谒见了移居建康凤台的古林清茂。

(三)踏上归途

在元历参清拙正澄、虚谷希陵、古林清茂等师的别传妙胤,终于踏上了回国的路程,《延宝》《本朝》中的"康永年中""康永末"均为误载,别传回国之事可以从赴日元僧明极楚俊的诗文稿中看到。《佛日焰慧禅师明极楚俊大和尚塔铭》有载:

> 日本国具书币,以国师之礼迎。志日本者,海东大国也,旧称扶桑,其俗醇美,佛图僧刹,殆遍都邑。而名号位次,悉效中州,住持者,亦或求之中州云。[23]2075

　　元僧明极楚俊道法高妙,闻名于海东扶桑,日本遣使携书币,以国师之礼相待,欲招请明极赴日。明极还邀请元僧竺仙梵仙共同赴日:"还东浙、游荆楚、登径山,会明极应本朝聘,挽师东征,以元德元年六月同着太宰府。"[14]91此行同船赴日的还有雪村友梅、天岸慧广、物外可什、别传妙胤、字海聪文、圆极全珠等日僧,其中明极、竺仙、别传分别开创了日本禅宗二十四流的明极派、竺仙派、别传派,雪村友梅、天岸慧广、物外可什等更是日本五山文学的主要人物,这是中日文学与文化交流史上的一次重要航程。[13]68

　　别传妙胤与明极楚俊同船赴日的史料记载见于《明极楚俊遗稿》:

和别传胤首座舟中韵二首[23]2005
客住闽江恰五旬,相逢多是面生人。
鲸波万里终应去,军伍促行何太频。

远道人回船未动,长空云净月初生。
因思古往今来事,添我离乡几种情。

　　这是在赴日舟中,明极楚俊与别传妙胤的和韵诗作。从"客住闽江恰五旬"这句来看,别传归国前应住于闽江附近,身处异乡,自然"相逢多是面生人"。

　　洋中舟船上,明极楚俊想起已离开故土,面对无边大洋,远望"长空""云月",古往今来人事种种浮上心头,不禁"添我离乡几种情"。听到此语,身为异乡游子的别传妙胤深有体会。

四、回国传法

　　别传妙胤于天历二年(1329)六月回国后,其主要活动散见于同时期赴日元僧、入元日僧的传记资料中。

(一)时代动荡,纷纷扰扰

　　天历二年(1329),日僧别传妙胤归国时,日本正值多事之秋,元弘元年(1331)后醍醐天皇策划二次倒幕未遂,正庆二年(1333)又在足利尊氏、新田义贞的支持下攻破镰仓,镰仓幕府至此灭亡。"始关东亡时,人皆谓禅苑其不兴也,最明寺殿平公世护禅宗,子孙相继钦奉其法,天下化而奉之。今平氏已灭,惟禅宗谁复为护乎?"[24]489"最明寺殿平公"即北条时赖,时赖及其子时宗与赴日元僧兰溪道隆、大休正念、无学祖元等关系亲密,多次参禅问道。随着北条氏的覆灭,失去外护的禅宗教团惴惴不安,在后醍醐天皇再祚之时,"近臣欲劝帝废禅宗,而相訾者多"[24]489,身边大臣对禅宗多有诋毁之言,甚至起念劝帝废除禅宗,可见当时禅宗的发展已经到了一个艰难的时刻了。出于对梦窗疏石的崇信,后醍醐天皇于建武元年(1334)将梦窗疏石请为南禅寺住持,由是"禅徒欢呼之声,溢乎山林而彻街衢"[24]489,禅刹基业得以留存,起到了安抚禅宗僧众的作用。

不承想,动乱平息未久,建武三年(1336)公武分家,其后的南北朝时期,公武两方互有攻防,直至明德三年(1392)足利义满逼降南朝,日本进入了一个较为平稳的社会时期。而别传妙胤自1329年回国,至1347年示寂(后述),最后的人生便笼罩在整个时代阴影之下,这可能是其法系不多,诸录未见,至今不为人所熟知的一个重要原因。

(二)闲居横州泊船庵

时代风云变幻,回国后的别传妙胤曾一度隐居,纵情山水。竺仙的《天柱集》有《泊船庵作》一文,文中有载:"横州泊船庵,久闻其胜……庵之前后有曰拈华山指月峰者尤绝……时己卯三月十五日也。"[25]281此泊船庵便为日僧梦窗疏石曾住,位于相模国三浦的泊船庵,即竺仙与别传同船来日后的历应二年(1339)三月十五日,因久闻泊船庵盛名,遂于这天来到泊船庵。《泊船庵作》中有竺仙所作偈文三句,摘录其一如下:

夕阳紫翠照余春,金色波罗正吐芬。
自喜别传消息在,破颜微笑岂无人。[25]281

竺仙来到泊船庵,见余春下的夕阳紫韵翠人,植物在夕阳余晖下闪耀金光,吞吐芬芳馥郁。意外的是,自来日后久未再会的别传妙胤也闲居于此,得此消息,心中别有一番感慨,"岂偶然哉,因作三偈以识岁月,用博一笑"。

竺仙还有一则与别传妙胤唱和的诗颂,见于《竺仙和尚偈颂》:

次韵答横洲别传禅师[25]282
一舸迢迢绝巨溟,西来不解救迷情。
待时吾必还归也,回首扶桑千岁荣。
宾中主也主中宾,日日思归念念新。
自是故乡田地阔,岂应无处着闲人。
优钵罗花不妄开,老夫于此岂无怀。

南禅欲借维摩手,断取横洲入座来。

由上文可知,别传妙胤隐居横洲泊船庵时,竺仙曾与其有过诗文唱和,并向旧友别传倾诉了浓浓的思归之情。"南禅欲借维摩手,断取横洲入座来",历应四年(1341),受诏住持南禅寺的竺仙,更是向别传暗示了请其挂锡南禅之意。

别传妙胤闲居泊船庵一事,在日僧中岩圆月的《东海一沤集》中也有记载:

> 《和答泊船和尚》三浦泊船庵、胤别传住此[25]282
> 嘉音忽至惊眠起,正是三竿日上时。
> 一幅花笺双白璧,送情无限与谁知。
> 出处自无知所由,未当于世策机筹。
> 谁期昨夜滂沱雨,打得桃花逐水流。

(三)出世越后普济寺

赴日元僧竺仙梵仙的《来来禅子东渡集》中,有一则祝贺别传妙胤出世普济寺的偈颂:

> 贺同门别传胤禅师出世普济[26]465
> 佛祖出兴无别法,流传今日亦悠哉。
> 把茆盖顶不须大,三篾束腰休放开。
> 海底鲤鱼看蹦跳,天边金凤忽飞来。
> 令人长忆灵山事,迦叶师兄笑满腮。

别传妙胤在元时曾参访古林清茂,而竺仙梵仙乃古林门下高足,称呼别传一声同门也在情理之中。关于普济寺的所在,《延宝》称别传妙胤"出世越后之普济,迁建仁,(中略)后移相州净智"[14]96。别传住持普济寺一事,还可见于日僧天岸慧广的《东归集》:

> 和普济胤别传韵[22]19
> 经历南方已复来,同声同气在忘怀。
> 越山耆宿僧千岁,竺国云游老万回。
> 应世因缘随处合,知春时节自东催。
> 效他一力能椎鼓,开发沈惛震法雷。

此次与"经历南方已复来"的别传妙胤酬唱诗文,同船回国的天岸慧广不禁感慨万千,对别传"应世因缘",住持普济一寺表示了道法上的关怀。此外,《东归集》中还有一偈颂《寄然道二兄作成普济胤别传》,在给然、道两位僧人的偈颂中,提到了时任越后普济寺住持的别传妙胤:

> 千载之下谁相肖,破家散宅唯别传。
> 然道颠胜符与化,担荷吾门应祖肩。
> 一片身心坚似铁,善始克终完且全。
> 只贵时中自猛省,忍之一字常现前。[22]24

偈颂提及别传妙胤本人对佛法诚心似铁,做事力求善始善终,经常将"忍"字挂于胸中,刻苦修炼坚忍之本性,始终严循修禅的基本要旨。

(四)隐居奈古山,住持报国寺

日僧别源圆旨的《东归集》中,有如下一则唱和诗颂:

> 和别传谢事闲居奈古山再赴报国命[22]742
> 岩下柴门不用关,那能留得白云闲。
> 世间枯渴望甘泽,为雨为霖又出山。

据玉村竹二研究,别传妙胤隐居于伊豆的奈古山中,后被上杉氏所招,担任镰仓报国寺的住持,并在报国寺为先师虚谷希陵上了嗣香,以嗣其法。[5]587"世间枯渴望甘泽,为雨为霖又出山",表明别传妙胤当时在禅林中已经有了一定的名望,更体现出别传教化世人、接引学人的诚恳态度。

(五)升住净智,迁往建仁

《五山记考异》中,有记载如下:

> 五山第四
> 金峰山净智禅寺
> 大圆庵
> 别传和尚,讳妙胤,嗣法虚谷。辞世曰:来者是阿谁,去者是阿谁。
> 红霞穿碧落,白日绕须弥。[19]618

可知别传妙胤由报国寺升住五山第四的净智寺。前述《古林和尚拾遗偈颂》中，竺仙梵仙在1345年所作序文中写道："此即前住净智别传妙胤公也。"由此可知，1345年前，别传妙胤曾任净智寺住持一职。

据《临济宗东山建仁寺住持历代》记载，建仁寺第三十世住持为雪村友梅，贞和二年（1346）十二月二日，雪村示寂，其后别传妙胤便作为建仁寺第三十一世住持来补其位，但不久即于来年的贞和三年（1347）十二月十五日示寂，嗣法弟子有玉岗藏珍一人。[27]32《建仁寺住持位次簿》也有载："三十一世别传和尚，名妙胤，嗣虚谷希陵，十二月十五日寂。"[25]282

关于别传示寂地的记载，《延宝》认为别传先住建仁，后住净智，而实际上别传寂灭于建仁寺，应是先住净智，后住建仁的。此事也可以从日僧友山士偲在寄给此山妙在的书信中得以证实：

> 又闻，建仁别传（妙胤）和尚迁寂。者老师，平生提唱语要，有古人之体裁，真本色宗匠，堪与后学者发药，可惜早去。[28]72

可以看出，友山士偲听到别传妙胤寂灭于建仁的时候，不但对别传"古人之体裁，真本色宗匠"的高风表示了高度评价，还对别传善于启迪学人却早早去世倍感惋惜。

别传妙胤住持建仁寺时，日僧无涯仁浩曾送过其一首偈颂，内容如下：

> 寄建仁别传和尚[25]282
> 百丈丛林废古规，沩山警策亦非时。
> 诸方虽有多知识，邪法难扶说向谁。

无涯仁浩在给别传妙胤的诗颂中叹道：丛林禅规不整，纵使尊宿仍多，若不一心向道，又怎能修正邪法。无涯仁浩向别传表示了对禅林的深深关切，同时也从侧面表现了别传妙胤的刚正不阿。

（六）接引学人，安详示寂

如上所述，别传妙胤自1329年回国，到1347年示寂，共历任普济寺、报恩寺、净智寺、建仁寺四刹住持。这与龙山德见说别传妙胤"董四名蓝也适顺时缘"、中岩圆月说其"归来扶桑，四座道场"也是相符合的。

建武三年（1336），日僧春屋妙葩曾请教于别传妙胤，"丙子岁……师音节和雅，尝学音节于胤别传、元古先，曲尽其妙故，丛林称之"[29]718，别传妙胤、古先印元均为凤台保宁寺古林清茂门下求法日僧,春屋妙葩所学"音节"便是承自凤台保宁寺的梵呗曲调,受到了禅林广泛认可。此外,别传妙胤住持建仁寺时,有日僧大歇勇健参谒于其会下:"及无匄岁剪髭纳戒,挂锡建仁,东海源、雪村友梅、别传妙胤据席之日,或侍巾瓶、掌笺翰、典宾客。传命记室秉拂。"[14]213别传妙胤法嗣玉岗藏珍,在别传的教诲下,也曾历住大刹:"出住相之善福、上野之长乐,及相之圆觉,嗣香为别传拈。"[14]367

别传妙胤的为人特点和禅风可以从同时代的僧人口中得探一二。赴日元僧竺仙梵仙评价别传妙胤:"观其为人之礼,亦甚似淳笃信实者。"[17]284日僧友山士偲评价其"有古人之体裁,真本色宗匠"[28]72。龙山德见称其"严正寡言,直亮简专,节高行笃,学优材全"[20]260。中岩圆月称其"妙带长剑,不犯锋钜"[18]989。天岸慧广称其"丈夫志气盖如此,莫辞笑面承嗔拳"[22]24。众多僧人赞赏别传妙胤的高风亮节,可见别传亦不失为一名当世名僧。

贞和三年(1347)十二月十五日,建仁寺第三十一世住持别传妙胤示寂,日僧中岩圆月曾作祭文以悼别传:

祭别传和尚[18]989

呜呼悲夫! 叔末浇讹,缁田弗腴。邪师竞头,列刹滥竽。各党其党,拔茅连茹。自实其嗛,族类啸呼。爬搔余粒,竭泽以渔。惟师高踏,不待吹嘘。吾将以师,蛮得驱驴。师董东山,如吾觊觎。祖庭蔓草,以师可图。狂澜既倒,一柱难扶。师今亡矣,不可作乎。独吾歃盟,无主何如。胡为老夫,甚矣毒蛇。呜呼悲哉! 书诀旧交,不忘鄙夫。贻四家语,其首马驹。以吾好古,师意起予。呜呼悲夫!

中岩圆月自言"以吾好古",便写了一篇颇有古风色彩的四言祭文,文中提到"邪师竞头,列刹滥竽。各党其党,拔茅连茹"。可知当时不仅禅林中风气不正,不少僧人拉帮结派误入邪道,影响各大寺刹修习环境,"惟师高踏,不待吹嘘"显示了别传不愿与之同流合污,洁身自好的高风。同船归国的日僧雪村友梅也有偈颂送于别传妙胤,对特立独行、坚忍自傲的别传妙胤送去了徐徐关怀。

别传(妙胤)[20]738

自要分家外立宗,笑花眼孔尚朦胧。
同筵同醉同床睡,三十三人梦不同。

五、结语

基于以上分析,《延宝传灯录》《本朝高僧传》中关于别传妙胤国籍、归国时间、示寂地点的记载均为误载。从同时代僧人的著述中,我们可以推断:别传妙胤为入元日僧,且至迟在德治元年(1306)就已渡海入元,踏游"楚岭""吴山""淮水""浙水"等江南美景,嗣法仰山虚谷希陵,参谒清拙正澄、古林清茂等元代高僧,并与明极楚俊、竺仙梵仙、雪村友梅、天岸慧广等僧于天历二年(1329)同船归国。回国后历住普济、报国、净智、建仁四刹,以其高洁的禅风接化僧众,开创了日本禅宗二十四流之一的别传派,法嗣有玉岗藏珍。可以看到,别传妙胤的交往对象极其广泛,且大多为当世名僧,尤其与古林清茂门下金刚幢派竺仙梵仙、天岸慧广、龙山德见等人来往密切。别传妙胤受到了同时期中日名僧的高度评价,这样的高僧是中日禅宗文化交流史上不可忘却的人物。

参考文献

[1]榎本涉.南宋·元代日中渡航僧伝記集成[M].東京:日本勉誠出版,2013.

[2]季羡林,汤一介.中华佛教史·中国佛教东传日本史卷[M].太原:山西教育出版社,2013.

[3]玉村竹二.日本禅僧の渡海参学関係を表示する宗派団[J].駒沢史学,1953(3).

[4]玉村竹二.五山禅林宗派図[M].京都:思文閣,1985.

[5]玉村竹二.五山禅僧伝記集成[M].京都:思文閣,2003.

[6]木下龍也.進藤一葉茶会記覚書[J].『文化』創刊号,1974.

[7]日比野晃.校訂『青龍山十祖伝』(一)[J].中日本自動車短期大学論叢,1993(23).

[8]佐藤秀孝.出羽玉泉寺開山の了然法明について:道元禅師に参じた高麗僧[J].駒沢大学仏教学部研究紀要,1994(52).

[9]姚红.杭州径山寺与中日文化交流[J].文史知识,2015(1).

[10]上村観光.五山文学全集別巻:五山詩僧伝[M].京都:思文閣,1973.

[11]木宫泰彦.日中文化交流史[M].胡锡年,译.北京:商务印书馆,1980.

[12]江静.天历二年中日禅僧舟中唱和诗辑考[J].文献,2008(3).

[13]罗鹭.五山时代前期的元日文学交流[J].四川大学学报(哲学社会科学版),2015(3).

[14]卍元師蛮.延宝伝灯録[M]//高楠順次郎,等.大日本仏教全書:108册.東

京:仏書刊行会,1923.

[15]卍元師蛮.本朝高僧伝[M]//高楠順次郎,等.大日本仏教全書:102册,東京:仏書刊行会,1923.

[16]程璐璐.赴日元僧竺仙梵僊研究[D].杭州:浙江工商大学,2018.

[17]古林清茂.古林和尚拾遺偈頌[M]//前田慧云,中野達慧,等.卍新纂続蔵経:71册,東京:国書刊行会,1975.

[18]上村観光.五山文学全集:巻2[M].京都:思文閣,1973.

[19]近藤瓶成.改訂史籍集覽:巻26[M].東京:近藤出版部,1907.

[20]玉村竹二.五山文学新集:巻3[M].東京:東京大学出版会,1969.

[21]虞集.道園学古録:巻48[M]//四部叢刊初編縮本:76集部.台北:台湾商務印書館,1975.

[22]上村観光.五山文学全集:巻1[M].京都:思文閣,1973.

[23]上村観光.五山文学全集:巻3[M].京都:思文閣,1973.

[24]夢窓疏石.夢窓国師語録[M]//高楠順次郎,等.大正新修大蔵経:巻80.東京:日本大正一切経刊行会,1934.

[25]東京大学史料編纂所.大日本史料:第6編第10册[M].東京:東京大学史料編纂所,1911.

[26]竺仙梵仙.来来禅子東渡集[M]//高楠順次郎,等.大日本仏教全書:96册.東京:仏書刊行会,1923.

[27]鷲尾順敬.日本仏家人名辞書[M].東京:光融館,1903.

[28]玉村竹二.五山文学新集:巻2[M].東京:東京大学出版会,1969.

[29]春屋妙葩.智覚普明国師語録[M]//高楠順次郎,等.大正新修大蔵経:巻80.東京:日本大正一切経刊行会,1934.

The Life Story of Betsuden Myoin
—A Japanese Monk Who Went to China in Yuan Dynasty

CUI Huijie

(School of Oriental Languages and Culture in Zhejiang Gongshang University, Hangzhou: 310018)

Abstract: There are 24 Chan Sects in Japan. A monk named Betsuden

Myoin created the Betsuden Chan Sec which is one of the 24 Chan Sects. However, Betsuden Myoin's life story was rarely known by people, and he only had one successor. The biography materials of Betsuden Myoin, *Memoirs of Eminent Monks* and *Yan Bao Chuandeng Lights*, also appeared some record mistakes. This paper is based on a great deal of literature and datum, which verified that Betsuden Myoin was a Japanese monk who had been to China in Yuan Dynasty, visited Xugu Xiling, Gulin Qingmao and other prominent monks. After coming back to Japan, he indoctrinated the monks and served as abbot of many temples, and became a representative who promoted the Sino-Japanese cultural exchange.

Key words: Japanese Monk; Betsuden Myoin; Life Story; Sino-Japanese Cultural Exchange

浅析陶渊明诗歌对山本梅崖汉诗的影响
——以《嘤嘤会志》的汉诗为中心

刘梦悦①

（浙江工商大学东方语言文化学院　杭州：310018）

摘　要:《嘤嘤会志》是嘤嘤会的会内刊物,从1907年至1916年共发行8册,收录嘤嘤会参与聚会者的诗文"以颁远方不能会者"。山本梅崖的汉诗和文章也被收录其中,汉诗数量达172首,皆为其迁居牛窗后所作。对这些汉诗进行整理分析,可发现不少内容受陶渊明诗歌的影响。该文在将两者诗歌进行比较的基础上,从引用或化用陶诗、艺术手法、"鸟"意象的使用、隐形情感的展现四个方面来分析陶渊明诗歌对山本梅崖汉诗创作的影响,并探究其原因。

关键词:山本梅崖;汉诗;《嘤嘤会志》;陶渊明

一、引言

"余近年读陶诗,殊觉有味。迨移居后尤然,予不自知其故也。"②山本梅崖曾如此称自己喜爱陶诗。此外,他在汉诗中还写道:"由来久学陶家隐,未信曾空翼野群。"③由此不难看出他对陶渊明的喜爱,以及陶渊明对他晚年生活的影响。

陶渊明,字元亮,又名潜,私谥靖节,约生于东晋废帝太和四年(369),卒于宋文帝元嘉四年(427),是中国著名诗人。太元十八年(393),陶渊明任江州祭酒,元兴三年(404)为镇军将军刘裕之参军,之后又为建威将军江州刺史刘敬宣之参军。义熙元年(405),任彭泽县令,在职八十一天,弃官归田,过上了隐居的生活。

喜爱陶诗的山本梅崖(1852—1928)出身于汉学世家,名宪,字永弼,梅崖为其号。他三岁初读《论语》,十岁读《左传》《史记》,之后入藩校习《资治通鉴》《易经》等。明治元年(1868)入"开成馆"学习英文,四年后进入东京"育英义塾"学习洋学。明治十二年(1879)开始,先后任《大阪新报》《稚儿新闻》《中国日日新闻》《北陆自由新闻》等报的记者或主笔,撰写了大量有关自由民权思想的文章。明

---

① 刘梦悦,浙江工商大学东方语言文化学院硕士研究生。推荐人:吕顺长。
② 出自《嘤嘤会志》第一册,未出版,1907年,第9页。(《嘤嘤会志》为嘤嘤会会内刊物。嘤嘤会为以山本梅崖私塾学生为中心成立的类似于同窗会的组织。)
③ 《西寺小集分韵得文》,《嘤嘤会志》第二册,1908年,第19页。

治十六年(1883)辞去报社工作在大阪开设汉学塾"梅清处塾",授课之余仍作为自由党党员开展言论活动。明治十八年(1885)参与"大阪事件",起草《告朝鲜自主檄》,因"外患罪"入狱。明治二十一年(1888)假释出狱,第二年因宪法颁布而被恩赦释放,此后专心经营学塾。明治三十七年(1904)因日俄战争学生减少,加之身体原因迁居风景优美的冈山牛窗。山本梅崖在牛窗时的主要活动为授课、垂钓、讲经、访友,其中垂钓是他晚年最大的爱好,他在《造舟成诗以纪之》中写道:"松舟虽蒇矣,亦足供钓游。天地寓揖上,风月在竿头。"[1]以此来描写自己出海垂钓时的愉悦心情。另外,他也时常外出访友,友人也时常去他的私塾拜访,过着一种"半隐居"状态的生活,直到昭和三年(1928)去世,晚年相对平和。

笔者查阅收藏于日本冈山县立图书馆的《山本文库图书目录》一书,发现其中与陶渊明直接相关的书籍有:《靖节先生集》(清 陶澍编)、《陶渊明集》(晋 陶潜/梁 昭明太子编)、《陶诗钞》(彭泽诗钞)(日 籁山阳编)、《群辅录》(晋 陶潜)、《搜神后记》(晋 陶潜)、《搜神后记·还冤记》(陶潜著 刘翮校),其数量是书中提及的中国诗人中最多的,可见山本梅崖对陶渊明的喜爱与推崇。由此,山本梅崖的汉诗创作受到陶诗的影响也是极其正常的。本文将从引用或化用陶诗、"鸟"意象的使用、艺术手法和隐形情感的展现四个方面入手,具体分析陶诗对山本梅崖汉诗的影响和产生这种影响的原因。

二、引用或化用陶诗

通过将《嘤嘤会志》中收录的172首汉诗与陶诗做对比,可以发现多处山本梅崖对陶诗的引用或化用。

陶渊明《饮酒二十首并序》:"余闲居寡欢,兼比夜已长。偶有名酒,无夕不饮。顾影独尽,忽焉复醉。既醉之后,辄题数句自娱。<u>纸墨遂多,辞无诠次</u>[2]。聊命故人书之,以为欢笑尔。"[1]224山本梅崖《牛窗杂诗·序》:"予迁居以来,观者烟波之景,闻者禽鸟之声,无红尘夺目,无俗态搅神。日夕逍遥,所遇皆诗。援笔题之,<u>纸墨渐多</u>。然春秋殊情,雨旸异趣,故<u>辞气诠次</u>,随得而随录。盖亦闲中一适尔。"[3]山本梅崖的《牛窗杂诗·序》中借用陶渊明在《饮酒二十首并序》中使用

---

① 《嘤嘤会志》第二册,1908年,第19页。
② 下划线为笔者所加,下同。
③ 《嘤嘤会志》第一册,1907年,第8页。

的"纸墨遂多""辞无诠次"这两个情景描写，以此表现自己归隐之后悠然自得的生活。

陶渊明《癸卯岁始春怀古田舍二首》其二："<u>先师有遗训，忧道不忧贫</u>。瞻望邈难逮，转欲志长勤。秉末欢时务，解颜劝农人。平畴交远风，良苗亦怀新。虽未量岁功，即事多所欣。耕种有时息，行者无问津。日入相与归，壶浆劳近邻。长吟掩柴门，聊为陇亩民。"[1]191山本梅崖《牛窗杂诗》其十一："<u>圣人有遗训，忧道不忧贫</u>。苟立荣辱外，吾心常如春。明窗诵经典，志趣日日新。海山时登览，亦足养斯身。晴日渔舟返，厨下供鲜鳞。又踏田畦去，野草代香珍。清节须砥砺，夷齐求得仁。如此闲境界，可以夸贵人。"①画线句子本出自《论语》，原句是"<u>君子忧道不忧贫</u>"②，陶渊明将其引用为"先师有遗训，忧道不忧贫"，山本梅崖从陶渊明处借用写作"圣人有遗训，忧道不忧贫"。此外，这两首诗不管是从韵脚，还是诗歌展现的情景来看都有着相似之处。

陶渊明《饮酒》其五："<u>结庐在人境</u>，而无车马喧。问君何能尔？心远地自偏。采菊东篱下，<u>悠然见南山</u>。山气日夕佳，飞鸟相与还。此中有真意，欲辨已忘言。"[1]234山本梅崖《午桥于石二盟台次予无题试韵见示因又叠韵》："曾诵圣人言，谋道不谋食。其奈才性疏，拖身诗书国。日夕伴黄卷，遂惭无为职。耿介误为性，幸未忧衣食。悠悠安吾分，<u>结庐在海国</u>。"③《无题》："自有荣辱道，未必鹓鹭班。读书友古人，白日掩柴关。俯仰何所愧，<u>悠悠对青山</u>。"④这里山本梅崖根据自己所生活的海边实际生活场景，模仿陶渊明诗中的"结庐在人境""悠然见南山"写下了"结庐在海国""悠悠对青山"的诗句，由此来表现自己醉心自然不被政治之事所扰的心境。

陶渊明《归去来兮辞并序（节选）》："归去来兮，田园将芜胡不归！<u>既自以心为形役</u>，奚惆怅而独悲。悟已往之不谏，知来者之可追；实迷途其未远，觉今是而昨非。"[1]413山本梅崖《无题三首（节选）》："粗粝才糊口，独得饱道腴。下学而上达，知我其天乎。虽积钜万财，死后无寸盒。润屋与润身，君子何所择。独怪世上人，<u>以心为形役</u>。"⑤陶诗中用"既自以心为形役"一句来表现自己既渴望平淡的生活，又不得不为生计委身世俗的复杂情感。山本梅崖也借用该句来描述世人追求荣华富贵，却被欲望所累无法感到满足的痛苦生活。

---

① 《嘤嘤会志》第一册，1907年，第9页。

② "子曰：'君子谋道不谋食。耕也，馁在其中矣；学也，禄在其中矣。君子忧道不忧贫。'"《论语·卫灵公》。

③ 《嘤嘤会志》第二册，1908年，第21页。

④ 《嘤嘤会志》第三册，1909年，第7页。

⑤ 《嘤嘤会志》第四册，1910年，第14页。

陶渊明《归园田居五首》其二："野外罕人事,穷巷寡轮鞅。<u>白日掩荆扉,虚室绝尘想</u>。时复墟曲中,披草共来往。相见无杂言,但道桑麻长。桑麻日已长,我土日已广。常恐霜霰至,零落同草莽。"[1]81《癸卯岁始春怀古田舍二首》其二："先师有遗训,忧道不忧贫。瞻望邈难逮,转欲志长勤。秉耒欢时务,解颜劝农人。平畴交远风,良苗亦怀新。虽未量岁功,即事多所欣。耕种有时息,行者无问津。日入相与归,壶浆劳近邻。<u>长吟掩柴门</u>,聊为陇亩民。"[1]191山本梅崖《无题》："自有荣辱道,未必鹓鹭班。读书友古人,<u>白日掩柴关</u>。俯仰何所愧,悠悠对青山。"①《庚戌除夕》："青灯岁将尽,伴炉坐夜深。落叶空庭响,北风声满林。<u>养独掩门久</u>,保我岁寒心。"②《次砚堂兄见示诗韵》："门无长者辙,<u>白日掩扉深</u>。耽读有经史,又为停杖吟。"③《梅清处小集分韵得元》："白日悠悠深掩门,绝无尘事扰心源。青缥架上书千卷,冷蕊阶前兰一盆。迂拙未知蝉冕宠,逍遥自见布衣尊。时招吟友征新制,风榻迎凉互细论。"④陶诗中"掩门"这一意象多次为山本梅崖所用,一方面这是他真实生活场景的展现:居住在海边的小屋里,白天轻掩门扉,自己在屋里读书写字怡然自得;另一方面他想借用陶诗中"掩门"这一意象的深意,来表达自己与政治纷争断绝关系,以及不问世事归隐自然的决心。

陶渊明《饮酒》其五："结庐在人境,而无车马喧。问君何能尔?心远地自偏。采菊东篱下,悠然见南山。山气日夕佳,飞鸟相与还。<u>此中有真意</u>,欲辨已忘言。"[1]234山本梅崖《牛窗杂诗》其一："铜炉香炭赤,汲泉架茶枪。适自步汀至,小斋闻松声。一啜消世虑,再啜养文情。<u>此里有妙理</u>,自觉心骨清。"⑤《即事》："劲风吹落木,千山都萧条。适拾松子返,茶枪闻蝉蜩。<u>此中有妙趣</u>,吾意自迢迢。"⑥这里山本梅崖借陶诗中"此中有真意"一句,转化成"此里有妙理""此中有妙趣"两句,来表现自己内心有所感悟时的愉悦心情。

山本梅崖《与福田静处川崎铁片稻本春畦增田精堂游城州美津看桃大野氏楼上即事》："桃花埋洞口,暂作避秦人。鸡犬驯如旧,吾心乃觉春。"⑦诗中"桃花""洞口""秦人"等意象皆出自陶渊明的《桃花源记》。山本梅崖由眼前所见之景联想到一片美好、静谧的生活景象,内心也不由得怀有一种温暖之感。

---

① 《嘤嘤会志》第三册,1909年,第7页。
② 《嘤嘤会志》第五册,1911年,第14页。
③ 《嘤嘤会志》第六册,1912年,第14页。
④ 《嘤嘤会志》第二册,1908年,第19页。
⑤ 《嘤嘤会志》第一册,1907年,第8页。
⑥ 《嘤嘤会志》第五册,1911年,第14页。
⑦ 《嘤嘤会志》第四册,1910年,第14页。

三、艺术手法

在陶诗中,叠字的巧妙运用一向为人称赞。如"暖暖远人村,依依墟里烟"
(《归园田居》)[1]77,用"暖暖"一词描绘远处山村的昏昧貌,"依依"一词传达微风
轻拂下轻柔的炊烟依稀可辨状。"翩翩新来燕,双双入我庐"(《拟古》其三)[1]295句
中,"翩翩"和"双双"两个叠词很好地传达了燕子载上载下地成双成对入屋的场
景。"迢迢新秋月,亭亭月将圆"(《戊申岁六月中遇火》)[1]211中的"迢迢",意同遥
遥,传达出秋夜给人的漫长感觉;"亭亭",高远的样子,这是作者凝视秋月的印
象。这两句既写出了节令的变化,又传达了作者耿耿不寐的心情。①陶诗中用
叠字创作的佳例不胜枚举,叠字不仅展现出诗歌的音韵之美,更使事物的形态跃
然纸上。笔者对龚斌校笺的《陶渊明集校笺》进行统计得出,在陶渊明122首诗
中,有68首都运用了叠字,其中一半以上的叠字都位于句首,具有鲜明的创作
特色。

在山本梅崖创作的汉诗中,对叠字的运用也随处可见。据笔者统计,在《嘤
嘤会志》收录的山本梅崖的172首汉诗中,有45首使用了叠字,从位置上来看有
29首用于句首。另外,"萧萧""亭亭"等陶诗中出现的叠字,也在山本梅崖的诗
中频繁出现。可以说,山本梅崖的叠字使用很大程度上受到了陶诗的影响。

有描写景物的,如:

> 翩翩波上鸟,片片山下舟。(《前岛书感》)②
> 浙浙风前树,萧萧烟里村。(《偶赋三首》)③
> 亭亭窗下竹,落落堂前松。(《无题》)④

有环境描写的,如:

> 庭竹缘猗猗,零雨洒寒玉。(《梅清处雅集分山雨欲来风满楼句得欲

---

① 陶渊明诗歌赏析,参照吴小如等:《陶渊明诗文鉴赏辞典》,上海辞书出版社2013年版。
② 《嘤嘤会志》第二册,1908年,第20页。
③ 《嘤嘤会志》第三册,1909年,第8页。
④ 《嘤嘤会志》第三册,1909年,第8页。

字》)①

午漏正沈沈,谈诗意自好。(《南寿堂雅集分得草字》)②

幽约来追莲社踪,远门千树翠重重。(《西寺小集分韵》)③

有人物描写的,如:

浦上风方歇,索索闻潮声。(《牛窗杂诗其十六》)④

故人不可见,心绪乱纷纷。(《即事》)⑤

殷殷遥度水,景物转萧森。(《品寺晚钟》)⑥

四、"鸟"意象的使用

在陶渊明的诗歌中,鸟、菊、酒、松、云都是他善用的意象。以龚斌校笺的《陶渊明集校笺》为统计对象,在现存的122首陶诗中,写到鸟的有38首之多,可见"鸟"意象是陶诗中一个非常重要的意象。对"鸟"这一意象偏爱的不只有陶渊明,李白、阮籍、嵇康等人也颇喜爱运用"鸟"的意象。如李白"大鹏飞兮振八裔,中天摧兮力不济"⑦,且作有《大鹏赋》"五岳为之震荡,百川为之崩奔"⑧,嵇康的诗中也有"鸳鸯于飞,肃肃其羽"(《赠秀才从军》)⑨一句,阮籍的《咏怀诗八十二首》⑩中也有"孤鸿号外野,翔鸟鸣北林"。综观他们诗歌可以发现,"鸟"意象主要涉及大鹏、鸿鹄、鸳鸯、孤鸟、凤凰等,多为真实的鸟类且带有传奇色彩。

同为"鸟"意象的使用,陶渊明笔下的鸟却多为田园间的无名鸟,如飞鸟、归鸟、众鸟、晨鸟等,它们真实地存在于诗人的生活中,其自然活泼、灵动率真的形

---

① 《嘤嘤会志》第四册,1910年,第12页。
② 《嘤嘤会志》第四册,1910年,第14页。
③ 《嘤嘤会志》第五册,1911年,第16页。
④ 《嘤嘤会志》第一册,1907年,第16页。
⑤ 《嘤嘤会志》第四册,1910年,第3页。
⑥ 《嘤嘤会志》第八册,1916年,第13页。
⑦ 出自李白《临路歌》,为绝笔诗。诗人以大鹏自喻来表达自己壮志未酬的悲怆,以及对人生的眷恋惋惜。
⑧ 《大鹏赋》中的"大鹏"出自庄子寓言。李白以大鹏自比,寄托自己的远大志向。
⑨ 《赠秀才从军》是嵇康赠与其兄之作。嵇康之兄嵇喜曾为秀才,他去从军,嵇康便写了十八首诗赠他。
⑩ 生活在魏晋时期的阮籍本有雄心壮志,但司马氏和曹氏争权,大量屠杀政治上的异己,导致了恐怖的政治局面,阮籍因此不得不放弃自己的志向,用佯狂的办法躲避矛盾,终日饮酒。《咏怀八十二首》就是在这种背景下创作出来的,表达了诗人的痛苦与愤懑之情。

象在陶渊明寥寥数笔的勾画下跃然纸上。如"翩翩飞鸟,息我庭柯"(《停云》)[1]1、"朝霞开云雾,众鸟相与飞"(《咏贫士》其一)[1]329、"日入群动息,归鸟趋林鸣"(《饮酒二十首并序》其七)[1]239。此外,陶诗中"鸟"的意象常常传达物我浑融的情感体验。如"羁鸟恋旧林,池鱼思故渊"(《归园田居五首》其一)[1]77、"云无心以出岫,鸟倦飞而知还"(《归去来兮辞并序》)[1]414、"悲风爱静夜,林鸟喜晨开"(《丙辰岁八月中于下潠田舍获》)[1]221,在对这些"鸟"意象的解读中,我们可以看见诗人的影子,鸟即是诗人,诗人即是鸟,主体真正地融入自然客观之中,形成一种和谐浑融的审美境界。①

在收录于《嘤嘤会志》的172首山本梅崖的汉诗中,共40处37首涉及"鸟"意象,主要有鸥、禽鸟、群鸟、雁、鸦等,如"闻者禽鸟之声,无红尘夺目,无俗态搅神"(《牛窗杂诗》)②、"八字帆开风前浪,一行雁度雨余云"(《四寺小集分韵得文》)③、"烟亩人相偶,春园鸟自鸣"(《偶成》)④。在屋边时而啼叫的鸟,在大海上自由飞翔的雁,在春园里活蹦乱跳的鸟,这种取材于生活的"鸟"意象与陶诗中出现的"鸟"意象极为相似,皆能给人一种现实的、灵动的、写生式的画面感。

山本梅崖对"鸟"意象的使用,也同样有着物我浑融的审美境界。最具代表性的有"天上哀鸣鸟,悽悽飞又飞。即知劲风余,定止无一枝。嗟乎吾黎庶,安辑终几时"(《无题》其二)⑤。在这首诗中,诗人以"哀鸣鸟"自喻,生活的狂风一遍遍地刮来,自己却无法在风过之后寻得一处安生之所,表现出诗人对现实感到迷茫与困顿。这与陶诗《归鸟》⑥中"鸟"意象的运用手法相似。又如,"树下余晚花,地上生幽草。宾主因有情,禽鸟或知道"(《茂松轩雅集分得草字》)⑦,天气清和,诗人来到园中绿树、红花、幽草生机盎然,这一切都是谁的功劳呢? 那常伴自己左右的禽鸟也许会知道,这里的"禽鸟"如诗人的朋友,更是诗人自己,传达了一种生活之趣。再如,"众鸟有所拖,游鱼不复惊"(《无题》)⑧,"狐叫于野,鸟号于树"(《风露三章四句》)⑨等,这些对"鸟"意象的使用无不给人一种真实而又深刻的印象,它们皆是诗人情感与现实物融合后的产物,我们在这种意象中既能感

---

① 周俊玲:《论陶渊明诗鸟意象的艺术特色》,《南昌大学学报》2009年第2期。

② 《嘤嘤会志》第一册,1907年,第8页。

③ 《嘤嘤会志》第二册,1908年,第19页。

④ 《嘤嘤会志》第三册,1909年,第8页。

⑤ 《嘤嘤会志》第四册,1910年,第13页。

⑥ 《归鸟》:陶渊明所作四言诗,诗人以归鸟自喻,表达自己渴望归隐田园之情。

⑦ 《嘤嘤会志》第四册,1910年,第14页。

⑧ 《嘤嘤会志》第三册,1909年,第9页。

⑨ 《嘤嘤会志》第四册,1910年,第13页。

受到鸟的形又能感受到诗人的情,两者交织在一起,而不单单是借物抒情,这样的意象表达是鲜活的,耐人寻味的。

由此可以说山本梅崖对"鸟"意象的使用也受到了陶诗的影响:一是具有现实性,平凡而真实,是一种不同于其他诗人的个性化意象;二是这一意象是物我浑融后的产物,而非只是将其作为抒情的工具。

五、诗歌中隐形情感的展现

综观陶渊明的诗歌,我们能感觉到在他描写田园生活中快乐、闲适的场景时,都透露着对官场的厌恶之情。如"户庭无尘杂,虚室有余闲"(《归园田居》其一)[1]77,又如"白日掩荆扉,虚室绝尘想"(《归园田居》其二)[1]81,这两处表面上是在写归隐田园后安静舒适的生活环境,实际上隐藏的是对为官时不得不面对各种交际应酬的憎恶。再如"种豆南山下,草盛豆苗稀"(《归园田居》其三)[1]83,这里涵化了汉代杨恽(司马迁外孙)的一首歌词:"田彼南山,荒秽不治。种一顷豆,落而为其。人生行乐耳,须富贵何时!"据《汉书》颜师古[1]注引张晏说,南山为"人君之象",荒秽不治"言朝廷之荒乱",豆实零落在野,"喻己见放弃"。陶渊明移植了杨诗的某种含义,表达自己的政治看法,又用自己亲身种豆南山的举动表明自己的人生态度:在污浊混乱的社会中洁身自好、躬耕田园才是一种可取的选择。[2]69-72相类似的还有"清琴横床,浊酒半壶"(《时运》)[1]8、"商歌非吾事,依依在耦耕"(《辛丑岁七月赴假还江陵夜行涂口》)[1]180等。从这些诗句中不难看出,陶诗善于用归隐后淳朴、宁静的生活描写来间接表达对官场的厌恶,这种情感的表达方式对山本梅崖的诗歌创作也有很大的影响。

"观者烟波之景,闻者禽鸟之声。无红尘夺目,无俗态搅神。"(《牛窗杂诗》)[2]这里运用烟波、禽鸟来展现一种自由闲适的生活状态,由此来流露自己不问政治归隐自然的愉悦心情。"采山美可茹,钓水鲜可食。茅屋虽则陋,亦拟安乐国。"(《无题》)[3]这句诗通过采菇、垂钓等活动来反映自己生活的充裕与乐趣,然后笔锋一转写到自己的居所虽简陋但是充满快乐,传达出一种安贫乐道不贪慕仕途

---

① 颜师古(581—645),名籀,字师古,雍州万年(今陕西西安)人,祖籍琅琊临沂(今山东临沂)。唐初经学家、训诂学家、历史学家,名儒颜之推之孙、颜思鲁之子。作品有《匡谬正俗》《汉书注》《急就章注》。

② 《嘤嘤会志》第一册,1907年,第8页。

③ 《嘤嘤会志》第二册,1908年,第20页。

荣华的思想。"众鸟有所托,游鱼不复惊。造物无私恩,飞鸟各得情。"(《无题》)①中,诗人表面上描写"众鸟"和"游鱼"在自己生活环境中怡然自得的情景,隐藏的是阐述当今时局变化,人民无法安然生活的社会场面,隐微地表露出对政府的不满。山本梅崖诗中类似的诗句还有"天晴风亦静,海波碧如油。钓倦且读书,闲系庐荻洲"(《造舟成诗以纪之》)②,"海国若斯僻,民风自得淳。悠游忘岁月,永保性情真"(《戊申元旦》)③、"钓鱼期已过,入山拾柴薪。万物无所累,我心乃如春"(《无题三首》)④。

通过以上诗歌的对比分析可以看出,山本梅崖在写诗的过程中也善于用一种明朗的生活之景来抒发自己对社会和当局者的不满之情。对于一个十三岁就有"喜谈论时势,伊势神职每岁至佐川,乃语近畿形势,予意殊畅"[3]5这种感慨的山本梅崖来说,从积极入世到最后迁居牛窗,内心对政治、社会一定也有着许多的愤懑与感喟,但是他并没有直接用文字来抨击社会,否定政局,而是像陶诗一样将这种情绪通过对归隐生活的描写间接地展现出来。可以说山本梅崖汉诗的情感表现方式也受到了陶诗的影响。

六、山本梅崖汉诗受陶诗影响的原因分析

诗歌乃发心而作之物,山本梅崖的汉诗创作为何会受到陶渊明诗歌如此大的影响呢? 下面笔者将逐一探究这种现象背后的深层次原因。

首先,较高的汉学素养成为山本梅崖汉诗受到陶诗影响的客观原因。出身于汉学世家的山本梅崖从小就表现出对汉字特殊的情感,他在年谱中称:"予生在褓襁,未能言,性太喜文字。每啼且不止,阿母乃抱示壁上书画,啼辄止。稍长临炙灼,与以小册乃忍痛。"[3]1五岁时"助王父君课,又自读书"[3]2,并且很早就用汉文写作,如他本人叙述"予幼慨丰臣氏事迹不分明,多为德川氏所掩常有志于编史。十岁左右,用汉文作丰臣纪,及征韩纪"。[3]4另外,在他的藏书目录中也有大量的汉文书籍,涉及哲学、政治、诗歌各个方面,如《文心雕龙》《吕氏春秋》《礼记》《大学》《中庸》等。可见家庭环境的熏陶加上自身对汉学的喜爱,使山本梅崖拥有较高的汉学素养,这便于他能够很好地理解陶诗的深意,品读陶诗的韵味,

---

① 《嘤嘤会志》第三册,1909年,第9页。
② 《嘤嘤会志》第二册,1908年,第19页。
③ 《嘤嘤会志》第二册,1908年,第20页。
④ 《嘤嘤会志》第四册,1910年,第14页。

然后将陶诗的元素融入自己的诗歌创作中。

其次,两人相似的人生经历使得山本梅崖在情感上对陶诗有一种偏爱。他虽说"余近年读陶诗,殊觉有味。迨移居后尤然,予不自知其故也",但事实上这很大程度上也是一种"英雄相惜"之情。山本梅崖同陶渊明一样自幼家贫,正如他在年谱中称:"予生长于贫,故能甘心敝衣陋居,清廉自明,虽无贪慕荣利之恋。"[3]9 这种从小的生活环境对他归隐有着潜在的推动作用。另外,两人皆从小受到儒家文化的感染,积极入世,陶渊明有"猛志逸四海,骞翮思远翥"①的远大抱负,最后经历仕途浮沉深感官场的黑暗后弃官归隐。而山本梅崖从小也对政治抱有积极性,他十三岁时便持有"时予以讨幕议为正"[3]5 的政治主张,二十岁又和朋友一起提出"请翻译局教授深尾政五郎,局中设英学课,修英学"[3]7 的教育主张,并且一直围绕着自由党展开政治活动。1898 年中国戊戌变法后,他在给总理大臣大隈重信的书函中写道:"对于清国,本邦之处事当与欧美各国有所异同……此际军舰派遣虽为至当之事,但威吓清国之举当慎之。窃以为可借此侦查欧美诸国之动静。"[4]337 然而这一切的政治活动与抱负最终也只是"独有忧世泪,空抱济时心"(《无题叠韵四首》)②,最后他迁居牛窗过着"晴日渔舟返,厨下供鲜鳞。又踏田畦去,野草代香珍"(《牛窗杂诗》)③ 的晚年生活。他们相似的人生经历,且归隐之所皆有着优美的自然环境,这两点使得山本梅崖诗中的意象运用或者遣词造句常有陶诗的影子,因为心之所向而使得"文"之所往。此外,二人的隐居生活并非传统意义上的归隐深山、不问世事的状态,实际上二人也是和外界有联系的,可以说是"半归半隐",所以人性中的挣扎也有许多相似之处,这使得二者的诗歌情感方向也很接近。

最后是日本人对陶渊明诗歌的推崇。陶诗最早是收录于《文选》中传入日本的,因其独特的文学魅力而受到日本学界的关注。日本近代汉学家藤泽南岳、贝原笃信、新井白石等都对陶诗非常推崇,留下了许多"和陶诗"佳作④。而日本人对陶诗的喜爱,主要是因为陶诗题材贴近生活,诗风冲淡自然,于平淡出新,韵味无穷。另一方面,则是因为陶诗中的"恬淡"与日本崇尚自然的国民性也有着高度的契合。但是山本梅崖的汉诗不同之处在于,他并不是单纯的"和陶诗",而是从陶诗中抽离出来,将陶诗的一些元素为己所用。

---

① 出自陶渊明《杂诗》其五,这句诗所传达的情感为猛志所向,超越四海,有如大鹏展翅,志在高飞远举。

② 《嘤嘤会志》第三册,1909 年,第 7 页。

③ 《嘤嘤会志》第一册,1907 年,第 9 页。

④ 李寅生:《日本和陶诗简论》,《江西社会科学》2003 年第 1 期。"十六世纪之后,在日本的汉诗诗坛上逐渐形成了一个'和陶诗'的创作高潮。"

七、结语

收录于《嘤嘤会志》的汉诗是山本梅崖晚年归隐生活的一个缩影,本身就具有很高的文学价值和史料价值。对这部分的诗歌进行整理分析,阐明陶渊明诗歌对他的汉诗创作所产生的影响,一方面能够更加全面地展现这位近代汉学家的晚年生活情境和思想活动,另一方面也能从中窥见中国古代诗歌文化对日本近代知识分子的影响。172首汉诗传达出山本梅崖晚年精神生活的富足、对自然风光的喜爱、对官场的不满,以及对黎民百姓的同情。他感慨"虽有经世志,奈何赋才微"①,经历人生浮沉后还是在这"斜日落西岭,群鸟晚霭横"②的牛窗"圣经独潜心,以待千岁遇"③吧。

参考文献
[1]陶潜.陶渊明集校笺[M].龚斌,校笺.上海:上海古籍出版社,2011.
[2]吴小如,赵昌平,周勋初,等.陶渊明诗文鉴赏辞典[M].上海:上海辞书出版社,2013.
[3]山本宪.梅崖先生年谱[M].铅字本.大阪:松村末吉,1931.
[4]吕顺长.清末维新派人物致山本宪书札考释[M].上海:上海交通大学出版社,2017.

---

① 《嘤嘤会志》第一册,1907年,第8页。
② 《嘤嘤会志》第一册,1907年,第8页。
③ 《嘤嘤会志》第一册,1907年,第9页。

The Influence of Tao Yuanming's Poems
on the Chinese Poetry of Yamamoto Meiya

—Centered on the Chinese poetry of *YingYingHuiZhi* (《嘤嘤会志》)

LIU Mengyue

(School of Oriental Languages and Culture in Zhejiang Gongshang
University, Hangzhou: 310018)

Abstract: The *YingYingHuiZhi* is an in-house publication of YingYingHui. From 1907 to 1916, a total of eight volumes were issued. It included the content of each meeting of the society for the purpose of "let people who cannot be present know the content of the party". The 172 Chinese poems and Yamamoto Meiya's articles were also included, both of them were written after relocating Usimado. The collection and analysis of these Chinese poems reveals that many points have been influenced by Tao Yuanming's poems. This article intends to compare their poems from four aspects, which are using or borrowing Tao Yuanming's poems, art techniques, the use of "bird" image, the expression of hidden emotions, to analyze the influence of Tao Yuanming's poems on the Chinese poetry of Yamamoto Meiya and explore the reasons.

Key words: Yamamoto Meiya; Chinese Poetry; *YingYingHuiZhi*; Tao Yuanming

刍议晚清《江西农报》对日农学引译

石鲁豫①

(浙江工商大学东方语言文化学院　杭州：310018)

摘　要：晚清时期，江西农工商矿局租借民地140亩，首设农事试验场，并将场内试验所得之结论编辑汇册，按期发行，遂创刊《江西农报》，由试验场场长龙钟洢担任主编。作为江西省首份农业专门性科技期刊，其发行期间，专设"编译""学术"两栏以译载日本农学新书。该文拟从该两栏考察《江西农报》对日农学的引译，分析所译载的内容、特点，以及该内容在其他报刊中的情况，从而提出"一稿多译"的译载现象。

关键词：江西农事试验场；龙钟洢；《江西农报》；日本农书；一稿多译

一、引言

鸦片战争以后，我国开明之士深感中国农业生产和技术落后，提倡学习西方先进农事经验。光绪二十二年(1896)，清政府设立"官书局"，以"凡有益于国计民生与交涉事件者，皆译成中国文字"[1]为宗旨。次年，光绪帝诏令兴农学，命各学堂翻译农学书籍。其后，张之洞、刘坤一等人提倡"修农政、兴农学"，农业改革成为"新政"的一项重要内容。自此，创立试验场、兴办学堂、创办杂志、翻译农书、成立研究会等一系列活动相继展开。

光绪二十二年(1896)，上海农学会成立，次年由农学会主办《农会报》(1898年改为《农学报》旬刊)，由罗振玉与蒋黼担任主编，并聘日本教习藤田丰八担任农报翻译。该刊是我国近代第一份农学专业性科技期刊，内容涉及农事诸科。而据时人先贤的研究，对近代西方农学翻译最直接有效且全面的也属《农学报》，该报到1906年停刊，10年间共发表了国外农业译文700余篇[2]。其首次将西方农业科学技术知识全面系统地引译到我国农事应用中去，并将科学技术知识运用到我国传统农业，其目的在于使我国传统农业逐渐由精耕细作向农业近代化的方向转变。

自《农学报》为滥觞，全国渐兴创办农报热潮，江西省亦不例外。光绪三十三

---

① 石鲁豫，浙江工商大学东方语言文化学院硕士研究生。推荐人：王宝平。

年(1907)，江西农事试验场主办《江西农报》，同年五月开始发行。关于《江西农报》的研究，早在2007年，西北大学宇文高峰、姚远等人所作的《〈江西农报〉的编辑特点及其借鉴》[3]一文，对农报所设每一个栏目进行了大致介绍，并对该报的编辑特点进行了描述。此外，还有《清代江西官办报刊述略》[4]《清代江西报刊历史特点》[5]等论文，它们多介绍晚清江西省的办报情况，并简单介绍《江西农报》。因此，这些内容也为本课题研究提供了文献资料。

本文拟以《江西农报》的内容为原始文献，考察在其发行期间，积极引译和刊载发表日本的农学书籍，并对其内容、作者、特点做一简要分析。同时，将该报与同时期其他省份所创农报进行比较，并得出该报特点的结论。

二、《江西农报》基本形态

光绪三十三年四月初一日(1907年5月12日)，农报初刊发行。第1至第10期为半月刊，第11期以后改为月刊。该报以"研究农术，发达全省农业"为目的，以"阐古学之余绪，师欧美之专长，改良土产，扩张利权"为办刊宗旨。

（一）主办单位

光绪三十年(1904)，江西农工商矿局在省城进贤门外租民地140亩设农事试验场，以"搜罗农产物种子，考察土壤肥料，研究耕获、种植、灌溉、驱除等法，分科试验，分类陈列，期于增长农民之智识，以尽地利而厚民生"[6]29为开办宗旨，并派由农学经验丰富的龙钟㳀担任场长。

试验场成立之初，由龙钟㳀等人制定《江西农事试验场章程》[6]29-40，章程分为12章。规定农事试验场所有开销经费向农工商矿局支领，至宣统元年(1909)二月，报销经费改向劝业道宪衙门劝业公所支领，共花费5411元。[7]

光绪三十一年(1905)，农工商矿局于农事试验场内附设实业学堂，将试验所得新理法编辑汇册，按期发行，遂创刊《江西农报》，并由学堂监督龙钟㳀担任该报主编。龙钟㳀每期发文多刊载在"实验报告""学术""杂俎""代论"四栏，发表文章主要有《土壤定量分析术》《农艺分科试验报告书》《荷兰水制造法》等数篇。

（二）主编龙钟㳀

龙钟㳀(1875—1933)，字之溪，江西省吉安市永新县人[8]，乡人称之为"之溪老二"。其少年聪慧好学，为优等廪生，学于濂溪书院，光绪二十三年(1897)科举考试中荣获第三名举人，后在清廷担任内阁中书衔拣选知县。龙钟㳀自幼师从经学大师皮锡瑞(皮鹿门)门下，其聪明才智得到皮鹿门赏识，在一份皮鹿门写给江西乡试的主考官张野秋(百熙)的信中,其自诩道:"顷见江又题名录,经训获隽,计数十人,前列十名,皆诸生高足……龙明鳞经,潇富文藻。"[9]其中,"龙明鳞经"便指的是龙钟洢。

龙钟洢治公羊春秋凡四十余载,常能以春秋而致实用,不墨守成规,善于推阐发明,殊多新说不同于其他经师,"专攻公羊春秋,其说自有师承,与一般经生讲经而不知实用者,大有别也"。当时康有为素以春秋革命者自称,著述《新学伪经考》《孔子改制考》等为海内外皆知的书籍,曾偕徒弟梁启超于旧京大蒋家胡同访龙钟洢,见其所撰《蛰庐学说》,惊为当代大儒,称赞龙钟洢为"春秋大师一席,先生实当之无愧"[10]。龙钟洢除将经学心得写成《蛰庐学说》一卷外,还著有《平治原理》一本,此书又名《孔学真诠》,同时还有一些诗文杂稿,但后因经费问题,未能及时出版。

龙钟洢在受到春秋经学理念的同时,也深受传统农业思想的影响,"吾国素称以农立国,轩农已降,尧典教授民时,后稷教民稼穑,数千年来,专门研究,代不乏人"[11]。龙钟洢热衷农业知识和化学的研究,注重将农业研究成果先付出试验证明,"龙君之学,以理趣为根据,以试验为要归,故其一字一言,皆可资实用"。其不仅素来讲求农学知识,而且还深谙农事的工作安排,对农事工作了如指掌。正因此,农工商矿总局才决定将农业试验场内的所有工作都交予他来处理。据傅春官所著的《江西农工商矿纪略》记载:"九月,延派素讲农学、兼谙化验之龙绅钟洢,驻场经理农事,赴沪购置化学仪器,觅致东洋及外省佳种,招募农工,讲求播种培壅之法,并附设畜牧场。"[12]

龙钟洢一生致力于江西农业近代化的改革活动,参与兴办首个江西农业试验场,制定相应的章程和规章制度,使试验场管理井井有条;手创江西高等实业学堂,并担任江西实业学堂第一任监督;参与创办《江西农报》并担任该报总编辑;成立江西农业研究会等,所得成果推动了江西农业近代化的进程和发展,在一定程度上有助于开赣省愚民之风气,革除社会之弊端。

(三)发行及栏目编辑

《江西农报》为手工石板单面印刷[13],每期约为50页,线装,36开本,"本报月出两册,每届年终将一年所出之报,分门汇集,付诸石印装订成籍,俾得一大部农书之用"[14]。该刊售价全年24册:制钱四千五百文;半年12册:制钱二千三百文;零售每册:制钱二百文。编辑部设农报总发行所两处:江西农事试验场编辑部,另一个是位于省城禊家塘的江西农工商矿局。印刷所一处:设于省城系马椿的江西官书局。宣统元年(1909),江西官书局更名江西官报局,后又改名为江西官纸印刷所[15]。农报代派点分设在南昌市三处:普智派报处、尊业书报公司、商学社派报;吉安市一处:开智书局;赣州市一处:开智书局;其他省外代售点仅设上海一处:商务印书馆。[16]笔者现可证为第1—19期、第25期。藏于上海图书馆和湖南图书馆[17]。

《江西农报》共设13个栏目。

固定栏目11个:"论说"栏,刊载以发明农理、农术,以及论述本省农业利弊得失及其整改方案的文章;"公牍"栏,刊载上谕奏折,本省和外省文件;"调查报告"栏,专由农业试验场内创办的研究总会各下级分属会员进行负责;"试验报告"栏,报告的数据主要来源于农事试验场,试验场内的研究人员得出新理、新法按期刊载在农报上;"学术"栏,主要刊载农学方面的精要学说、著作等;"专件"栏,刊载农业之章程、条例、办法等;"编译"栏,刊载农事试验场的农学新书、著述书籍、东西洋农学书籍等;"杂俎",以记载博物实业界的新闻异说、农业产品制造技术、化学用品制造技术方法;"农事新闻(记事)"栏,主要刊载本省、外省和西洋各地的农业记事;"附录"栏,记载当时全国农业试验场、实业公司、农事教育的创办情况,以及后期连续刊载江西省城南昌的气候。

非固定栏目2个。如第1期"图画""问答"栏,以回答问题为主,分析农业问题上的疑难杂症;还有第1期到第4期的"介绍新著"。据笔者统计,《江西农报》现有的20期内容中,其他栏目姑且不论,其中就"学术""编译"两栏分期刊载的日本农学书籍翻译多达11部。本文拟以《江西农报》为中心,就"学术""编译"两栏目中曾伯沅对日农学新书的翻译进行考察。

三、《江西农报》所译日本农书

(一)译者曾伯沅

曾伯沅,字芷庭,江西吉水县人,生于光绪十年(1884),卒年不详。光绪二十九年(1904)五月自费赴日本预备学校学习语言学科,日本专门语言学校毕业后回国,于光绪三十二年(1906)六月到江西实业学堂担任东语学科教师,薪水每月银60两。[18]曾伯沅作为早期江西少有的留学生之一,回国归赣后,即在江西实业学堂任教,其间翻译了《江西农报》中刊载的全部日本农学书籍,内容涉及害虫驱除、植物种植、果树栽培、种子选用、农业须知等多个方面,对近代江西农业吸收和借鉴西方农学知识起到了不可忽视的作用。

曾伯沅除翻译《江西农报》中的内容外,还翻译了由日本医生高野大吉所著的《抵抗养生论大意》,该文被刊载在《民国日报·觉悟》[19]的"讲演"一栏中,载在第24、25期。高野大吉曾旅居中国,自称其治疗手法为抵抗养生疗病之鼻祖,且用此方法为孙中山等人治过病,"当年孙中山先生患胃蠕症,日本医生高野大吉教以水果及生硬食物,遂愈"。[20]

另外,据《申报》记载,民国元年(1912),曾伯沅自接办赣省交通局电政科后,常派员到各地电局检查,吃喝公款,贪赃枉法,"自曾接办后,纷委多员驰往各处电局检查,往来电报月开薪费数达千元,实属安插私人,糜费公款,现经政事部查悉,饬将所派检电委员,刻日裁撤,以节虚糜"。[21]后因曾伯沅贪污腐败且服从叛军命令而被撤销南昌电报局长一职。

值得注意的是,此曾伯沅与《江西农报》中的曾伯沅是否为同一人?据《申报》记载,江西电报局长曾伯沅与贺赞元①是亲密的朋友关系,而贺赞元又与龙钟洢等人兴办江西电灯公司,且几者都在江西实业学堂供职,故可大致说明两者为同一人。

(二)所译书籍

曾伯沅译载在《江西农报》中的书籍,如松村松年《害虫驱除法》、横井时敬《农用种子学》、池田日升三《农业须知》、高桥久四郎《蔬菜草花栽培全书》、佐藤益助《果树栽培教科书》,这些书籍的内容包含了害虫驱除、种子选种、种子栽培、农业知识、蔬菜栽培、草花技艺、果树栽培等,涉及范围广泛,且这些内容也与江西省地处内地、土壤肥沃等自然因素相适应。

另外,值得一提的是,《江西农报》从第5期开始连载吴其浚所著的《植物名实图考》②。该书是我国近代药本植物学发展的重要范本,在国内外享有较高的声誉。"1880年二版以后,首先传到日本,1885年日人伊藤圭介着手翻印"[22],该书首还有伊藤圭介重修的考序。《江西农报》引译伊藤圭介校阅、小野职愨重修、冈松甕谷句读的《植物名实图考》,每期连载内容未刊译者姓名,至于为何从日本引译中国人所著书籍,大概是因为《植物名实图考》在国内外享有较高的声誉,俟考。

曾伯沅所译这些农学新书,单篇论文暂且不论,拙文拟就《江西农报》中连载的译文做进一步考察。

---

① 贺赞元,清末江西永新县举人,为《江西农报》编辑龙钟洢的姐夫。光绪三十一年(1905),其与龙钟洢、朱葆成等人成立江西开明电灯公司,并担任庶务一职。

② 吴其浚,字瀹斋,河南固始人,世代奉儒守官。嘉庆二十二年(1817)中状元,先后任职翰林院修撰、学政、兵部侍郎、巡抚、总督等职位。其著作宏富,有《滇省纪程集》《念余阁诗钞》《植物名实图考长编》《军政辑要录》《奏议存稿》等。其是近代一位集封疆大吏与文学家、植物学家于一身的人物。

1. 害虫人工、药剂驱除法

《害虫驱除全书》由近代日本昆虫学家松村松年所著,于1898年(明治三十一年)出版。全书共计三章内容:章一为总括农业驱除法;章二为害虫人工驱除法;章三为害虫药剂驱除法。曾伯沅所译"害虫驱除法"为松村松年《害虫驱除全书》的后两章,第一章"农业驱除法"并未翻译,至于原因,俟考。所译内容被刊载在《江西农报》的"编译"一栏,第1期为始刊,至第6期终止,连续版。

松村松年(1872—1960),生于日本兵库县明石郡大明石町(现明石市内),其祖上原为越前大野松平家藩士。松村松年自幼投兴昆虫研究,在其平身自述中讲到自己对昆虫学产生的兴趣:"我的故乡明石城很大,有很多种类的虫子,为我成为昆虫学者提供契机。"[23]十三岁时,离乡前往大阪川口英和学舍(现立教大学)学习,于明治二十一年(1888)入札幌农学校开始接触系统的农学知识教育,为其日后学习昆虫学奠定了基础。明治四十年(1907)任东北帝国大学札幌农科大学教授,并在昭和二十二年(1947)担任日本昆虫学会会长。明治时代,欧美近代生物学传入日本,"昆虫学"独身一派,作为斯道学者的松村松年对昆虫之研究独到,其所著的《日本昆虫学》《日本千虫图解》《害虫驱除全书》对明治时期农业生产和农业害虫驱除都产生了重要的积极作用,后被农学界评价为"日本近代昆虫学之父"。

松村松年所著的《害虫驱除法》,多是居家易行之法,驱除方便、高效。如,"人工驱除法",普通人家在生活中可以利用身边简单的生产工具、生活用品等方法来诱杀害虫,操作起来简单有效,且老少皆可实施。"人工驱除者,指示以赤手驱除害虫及用器械驱除害虫,皆以人手得施之方法也。驱除害虫之方法甚多,本篇所论者大都穷苦人家易行之方法。"[24]人工驱除法讲究有"选择性"杀虫,并不盲目杀害自然中虫类生物,害虫的种类不同,利用捕杀害虫的工具也不尽相同。"其中最宜注意者,当未行此方法以前,宜探知昆虫之性质习惯若何,否则不但不杀害虫反杀益虫,弄巧成拙,其害益深此农家。所以应研究害虫之性质,考察害虫之状态也,岂可茫茫然不知昆虫为何物耶。"人工驱除法的对象多是以穷苦百姓和小农为主,其优点是花费少,操作简单,是首选的驱虫方法,但其缺点是杀虫量少,且费力费时。

而于大户农家,田地良多,南亩西畴,人工驱除害虫就显得效率低下且成效有限。因此,在松村松年的《害虫驱除全书》中提到,药剂驱除法是一种为农田大户,大农组织"量身定制"的害虫驱除方法,"以为经营文明之要,具而农业愈益进,农学愈益精,于是药剂驱除之法遂占害虫驱除法第一之位置,已示人工驱除者用力少而见功效多,劳逸之差,判如霄壤矣"。药剂驱除法种类繁多且施行复杂,但大致范围可分为三种类型,即杀虫剂、驱虫剂、诱杀剂三类。通过这三种类型的药剂驱除,驱除大量的农家害虫,使得当时的农业由粗及精,在一定程度上,能够对江西农业的兴盛产生积极的作用。

2. 通俗农用种子学

《通俗农用种子学》由近代日本农学之父横井时敬所著,于明治二十九年(1896)出版。全书共计两卷:卷一为通篇,以介绍种子特征、构造、发育和成分为主;卷二为特篇,以介绍对种子的鉴定内容为主。《农用种子学》被编辑在《江西农报》"学术"一栏,以第6期为起始,至第11期为连续版,于第17期截止,共9期。

农学士横井时敬(1860—1927),又号虚游轩主人,生于日本熊本县城下坪井(现熊本市中央区坪井)区,为肥后国熊本县藩士横井时教的四子。时敬于明治五年(1872)入熊本县洋学校学习,明治十二年(1879)以第一名的成绩从驹场农学校农学学科毕业,毕业后供职于兵库县。明治十五年(1882)任教于福冈农学校,并成为福冈劝业试验场场长[25]。横井时敬研究不仅涉足农业经济学、农政学,同时还积极提倡"中产阶级是国家发展之根基"的思想,注重把学术研究与社会问题积极联系在一起。

横井时敬对种子研究细致入微,在农业种子学说中,他如此解说种子的重要性:"农家作物栽培与繁殖,或以茎,或以根,或以梢,或以芽,虽不可一概论之,但常以种子居多。种子占种物之重要位置,其好坏决定作物之收成。"[26]此外,该书还详细介绍了种子的特征、构造、发育、成分、甲折、保生期等。

该书卷之二"特篇"第一章,介绍了用主观标准和客观标准的方法来鉴定物种,主观中可通过种子之外观对其进行识别:"种子之善恶优劣,以其外观,略能辨之。其大小,其形状以肉眼能鉴别之件,亦复不少。"客观中,可通过对种物通征之鉴定(纯正、清洁),或是通过种子特征之鉴定(容量、比重、实重、形状)。第二章,则主要讲述种子之品位(大小轻重、比重、成熟度、种子之新旧、种子之结着位置)等。

3. 农业须知

《农业须知》由近代日本农学士池田日升三所著,于明治二十五年(1892)出版。全书无细节分章部分,序跋由虚游轩主人横井时敬所题。《农学须知》涉及农业知识甚多,包括日本自然(各地温度、雨量、农业植物带),农事及种子(年中行事、代耕轮栽、牛马耕地数量、农场人夫工程等),肥料(肥料分析、肥料价值比率、磷酸肥料分量及价值等),家畜养殖(蚕事、家舍构造、饲养标准、肥料成分及消化量等),灌溉(灌溉法、排水法),度数测量(检压器测量、晴雨计测量、检温计测量等),地租法规(地租条例、地租征收期、土地台账规则等),害虫预防(田圃害虫预防、农作物保护及有益鸟类禁捕方法、兽类疾病预防方法等)。曾伯沅所译《农业须知》版刊于《江西农报》的"编译"一栏,第12期刊始,至第21期结束,前后连续无断刊。

日本农学士池田日升三,又名池田升三,于明治二年(1869)生于日本静冈县,卒年不详。为池田保光的长男,曾任职大藏省专卖局东京第二制造所所长。[27]其在明治三十年(1897)任富山县简易农学校校长[28]4231,同年八月十四日,任一等叶烟草专卖局所长,叙高等官八等[28]4327。大正四年(1915)年俸禄二百元加赐并担任专卖局技师,[29]大正七年(1918)兼任大藏省技师,获封专卖局技师正五位勋四等,叙高等官二等,其后又获封叙从四位,正五位勋四等[30]。除《农业须知》一书外,其还著有《栽培篇》上、下两卷。

该书中,池田日升三注重对日本的地理环境和日本农业特色的研究,了解气候对农业生产的重要作用。因此在其著作中首先论述了气候的重要性。"气候于农事有至大之关系,不待今言矣,就中大气之温度,与雨水之量及影响于作物栽培上,非鲜少也。"其在涉及广泛的农学常识时,也广泛涉及农业栽培。另外,池田日升三在该书中的观点,还与当时明治政府的法律条文积极对应,如地租条例(明治廿四年三月法律第二号)、土地台账规则(明治廿二年三月赦令第三十九号)[31]等,这也体现了该农学政策注重实时与政府政策相吻合。

4. 蔬菜草花栽培全书

《蔬菜草花栽培全书》由日本农学士高桥久四郎所著,于明治三十二年(1899)出版。全书共三篇章内容,篇一为总论,以介绍植物生理、土壤与肥料、园艺位置、园艺形状与区划等为主。篇二内容逐渐详细化,具体介绍植物种植,如瓜果类、荳菽类等。篇三内容则主要以介绍草花栽培为主,宿根草类、二年草类、越年草类、一年草类等。曾伯沅所译《蔬菜草花栽培全书》于《江西农报》第14期为始刊,尾刊未详,连续版,无断刊。

高桥久四郎(生卒年不详),明治三十一年(1898)任滋贺县农事试验场场长,年俸七百二十元下赐,次年任滋贺县农事试验场技师。[32]在其担任滋贺县农事实验场场长和技师期间,滋贺县农事试验场附属的收纳室由于发生火灾,导致内部的收藏物品全部化为灰烬,上部责高桥久四郎监督不力,职位与责任不符,因此被责贬。但其学术研究能力和为官职业生涯并未因此而截止。明治四十年(1907年)又任大阪府技师,年俸三十元下赐。其后,高桥久四郎官职不断提高,俸禄也不断增加,如大正二年(1913)其转任千叶县农事试验场技师和千叶县农业技师,年俸十级、三百元下赐,两年后其年俸涨至千六百元。[33]高桥久四郎一生著作甚多,如较早时间出版的《果树》与《园艺通论》、涉及内容广泛的《实用农艺大观》和《园艺各论》等。

5. 果树栽培教科书

《果树栽培教科书》是由日本农学士佐藤益助所著,生卒年不详,于明治三十七年(1904)出版。全书共五篇内容,书中章节内容排版大致与《蔬菜草花栽培全书》类似,篇目一为总论,以介绍果树园设置、位置选择、气候及土质、园地之广狭及园绕、园地之准备、地味之改良、栽植法、剪定法、繁殖法等九章内容。自篇目二开始,便以详细内容介绍各类型的果树栽培方法,篇三以介绍核果类为主,篇四以介绍浆果类为主,篇五以介绍核果类为主。《果树栽培教科书》以第7期为始刊,至第11期结束,中间不连续刊载。与另外几者不同,佐藤益助所著农书或文章,未被刊载在其他农学报刊中。

四、《江西农报》所译日农书的特点

以上对《江西农报》中所译农学著作做了简要介绍。以下试就曾伯沅翻译的这些农学新书的特点做一探讨。所谓特点,是某一事物明显区别于其他事物的风格、形式,并为该事物所独有。

(一)与同期他报之不同点

拙文拟就《江西农报》所载的日农学书籍与同时代其他省份创办的农学期刊中所译的农学内容做一比较。《江西农报》所连载农书《害虫驱除法》6期、《通俗农用种子学》9期、《农业须知》10期,顾名思义,从所译书籍名称来看,便可大体了解该书所围绕的内容:害虫驱除类、栽培种子类、农业基础类。

与此相比,同时期的其他农学报刊所译日农事知识的情况又是如何呢?拙文拟举《北直农话报》和《农工商报》的例子做一比较,从而找出该刊不同于其他期刊的特点。

1. 农话报

早《江西农报》创刊两年的《北直农话报》[34],是由直隶保定府高等农业学堂主办并编辑,清光绪三十一年十一月(1905)始发,后又归直隶农务总会接办,系半月刊,由张家隽、贺澄源、梁恩钰主编。以宣传介绍农业科学知识为主旨,期以发展直隶省农业。出版至50期后,更名为《直隶农务官报》,现可查询第2—11期和第18—19期。该报在"记事"和"选录"栏,对西方的农事新闻有较多介绍,但对西学农事书籍引译较少,其中涉及如下列:

"农学小说"一栏,第2、3、5、7、9、10、19期刊载了法国麦尔香所著的《阿藏格》一书,由朱树人原译,屏西演译,铭九点评。

"译丛"一栏,第6期转引了日本《北海道农会报》所刊载的"俄国农事教育",由凤楼所译。

以上是《北直农话报》对西方农学知识的引译。不难看出,该报对西方的农事知识所译内容较少,且多为农事小说。这些译载的农事新知在文风上都是使用白话文进行发表,内容通俗易懂,在一定程度上有助于农业知识的普及。如《阿藏格》第9期记载"那土墩是什么样子,听我给大家讲一讲,那土墩的后边稍高,前边稍低,好像一个斜坡儿的形状,一看就得法"[35]。

2. 商报

与《江西农报》同年创刊的《农工商报》,曾叫《广东劝业报》《商工旬报》,第4期改为现名,旬刊,在广州出版,由江宝珩(侠庵)、江猷(壮庵)等所创办和主编。以"世界艰难,志在讲明生财好法,俾大众捞翻起个世界"为办刊宗旨。现可查询第1—115期及第117—122期。就其中对西学农事知识的引译,该报"外国新闻"一栏,多刊载的是欧美农事新闻;"工业"一栏,多是介绍外国制造业、手工业等;而"农业"一栏,译载日农学著作较多,但版刊多不连续。具体如表1所示:

表1 《农工商报》"农业"一栏所译日农书

所刊期数	所译书名	作者(日)	译者
68、69、70、71、72、73	《简单养鸡法》	饭田平	陈铁庵
85、91、94、95、97	《实地应用养猪法》	富益良一	陈铁庵
98	《柞蚕饲育之试验》转引《农业杂志》	谷口龟太郎	不详
104、105	《收采蜜糖之试验》	益田芳之助	陈铁庵
105、106、108	《肥料制造试验谈》	梅原宽重	广东劝业报社员
109	《公园及庭院之害虫》	桑名伊之言	本报社员
109、110、111、112	《简易的暗渠排水法》	梅原千松	陈铁庵
111	《日本种莲法》	乐哉园主人	陈铁庵
114	《养真鸭试验》	寺铁藏	本报社员
114	《鳗之养殖法》	日暮忠	不详
117、118	《养鸡录要》	石崎芳吉	潘弼节
120	《斐立滨群岛种蜜基麻说》	未详	雷焕炘

笔者注:以上数据根据《农工商报》第1—115期和第117—122期内容整理。

由表1可以得知,《农工商报》所译的内容涉及范围较广,且译者人数也较多。另外,该报其他栏目的内容,也有较多涉及对日本报纸、杂志的译载。

与以上两报相比,《江西农报》具有以下特点:

(1)所译内容仅限于日本农书。"编译""学术"两栏对日本农学的译介仅限于农书,关于其他载有农学内容的报纸、期刊、小说没有进行翻译和介绍。另外,该刊除译载日本农书外,对西欧国家的农书、报纸、杂志等均未涉及。这在一定程度上决定了其内容传播的局限性,并不利于江西省对日农学译介的全面性和完整性。

(2)译文都是出于曾伯沅翻译之手。与其他农报不同的是,《江西农报》每期所刊内容,皆由曾伯沅一人负责翻译完成。就这些翻译的工作量来说,在其他报纸中,仅仅一人是无法完成的。所以在翻译上也会存在一定的质量、句意通顺等问题。

(二)其他农报所见该农书

如前文所述,龙钟洢、曾伯沅等人将日农书译载编入《江西农报》之中。那么,这些农学书籍或作者在近代其他农学报纸或期刊中的情况如何?对此,笔者查阅了《中国近代期刊篇目汇录》和《全国报刊索引》等文献,发现这些农学书籍在光绪二十三年(1897)罗振玉创办的《农学报》中,就已经被翻译并连刊出版。那么,这种现象的出现是当时的普遍存在,还是仅《江西农报》为个例?据此,笔者查询结果为:

1. 松村松年

松村松年的《害虫驱除法》,在《农学报》中被刊载于"东报"一栏[36],第67期为始刊,至第92期结束,共占农学报26期内容,连续刊。对此书进行翻译的是近代著名的东洋史学家、文学家藤田丰八(1869—1929)。此人生于日本德岛县,明治二十八年(1895)毕业于东京大学文科汉语班,先后在早稻田大学和东洋大学任教。[37]1898年来华与罗振玉在上海创办东文学社,专职教授中国学生学习日语和翻译日文文学著作、报纸等,其在中国工作长达17年,在此期间,农学报中的《害虫驱除法》便是其翻译作品之一。

此外,松村松年所著的《日本昆虫学》(1899年出版)也被刊载于《农学报》中,于第171期开始,第177期刊完,共占据农学报7期内容,连续版。此书是由近代学者、藏书家罗振常(1875—1942)[38]负责翻译,其是罗振玉的季弟,浙江上虞人,少年艰苦励学,刻研工诗古文,其后终其一生致力于教育事业,留世名著有《南唐二主词汇校》《洹洛访古记》《古凋堂诗文集》《暹罗载记》等。同时,松村松年所写的《生物界的恋爱形态》被刊载于1933年的《读书中学》[39]第4期,还有

《昆虫的本能与母性爱》(待续)被载于1946年的《新学生》[40]第1期和第2期。

2. 横井时敬

横井时敬的《农用种子学》被刊载在《农学报》的"东报"一栏,仅第96期(续)、第97期(完)两期内容。由河濑仪太郎负责翻译,生卒年不详。此人所译作品较多,据可考其所译《日本商律》刊载于1899年版《湖北商务报》中"商务专案"一栏。[41]第1期为始刊,第19期为末刊。另外,其还翻译了《四川省物产调查札记》,并刊载于1902年版《湖北商务报》中"局收文牍"一栏[42],共3期(第113—115期)。

同时,横井时敬的其他农学作品也被收录到《农学报》中,如横井时敬与日本农学士石坂橘树合著、镰田衡翻译的《农业纲要》载于该报第192期和193期。另一作品由日本补习教育研究会编纂,横井时敬校刊的《农业读本甲种》也被录入农学报中,共3期(第225—227期)。横井时敬的两部农学作品,虽然占据农学报较短版面,但并未影响两部作品内容的完整性和连续性。

另外,在其他期刊上,横井时敬所著的《说农学》刊载于1904年版《日新学报》中"殖产兴业"一栏。[43]

3. 池田日升三

池田日升三所著的《农业须知》也刊载在《农学报》中。但不同的是,《农学报》并未刊其书名,而是分章节进行连续刊载介绍,并集中在第118期"农事会要"[44]一栏中:轮栽法(附表)、驱虫所用之物料、养蚕之事(附表)、构造畜舍、磷酸性肥料所含磷酸之分量及价值(附表)、普通肥料十贯中之养分量(附表)、农家年中行事(附表)、种子重量粒数及贮藏年限等。

这些分章刊载的内容,全部是由王国维负责翻译。除此以外,王国维在《农学报》还翻译了其他文章,如日本理科大学理科博士饭田魁所著的《中学教育动物学科教科书》(上、下卷,附图),第289期始刊,第293期截止,计5期[45]。这些所译内容皆附图文、表格,使得阅读者一览便懂。

4. 高桥久四郎

与前几者不同,高桥久四郎所著的《蔬菜草花栽培全书》并未被刊载《农学报》中。但值得注意的是,其所著的《陆稻栽培法》在罗振玉创办的《农学报》"译篇"一栏被引译,共占据3期(第64—66期)版面,由清末翻译家沈纮负责翻译。沈纮(生卒年不详),原名沈承怿,后改为纮,字忻伯。其父是清代的算学家、监生,精通化学,为浙江求是书院教习。[46]在上海东文学堂就读时,与王国维、罗振玉、樊炳清等人交好。其在《农学报》中除了翻译高桥久四郎的作品外,还涉及翻译其他日本人的农学著作,如第79—84期铃木审三的《森林保护学》;第82—84

期福羽逸人的《果树栽培总论》;第199—200期吉井源太的《日本制纸论》(附表);第140期柳井录太郎的《日本农业家伊达邦成传》;等等。

另外,高桥久四郎的另一著作《果树》也被刊载在《农学报》中,第304期为始刊,末刊与农学报的结刊都在第315期。由于篇名后面并未注释译者姓名,在此不作赘言。

(三)"一稿多译"现象普遍存在

如拙文序言所述,《农学报》自发行伊始,不仅掀起了我国近代化的创办农报热潮,且其对西学农事知识的译介所及范围之广、涉及之全、内容之新。在至晚清结束的几十年中,各省也随之效仿兴办农报以图富强、自立,如直隶省的《北直农话报》、广东省的《农工商报》(原名《广东劝业报》)、湖北省的《蚕学月报》《湖北农会报》、北京的《农林公报》等。在这些农报对外翻译一栏中,大多是译介日本的农学新知识,其中像《江西农报》一样,翻译的内容也早已被刊载在《农学报》中。而出现这种情况是不是《江西农报》抄袭《农学报》的内容? 笔者查阅两报对比发现,两者在译载日本农事知识时,虽原文内容多有相同,但在表述上却有较大的差异。例如:

> (1)"种子在实内由雌雄两蕊相配而生,此作用名曰交接,或交接或不交接,则是物之变迁也。若受胎之机能略有缺陷,则其种子亦不完成。不惟后实,抑将为不完之实也。凡两蕊之交接,雄蕊之花粉飞扬而黏附于雌蕊之柱头,其花粉之飞,或假风力,或假昆虫之媒介,其交接作用多非行于一花之内,而行于两花之间"[47]。
> (2)"种子在实中,由雌雄两蕊相配而生,名曰交接,然受胎之机能不完,则不关交接与否,其种子不得完成,两蕊之交接也,雄花粉先飞黏附雌柱头,其飞花粉,或假风力或假昆虫媒,交接之作用,多不行于一花内,而于两花间也"[48]。

以上两段内容为两报刊载的同一原稿的译文,对比后可以看出,两者虽内容大致相同,但并非出于一人翻译之手。且在《江西农报》的序列中已有体现:"东西洋新出农书未经翻译者,悉觅原本译述。所有本场编译农书,除按期刊报外,另将全书印刷成册,由本场发行。"[49]

那么,这种刊载同一原稿的译文,是仅存于《江西农报》一家,又或是当时晚清社会农学报刊译载的一种普遍现象。笔者查阅之余,发现对同一原稿的译载现象于其他期刊也可窥见一二。故此,拙文将这种现象称为"一稿多译",即一篇文章或一本书籍被其他传播信息的媒体引译并多次刊载发表。拙文将举例进行如下说明。

《农工商报》,原名《广东劝业报》[50],其"农业"一栏刊载的《畜牧治法》[51]早已被《农学报》刊载并发表在第55期和第56期中;第85、90期的《栽培陆稻法》,也出现在《农学报》第38期"东报选译"一栏。另外,该文还出现在1898年的《广智报》的"农事汇"一栏中。还有梅原宽重所著的《肥料试验制造谈》,该文虽未较早出现,但该作者所著的《植物选种新说》在《农学报》中被连刊在第42—48期。除此以外,该报第27期和第28期"论说"一栏刊载的中吉井东一所著的《农业保险论》,也在《农学报》第42—50期的"东报选译"一栏连续刊载。

另外,如1905年发行的《女子世界》,连续刊载山本钧吉所著的《薄荷栽培制造法》[52];1906年发行的《北直农话报》,刊载吉田健作所著的《草木移植心得》[53];1904年发行的《中国白话报》[54],刊载花房柳条所著的《蜜蜂饲养法》,同时该文也被1905年发行的《大陆报》所刊载等,这些连刊或单独一刊的农学新知都在《农学报》中有所刊载。

以上所言,可以知晓晚清时期各省创办的农学报刊或杂志引译了日本农学新知,且这些内容早已在《农学报》中出现。至于为什么会出现这种情况?笔者分析可能归结为以下两个原因:

(1)《农学报》译载的全面性。罗振玉等人创办的《农学报》,较其他地方性的农学期刊,是我国近代最全面、最权威且对国外译载文章最多的农学专门性期刊,"《农学报》的大宗稿件为译文,约占每期篇幅的百分之八十"[55]。此外,其发行范围自然是面向全国,各地创办农报或以其为榜样,并借鉴其中译载日本农学的方法,后来其他地方性的农学报刊译载日稿时,出现"撞车"的现象也就不足为奇了。

(2)各省农报的因地制宜性。在当时的社会,交通条件有限,通信不发达,且《农学报》的创办时间与其他地区农报的创办时间相差较长。同时,各省限于地理位置和自然因素等,需要借鉴西学的内容也要遵循因地制宜,因此创办的农学报刊对西学农事的译载范围也就受到拘囿,在翻译外国农事文章时,选择性就会变小,引载时也就出现了同一内容,被多份报纸所译载。

五、结语

以上拙文考察了《江西农报》的基本形态,阐明了该报译介并分期刊载了日本农学士所著的农事新书,该报的特点、流传,以及分析了该报中出现"一稿多译"的现象。据此,可以得出以下结论:

首先,通过《江西农报》中译介的日本农学书籍,我们知道了早在一百多年前,江西省为发展自身农业,积极借鉴和吸收日本农事知识这一史实。如果没有《江西农报》,晚清时期深处内地的江西省,亦在积极借鉴日本农事知识这一历史史实或许永远泯灭于历史的尘埃中。

其次,《江西农报》分期刊载的农学书籍皆由曾伯沅一人负责翻译完成。该报虽然翻译了较多的日本农学书籍,但与其他省份所办的农学报刊相比,也有诸多不足之处。如与其同年创刊的《农工商报》,该报对西学农事知识的引译,不只局限在日本书籍方面,还涉及对日本或欧美国家报纸、杂志的翻译,新闻的转载等。只译载农书,一定程度上减少了读者的农业知识面,不利于开阔读者的眼界。

最后,农学士松村松年、池田日升三、横井时敬、高桥久四郎四人所著的农学书籍或文章,早在近代最具有代表性的农事报刊《农学报》中多次被分期刊载,且其他报纸也有刊载。不言而喻,这几名农学士的著作得到了当时农报的编辑者和翻译者的首肯,也说明这些农事知识对近代中国的地方农业发展起到了一定的积极作用。另外,不止《农学报》,在晚清各地区的农业报刊中,大多出现过这种"撞车"的译载现象。故此,本文将此种现象称为"一稿多译",此种现象也是今后本课题的重点研究方向之一。

参考文献

[1]张静卢.中国近代出版史料(初编)[M].北京:中华书局,1957:46.

[2]曹幸穗.大众科学技术史丛书[M].济南:山东科学技术出版社,2015:127.

[3]宇文高峰,亢小玉,姚远.《江西农报》的编辑特点及其借鉴[J].中国科技期刊研究,2007,18(2):351-353.

[4]程沄.清代江西官办报刊述略[J].江西社会科学,1982(5):126-127.

[5]程沄.清代江西报刊历史特点[J].南昌大学学报(人文社会科学版),1993(3):77-79.

[6]作者不详.江西农事试验场章程[J].江西实业杂志,1910(8):29-40.

[7]冯丽.《北直农话报》与晚清直隶农业传播研究[D].西安西北大学,2009.

[8]吴青林,熊龙彪.清末江西实业教育先驱——龙钟洢[J].职教史话,2017(7):93-96.

[9]皮名振.皮鹿门年谱:第4编[M].北京:商务印书馆,1939:54.

[10]龙钟洢.蛰庐学说[M].毛福全,编校.上海图书馆藏,1935:4.

[11]龙钟洢.乙巳农事试验记[J].江西农报,1907(3).

[12]傅春官.江西农工商矿纪略·光绪三十四年石印本[Z].江西省图书馆藏,1908.

[13]常世英主.江西省科学技术志[M].北京:中国科学技术出版社,1994:791.

[14]作者不详.论说:江西农报序列[J].江西农报,1907(1):4.

[15]熊向东.江西省志89·江西省出版志[M].南昌:江西人民出版社,1998:3.

[16]南昌百科全书编撰委员会.南昌百科全书[M].北京:中国大百科全书出版社,2011:63.

[17]姚福申,叶翠娣.中国近代报刊名录[M].福州:福建人民出版社,1991:169.

[18]作者不详.京外学务报告:奏派调查江西学务员报告书[J].学部官报,1907(35):309.

[19]高野大吉,曾伯沅.讲演:抵抗养生论大意[J].民国日报·觉悟,1924(8):25.

[20]吴潮海.义乌人与名家的交往[M].上海:上海人民出版社,2011:65.

[21]作者不详.赣江新潮流[N].申报(上海版),1912(14038).

[22]毛光骅.《植物名实图考》在医药史上的影响[J].天津中医学院学报,1990(4).

[23]松村松年.日本昆虫学会と私:思い出すことども[J].東京昆虫学会,1957(25):135.

[24]松村松年,曾伯沅.害虫驱除法[J].江西农报,1907(1).

[25]木村靖二.横井時敬先生の思想と論策[J].農村研究,1972(2):1.

[26]横井時敬.俗農用種子学[M].東京:東京興農園出版社,1896.

[27]臼井勝美,等.日本近現代人名辞典[M].東京:吉川弘文館,2001(2):141.

[28]大藏省印刷局.官報[Z].日本マイクロ写真,1897:4231-4237.

[29]大藏省印刷局.官報[Z].日本マイクロ写真,1915:1021.

[30]大藏省印刷局.官報[Z].日本マイクロ写真,1918:1886.

[31]池田日升三,曾伯沅.农业须知[J].江西农报,1908(10):19.

[32]大藏省印刷局.官報[Z].日本マイクロ写真,1899:4669.

[33]大藏省印刷局.官報[Z].日本マイクロ写真,1913:340.

[34]上海图书馆.中国近代期刊篇目汇录:第二卷中[M].上海:上海人民出版社,1980:1712.

[35]麦尔香,朱树人.农学小说:阿藏格[J].北直农话报,1906(9).

[36]上海图书馆.中国近代期刊篇目汇录:第一卷[M].上海:上海人民出版社,1980.

[37]李永芳.藤田丰八——清末西方农学引进的先行者[J].社会科学,2012(8):142.

[38]郎箐.罗振常与蟫隐庐[J].天一阁文丛,2011(13):161.

[39]松村松年.生物界的恋爱形态[J].读书中学,1933(4):117-128.

[40]松村松年,沈溥涛.昆虫的本能与母性爱[J].新中学,1946(1)34-39.

[41]河濑仪太郎.商务专案:日本商律[J].湖北商务报,1899:1-19.

[42]河濑仪太郎.局收文牍:四川省调查札记[J].湖北商务部,1902:113-115.

[43]横井时敬.殖产兴业:说农学[J].日学新报,1904(1):111-114.

[44]池田日升三,王国维.农事会要[J].农学报,1900(118):11-60.

[45]饭田魁,王国维.中学教育动物学科教科书[J].农学报,1905:289-293.

[46]吕超.清末日语翻译沈纮译介活动初探[J].浙江外国语学院学报,2013(1):54-60.

[47]横井时敬,曾伯沅.农用种子学[J].江西农报,1907(6).

[48]横井时敬,河濑仪太郎.农用种子学:附录[J].农学报,1900(96):12-44.

[49]作者不详.论说:江西农报序列[J].江西农报,1907(1):3.

[50]上海图书馆.中国近代期刊篇目汇录:第二卷中[M].上海:上海人民出版社,1980:2222.

[51]作者不详.农业:畜牧治法[J].广东劝业报,1909(67):19-26.

[52]作者不详.实业:薄荷栽培制造法[J].女子世界,1905(2):5-7.

[53]作者不详.选录:草木移植心得[J].北直农话报,1906(10).

[54]作者不详.实业:蜜蜂饲养法[J].中国白话报,1904(20).

[55]朱先立.我国第一种专业性科技期刊[J].中国科技史料,1986(2):22.

A Brief Discussion on the Translation of Japanese Agronomy by the Jiangxi Agricultural Newspaper in the late Qing Dynasty

SHI Luyu

(School of oriental Languages and Culture in Zhejiang Gongshang University, Hangzhou: 310018)

Abstract: In the late Qing Dynasty, the agricultural, commercial and mining bureau in Jiangxi province rented 140 acres of the civil land to set up the first agricultural experimental field. They compiled the new rules gotten in the field and published them on schedule. As a result, *Jiangxi Agricultural Newspaper* appears. Long Zhongyi, head of the test filed, takes charge of the chief editor. As the first specialized sci-tech periodicals in agriculture in Jiangxi Province, *Jiangxi Agricultural Newspaper* provided "compilation" and "learning" columns to translate new Japanese agricultural books during the period of its releasing. By examining the translation of the Japanese agronomy of the *Jiangxi Agricultural Newspaper* from the two columns mentioned above, this article intends to analyze the contents and characteristics of the translation and discuss whether the content has appeared in other newspapers and periodicals, and then puts forward "multiple translation of one manuscript".

Key words: Agricultural Experimental Field in Jiangxi; Long Zhongyi; *Jiangxi Agricultural Newspaper*; Japanese Agronomy; Multiple Translation of One Manuscript

论清末女留学生对实践女学校的影响
——以『实践女学校分教場日誌』为中心

王 弘①

（浙江越秀外国语学院 绍兴:312000）

摘 要:『实践女学校分教場日誌』保存于日本实践女子大学图书馆。内容记述了1904年清朝湖南籍女留学生赴日就读时的情况。『实践女学校分教場日誌』记载时间并不长,仅为1905年7月17日至11月7日短短4个月时间,但是资料内容丰富,不仅包括日本各大报纸对留学生采访的记录,而且日本文学、政治、教育界知名人士来实践女学校观摩的记录也留存其中。该文通过整理『实践女学校分教場日誌』文本,梳理其中的内容,分析清末留学生对实践女学校的影响。

关键词:清末女留学生;实践女学校分教场日志;实践女学校

一、引言

1899年,下田歌子在日本创立实践女学校。1901年,学校迎来了第一位中国女留学生。而后在1902年、1904年、1907年,分别又有三批留学生抵达实践女学校学习,并对实践女学校的留学生教育形成重要影响。于1901年抵达的女留学生因为精通日语,与普通日本学生共同读书,当时学校未专设清朝留学生部,而将其置于日本学生之中。实践女学校没有记载这名学生的详细信息,该人物身份亦难以查实。1902年,8名女学生随父兄到日本读书,其中4名入读实践女学校,成为该校最早留有记录的留学生。1904年,留日的湖南籍女留学生与上一批留学生有所不同:她们脱离父兄,经过选拔,志愿来日本就读。这批湖南留学生共20人,至1906年有8人中退,12人毕业。这些湖南籍留学生由于身份独特、数量众多、成绩优异,给当时的日本民众留下了深刻的印象,同时也受到社会各界的关注。不仅日本各大报纸对留学生的情况不断跟进报道,文学、政治、教育界知名人士也来到实践女学校观看情况。这些都被收录在『实践女学校分教場日誌』②中。

---

① 王弘,浙江越秀外国语学院教师,浙江工商大学日语语言文学专业硕士研究生。推荐人:吴玲。
② 『实践女学校分教場日誌』,实践女子学園图書館館藏,1905年7月17日—1905年11月7日。

二、史料介绍与以往研究

本文主要以实践女子大学图书馆馆藏资料中的中国留学生相关史料为研究材料。目前,有学者对资料库中的部分资料有所研究,但是全面分析史料,寻找资料间关联性的学者仍不多见。该史料数量丰富,具有多样性。与中国留学生相关的史料总共有 31 种,其中包括学校向政府提交的文书、学校留存的教学日志、教师的讲话内容、中国教育情况的报告书、留学生的照片、留学生毕业名单、教师笔记、留学生相关杂志、校长信件等。『实践女学校分教场日誌』(以下简称『分教场日誌』)也是其中的一种。『分教场日誌』主要记载了 1905 年 7 月 17 日至 11 月 7 日,每天在校发生的事件、到访者等情况,记载人不详。虽然记载时间只有短短 4 个月,但是内容包含了大量信息。通过这些信息扩展研究,就能了解清末女留学生在实践女学校生活的实际情况。

关于『分教场日誌』的研究,主要有两大方面。首先,作为清末女性留学的重要实证资料。周一川的著作『中国女性の日本留学史研究』①、实践女子大学的校史『实践女子学园八十年史』②『下田歌子先生传』③中的中国留学生章节、石井洋子的论文「辛亥革命期の留日女子学生」④、上沼八郎的论文「下田歌子と中国女子留学生」⑤,都有提及『分教场日誌』。其次,作为研究秋瑾的重要史料,『分教场日誌』给出了秋瑾活动的重要信息。王时泽的著书《回忆秋瑾》⑥、易惠莉的论文《秋瑾 1904 年入读和退学东京实践女学校之原因》和《秋瑾 1905 年入读和退学东京实践女学校之原因》⑦,均从『分教场日誌』入手,分析秋瑾在日的活动情况,包括入学和退出实践女学校的时间、上学期间接触的人。但是,两位学者对『分教场日誌』中其他内容的关注程度并不高。其实,『分教场日誌』中包含大量来访者信息、学生入退学信息等,关注这些信息,有助于了解留学生在日的活动

---

① 周一川:『中国女性の日本留学史研究』,国书刊行会 2000 年版。

② 实践女子学园八十年史编纂委员会:『实践女子学园八十年史』,实践女子学园 1981 年版。

③ 藤村善吉:『下田歌子先生伝』,故下田歌子校长先生伝记编纂所 1989 年版。

④ 石井洋子:「辛亥革命期の留日女子学生」,『史論』1983 年第 36 号。

⑤ 上沼八郎:「下田歌子と中国女子留学生」,『实践纪要』1983 年第 25 号。

⑥ 王时泽:《回忆秋瑾》,山东教育出版社 1987 年版,第 202 页。

⑦ 易惠莉:《秋瑾 1904 年入读和退学东京实践女学校之原因》,《社会科学》2012 年第 2 期,第 147 页;易惠莉:《秋瑾 1905 年入读和退学东京实践女学校之原因》,《杭州师范大学学报(社会科学版)》2014 年第 1 期,第 114—122 页。

情况和留学生对实践女学校带来的影响。本文以『分教場日誌』中罗列的事实为出发点,希望可以对实践女学校的清朝女留学生的研究做出补充。

三、史料分析

『分教場日誌』主要记录了20名湖南籍留学生在学期间的情况。这批留学生报到时,由于实践女学校创校初期无法容纳这么多留学生,遂在赤坂桧町设置分教场。留学生到来后,学校投入大量关注。根据『分教場日誌』统计,在短短几个月的时间里,校长下田歌子8次来到分教场,副校长青木文造11次,两人平均每5天到这里观察情况。『下田歌子先生传』中更是记载了"校长、副校长二人几乎每天到分教场视察"[1]403。同时,校长和副校长不仅亲自关心学生情况,还担任课程教授。下田歌子教授修身课,副校长兼任日语教学老师。

学校对这20名留学生的关注不无道理。自1902年,首批清朝官方派遣的女留学生来日后,日本各大报纸纷纷投以关注。『朝日新聞』从1902年到1922年共有25篇关于实践女学校清朝留学生的报道。『読売新聞』共有16篇报道。『分教場日誌』中记载:7月21日,『電報通信社』记者;7月22日『時事新報』记者;7月24日『萬朝報』记者;7月27日『朝日新聞』记者;8月30日『電報通信社』记者,分别前来采访清朝留学生。各报纸对留学生的关注事无巨细。1905年7月24日,『朝日新聞』的报道中对清朝留学生描述道:"杨枢及范源濂、杨度等16人为发展本国妇女教育,募集20人赴实践女学校留学。留学生均为官宦子女,即为儒家。其中杨庄为杨度的女儿。聂缉熙(48)、黄宪祐(43)德高望重。这些留学生以教育家为目标。与过去留学生不同,他们有较高汉文素养,动作敏捷,没有清国妇女的柔弱风俗,能够严守时间,热心学术研究。"[2]4『読売新聞』同样在1905年7月23日、8月21日,1906年7月21日对湖南留学生做出3篇访谈。

而且,这些报道有明显的倾向性,大部分报道倾向于褒扬留学生。前文中提到的报道即是如此,报道中充满褒奖之辞。『読売新聞』1906年6月15日的报道中写道:"(留学生)最初入校时,不清扫房屋,态度上袖手旁观。我校花费1年时间注入日本式精神,结果大为改观……"[3]3可见,这些报道对学校的声誉有明显影响。但笔者在调查过程中也发现了1篇对留学生充满贬低色彩的报道。1908年2月21日的『朝日新聞』记载道:"日本人(吃饭)只需要三合,而清国人要五合米。如果菜色少或者不合心意,学生第二天就不去学习,愤愤不平。校方只好提供更好的伙食。连种牛痘都必须用零食哄着。"[4]6这篇记述充满个人感情色彩,有明显夸张不实,可能由于20世纪初日本报纸业竞争加剧,报道者为博人眼球所写。

除各大报纸投入热情外,在『分教場日誌』记录期间,共有2所学校派教师前来参观学习,分别是东京女子师范学校和台湾公学校。东京女子师范学校派著名教育家前田舍松①观察留学生情况。7月27日,『分教場日誌』记载道:"放学后,东京女子师范学校教师前来参观学生情况,随后上二楼参观寝室情况。"该校随后也开始接收清朝留学生。前田在实践女学校的学习可能对其接收清朝留学生起到了借鉴作用。8月22日,『分教場日誌』记载道:"经校长介绍,中国台湾公学校校长前来参观。"[5]中国台湾公学校校长前来参观,显然与学习日语教育经验有关。

此外,在『分教場日誌』的记录中,有8位日本官僚和知名人士前来访问,观看教学情况。前田舍松在上文已有所提及。神尾光臣②于1905年8月3日前来参观,记录中写道:"陆军军官少将神尾前来参观学生情况。神尾与校长、副校长、原田教授、范源濂会晤。"[5]除了来校访问外,神尾在中国期间以驻屯军司令身份给下田歌子抄送《清国各省学务章程》和《直隶学务情形》两文书。③8月8日,"赤坂警察署巡查部长吉田耕次郎④前来观察学生情况"[5]。巡查部长的访问与实践分教场的保卫工作有关,可见日本政府部门对留学生的情况也极为关注。8月29日,"远山稻子⑤前来观察学生情况"[5]。远山为著名歌人,与下田歌子有密切私交。8月30日,"远藤清子以『電報通信社』记者身份前来采访"[5]。远藤是著名女权运动家,而中国女留学生打破传统,赴日留学,试图改变中国女学发展,这正是她要寻找的素材。另外,『坂寄美都子談話筆記』⑥中补充到,在清朝湖南籍留学生来学期间,"宫崎滔天⑦与近卫文麿⑧两人也时不时来学校参观"[5]。宫崎与革命派密切相关。孙中山访问日本后,在留学生界引起轩然大波。实践女学校中也有很多学生在日参加革命活动。特别是秋瑾来日后迅速加入革命组

---

① 前田舍松(1870—?),日本教育家。曾出版『落葉集』。
② 神尾光臣(1855—1927),日本陆军大将。历任东京卫戍总督,青岛防备军司令官。获陆军大将勋一等功,加封一级男爵。
③ 《清国各省学务章程》和《直隶学务情形》为神尾光臣抄录,现藏于实践女子大学图书馆。
④ 吉田耕次郎,赤坂警察署署长。
⑤ 远山稻子(1874—1912),明治时期的文学家,歌人。编写『高崎正風演説筆記』『歌ものがたり』。
⑥ 『坂寄美都子談話筆記』,实践女子学園图书馆馆藏。
⑦ 宫崎滔天(1871—1922),明治时期政治家。孙中山重要支持者,与孙中山共同组织辛亥革命。著有『三十三年の夢』。
⑧ 近卫文麿(1891—1945),明治时期政治家、军事家。日本第34、38、39任内阁首相,日本侵华祸首之一。

织,受到宫崎的重视。因此,宫崎和近卫频繁来访实践女学校也不足为奇。"柳原白莲①也曾访问学校。"[5]柳原是著名诗人,追求女性自由恋爱,个性豁达奔放。柳原来到实践女学校参观,可能与下田独树一帜的女性教育主张有关。

清朝湖南籍留学生在日学习期间,学校为辅助留学生学习,还聘任3位高等师范学校学生担任翻译,以及5位其他学校日语优秀的男留学生到分教场工作(学生总监督兼口译的范源濂除外)。来校工作男学生姓名及职务列示如下:

表1　1904—1905年实践女学校分教场外校人员一览表②

姓　名	职　务	姓　名	职　务
章行严	汉文教师	陈介	理科兼汉译、语法
熊英照	心理教师兼口译	吴家驹	学务协商兼口译
刘善溶	学生照顾辅导	胡迈	口译
刘颂虞	经济协商		
陈冲恪	口译		

从『分教場日記』看,其中记录了4位译员,均是东京高等师范学校在校学生或毕业学生,且其中3位出生于湖南,与20位湖南籍女留学生出身相同。在实践女学校担任口译的人员中,有4位译员在后来担任民国政府要职,他们分别是范源濂、胡迈、吴家驹、陈冲恪。在学校,他们为留学生做课堂翻译和学校演讲翻译,现将他们介绍如下:

范源濂,字静生,湖南湘阴县人。1898年自费入东京高等师范学校学习。嘉纳治五郎开设宏文学院后,任速成师范科翻译。1905年7月介绍湖南女生20名入实践女学校。辛亥革命后,曾任教育部次长、中华书局总编辑部部长、北洋政府教育总长。[6]59

胡迈,字彦远,湖南省湘潭县人,在日本法政大学修学。历任陆军小学堂教习、广东都督府海军司长、广东大元帅府参事。后任行政院秘书处秘书。[6]133-134

吴家驹,字子昂,湖南省湘潭县人,1881年生。毕业于日本明治大学政治科。历任学部员外郎、财政部国税厅总筹备处筹备员、京师高等监察厅检察官、

① 柳原白莲(1885—1967),大正到昭和时代的歌人。大正三大美女之一,一生多次结婚离婚,追寻自由恋爱。
② 此表内容依据实践女子大学图书馆馆藏资料『日本婦人』第二十八号、『分教場日誌』,以及『坂寄美都子談話筆記』制作而成。

贵州高等审判厅厅长、河南高等检察厅检察长等。[6]143

陈冲恪,江西省南昌人。毕业于日本高等师范学校。曾任江西教育司司长。此人为江西望族陈三立之子,隶属于旧统一党。[7]236-237

从中我们可以分析出两点:其一,几位译员均在民国时期担任要职,可见当时实践女子学校吸引了大量人才,也可见下田歌子在日本和中国教育领域有很大的影响力;其二,范源濂是这批清朝湖南籍留学生的介绍人,也是清朝留学生监督,还是其他几位译员的同学,可见他在清末中国女留学生赴日中发挥了关键作用。

四、留学生对实践女学校的影响分析

实践女学校对留学生的影响深刻而多面,一方面,从启迪思想,到推动中国女学运动发展,可谓电照风行。另一方面,留学生也深刻地反作用于实践女学校。本文浅析下列四点。

其一,留学生的到来为实践女学校在日本国内外积累了大量声誉。在国内,『読売新聞』『朝日新聞』等各大报纸竞相报道实践女学校毕业的留学生的优异成绩。高水准的教育和宣传使实践女学校成为接收留学生的学校中最为正规的机构,进而吸引更多留学生来日。隐性宣传方面,留学生回国后从事教育或与政府高官结婚。优良的女性教师和高素养的上流女性让清政府非常满意,进而中国各地派遣更多留学生前往实践女学校就读。另一方面,在激烈的竞争下,实践女学校的留学生教育独树一帜,在众多女子学校中声名鹊起,吸引更多日本学生前来就读。此外,实践女学校的良好声誉也使实践女学校派出的女教习更容易受聘于各地女学校,让下田歌子的教育深入中国等地。

其二,留学生教育成为下田歌子"称霸"日本国内女子教育界的重要武器。留学生教育使下田歌子有机会接触日本官僚和名人。『分教場日誌』记载了从1905年7月17日到11月7日,分教场来访者姓名、事件等信息。结合『坂寄美都子談話筆記』里提及的来访者信息,我们可以盘点出在这短短的4个月中,两个学校前来参观:东京女子师范学校和台湾公学校;8位日本官僚、知名人士前来访问,观看教学情况:神尾光臣、吉田耕次郎、远山稲子、前田舍松、宫崎滔天、近卫文麿、柳原白莲、远藤清子。这些名人的到来,一方面为实践女学校积累了声誉,另一方面为实践女学校在日本国内推广"贤妻良母"的教育理念打开了通道。直至1907—1908年,实践女学校的清朝留学生达到最高峰。日本国内女子教育也顺利发展。

其三,留学生教育为下田歌子在中国推行日本式教育创造了途径。留学生教育成了下田歌子接触中国官僚、名人的重要渠道。除『分教場日誌』记载的范源濂等中国官员、其他中国优秀留学生外,下田歌子关联资料库中还保存了下田歌子与中国几位重要官僚来往的书简,分别是张之洞夫妇、钱恂夫妇和山西学生监督李宗棠。[①]可见,下田歌子通过留学生教育这块招牌吸引了中日的知名人士,而通过与这些知名人士的沟通,消除了下田歌子在中国推行日本式教育的障碍。

其四,留学生的到来为实践女学校注入了大量经费,包括这批清朝湖南籍留学生在内,留学生几乎都是官费生,只有少数自费生。而且从历年的『实践女学校学则』中可以看出,留学生的学费、生活费比日本学生至少高一倍。实践女学校于1896年创办,草创初期学生不足,原计划建设实践女学校、工艺学校、下婢养成所三校。由于生源不足,下婢养成所很快被废校。1908年,工艺学校与实践女学校合并。可见在女校如雨后春笋般产生,又在激烈的竞争下,生存空间逐渐狭仄,在这样的背景下,中国留学生源源不断地到实践女学校留学,无疑帮助该校度过艰难的草创期。

五、结论

本文通过对『实践女学校分教場日誌』中的内容入手,延展搜索其中提到的报纸、人物等信息,分析清末留学生对实践女学校的影响。中国国内在研究留学生问题上,倾向于研究留学生对中国女学发展的影响、日本教育对中国的影响。但这种影响是相互的。日本在接收中国留学生的过程中也促进了自身的发展,这点不容忽视。本文在分析过程中尚有不足之处,今后将把研究重点放在实践女学校馆藏资料与中国国内资料的对比分析,以及中国留学生回国后对实践女学校教育方式传播情况的分析方面,希望可以为女性留学研究做出贡献。

参考文献

[1]藤村善吉.下田歌子先生伝[M].東京:故下田歌子校長先生伝記編纂所,
    1943.

---

① 『清国知友書簡』,实践女子学園図書館館蔵。

［2］作者不明.師範科研究の清国女学生［N］.朝日新聞,1905-07-24

［3］作者不明.在京中の清国女学生［N］.読売新聞,1906-06-15.

［4］作者不明.女学生の食べ物［N］.朝日新聞,1908-02-21.

［5］作者不明.実践女学校支那分教場日記［Z］.東京:実践女子学園図書館館蔵,
　　 1905-11-07.

［6］外務省情報部.中国人名資料事典:第八巻［M］.東京:日本図書中心,1999.

［7］外務省情報部.中国人名資料事典:第四巻［M］.東京:東亜同文会調査編纂
　　 部,1925.

The Influence of Overseas Students in the Late Qing Dynasty on the Japan Practice Women's School —Centered on The Campus Record of Japan Practice Girl's School

WANG Hong

（Zhejiang Yuexiu University of Foreign Languages, Shaoxing: 312000）

Abstract: *The campus record of Japan Practice Girl's School* is kept at the library of Jissen Women's University, which describes the situation where female students of Hunan province study in Japan in 1904. The campus record only narrates something happened from July 17th to November 17th, recording not only that Japanese major newspapers interview foreign students, but also that celebrities in literary, political, and educational worlds visit the Japan Practice Girl's School. Sorting out the text of *the campus record of Japan Practice Girl's School*, this article aims at analyzing the influence of overseas students in the late Qing Dynasty on the Japan Practice Girl's School.

Key words: Overseas Female Students in the Late Qing Dynasty; *the Campus Record of Japan Practice Girl's School*; Japan Practice Girl's School

"日语+X"大商科人才培养模式调查研究
——以浙江工商大学为中心①

周筠青　朱冰清　卢园园　董迎雪　姚　卿　董　科②

(浙江工商大学东方语言文化学院　杭州:310018)

摘　要:建立"日语＋X"大商科人才培养模式,是浙江工商大学日语专业目前的主要改革方向。该文通过问卷调查、访谈等形式深入了解以浙江工商大学为中心的日语专业学生对日语专业人才培养模式的看法,并且通过查找资料、访谈等方式了解现阶段日语相关企业对日语人才的需求。在此基础上,对浙江工商大学现有日语专业人才培养模式的改进和完善提出相关建议,从而促进传统人才培养模式的创新发展。

关键词:日语＋X;大商科;人才培养

一、研究背景及意义

作为不同国家和地域政治、文化、经济沟通的桥梁,外语人才在一个国家对外交流过程中具有重要作用,尤其是在国家推进"一带一路"倡议及"中国文化走出去"实施的今日,外语人才需求空前。然而在新形势下,我国外语人才培养却为通用语专业高精尖人才短缺、应用复合型人才稀缺、外语教育体系设置不完善、非通用语种专业开设不足等诸多问题所困扰。其中,包括日语专业在内的非英语专业最亟待解决的是应用复合型人才稀缺的问题。所谓应用复合型外语人才,指除能够使用外语进行沟通之外,还具备使用外语从事某种专业工作能力的外语人才。现有外语人才培养体系,对外语语言沟通技能的培养格外重视,但对各领域专业知识与技能的培养不足,造成了所培养人才对外语环境下的专业工作,尤其是高端专业工作胜任程度不高的现状。因此,加大对外语人才的培养力度,以及探索、实践"外语+X"(X指某种或多种专业技能)的复合型外语人才培养模式势在必行。然而,如何具体操作,才能使人才培养达到更好的复合效果,

---

① 基金项目:浙江工商大学2018年度校级大学生创新创业训练计划项目(CX201822004),浙江工商大学2018年度校高等教育研究课题(Xgy18007),浙江工商大学2018年度校级教学改革研究项目(编号:40)。

② 周筠青、朱冰清、卢园园、董迎雪、姚卿,浙江工商大学东方语言文化学院日语专业本科生;董科,浙江工商大学东方语言文化学院副教授。

以更好地回应社会需求和学生期待,是一个值得研究的问题。这个问题在不同的地区不同的高校有着不同的答案,各高校需要依据自身的办学定位、层次,以及特色,在调研社会、学生需求的基础上综合解决这个问题。

浙江工商大学是以"大商科"为办学特色的高校,本研究将以浙江工商大学日语专业为中心,结合学校"大商科"办学特色,设计以学生为调查对象的调查问卷,从学生的视角出发进行分析,为建立具有浙江工商大学特色的"日语+X"人才培养模式提供参考。

二、调研设计

(一)调研问题

本次调研主要围绕以下两个问题展开:

第一,社会中与日语相关的企业对日语专业人才的需求情况,尤其是单纯的日语能力人才能否满足企业需求,如不满足还需要哪方面的能力;

第二,日语专业的学生对自己专业的认识,以及他们在大学本科阶段还想要获得何种其他技能或能力。

(二)调研对象

本次调研的目的是研究在大学日语专业内实行"日语+X"复合型人才培养计划的可行性及具体的落实方法等。因此,本次调查主要针对浙江工商大学日语专业学生展开,也有部分浙江省其他高校及省外高校同学。主体为大一到大四学生,覆盖面较广。

调研对象中,浙江工商大学学生占90.48%[①],浙江省兄弟高校学生占7.62%,省外高校学生占1.90%;大一学生占25.71%,大二或大三学生占59.05%,大四学生占10.48%,其他(包括2018年毕业的应届本科生及在校研究生)占4.76%。

(三)调研方法

调查采用定量和定性研究两种方法。

定量研究采用了问卷调查的方式进行。在日语专业的学生中进行了网络问卷的发放,共回收有效问卷105份。问卷内容主要包括:受调查者年级、学习日语的原因、未来规划、对日语之外的专业知识学习的看法、希望以什么样的形式

---

① 为便于统计,本文中使用的百分比统一保留两位小数,故可能会出现数据之和略大于或略小于100%的情况,但皆在误差范围内。

实施"日语＋X"培养、对传统纯日语专业人才的看法等。

定性研究采用了开放式问题法。设置于问卷第4题的"将来想从事的工作",第8题的"希望以何种形式实施'日语＋X'人才培养"和第11题的"对实施复合型人才培养的看法"。由于一些问题的选项不能包括所有的可能性,因此采取这种开放式的问答可以更好地了解学生的想法,而不是局限于所给出的选项。

(四)理论框架

"日语＋X"是指在日语语言学习的基础上,根据自身爱好或将来发展方向另外学习一门知识或技能,以丰富自己的知识储备,拓宽就职渠道。本文主要结合社会需求与学生意愿调查研究如何培养出适应社会需求的日语专业人才,即在日语语言学习的基础上如何拓宽学生知识面,提升竞争力,以更好地适应社会需求。

三、调研结果及问题分析

(一)学习日语的原因

48.57%的回答者认为,自己选择日语专业是出于对日语的兴趣,这表明学生自主选择日语专业的比例较高。37.14%的回答者认为,学习日语是机缘巧合下的选择,这一类学生多数对日语本身没有特别大的兴趣,由于调剂等原因进入日语专业,比起日语来,他们可能对其他专业抱有更浓厚的兴趣,更适合实行"日语＋X"复合型人才培养模式(见图1)。

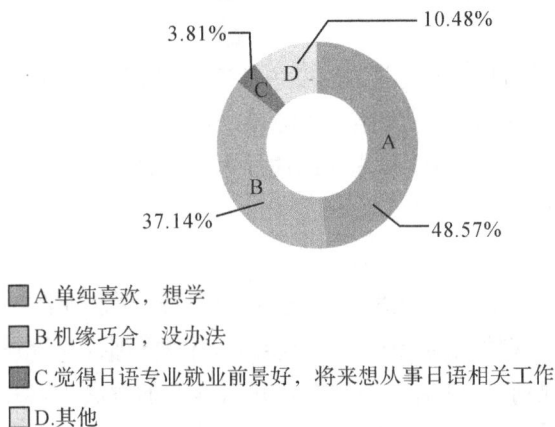

3.81%　　10.48%

A 48.57%
B 37.14%

■A.单纯喜欢,想学
■B.机缘巧合,没办法
■C.觉得日语专业就业前景好,将来想从事日语相关工作
□D.其他

图1　学习日语的原因

(二)未来规划

在105份有效问卷中,有71人回答说想要从事与日语相关,同时需要其他技能的工作,比例占回答者总数的67.62%(见图2)。这份数据显示了多数学生希望从事的是与日语相关,但不仅限于使用日语的工作。这也从侧面反映出社会对于复合型人才的需求,以及实行"日语＋X"复合型人才培养模式的必要性和紧迫性。

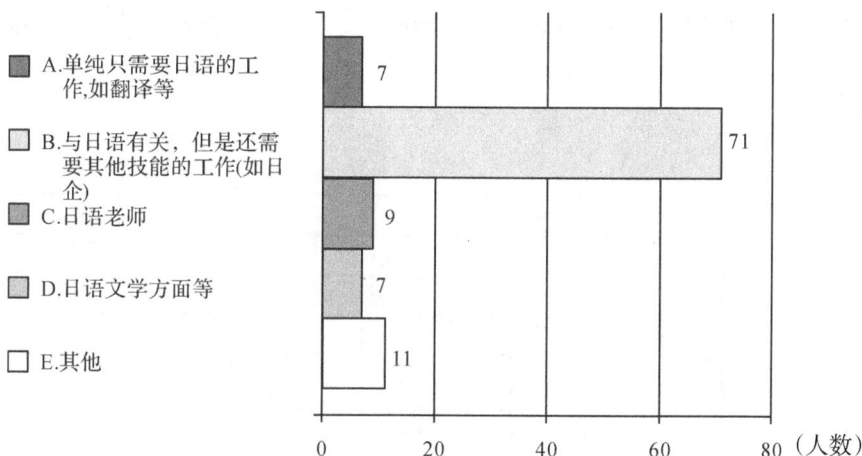

图2　将来想从事的工作

从图3中可以看出,80%以上的回答者对本科毕业后有了比较清晰的规划,其中有56.19%的回答者打算"继续深造",这说明多数学生想要学习更深层次的日语专业知识或者跨专业学习其他方面的技能,以提高自身竞争力。选择"考公务员"的回答者仅占4.76%,作为传统日语专业的就业方向之一,选择的人数却较少,说明公务员这个"铁饭碗"对于现在日语专业学生的吸引力在减弱。

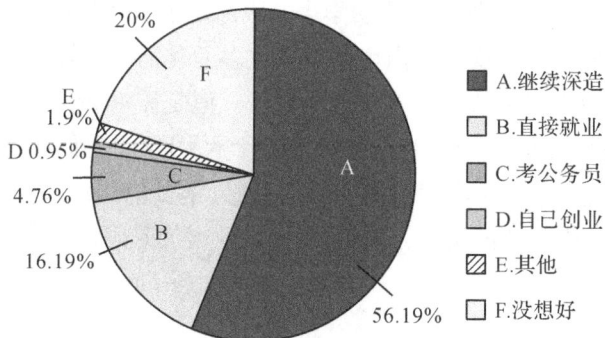

图3　本科毕业后的打算

(三)对日语之外的专业知识学习的看法

在关于除日语之外想学习的专业这一多选题中,几乎所有回答者都愿意在学校里学习其他专业的知识和技能,说明学生充分意识到"日语+X"人才的重要意义,并且想要成为这种复合型人才。从图4中可以看出,其中37.14%的回答者想学习管理类专业,52.38%的回答者想学习商科类专业,39.05%的回答者想学习其他语言类专业,47.62%的回答者想学习新闻传播、文史哲类专业。但是,想要学习理工科类的回答者仅有14.29%,这可能是专业跨度过大导致难度增加造成的。综上所述,学生对于学习其他方面知识的兴趣很大,但是开设相关课程时应参考学生意愿,以管理、商科、文史、语言类为主。

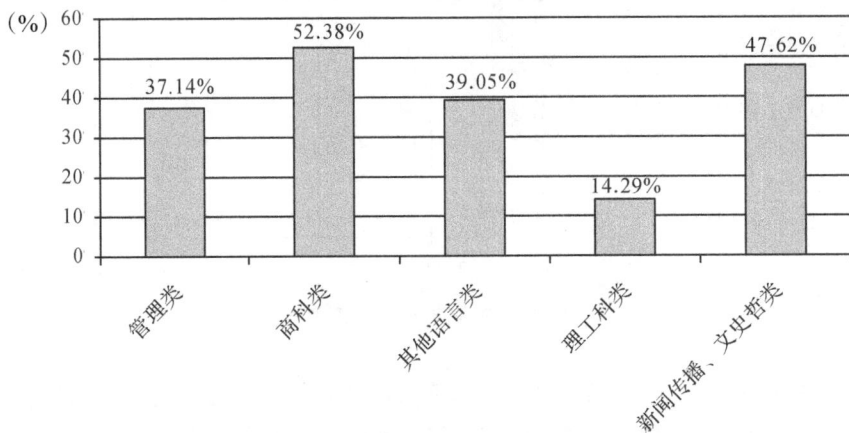

图4　除日语之外想学习的专业

在上一题的基础上,笔者深入调查了学生对学习其他专业,即"X"专业的意愿。从该单选题来看,百分之百的回答者都表现出了学习日语以外专业技能(如商科类、其他语言类等)的兴趣,说明学生并不满足于在大学只学习一门语言,并且都自觉自发地认识到现今国内市场对人才多元化需求的增加,有意愿在大学四年中为了今后更好的就业完善并发展自己。但是需求和兴趣只是第一步,还需要学校相关实用性课程的开设和老师的引导,引领同学们化理想为行动(见图5)。综上所述,为响应广大学生学习的意愿,学校应当加快实用性课程的建设和复合型实用性人才的培养,给学生未来就业增加砝码。

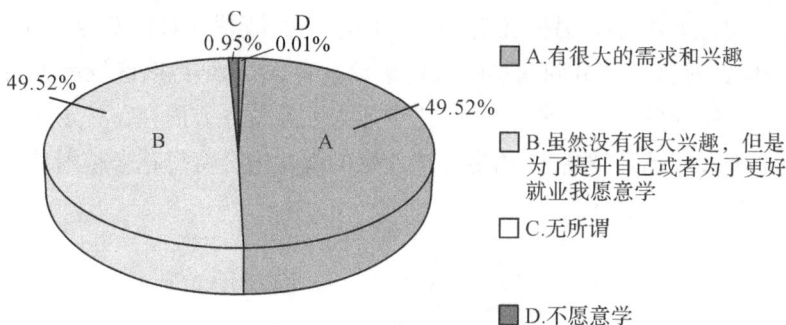

图5　对学习"X"专业学习意愿

从希望以什么样的形式进行"日语＋X"复合型人才的培养这一题可以看出（见图6），78.10%的回答者在更希望通过双专业模式实现"日语＋X"，这反映了学生希望深入学习其他专业知识，而非浅尝辄止。19.04%的回答者希望能通过通识教育的形式扩大知识面，对深入学习兴趣不大。通识课本身就是基于学生的兴趣爱好，为了拓宽视野而开设的，因此学习质量有待提高。还有2.86%的回答者选择了其他模式，他们希望能有一种更好的新方式来学习和获取其他技能，提高学习质量。综上所述，学校应当更加重视对"日语＋X"复合型人才的培养，相关课程的开设应当注重实用性，同时应在教育形式上进行探索创新，满足学生多样化的需求。

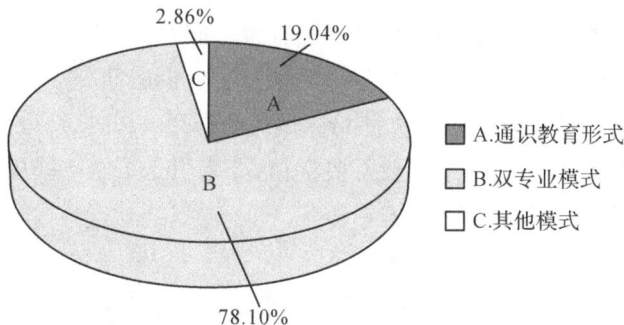

图6　希望采取的"日语＋X"人才培养形式

（四）对传统纯日语专业人才的看法

从"现阶段社会对纯日语专业人才的需求"这一调查的结果中可以看出（见图7），34.29%的回答者认为纯日语专业的人才需求已接近饱和状态，需求不大；另外有49.52%的回答者认为对纯日语专业人才的需求一般。这两项比例位居调查结果前两位，这表明了多数学生认为纯日语专业已不再是主流，对这类人才的需求面也逐渐缩小。另外还有小部分同学不太清楚纯日语专业人才需求情况,学校应针对这一部分同学加强就业指导教育,帮助学生明确发展方向,以便尽早为未来做准备。综上来看,纯日语专业人才在就业方面存在一定的局限性。随着需求饱和度越来越高,日语专业毕业生的就业也会变得越来越困难。

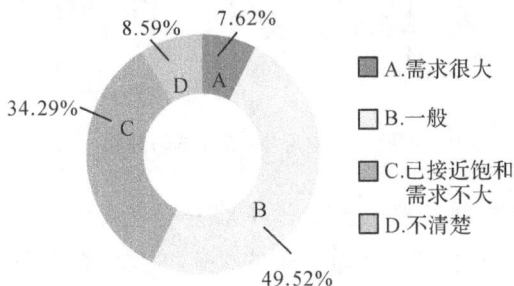

图7　学生对社会日语人才需求度的看法

(五)对实行"日语＋X"复合型人才培养的其他看法

这项调查结果显示,大部分回答者对复合型人才培养持有积极态度,他们认为培养"日语＋X"复合型人才,不仅可以大大提高日语专业毕业生的就业率,拓宽就业面,增加就业方向,而且对企业来说也是有效利用人才资源的好手段。简言之,复合型人才就是具有有机交织的多种能力的人才。因此,符合时宜地构建复合型人才培养模式,培养大批具有创新精神和实践能力的高素质人才,既是社会主义现代化建设的迫切需要,也是高等教育适应科技进步的现实性选择。学校必须紧紧抓住人才培养模式的"基础性、适应性、创造性"等本质属性,通过有效途径和方法,着力构建复合型人才培养模式的框架。另外,部分回答者认为不管是复合型还是单一型,每个专业都要学精,如果只是了解一些皮毛,不能学到精髓的话,再多的"X"都是多余的。

(六)对用人单位的调查及小结

为了进一步了解社会对日语人才的需求情况,以便我们提出更加适应社会与学生个人需求的改进建议,我们对一些日企及与日语有关的企业进行了访谈。

其结果显示,在杭日资企业主要需要能熟练应用办公软件,或者精通财务、人力资源管理等方面的日语专业人才;在杭文化服务类公司主要需要精通法律知识的日语人才,以满足同日本公司沟通、签约的需求;在杭信息类公司主要需要既会日语又有一定IT技术,例如计算机编程能力的日语人才。此外,还有部分物流、创意、外贸企业对浙江工商大学日语专业毕业生在思辨能力、静心工作的定力、与他人合作沟通的能力等个人素养方面提出了更高要求。可见企业对人才的需求,是具有日语和专业技能的复合型人才。

从上述访谈中,我们可以得知日语现有培养模式可能存在以下问题:

(1)日语专业培养模式单一,学生在课堂上无法获得其他专业知识;

(2)社会对日语专业人才需求多样,多数需要应聘者掌握除日语之外的知识或技能;

(3)日语专业学生有考研和就业的需求,但是现有培养模式限制了其发展方向。

四、对策建议

过去日语专业的学习侧重语言基础知识,很少主动在实践中运用知识。随着人工智能的高速发展,就业市场的相对饱和,单一的语言学习人才的就业之路越来越窄。知识广博、思想解放、乐于接受新事物和新知识的复合型人才远比单一型人才更能适应社会的发展。浙江工商大学日语专业,需要建立"日语 + X"大商科日语人才培养模式,以培养适应社会需求的复合型、应用型、创新型人才,切实提升日语专业学生的就业率及就业质量。具体措施有以下四个方面:

(一)强化"大商科"通用能力培养

浙江工商大学提出,从2019年入学的学生开始,所有学生在毕业时均需要具备"大商科"通用能力,具体包含以下10项内容:

1. 社会责任感和奉献精神;

2. 辩证思考、分析问题、解决问题的商业思维能力;

3. 一定的经济学、管理学的商业管理能力;

4. 写作技能、口头表达能力;

5. 领导和组织的能力;

6. 艺术修养和人文素养;

7. 创新精神、实践能力、创造力;

8. 较好的沟通合作、人际交往能力;

9. 人工智能技术应用能力;

10. 终身学习的能力。

在调查中,用人单位企业最希望日语专业学生拥有的通用素养,均涵盖在以上10项内容之中。因此,日语专业必须突破单一学科、单一学院限制,通过跨学科、跨学院合作建设日语特色大商科课程群、引导学生选修特定通识,以及修读商科微专业等方式,将更多"大商科"类课程引入日语人才培养过程中,切实拓宽学生的知识结构,使学生获取的知识具有宽厚性、系统性,在尽快提升学生的"大商科"通用能力的同时,体现浙江工商大学日语专业的"大商科"培养特色。

(二)在日语专业设立数学选修课程

调查显示,多数被调查者都有意愿学习经济、管理相关专业的课程,但由于日语专业目前没有开设数学相关公共课程,导致日语专业学生数学基础薄弱,成了进一步学习和发展的一大障碍。不仅如此,还有相当比例学生因报考经济、管理等相关专业研究生有对数学的要求,放弃了报考相关专业。因此有必要面向日语专业大一、大二学生开设数学类选修课程,为进一步的学习打下坚实的基础。

目前浙江、上海等地实施的新高考政策取消了文理分科而改为"3 + 3"模式,使得文理分科导致的部分大学新生文理科基础不同的问题也迎刃而解。同时,我们也应该看到新高考改革的内在逻辑与社会趋势,高考通过改革向大学输送了全面发展的人才,但是进入大学之后语言类专业的学生又进行了单一语言知识的学习,这似乎违背了改革的初衷,相信新高考政策的进一步普及,一定会大大减小人文专业在大一开设数学课程的阻力。

(三)在日语专业高年级进行分类教学

为了保证学生的日语学习质量,使学生在低年级阶段具有扎实的日语基本功和较熟练的听、说、读、写、译能力,具有较强的跨文化交际意识及能力,在涉外场合能熟练运用日语进行语言、文化、法律、科技、政治等方面的沟通和工作,懂得如何在文化差异的碰撞中实现协调和交往。在高年级阶段,则可以根据不同学生的需求进行更加专业化的日语教学,实现从学习日语向使用日语学习专业知识的转变。例如,设置科技日语、日式会计、日本商学、日语教育理论与实践等课程。课程设置方面,学年制采用"2+2"模式,即前两年学习公共基础课和专业基础课,第三、四学年对前两年所学的知识进行强化,并为学生提供相应的机会以运用这些知识。出口方向划分尽量拓宽专业方向,使人才培养由"窄深外语型(I型)"向"广适应用型(T型)"转变。

(四)创新教学组织形式,试行小组教学、个别化教学等新型形式

灵活多样的教学组织形式同样重要。改变以教学班为单位组织教学的形式,积极试行小组教学(将相同方向需求的学生组成一个小组开辟第二课堂,增强其导向性和目的性)、个别化教学等新型教学组织形式,充分发挥学生主体意识和能动性,才能在提升教学效率的同时激发学生的创造力,提升其获得感。

在课程体系建设过程中,必须注重将教学和非教学的培养模式结合起来,本

着因材施教和分流培养原则,建设弹性开放、专业性强的课程体系,即结构优化、综合程度高、基础宽厚、适应性强的课程体系,培养日语乃至其他语言专业的对口人才。

(俞欢:《"X专业＋日语"复合型人才培养现状及对策探讨——基于学生需求和满意度的调查》为本文的写作提供了重要参考,在此表示感谢。)

参考文献

[1]俞欢."X专业＋日语"复合型人才培养现状及对策探讨——基于学生需求和满意度的调查[C]//日语教育与日本学研究(2017),2018:278-283.
[2]王俊菊."外语＋X"双学位人才培养模式创新与实践:以山东大学为例[J].中国大学教学,2011(8):28-32.
[3]王越,郭楠.浅谈日语复合型人才的培养[J].长春教育学院学报,2011(2):118-119.

An Empirical Study on the "Japanese + X" Education Model for Japanese Students
—the case of Zhejiang Gongshang University

ZHOU Yunqing；ZHU Bingqing；LU Yuanyuan；
DONG Yingxue；YAO Qing；DONG Ke

(School of Oriental Languages and Culture in Zhejiang Gongshang University，Hangzhou：310018)

Abstract：The current adjustment in the education for Japanese major students at Zhejiang Gongshang University aims to establish a "Japanese ＋X" model. During upon a combination of surveys and interviews, this research collected data of Japanese major students' opinions on the "Japanese ＋ X" model and the requirements of Japanese-funded enterprises for employees. Through analysis on the searched date, this research proposed some suggestions to improve of the existing educational model for Japanese major at Zhejiang Gongshang University.

Key words：Japanese ＋X; Major of Economics and Business; Education Mode

《东方研究集刊》稿约

　　《东方研究集刊》是浙江工商大学东方语言文化学院的连续出版物,旨在促进我国东方研究的发展,欢迎国内外同仁赐稿。本连续出版物欢迎涉及东方研究的学术论文及研究综述、书评等,内容涵盖政治、经贸、国际关系、哲学、语言、文学、历史、地理、宗教等领域,尤其欢迎由一个专题内的数篇文章构成的组稿稿件。本连续出版物刊登中文稿件,以外文写成的稿件须翻译成中文方可发表。论文质量是用稿的唯一标准,不接受已用中文发表过的稿件。

　　来稿请遵守以下格式规范:

　　1. 稿件正文篇幅以6000—15000字为宜,优稿字数不受限制。

　　2. 来稿格式顺序为:文题;作者姓名;工作单位;摘要、关键词;正文;注释;参考文献;英文题目;作者姓名拼音;英文工作单位;英文摘要和关键词;通讯地址(单位全称、省市名、邮编、电话、Email)。如果是基金项目,请注明项目来源和批准文号。

　　3. 论文标题一般不多于20字,必要时可加副标题;摘要以200字左右为宜,关键词以3—5个为宜,中间以分号分隔。英文题名、摘要及关键词与中文一一对应。

　　4. 论文正文内1—4级标题请按"一""(一)""1""(1)"样式来标注。

　　5. 注释序号用固定形式如"①""〔1〕"表示,注释置于页下。

　　6. 参考文献:引文出处一律列入"参考文献",按论文中引用文献的先后顺序,在引文处以阿拉伯数字连续编码,序号置于方括号内(上标)。一种文献在同一论文中被反复引用者,用同一序号标示,引文页码直接放在"〔 〕"外,如"[1]52"。文后各类主要文献的著录格式如下:

　　①期刊:[序号]作者.题名[J].刊名, 出版年, 卷(期): 起止页码.

　　②报纸:[序号]作者.题名[N].报名,出版日期(版次).

　　③专著:[序号]主要责任者.题名:其他题名信息[M].版本项(第1版不著

录).其他责任者.出版地:出版者,出版年: 起止页码.

④论文集:[序号]析出文献作者.题名[C]//主编者.论文集名:其他题名信息.版本项.出版地: 出版者,出版年: 起止页码.

⑤学位论文:[序号]作者.题名[D].保存地点:保存单位,年份.

⑥专利文献:[序号]专利申请者.题名: 专利国别,专利号[P].公告日期.获取或访问路径.

⑦电子文献:[序号]作者.题名:其他题名信息[文献类型标志/文献载体标志].[引用日期].出版地: 出版者,出版年(更新或修改日期).获取或访问路径.

文献作者3名以内全部列出,4名以上则列前3名,后加","等"或",et al."。西文作者姓前名后,名用缩写,不加缩写点,字母全部大写。

7. 照《中华人民共和国著作权法》的有关规定,本刊可以对来稿做文字修改、删节。如作者不同意修改,务请在来稿中注明。来稿文责自负,切勿一稿多投。投稿后3个月未收到处理意见者可自行对稿件另作处理。请自留底稿,本刊不办理退稿业务。

8. 本刊不收取版面费,亦不支付稿费,出版后将向作者赠送样刊2册。

投稿方式:E-mail:dfyjjk@126.com

本刊地址:浙江省杭州市下沙高教园区浙江工商大学东方语言文化学院

邮　　编:310018